Julius Faucher

Vierteljahrschrift für Volkswirtschaft, Politik und Kulturgeschichte

Julius Faucher

Vierteljahrschrift für Volkswirtschaft, Politik und Kulturgeschichte

ISBN/EAN: 9783742887931

Hergestellt in Europa, USA, Kanada, Australien, Japan

Cover: Foto ©Suzi / pixelio.de

Manufactured and distributed by brebook publishing software (www.brebook.com)

Julius Faucher

Vierteljahrschrift für Volkswirtschaft, Politik und Kulturgeschichte

VIERTELJAHRSCHRIFT

FÜR

VOLKSWIRTHSCHAFT

UND

CULTURGESCHICHTE.

DRITTER BAND.

INHALT.

	Seite
Die preussische Gewerbesteuergesetzgebung. Von *Eugen Richter*	1
Studien über Freizügigkeit. Von Dr. *Carl Braun*	44
Die österreichische Bankakte. Von *Otto Michaelis*	86
Wirthschaftliche Selbstverwaltung. Von Dr. *Otto Wolff*	124
Ueber Patente für Erfindungen. Von *John Prince-Smith*	150
Goldwährung und deutsche Münzverhältnisse. Von Dr. *Ad. Soetbeer*. (Erste Hälfte.)	162
Korrespondenz	193
Bücherschau	199
Bericht über die Verhandlungen des sechsten Kongresses deutscher Volkswirthe zu Dresden am 14., 15., 16. und 17. September, im Auftrage der ständigen Deputation erstattet durch *W. Jungermann*	213

Berichtigung.

Im ersten Bande dieser Vierteljahrsschrift S. 27 Z. 3 von unten muss es, statt a + b —, heissen: a + b +.

Die preussische Gewerbesteuergesetzgebung

von

Eugen Richter.

Eine allgemeine Gewerbesteuer wurde in Preussen zuerst unter dem 2. November 1810 durch dasselbe Edikt eingeführt, welches dem Zunftwesen ein Ende machte. Durch die Theorie, dass jede Gewerbebefugniss ein vom Staate zu erkaufendes Recht sei, pflanzte man nach französischem Muster die neue Freiheit so auf die alte Geldbedürftigkeit, dass beide ihre Rechnung dabei fanden. Der Gewerbeschein, dessen Jeder zu jedem Erwerbe mit Ausnahme der Landwirthschaft bedurfte, kostete, je nach der Art und dem Umfange der Produktion, 1 bis 200 Thaler. Die Steuer trug hiernach in dem Rechnungsjahr vom 1. Juli 1810 bis zum 1. Juli 1811 631,319 Thaler ein, oder 4 Sgr. ⅞ Pf. auf den Kopf der Bevölkerung.

Jene der Gewerbesteuer zu Grunde liegende Fiktion liess sich nicht mehr aufrecht erhalten, als nach beendigtem Befreiungskampfe einzelne Landestheile mit noch bestehenden Zunftverfassungen dem Staate einverleibt wurden. Die zur Reform der Steuergesetzgebung damals niedergesetzte Staatsrathskommission beschäftigte sich daher auch mit der Umgestaltung der Gewerbesteuer. Aus den Berathungen der Kommission ging unter dem 30. Mai 1820 zugleich mit dem Gesetz über die Klassensteuer das noch geltende Gesetz über die Gewerbesteuer hervor. Indem die Steuerbehörde darin der Befugniss entsagte, die Berechtigung zum Gewerbebetriebe selbst zu verleihen, stellte sie anstatt der Regel, dass jedes Gewerbe steuerpflichtig ist, sofern das

Gesetz es nicht ausnimmt, den umgekehrten Grundsatz hin, wonach nur dasjenige Gewerbe Steuer zu zahlen hat, welches das Gesetz namentlich für steuerpflichtig erklärt. Steuerpflichtig wurden demnach nur
der Handel,
das Wirthschaftsgewerbe,
das Verfertigen von Waaren auf den Kauf,
der Handwerksbetrieb,
der Betrieb von Mühlenwerken,
das Gewerbe der Schiffer, der Fracht- und Lohnfuhrleute, der Pferdeverleiher, und
diejenigen Gewerbe, die von umherziehenden Personen betrieben werden.

Der Ertrag der von diesen Gewerben zu entrichtenden Steuer wurde im Durchschnitt der Jahre 1822, 1823 und 1824 auf den Kopf der Bevölkerung nach der Zählung von 1822 zu netto 4⅓ Sgr. veranschlagt. Nach dem Staatshaushaltsetat von 1821 verhält sich der Nettoertrag der Gewerbesteuer zum Nettoertrag sämmtlicher Steuern inkl. des Salzmonopols wie 4 zu 100.

Bis zum Jahre 1848 blieben die Grundlagen der Steuergesetzgebung im Wesentlichen unverändert. Wo die Härten der Gesetzgebung allzu schroff erschienen, da suchte man durch einzelne Königliche Kabinetsordres Abhülfe zu verschaffen.

Nachdem die Klassensteuer durch das Gesetz vom 19. Mai 1851 zur Einkommensteuer erweitert worden, beschäftigte sich die Landesvertretung mit der Gewerbesteuer zuerst 1852 aus Anlass von Petitionen einzelner wegen Ueberlastung klagender Gewerbsklassen. Auf Anregung einer von der zweiten Kammer gefassten Resolution forderte das Ministerium Manteuffel-Bodelschwingh die Unterbehörden und die kaufmännischen Korporationen zur Begutachtung darüber auf, wie den Prinzipien der Gewerbesteuer unter den vielfach veränderten gewerblichen Verhältnissen die möglichst gleichmässige Anwendung gesichert werden könne. Nachdem durch Gesetz vom 30. März 1853 die bisher steuerfreien Eisenbahnen einer Gewerbesteuer unterworfen worden, erschien 1856 in der Vorlage einer Novelle zum Gesetz vom 30. Mai 1820 das Resultat jener von der Staatsregierung veranstalteten Enquete. — Die in diesem Jahre nicht vollständig berathene Vorlage wurde 1857 durch einige Paragraphen vermehrt, welche durch beträchtliche Erhöhung einzelner Steuersätze die Regierung mit befähigen sollten, das mit Rücksicht auf die verlängerte Präsenzzeit des Heeres wie die erhöhten Besoldungen der Beamten befürchtete Defizit im Staatshaushalte zu decken. Die Paragraphen scheiterten jedoch ebenso wie die projektirte Erhöhung der Salzsteuer und Einführung einer Gebäudesteuer an dem Widerspruche des Herrenhauses. Die Regierung sah sich veranlasst, die ganze Gesetzesvorlage zurückzuziehen. Dagegen erhielt ein die Gewerbesteuer der Aktiengesellschaften nach einem besonderen Modus regelndes Gesetz die Zustimmung der Landesvertretung und wurde unter dem 18. November 1857 publizirt. Gerade dieses Gesetz rief aber die lebhaftesten Beschwerden hervor und gab dem 1858 ans Staatsruder gekommenen Ministerio Auerswald-Patow Veranlassung, die Reform der Gewerbesteuer wieder aufzunehmen. Die in Folge dessen dem Landtage 1860 gemachte Vorlage, welche 1861 wiederholt wurde, enthielt unter Aufhebung des Gesetzes über die Besteuerung der Aktiengesellschaften, die eine bessere Ausgleichung der Steuer bezweckenden Bestimmungen der Vorlage von 1856 mit einigen aus den früheren Berathungen sich empfehlenden Abänderungen. — Daneben aber fanden sich in dem Entwurf einige aus der Vorlage von 1857 herübergenommenen Erhöhungen einzelner Steuersätze, wonach unter Einrechnung des Ertrages von den neu zur Steuer herangezogenen Leihbibliotheken und Badeanstalten, eine Erhöhung des Gesammtertrages der Steuer um ca. 150,000 Thaler oder $4\frac{1}{2}$ pCt. des bisherigen Ertrages in Aussicht genommen wurde. Nachdem die Regierungsvorlage unter einigen unwesentlichen Abänderungen am 19. Juli 1861 Gesetzeskraft erhalten hat, ergiebt die Gewerbesteuer (inkl. Eisenbahnabgabe) im Durchschnitt des Anschlages für die Jahre 1861, 1862 und 1863 auf den Kopf der Bevölkerung einen Nettoertrag von 6 Sgr. 8 Pf. und einen Bruttoertrag von 6 Sgr. $10\frac{2}{3}$ Pf. Sie ist somit seit 1822 um 2 Sgr. 2 Pf. auf den Kopf gewachsen, d. i. um ca. 48 pCt.

Im Verhältniss zu dem gesammten Reinertrag aller Steuern ist die Gewerbesteuer von 4 auf $6\frac{1}{1}$ pCt. gestiegen. Letzteres rührt hauptsächlich daher, dass der Ertrag der übrigen Steuern nicht im Verhältniss des wachsenden Volkswohlstandes sich gehoben hat, wie denn die Grundsteuer in der Hauptsumme sogar ganz unverändert geblieben ist.

Man wird schwerlich behaupten wollen, dass die Reform der Gewerbesteuergesetzgebung mit der Novelle vom 10. Juli 1861 einen gewissen Abschluss gefunden habe. Laut sprechen dagegen die sich noch immer steigernden Beschwerden der Gewerbetreibenden selbst. Zum Theil stammen diese Beschwerden ihrem Inhalte nach schon aus der

Zeit vor Publikation der Novelle, zum Theil sind sie aber durch die Novelle selbst erst veranlasst worden.

Dass man sich auch im Abgeordnetenhause bei den Berathungen über die Novelle keinen Täuschungen über ihre Vorzüge hingab, beweist schon die geringe Majorität von 153 gegen 104 Stimmen, welche sich für die Vorlage der Staatsregierung erhob. Unter der Minorität befanden sich nicht wenige Namen von parlamentarischer Bedeutung, wir nennen nur Behrend, v. Bockum-Dolffs, Grabow, Harkort, v. Roenne, v. Vinke, Schulze, Waldeck.

Das ungenügende Resultat einer so viele Jahre hindurch mit grossem Fleisse vorbereiteten Reform findet seine Erklärung in der Art und Weise, wie sowohl die Staatsregierung als auch die Landesvertretung den Gegenstand behandelt hat. Die Fehler dieser Behandlung beruhen in der Hauptsache darin, dass man unter alleiniger Berücksichtigung *einzelner* bei der Veranlagung hervorgetretenen mehr *äusserlichen* Gebrechen die Theorie der Steuer ganz aus den Augen setzte. Die Scheu vor jeder Berührung mit der Theorie ging soweit, dass man nicht nur die Prinzipien der Gewerbesteuer von vornherein als unantastbar hinstellte, sondern es selbst verabsäumte, in der Erkenntniss dieser Prinzipien ins Klare zu kommen. Unter diesen Umständen vermochte man weder die Wurzeln der vorgebrachten Beschwerden aufzudecken, noch die geeigneten Mittel zur Abhülfe zu finden. Man kurirte demnach, wo der Organismus krank war, nur auf *einzelne* äusserliche Symptome der Krankheit los. Indem man dieselben an einer Stelle gewaltsam zurückdrängte, mussten sie nothwendig an der anderen um so heftiger wieder zum Vorschein kommen. *So ist denn in der Novelle ein Flickwerk entstanden, dessen Unzulänglichkeit und Verkehrtheit um so greller hervortritt, je mehr die Gesetzesparagraphen ihre Wirkung auf das Leben zu äussern beginnen.*

Aufgabe der Gesetzgebung bleibt demnach eine gründliche auf rationellen Prinzipien fussende Reform der Gewerbesteuer ungesäumt in Angriff zu nehmen.

Die Wahl der richtigen Heilmethode vorhandener Uebelstände wird von der Schärfe der Diagnose bedingt. Ein klares Verständniss der bestehenden Gewerbesteuergesetzgebung zu gewinnen, muss daher unser nächstes und hauptsächlichstes Ziel sein. Wir verkennen nicht die Schwierigkeiten, welche sich der Erreichung desselben in den Weg stellen. — Um aus dem verwickelten Knäuel gesetzlicher Bestimmungen die leitenden Bestimmungen herauszufinden, müssten wir vor Allem im

Besitze der Motive des Gesetzgebers von 1820 uns befinden. Dieselben sind indessen der Oeffentlichkeit bisher noch vorenthalten worden. Unter diesen Umständen sind wir zur Erklärung der Gesetzgebung aus der Zeit der absoluten Monarchie fast allein auf das Werk des bekannten Statistikers Hoffmann »die Lehre von den Steuern mit besonderer Beziehung auf den preussischen Staat« (Berlin 1840) angewiesen. Freilich ist dieses Buch eine um so beachtenswerthere Quelle, als der Verfasser ein Hauptmitglied der die Steuerreformen von 1820 vorberathenden Staatsrathskommission war. Während Hoffmann aber einzelnen untergeordneten Punkten die eingehendste Erörterung widmet, schweigt er über manche wichtige Prinzipien entweder ganz, oder hüllt sich in einen des delphischen Orakels würdigen Lakonismus ein, der mehr verwirrt, wie aufklärt.

Versuchen wir trotz dieser mangelhaften Hülfsmittel bis zu den obersten Prinzipien vorzudringen, welche bei der Redaktion der Gewerbesteuergesetzgebung massgebend gewesen sind, so kommt es zuvörderst darauf an, den *Massstab* aufzufinden, welcher der Gewerbesteuer zu Grunde liegt. Haben wir diesen zur Genüge kennen und würdigen gelernt, so bietet sich als zweiter Gegenstand unser Erörterung das *Verfahren* dar, unter welchem der Masstab zur Anwendung auf die verschiedenartigen Wirthschaftsverhältnisse gebracht wird.

Wie aus mehreren Stellen des Werkes von Hoffmann hervorgeht, ist der Zweck der Gewerbesteuer nicht blos ein *finanzieller*, sondern auch ein *polizeilicher*.

Betrachten wir die Gewerbesteuer zunächst vom *finanziellen* Standpunkte, so ist sie nach Hoffmann dazu bestimmt »das *Missverhältniss* auszugleichen, welches dadurch entsteht, dass ein beträchtlicher Theil der Gewerbetreibenden weder durch die Klassensteuer, noch durch die Verbrauchssteuern unmittelbar und mittelbar nach dem vollen Masse seiner Fähigkeit, Steuern zu zahlen, betroffen werden kann.« Warum gerade die Gewerbetreibenden durch die übrigen Steuern unverhältnissmässig gering getroffen worden, darüber lässt uns Hoffmann vollständig im Dunkeln. Es würde ihm auch wohl schwer geworden sein, das angeblich von der Gewerbesteuer ausgeglichene *Missverhältniss* nachzuweisen, da er zuvor hätte das *Verhältniss* angeben müssen, in welchem die übrigen Staatsbürger, ganz abgesehen von den Gewerbetreibenden, besteuert werden.

Hierzu war aber Hoffmann nicht im Stande, da, wie er selbst an anderen nicht von der Gewerbesteuer handelnden Stellen erzählt, die damalige Einrichtung des Abgabenwesens nicht sowohl aus einer vollendeten Vereinigung über die Grundlagen der künftigen Besteuerung, als vielmehr aus der dringenden Nothwendigkeit hervorging, genügende Mittel zur Bestreitung des öffentlichen Aufwandes nachzuweisen. Man stellte daher die mindest zweifelhaften unter den bestehenden Abgaben zunächst gesetzlich fest, liess aber im Uebrigen so vieles unentschieden, als jener Zweck immerhin erlaubte. Schloss man sich aber in dieser Weise an die damals bestehende Gesetzgebung an, so konnte man aus dem einfachen Grunde nicht zu einer *verhältnissmässigen* Besteuerung gelangen, weil die vorhandenen Steuern nicht aus *einer* Idee hervorgegangen, sondern unabhängig von einander zu verschiedenen Zeiten mit der wachsenden Geldbedürftigkeit des Staates entstanden waren.

Lässt sich hiernach die Gewerbesteuer auch nicht aus der *Gesammtheit* der übrigen Steuern erklären, so fragt es sich doch noch, ob sie nicht mit *einzelnen* derselben in einem näheren Zusammenhange steht. In dieser Beziehung ist in neuerer Zeit mehrfach*) die Ansicht hervorgetreten, wonach die Gewerbesteuer gleich den Grundsteuern als besondere Belastung des *fundirten* Einkommens gegenüber der *fundirtes* wie *unfundirtes* Einkommen gleichmässig besteuernden Klassensteuer zu betrachten sei. Man wird aber die Vertheidiger dieser Ansicht vergeblich fragen, welche Steuer in Preussen das übrige fundirte Einkommen, namentlich die aus dem Besitz von Staatsschuldscheinen, Hypotheken und anderen Dokumenten fliessende Rente neben der allgemeinen Einkommen- oder Klassensteuer noch besonders belastete. Abgesehen hiervon ist die Grundsteuer in ihrer gegenwärtigen Gestalt so wenig ein Seitenstück der Gewerbesteuer, dass sie den von dieser Steuer mitbetroffenen, zu gewerblichen Zwecken benutzten Grund und Boden mit darauf stehenden Gebäuden noch obendrein belastet.

In anderer Weise wird von Hoffmann die Gewerbesteuer in nähere Verbindung mit der Klassensteuer gebracht. So wird sie S. 215 als eine Steuer auf diejenigen Gewerbetreibenden bezeichnet, bei welchen durch den im Verhältniss des Aufwandes von persönlichen Kräften und Kapitalien auffallend grossen Gewerbsgewinn das Mass der allgemeinen Fähigkeit, Personalsteuer zu zahlen, überstiegen werde. Auch hier vermissen wir die nähere Erklärung, inwiefern sich eine besondere Be-

---

*) Vergl. Rede des Abg. v. Mallinkrödt in der Sitzung des Abgeordnetenhauses vom 29. April 1857 bei Gelegenheit der Berathung über das Gesetz betr. die besondere Besteuerung der Aktien-Gesellschaften. S. 940 der stenogr. Berichte.

lastung des auffallend grossen Gewerbsgewinnes rechtfertigt. Der auffallend grosse Gewerbsgewinn kann die Folge eines ungewöhnlichen Arbeitslohns oder einer ungewöhnlichen Zinsrente sein. Was den ungewöhnlichen Arbeitslohn anbetrifft, so ist derselbe allerdings Rein-Einkommen im wissenschaftlichen Sinne, insofern man annehmen muss, dass der nicht zum Rein-Einkommen zu zählende nothwendige Unterhalts-Bedarf bereits durch den gewöhnlichen Arbeitslohn gedeckt wird. Hält man daher eine Besteuerung im Verhältniss dieses Rein-Einkommens für richtig, so erscheint allerdings eine besondere Belastung des ungewöhnlichen Arbeitslohnes gegenüber der das Rein-Einkommen nur nach Massgabe des Roheinkommens (d. h. des Einkommens ohne Abzug des Unterhaltsbedarfs), belastenden Klassen- oder Einkommensteuer gerechtfertigt. Nicht gerechtfertigt aber ist die besondere Belastung der ungewöhnlichen Zinsrente, vielmehr müsste nach der oben angenommenen Theorie der Besteuerung des Rein-Einkommens gewöhnliche *und* ungewöhnliche Zinsrente neben der allgemeinen Personalsteuer noch besonders belastet werden. Ist aber auch wirklich die besondere Besteuerung des ungewöhnlichen Gewerbsgewinns als finanzielles Grundprinzip der Gewerbesteuer gerechtfertigt, so bedarf es doch noch einer Erklärung, warum der ungewöhnliche Gewerbsgewinn nicht auch bei sämmtlichen Dienstgewerben, der Landwirthschaft und dem Bergbau einer besonderen Besteuerung unterliegt. Hoffmann beantwortet diese Frage nur hinsichtlich der Landwirthschaft und der wissenschaftlichen Dienstgewerbe. In Bezug auf die Landwirthschaft bemerkt er S. 215.

»Landwirthschaft, mit grossem Betriebs-Kapital und vollendeter Bildung für dieses Geschäft betrieben, gewährt vielleicht minder schnell aber nur um so nachhaltiger allerdings auch ein ausgezeichnetes Einkommen und ist die Grundlage des Wohlstandes zahlreicher Pächterfamilien, auch wohl der meisten Besitzer von Landgütern mittlern Umfangs geworden. Dieses Gewerbe bleibt auch nur deshalb von der Gewerbesteuer unberührt, weil es bereits durch die Grundsteuer betroffen wird: es ist indessen schon oben dargethan worden, wie wenig diese die Landwirthe nach dem Masse ihrer Steuerfähigkeit zu treffen vermag. Die kleinen Landwirthschaften vertragen so wenig als der kleine Handwerksbetrieb eine besondere Besteuerung des Gewerbes, aber es wird immer schwer bleiben, die Grenze zu bezeichnen, wo nach Ablösung der Grundsteuern Abgaben vom Betriebe der Landwirthschaft beginnen könnten, ohne blosse Personalsteuern pachtungsverhältnissen noch immer die Alternative der Umwandlung seines Vermögens in Kapital durch Verkauf an einen selbstbewirthschaftenden Oekonomen. Wir vermögen hiernach aus den Gründen, welche Hoffmann für die Befreiung der Landwirthschaft von der Gewerbesteuer anführt, nur die *Verlegenheit* heraus zu lesen, in welche sich die Staatsraths-Kommission durch den Beschluss, die Grundsteuern unverändert bestehen zu lassen, auch hinsichtlich der Anlage solcher Steuern gebracht hat, welche mit der Grundsteuer in irgend einer Weise in Beziehung treten mussten.

Was abgesehen von der Landwirthschaft die Steuerbefreiung der wissenschaftlichen Dienstgewerbe betrifft, so rühmt es Hoffmann dem Gesetze vom 30. Mai 1820 nach, dass es nicht, wie das Gesetz vom 2. November 1810 das Ehrgefühl der Aerzte, Justizkommissarien und anderer wissenschaftlich gebildeten Personen verletze, indem es dieselben gleich mechanischen Arbeitern zur Gewerbesteuer beitragen lasse. Wir glauben, dass Hoffmann in dieser Motivirung von Steuerbefreiungen bisher noch keinen Nachfolger gefunden hat. Hat das Zartgefühl hier wirklich einen Anspruch auf Berücksichtigung; so konnte dieselbe den betreffenden Personen in der Weise ohne Benachtheiligung der Gerechtigkeit geschenkt werden, dass man sie durch ein besonderes Gesetz, statt einer *Gewerbesteuer* einer *Honorarsteuer* unterwarf.

Schnurstracks dem von Hoffmann aufgestellten Prinzip einer Reineinkommensteuer zuwider läuft auch die Freilassung resp. Ermässigung einzelner durch indirekte auf dem Roheinkommen lastende Abgaben besteuerten Gewerbe. Wir haben hier ausser der mit dem 1. Januar 1865 aufhörenden Steuerfreiheit einer gewissen Klasse von Hüttenwerken die durch Kabinetsordre vom 10. Januar 1824 verfügte Befreiung der Branntweinbrennereien und die unverhältnissmässig geringe Steuerbelastung des Schiffergewerbes im Auge. Letzterem ist durch die Novelle noch eine weitere Ermässigung zu Theil geworden, so dass der Ertrag der Gewerbesteuer der Schiffer kaum 2 pCt. des Gesammt-Ertrages der Gewerbesteuer erreichen wird.

Wenn man zur Begründung dieser Steuernachlässe auf den grossen Druck hinweist, welchen verschiedene indirekte Abgaben auf diese Gewerbe ausüben, so erkennt man damit an, dass diese Steuern ihrer Bestimmung entgegen statt auf der Konsumtion, auf der Produktion lasten. In letzterem Falle wird allerdings der das Objekt der Gewerbesteuer darstellende Reinertrag von jenen Abgaben mitbetroffen. Statt aber desshalb einen Nachlass in der Gewerbesteuer zu gewähren, würde man richtiger verfahren, wenn man jene indirekten Abgaben so weit ermässigte, als erforderlich ist, um jeden auf der Produktion lastenden, den Reinertrag schmälernden Druck zu beseitigen.

Derselbe Masstab, welcher eine Steuer von anderen Steuern in Bezug auf den steuerpflichtigen Gegenstand abgrenzt, muss auch die Art der Vertheilung der Steuer auf die steuerpflichtigen Personen bestimmen. Wenn nach Hoffmann die Gewerbesteuer den auffallend grossen Gewerbsgewinn treffen soll, so erscheint die Befreiung der kleineren Gewerbetreibenden von der Steuer nicht unrichtig, da man wohl annehmen darf, dass einen auffallend grossen Gewerbsgewinn die unter diesen herrschende grössere Konkurrenz zu einem seltneren Vorkommniss macht.

Was nun die Besteuerung der grösseren Gewerbetreibenden angeht, so ist im Schoosse der Landesvertretung bereits zu wiederholten Malen eine Debatte darüber entstanden, ob die Gewerbesteuer nach der bestehenden Gesetzgebung nach dem Rohertrag oder nach dem Reinertrag erfolge. (vgl. Berathung des Aktiensteuergesetzes im Abgeordnetenhause am 8. Mai 1857. Stenogr. Berichte S. 422, sowie Berathung der Novelle in beiden Häusern. 1861.)

Die Möglichkeit eines solchen Streites erklärt sich daraus, dass die Einschätzung zur Gewerbesteuer nicht nach dem *wirklichen*, sondern nach einem aus gewissen gesetzlich festgestellten und tarifirten Besteuerungsmerkmalen *vermutheten* Ertrage geschieht. Ueber die Abschätzung dieser sowohl den Rohertrag wie den Reinertrag andeutenden Merkmale giebt weder das Gesetz, noch Hoffmanns Werk eine Andeutung. Die Besteuerung nach dem Reinertrage folgt indessen nicht nur aus dem oben von Hoffmann angedeuteten Prinzip, sondern ist auch praktisch massgebend bei der Vertheilung des nach gesetzlichen Merkmalen berechneten Steuersolls innerhalb der Steuergesellschaften durch die Vertreter der Steuerpflichtigen. Dass auch die Staatsregierung von dem Masstabe des Reinertrages ausgeht, folgt aus verschiedenen Aeusserungen von Ministerial-Kommissarien im Schoosse der Landesvertretung, wie namentlich auch aus der Motivirung des eine Besteuerung nach dem *wirklichen* Reinertrage anordnenden Gesetzes über die Gewerbesteuer der Aktien-Gesellschaften.

Eine konsequente Folge des von Hoffmann angedeuteten Grundprinzips der Gewerbesteuer würde es sein, wenn die vom Reinertrag zu erhebenden Steuersätze im Verhältniss desselben zu dem im Gewerbe erfolgenden »Aufwande von persönlichen Kräften und Kapitalien« stiegen.

Von einer solchen Progressivbesteuerung findet sich indessen in der ganzen Gewerbesteuer-Gesetzgebung von 1810 keine Spur. Allerdings ist später die durch Gesetz vom 18. November 1857 begründete, nachher wieder beseitigte auffallend hohe Besteuerung der Aktien-Gesellschaften seitens mehrerer Mitglieder des Herrenhauses, wie Piper, v. Kleist-Retzow, v. Itzenplitz, damit zu rechtfertigen gesucht worden, dass der Gewerbsgewinn der Aktionaire im Verhältniss zu der sich auf das »Kouponsabschneiden« reduzirenden persönlichen Arbeit derselben ein auffallend grosser sei. Es geht aber aus der Entstehungs-Geschichte jenes Gesetzes klar hervor, dass die Staatsregierung bei der Vorlage desselben von solchen Anschauungen nicht geleitet wurde; denn als man vorschlug die Gewerbesteuer der Aktiengesellschaften auf 2 pCt. vom Reingewinn zu normiren, beabsichtigte man zugleich, die Gewerbesteuer der übrigen Handels- und Fabrik-Gewerbe um 33 bis 50 pCt. zu erhöhen. Hätte man nach der Ablehnung der letzteren Erhöhung den von den Aktiengesellschaften zu entrichtenden Steuersatz entsprechend erniedrigt, so würde die Ueberlastung der Aktiengesellschaften nicht in so greller Weise hervorgetreten sein.

Bevor wir nach dieser Untersuchung der *finanziellen Grundprinzipien* der Gewerbesteuer die *polizeiliche Seite* der Gewerbesteuergesetzgebung ins Auge fassen können, haben wir noch einen *besonderen finanziellen Zweck* zu erörtern, welchen die Gewerbesteuer hinsichtlich des Eisenbahngewerbes und des als Nebengewerbe betriebenen Branntweinkleinhandels nebenbei verfolgt. In Bezug auf diese Gewerbe soll die Steuer, nämlich, wie aus den Motiven sowohl des Gesetzes über die Eisenbahn-Abgabe vom 30. März 1853 wie der Novelle vom 19. Juli 1861 hervorgeht, auch ein Aequivalent des Staates für einen den gedachten Gewerbetreibenden durch gesetzliche Bestimmungen gesicherten Monopolgewinn darstellen. Das Monopol der Eisenbahnen besteht nun, abgesehen von thatsächlichen Verhältnissen, rechtlich darin, dass die Gesellschaften ausser dem Genuss des Expropriationsrechtes und der Befreiung von der Stempelsteuer, 30 Jahre lang die Befugniss haben, gegen die Anlage von Parallelbahnen Einspruch zu erheben. Sie unterliegen desshalb in der Eisenbahn-Abgabe einer Gewerbesteuer, welche je nach dem Prozentsatze des Reinertrages von $2\frac{1}{4}$ bis zu 20 pCt. des Reinertrages steigt. Der Ertrag dieser Eisenbahnabgabe wurde für 1863 auf 850,000 Thlr. oder 19 pCt. des Gesammtertrages der Gewerbesteuer veranschlagt.

Der besondere Vortheil der als Nebengewerbe konzessionirten

Branntweinkleinhandlungen besteht darin, dass sie durch den Verkauf des Branntweins auch Gelegenheit erhalten zum reichlichen Absatze anderer Gegenstände an dasjenige Publikum, welches es der Zeitersparniss wegen liebt, möglichst viele Lebensbedürfnisse bei *einem* Händler zu entnehmen. In Erwägung dessen sollen nach der Novelle vom 19. Juli 1861 solche Kleinhändler ausser der gewöhnlichen Gewerbesteuer noch jährlich einen Betrag von 2 bis 8 Thlrn., je nach der Grösse des Betriebsortes, besonders entrichten.

Statt auf diese Weise dem Staate Antheil an dem auf Kosten des Volkswohlstandes entstehenden Monopolgewinn zu verschaffen, würde man besser thun, jene auf irrigen Ansichten beruhenden Gesetze, welche diesen Monopolen zu Grunde liegen, zu beseitigen. In dieser Richtung sind denn auch in der letzten Session des Abgeordnetenhauses sowohl Reformen der Eisenbahngesetzgebung als der Schankgewerbepolizei in Aussicht genommen worden.

Ziehen wir nunmehr die *polizeiliche Seite der Gewerbebesteuer-Gesetzgebung* in Betracht, so finden wir heute noch dieselben Prinzipien massgebend, welche nach Hoffmann für die Gesetzgebung von 1820 bestimmend waren. Gerade nach dieser Richtung hin ist die Novelle besonders bemüht gewesen, der Absicht des Gesetzgebers möglichst grossen Erfolg zu sichern.

Solche polizeiliche Rücksichten walten nun neben den finanziellen ob bei der Besteuerung der *im Umherziehen betriebenen Gewerbe, der Wirthschaftsgewerbe und des Kleinhandels*. Die Aufgabe der Gesetzgebung ist nach der polizeilichen Richtung hin zwiefacher Natur. Entweder will sie eine gewisse bedenkliche Betriebsart in möglichst enge Grenzen bannen, oder einem das Bedürfniss übersteigenden Andrang von Unternehmern bei gewissen Gewerbszweigen entgegentreten. Den ersteren Zweck verfolgt die Gewerbesteuergesetzgebung sowohl hinsichtlich der im Umherziehen betriebenen Gewerbe, als auch hinsichtlich des in gewissen Grenzen sich haltenden Kleinbetriebes von Schankwirthschaften und Kleinhandels.

In Bezug auf den *Gewerbebetrieb im Umherziehen* sind polizeiliche Rücksichten massgebend gewesen, indem man einmal auch solche Gewerbe zur Steuer heranzog, welche bei stehendem Betriebe steuerfrei ausgehen, sodann aber die überhaupt steuerpflichtigen Gewerbe mit höheren Steuersätzen belegte. In ersterer Richtung erwähnen wir die niederen Dienstgewerbe und kleineren Handwerke, in letzterer Hinsicht namentlich die hausirender Händler. Es bezahlen z. B. Hausirer mit frischen Lebensmitteln 4 bis 8 Thlr. Gewerbesteuer, obwohl ihr Gewerbsertrag denjenigen der durchgängig niedriger besteuerten Höker nicht übersteigt. Händler mit Rohstoffen, Vieh, Kramwaaren, Schnittwaaren zahlen mit 12 bis 16 Thlr. einen Steuersatz, welcher schon dem stehender Handelsgeschäfte von mittlerem Umfange (Klasse A. II.) gleichkommt. Erwägt man hierbei, dass der für die bezeichneten Summen ausgefertigte Gewerbeschein nur für *eine* darin namentlich aufgeführte Person gilt, der Hausirer also, welcher einen Gehülfen mit sich führt, für diesen einen besonderen Gewerbeschein lösen muss; so wird man es leicht berechnen können, dass die Gewerbesteuer des Hausirers diejenige des stehenden Händlers oft um das vier- bis sechsfache verhältnissmässig übersteigen muss. Was den Steuersatz der bei stehendem Betriebe steuerfreien Gewerbe betrifft, so zahlen die Dienstgewerbe sechszehn Thaler für den Gewerbeschein. Wenn das Gewerbe der Equilibristen, Seiltänzer, Kunstreiter etc. in einer grösseren Gesellschaft betrieben wird, können die Regierungen den Satz, wo es nöthig ist, für jeden Theilnehmer ermässigen, jedoch niemals auf weniger als vier Thaler für eine Person.

Diese ungünstige Behandlung des Gewerbebetriebs im Umherziehen datirt zwar im Wesentlichen schon aus dem Gesetz vom 30. Mai 1820, ist jedoch insofern erst Folge der Novelle, als diese den regelmässigen, von gewissen Gewerbetreibenden zu zahlenden, Steuersatz von 12 auf 16 Thlr. erhöht hat. Der durch diese letzte Massregel erzielte Mehrertrag beläuft sich auf die Summe von ungefähr 100,000 Thlr., das ist gleich 22 pCt. des bisherigen Steuerertrages von dem Gewerbebetrieb im Umherziehen. Die gesammte von letzterem aufzubringende Steuerlast lässt sich pro 1862 auf 500,000 Thlr. veranschlagen; das ist gleich 12½ pCt. des Gesammtertrages der Gewerbesteuer inkl. Eisenbahnabgabe.

Die Gründe nun, welche man für diese unverhältnissmässig hohe Belastung einer Betriebsart anführt, werden theils auf den *volkswirthschaftlichen Nachtheil der Betriebsart selbst*, theils auf den *gemeingefährlichen Charakter der sich derselben widmenden Gewerbetreibenden* gestützt.

In ersterer Beziehung führt Hoffmann namentlich gegen den Hausirhandel Folgendes an (S. 205):

»Der Gewerbetrieb im Umherziehen wird dadurch wahrhaft schädlich, dass er sich in eben dem Masse vermehrt, worin die Zunahme der Bevölkerung und des Verkehrs ihn entbehrlicher macht. Der Landmann und selbst der Bewohner kleiner Städte wird allerdings durch umherziehende Krämer mit vielen Erzeugnissen des Kunstfleisses bekannt gemacht, deren Dasein ihm sonst ganz unbekannt geblieben wäre, aber es wird ihm auch viel verlegene Waare aufgeschwatzt und viel Aufwand abgelockt, der ihm Reue bereitet. Das Gewerbe der umherziehenden Krämer wird weit weniger durch ein Bedürfniss der Käufer, als durch ein Bedürfniss der Verkäufer erzeugt. Den grossstädtischen Besitzern der mit den mannigfaltigsten Erzeugnissen des Kunstfleisses ausgestatteten Läden wird der Beistand dieser Krämer unentbehrlich, um die grossen Massen der unverkäuflichen Reste und aus der Mode gekommenen Sachen, welche sich bei der jährlichen Aufnahme ihrer Waarenlager vorfinden, noch einigermassen zu verwerthen. Je mehr sich diese glänzenden Läden erweitern und je dringender auch hier das Bedürfniss wird, jeden Nebenvortheil zu benutzen, desto mehr wächst auch die Veranlassung, unermüdlich betriebsame Hausirer anzustellen, um den Verlust von schlecht gewählten Sortimenten minder empfindlich zu machen. Diese Richtung des Verkehrs hindert aber das Entstehen von wohlversehenen Läden in den Mittelstädten und schadet hierdurch dem rechtlichen Handel und dem verständig angewandten Kunstfleisse sehr viel mehr, als ihm dieser sehr bedenkliche Verkehr zu nutzen vermag.«

Es sind dies dieselben Vorurtheile, welche schon im heiligen römischen Reich deutscher Nation Anlass zu polizeilichen Massregeln gegen den Gewerbebetrieb im Umherziehen gaben. Seit Ulmensteins trefflichem Aufsatze über den Hausirhandel (Archiv der politischen Oekonomie von Rau u. a. Heidelberg. 1835) beginnen, wenn auch nicht im Leben, so doch in der Wissenschaft, allmälich für den Hausirhandel günstigere Ansichten sich Bahn zu brechen. Mehr und mehr erkennt man, dass der Hausirhandel ein wesentliches Glied für die Theilung der Arbeit in der Handelsbewegung ist und denselben Nutzen hat, wie jeder Handel, jede Theilung der Arbeit. Weit entfernt, dem stehenden Handel Schaden zu bringen, ist es der Hausirhandel gerade welcher demselben Eingang verschafft, indem er Bewohner entlegener Gegenden erst mit Gegenständen des höheren Lebensgenusses bekannt macht, und so für stehende Läden einen regelmässigen Absatz vorbereitet. Die Thatsache, dass Hausirer verlegene Waaren verkaufen, ist allerdings richtig, es wird aber darin vom volkswirthschaftlichen Standpunkte aus schwerlich ein Nachtheil erblickt werden können. Ohne jene Vermittelung der Hausirer würde solche verlegene Waare nämlich überhaupt keinen Absatz finden und deshalb der Vernichtung anheimfallen. Durch den Verkauf dieser Waarengattung seitens der Hausirer geschieht aber nicht nur den Magazinbesitzern, sondern auch den Käufern ein Gefallen.

Letztere sind nämlich Personen, die weniger auf die Mode als den Preis einer Waare Gewicht legen. Da sie wegen der Höhe desselben modische oder fehlerfreie Waare gar nicht kaufen können, so finden die Artikel der Hausirer, obgleich ihnen die denselben anklebenden Mängel nicht unbekannt sind, dennoch reissenden Absatz. In gleicher Weise machen die Hausirer Gegenstände, welche sonst werthlos geblieben sein würden, nutzbar durch den Aufkauf von Abgängen der Haus- und Landwirthschaft. Gerade in industriellen Bezirken ist der Hausirhandel darum von grosser Wichtigkeit, wie denn z. B. im Reg.-Bez. Düsseldorf zu dem bezeichneten Zwecke jährlich an 600 Gewerbescheine ertheilt werden. Von gleicher Bedeutung ist in solchen Gegenden der Hausirhandel mit frischen Lebensmitteln, welcher dem betriebsamen Fabrikarbeiter die Wege zu dem entfernten Marktorte abnimmt. Es widerlegt dies auch die Behauptung Hoffmanns, dass der Hausirhandel mit der wachsenden Kultur überflüssig werde.

Was nun die Behauptung betrifft, der Hausirhandel schwatze dem Landmanne überflüssige Dinge auf und verleite ihn zu einem Aufwand, der Reue bereite, so passt diese Anschauung mehr für die Handelsbeziehungen mit wilden Indianerstämmen, als sie sich mit dem heutigen Kulturzustande der ackerbautreibenden Bevölkerung im Einklange befindet. Der Bauer, welcher sich durch das Mundwerk des Hausirers bethören lässt, wird gewiss auch den Versuchungen nicht zu widerstehen vermögen, welche der in Ermangelung des Hausirers nothwendige Besuch in der Stadt ihm bereitet.

Konsequent müsste daher die Steuergesetzgebung, wie der Ueberredungskunst des Hausirers, so auch der Verführungskunst der überflüssige und nothwendige Dinge in reizender Auswahl gruppirenden Schaufenster städtischer Magazine vorzubeugen suchen.

Was nun abgesehen von dem angeblichen volkswirthschaftlichen Nachtheil des besprochenen Gewerbebetriebs den gemeingefährlichen Charakter der Gewerbetreibenden angeht, so widerspricht der Behauptung Hoffmanns von der bedenklichen Lebensweise dieser Personen die Thatsache, dass nicht selten dem stehenden Gewerbe aus dem Hausirgewerbe ein intelligenter und unternehmender Zuwachs zuströmt. Unter vielen Beispielen darf in dieser Beziehung nur an die Familien Farina in Cöln und Bolongard in Höchst erinnert werden. Wie alle Gewerbetreibenden, so sind auch die umherziehenden durch ihr eigenes Interesse genöthigt, ordentlich und rechtlich zu sein, da sie nur auf diesem Wege im Stande sind, für spätere Besuche desselben Ortes sich Kundschaft zu sichern. Namentlich ist die erfreuliche Wahrnehmung zu machen gewesen, dass besonders auch da umherziehende Gewerbetreibende von einem solchen Bestreben beseelt sind, wo sich in Gegenden, Ortschaften und Familien wegen der unzulänglichen Erwerbsverhältnisse der Heimath oder aus Gewohnheit die Sitte von Generation zu Generation forterbt, sich durch den Gewerbebetrieb im Umherziehen zu ernähren. Freilich lässt es sich dem gegenüber nicht leugnen, dass unter den umherziehenden Gewerbetreibenden sich Personen befinden, die den Gewerbebetrieb nur als Vorwand zum Betteln und Stehlen oder als Deckmantel der Landstreicherei benutzen. Indem man aber solchen Personen das Umherziehen durch hohe Steuern zu verleiden sucht, erschwert man redlichen Gewerbetreibenden den ohnehin mühseligen Erwerb und macht in ihnen erst die Versuchung rege, durch unredliche Mittel die gezahlte hohe Steuer wieder zu gewinnen. Dazu kommt noch, dass man Bettler und Landstreicher, wenn man ihnen den Vorwand des Gewerbebetriebs nimmt, nicht hindern kann, auf eine andere Art, z. B. als reisende Handwerksburschen oder arbeitsuchende Tagelöhner unbesteuert ihren unredlichen Zwecken nachzugehen.

Nicht selten vernimmt man auch Klagen, dass die Behörden sich zu Gunsten des Steuerfiskus haben verleiten lassen, Personen, welche man ihrer Beschäftigung nach eher zu den Bettlern als zu den Gewerbetreibenden rechnen darf, in grosser Anzahl Gewerbescheine zum Umherziehen zu ertheilen. Wir haben hier die Strassenkünstler, namentlich die Strassenmusiker im Auge, welche oft schaarenweise das Land durchziehen und durch ihr aufdringliches Wesen das Almosen mehr erzwingen als erbitten. Die Macht der Ortspolizei wird diesen Personen gegenüber von vornherein gelähmt, wenn dieselben in dem Gewerbescheine ein gewisses Anrecht besitzen, die für denselben gezahlte hohe Steuer durch ihre lästigen Dienste wieder zu gewinnen.

Damit nicht unter dem Vorwande eines stehenden Geschäfts ein Gewerbebetrieb im Umherziehen ausgeübt und damit die höhere Steuer umgangen werde, hat man noch eine *besondere Steuer auf die Handlungsreisenden* gelegt, welche neben der gewöhnlichen Steuer vom stehenden Geschäftsbetrieb entrichtet werden muss. Unter Handlungsreisenden versteht aber die Steuergesetzgebung Gehülfen stehender

Handelsgewerbe, welche im Umherziehen Bestellungen auf Waaren aufsuchen oder Waaren verkaufen, welche sie nicht mit sich umherführen. Die für den Gewerbeschein jedes Handlungsreisenden besonders zu entrichtende Steuer beträgt jährlich 16 Thlr. Die frühere Befreiung der Kaufleute mit kaufmännischen Rechten von dieser Steuer ist durch die Novelle insoweit aufgehoben worden, dass Kaufleuten von grösserem und mittlerem Geschäftsumfang (Steuerklasse A. I. und A. II.) steuerfreie Gewerbescheine nur nach Massgabe der vom stehenden Gewerbe entrichteten Steuer ausgefertigt werden sollen. Es geschieht dies in der Weise, dass, sofern die bei Berechnung von 12 Thlr. für jeden ertheilten Gewerbeschein sich ergebende Summe die vom stehenden Gewerbe veranlagte Jahressteuer übersteigt, der überschiessende Steuerbetrag noch besonders erlegt werden muss. Den kleineren Kaufleuten (Steuerklasse B.) wird eine solche Anrechnung der Gewerbesteuer nicht zu Theil, vielmehr müssen dieselben, wie früher die Händler und Kaufleute ohne kaufmännische Rechte, für jeden Gewerbeschein den vollen Satz von 16 Thlr. bezahlen. Dies Privilegium der grösseren Kaufleute hat die merkwürdige Erscheinung zur Folge, dass die eines Gewerbescheins bedürftigen Kleinhändler sich bei der Einschätzung als möglichst wohlhabend darzustellen versuchen, um durch Aufnahme in die höhere Steuerklasse aus jenem Privilegio Steuer-Erleichterung zu erlangen.

Welche volkswirthschaftlichen Nachtheile diese besondere Besteuerung der Handlungsreisenden im Gefolge hat, geht am Deutlichsten aus nachstehendem Gutachten der Cölner Handelskammer über die durch die Novelle auf die Klasse A. ausgedehnte Belastung der Gewerbescheine hervor.

»In diesem Jahre wurden hier über 1000 kostenfreie Gewerbescheine an die Klasse A. ausgetheilt, wovon manche, vom niedrigsten Satze von 12 Thlr. jeder, 2 bis 3 Gewerbescheine erhielten. Die grössere Zahl der Klasse A. II. sind kleinere Kaufleute, Fabrikanten oder Agenten, die selbst oder durch Reisende (commis-voyageurs) ihren Absatz bei den Detailhandlungen auswärts suchen, und meistens unter dem Namen Grossisten in der Kaufmannswelt figuriren. Niemand, der die Handelsverhältnisse kennt und die Steuerrolle betrachtet, wird die Behauptung wagen, dass diese Geschäfte zu gering geschätzt seien und mehr tragen könnten. Diese kleinen Grossisten, Fabrikanten oder Agenten sind zum Theil gering bemittelte strebsame Kaufleute, die mit Hülfe von Kredit ihr Geschäft treiben und allen Fleiss und Oekonomie aufzuwenden haben, um für sich und ihre Familien den Lebensunterhalt zu erschwingen und ihr Geschäft zu eigenem Kapital hinauf zu arbeiten. Diese Klasse der Kaufleute durch Zahlungen für Gewerbescheine höher belasten, hiesse viele Existenzen drücken und gefährden und die Gewerbefreiheit beeinträchtigen. Sollen Handel und Gewerbe möglichst productiv für die Gesellschaft und den Fiskus sich entwickeln, so darf in dem Entrée der Gewerbesteuer kein Hinderniss liegen, damit auch der Fleiss und die Kenntnisse des weniger Bemittelten darin arbeiten können; sonst wird die Freiheit, diese Thätigkeit zu ergreifen, behindert und beschwert. Es ist ein Zeichen der bis zum höchsten Niveau gestiegenen Konkurrenz, dass mühsames und kostspieliges Reisen für die meisten Steuerzahler der Klasse A. nothwendig ist, um Gewerbesteuer zahlen zu können und es gehört unermüdlicher Fleiss, Sparsamkeit, Kalkül und Unverdrossenheit dazu, um bei diesen Geschäften zu prosperiren und dem Staate seinen Tribut zu entrichten. Die Wirkung dieser Gesetzesklausel würde Angesichts der Gewerbesteuerrolle von Cöln die sein, dass die geringeren Kaufleute, welche ihre kleinen Mittel durch rühriges Streben und Arbeiten nutzbar für den Verkehr und für die Steuerquellen des Staates machen, durch Entrichtung von 12 Thlrn. Steuer für jeden Gewerbeschein in ihrer Besteuerung um 50 pCt. bis 100 pCt. höher belastet würden, was einem liberalen und vernünftigen Modus widerstreitet.«

Je drückender sich hiernach für gewisse Handelsgeschäfte die Steuerlast stellt, um so grösser ist die Versuchung, sich derselben durch Reisen ohne Gewerbeschein zu entziehen. Die Defraude gelingt um so öfter, je schwerer es für die Polizei ist, einem Menschen, welcher seine Waarenproben in der Rocktasche trägt, anzusehen, zu welchem Zwecke derselbe namentlich an einem grösseren Orte verkehrt. Wir glauben, dass unter Benutzung dieses Umstandes eine grosse Zahl gelegentlicher Geschäftsreisen ohne vorherige Lösung eines Gewerbescheins unternommen werden wird. Es liegt sonach in der höheren Besteuerung der Handlungsreisenden die Quelle einer ähnlichen Demoralisation, wie sie der Schmuggel als Folge hoher Zölle erzeugt.

Ebenso, wie den Gewerbetrieb im Umherziehen, sucht die Gewerbesteuergesetzgebung bei den *Handels-* und *Wirthschaftsgewerben* auch *einen gewissen Grad des Kleinbetriebes durch unverhältnissmässige*

Belastung zu erschweren. Diese unverhältnissmässige Belastung besteht einmal darin, das bei den genannten Gewerben nicht, wie bei dem Handwerk und den Transport-Gewerben der Kleinbetrieb Steuerfreiheit begründet; sodann aber tritt sie ein durch die Festsetzung von Minimalsätzen, welche bei der Steuerveranlagung selbst dann nicht verlassen werden dürfen, wenn der Gewerbsertrag einen niedrigeren Steuersatz rechtfertigen würde.

Hoffmann äussert sich S. 217 über diese ungünstige Behandlung des Kleinbetriebes folgendermassen:

»Die Zersplitterung der Gewerbe vertheuert die Dienste, welche sie leisten, ebenso gemeinschädlich, wie das Monopol, das aus dem Mangel hinlänglicher Mitbewerbung entsteht. Für jedes Gewerbe bestimmt die herrschende Sitte eine Stellung im Leben, die behauptet werden muss, wenn ihr Inhaber sich nicht verächtlich und eben dadurch erwerblos machen will. Reicht bei grosser Zersplitterung des Gewerbes der Ertrag desselben zur Behauptung dieser Stellung nicht hin: so liegt die Versuchung sehr nahe, denselben durch unrechtliche Mittel zu vermehren. Auch hindert die Zersplitterung alle Verbesserungen des Betriebes, welche beträchtlichen Aufwand erfordern. Die Regierung kann daher ebensowenig die Zersplitterung fördern, als das Monopol schützen wollen. Diese Betrachtungen treten mit besonderem Gewichte hervor in Bezug auf Handel, Gast- und Schankwirthschaft. Es rechtfertigt sich hierdurch, dass neben dem Mittelsatze auch ein niedrigster für die Beiträge bestimmt ist, unter welchen die zur Schätzung Abgeordneten nicht herabgehen dürfen; wer nicht einmal diesen niedrigsten Satz bezahlen kann, erscheint dem Sinne dieser Anordnung nach offenbar unfähig, das besteuerte Gewerbe mit Nutzen für seine Kunden zu betreiben.«

Wenn Hoffmann es als Aufgabe der Regierung bezeichnet, so wenig die Zersplitterung der Gewerbe, wie das Monopol zu fördern, so befinden sich die in Rede stehenden Bestimmungen des Gewerbesteuergesetzes hiermit insofern in Widerspruch, als sie indirekt gerade durch die Massnahmen gegen die Zersplitterung das Monopol befördern. Denn da bei dem eigenthümlichen Kontingentirungs-Verfahren, welches bei der Steuerveranlagung der Handels- und Wirthschaftsgewerbe stattfindet, die grösseren Gewerbetreibenden nur soviel über die Mittelsätze hinaus veranlagt werden können, als die kleineren Gewerbetreibenden darunter steuern; so verringert sich die Steuerlast der grösseren Ge-

nehmern vorbeugen, wie aus mehreren Stellen Hoffmanns deutlich hervorgeht.

Bei dem Handelsgewerbe glaubt man diesen Zweck schon dadurch erreichen zu können, dass man den Kleinbetrieb nicht wie bei dem Handwerk und den Transportgewerben steuerfrei lässt, hinsichtlich der Wirthschaftsgewerbe hat man ausserdem noch einen besonders hohen Steuerfuss zur Anwendung gebracht. So hatten die Wirthe 1825 allein 20 pCt. des Gesammtertrages der Gewerbesteuer aufzubringen. Durch die in Folge der Einziehung vieler Konzessionen verminderte Anzahl der Schankwirthschaften (1825 kam eine solche auf je 189, 1856 erst auf je 224 Einwohner) sank unter unveränderten Steuersätzen der Steuerertrag vom Wirthschaftsgewerbe 1856 bis auf 14 pCt. des Gesammtertrages der Gewerbesteuer. Nachdem durch die Novelle die Steuersätze für die Städte um 33 bis 50 pCt. erhöht worden sind, wird der Steuertrag vom Wirthschaftsgewerbe sich wohl auf 18 pCt. des Gesammtertrages der Gewerbesteuer stellen. Es lässt sich nun nicht verkennen, dass zu dem Wirthschaftsgewerbe der Andrang von Unternehmern ein besonders starker ist. Es rührt dies daher, weil der Gewerbebetrieb keine angestrengte körperliche Arbeit erfordert und den Wirth unaufhörlich mit mancherlei Menschen in Berührung bringt. Diese Reize finden indessen ihr Gegengewicht schon in einem durch die grosse Konkurrenz verminderten Gewerbsgewinn. Freilich wird letzteres von vielen nicht beachtet nnd der Bankerott folgt dem leichtsinnigen Unternehmen auf dem Fusse.

Diesem Leichtsinn aber, der auf Ueberschätzung der Rentabilität beruht, vermag offenbar eine Erschwerung der Rentabilität durch hohe Besteuerung so wenig entgegenzuwirken, wie eine Belastung der Handelsoperationen schwindelhafte Geschäfte verhindert.

Wir kommen hiernach zu dem Schlusse, dass die polizeilichen Prinzipien, welche den Massstab der preussischen Gewerbesteuer bestimmen, so wenig, wie die finanziellen, eine Kritik vom rationellen Standpunkte auszuhalten vermögen. Untersuchen wir nunmehr, wie es sich in dieser Beziehung mit dem *Verfahren* verhält, durch welches nach dem besprochenen Massstabe das Steuersoll der einzelnen Gewerbetreibenden ermittelt wird.

Man kann hinsichtlich des *Einschätzungsverfahrens*, welches bei der Gewerbesteuer in verschiedenen Staaten beobachtet wird, zwei Methoden unterscheiden, die wir nach dem Ort ihrer Anwendung als die *romanische* und *germanische* bezeichnen wollen.

Das eigenthümliche des romanischen Verfahrens, wie es namentlich bei der französischen Gewerbesteuer Anwendung findet, besteht darin, dass die Einschätzung nach gewissen durch das Gesetz bestimmten und in ihrem Steuerwerth tarifirten äusserlich erkennbaren Merkmalen des Gewerbetriebs vorgenommen wird. Das germanische Verfahren hingegen, welches wir hauptsächlich bei der das Gewerbseinkommen betreffenden Schedula D. des englischen Einkommensteuergesetzes, sowie auch in einigen deutschen allgemeinen Einkommensteuern kennen lernen, kennzeichnet sich dadurch, dass man den Ertrag jedes einzelnen Gewerbsunternehmers abschätzt und nach einem gewissen Prozentsatze vom Geldwerth desselben das Steuersoll berechnet.

In der Theorie ist unstreitig das germanische Verfahren, indem es möglichst genau die Steuer dem wirklichen gewerblichen Einkommen anzupassen sich bestrebt, das richtigere. Zweifelhaft wird die Sache indessen vom Standpunkt der Praxis. Den Einschätzern tritt hier das Bestreben der Steuerpflichtigen hemmend entgegen, womit dieselben den Betrag ihres Einkommens möglichst gering erscheinen zu lassen sich bemühen. Da den Einschätzern diese Neigung der Steuerpflichtigen bekannt ist, so greifen sie, in Ermangelung zuverlässiger Anhaltspunkte, bei Bemessung des Einkommens lieber zu hoch als zu niedrig und überlassen es alsdann dem Steuerpflichtigen den Beweis seiner Ueberbürdung zu führen. Dieser Beweis ist für letzteren nur möglich, indem er entweder die Behauptung eines geringeren Einkommens eidlich erhärtet, oder seine Geschäftsbücher den Einschätzern offen legt. Im ersteren Falle wird das Gewissen in unmittelbaren Konflikt mit dem pekuniären Interesse gebracht, im letzteren Falle ist eine Gefährdung des Geschäftskredits möglich. Wollen die Einschätzer ein solches der Tortur des Mittelalters nicht ganz unähnliches Verfahren nicht anwenden, so bleibt ihnen nichts übrig als äusserliche Betriebsmerkmale ihrer Berechnung des Gewerbsertrages zu Grunde zu legen. Sowohl auf diese wie auf die erstere Art ist aber wenig Garantie für eine gleichmässige Veranlagung in verschiedenen Veranlagungsbezirken vorhanden; denn bei dem letzteren Verfahren hängt die Auswahl der Besteuerungsmerkmale wie deren steuerliche Würdigung von dem freien Belieben verschiedener Schätzer ab, bei der zuerst geschilderten Prozedur dagegen wird das Veranlagungsresultat vollständig durch den Grad fiskalischen Beamteneifers bedingt. Gestattet man nun zur Herstellung eines gleichmässigeren Verfahrens einer Centralbehörde eine gewisse Einwirkung auf die Steuerveranlagung in den einzelnen Kreisen und Gemeinden, so hat dies zur Folge, dass je nach den strengeren oder milderen Ansichten dieser Behörde die Steuerlast des ganzen Landes sich bald grösser, bald geringer stellt. Steht nun noch gar dem Finanzminister eine Einwirkung auf die oberste Veranlagungsbehörde zu, so ist Gefahr vorhanden, dass derselbe mit Umgehung des Steuergesetzgebungsrechts des Landtages die wachsenden Staatsbedürfnisse durch Hinaufschrauben der einzelnen Steuerpflichtigen mittelst strengeren Veranlagungsverfahrens zu decken sucht.

Alle diese praktischen Uebelstände sind dem romanischen Einsteuerungsverfahren fremd. Da die Erhöhung der einzelnen Steuersätze bedingt wird durch eine Veränderung in den gesetzlich bestimmten Merkmalen des Gewerbebetriebs, so ist eine willkürliche Veränderung der Steuerlast seitens der Steuerverwaltung unmöglich. Ebenso kann auch eine ungleiche Einschätzung der einzelnen Kreise und Gemeinden nicht wie bei dem germanischen Verfahren vorkommen, da überall dieselben Besteuerungsmerkmale massgebend sind, bei deren Anwendung es auch auf das Belieben der Steuerbeamten gar nicht ankommt. Diese praktischen Vorzüge des romanischen Verfahrens werden aber durch den Nachtheil erkauft, dass viele für das Gewerbseinkommen bestimmende Momente bei der Einschätzung aus dem Grunde unbeachtet bleiben, weil sie nicht in äusserlich erkennbaren und leicht abschätzbaren Merkmalen hervortreten. Bedenkt man, dass z. B. Geschicklichkeit, Fleiss, Gesundheit u. s. w. des Gewerbsunternehmers bei der Schätzung des Gewerbsertrages ganz unberücksichtigt bleiben, so rechtfertigt es sich, wenn Vocke*) den Ausspruch thut, dass die französische Gewerbesteuer als eine eckige, harte Schablone auf den weichen, elastischen Formen des Lebens ruht.

Um der verschiedenen Vorzüge beider Einschätzungsmethoden unter Ausscheidung ihrer Nachtheile theilhaftig zu werden, hat man nun in der preussischen, wie in der süddeutschen Gewerbesteuergesetzgebung beide Prinzipien mit einander verbunden zur Anwendung zu bringen gesucht. In den süddeutschen Staaten hat man zwar die romanische Methode zur Grundlage der Besteuerung gemacht, bei jedem Besteuerungsmerkmal aber den Einschätzern einen Spielraum zwischen einem Minimal- und einem Maximalsatz gelassen, innerhalb dessen es namentlich darauf ankommt den *persönlichen* für den Umfang des Be-

---

*) Vocke, die Besteuerung der Gewerbe in England. Zeitschrift für die gesammte Staatswissenschaft. Jahrgang 1862. S. 313.

triebes wichtigen Verhältnissen des Gewerbetreibenden angemessene Berücksichtigung angedeihen zu lassen. Es ist aber ersichtlich, dass hier nur eine äusserliche Verknüpfung des romanischen mit dem germanischen Verfahren vorliegt. In dem Verhältniss, in welchem zur Anwendung des letzteren daher den Einschätzern Spielraum gelassen wird, müssen auch alle Uebelstände hervortreten, welche von solchem freien Ermessen unzertrennlich sind.

Glücklicher scheinen uns die Vorzüge des romanischen mit denen des germanischen Verfahrens in der preussischen Gewerbesteuergesetzgebung verbunden zu sein.

Zwischen dem steuerfordernden Fiskal und den steuerzahlenden Gewerbetreibenden tritt in Preussen die *Steuergesellschaft* d. h. die Gesammtheit einer innerhalb eines örtlich bestimmten Bezirks wohnenden Klasse geschäftlich verwandter Gewerbetreibenden; das Steuersoll dieser Gesellschaft wird nach romanischem Verfahren berechnet und es dann den Vertretern der Steuerpflichtigen überlassen, dasselbe unter die einzelnen Mitglieder der Steuergesellschaft nach bestem Wissen und Gewissen zu vertheilen.

Einerseits ist hierdurch, neben der Unabhängigkeit des Steuerertrages von der Einwirkung der Steuerverwaltung, durch Anwendung derselben Besteuerungsmerkmale in allen Veranlagungsbezirken eine gewisse Gleichmässigkeit der Veranlagung gesichert, andererseits innerhalb der Steuergesellschaft eine Berücksichtigung aller individuellen Momente ermöglicht, welche auf die Höhe des Gewerbseinkommens von Einfluss sind. Freilich entbehren letztere dann noch im Verhältniss der Steuergesellschaften zu einander der Berücksichtigung. Es kommt dies aber weniger in Betracht, da die Bedeutung individueller Verhältnisse um so mehr verschwindet, je grösser die Anzahl der mit einander zu vergleichenden Gewerbetreibenden ist. Dafür, dass innerhalb der Steuergesellschaft die möglichste Gleichmässigkeit in der Besteuerung auch wirklich erzielt wird, leistet hauptsächlich der Umstand Bürgschaft, dass die Einschätzung sich vollständig in den Händen von Gewerbetreibenden befindet, welche mit den Verhältnissen ihrer Konkurrenten natürlich am besten bekannt sind. Den Einschätzern wird die Bemessung der Steuer des einzelnen Steuerpflichtigen dadurch auch wesentlich erleichtert, dass sie nicht die absolute, sondern nur die relative Höhe des Gewerbseinkommens zu ermitteln haben. Vor der Neigung sich durch niedrige Schätzung den Gewerbsgenossen gefällig zu zeigen schützt hier die Nothwendigkeit das festgesetzte Steuersoll im Ganzen herauszubringen.

Die geschilderte eigenthümliche Methode des preussischen Einschätzungsverfahrens bei der Gewerbesteuer findet sich in ähnlicher Weise nur in dem dem preussischen nachgebildeten sächsischen Gewerbesteuergesetz. Zwar ist nach Vocke *) es auch in Baiern gestattet, dass jeder Gewerbsverein, sowie jede zu diesem Zwecke in einem Amtsbezirk gebildete Genossenschaft die den Verein oder die Genossenschaft treffende Gesammtsteuer nach freiem Uebereinkommen unter die einzelnen Gewerbsgenossen umlegen darf, in der Praxis scheint jedoch von dieser Ermächtigung wenig Gebrauch gemacht zu werden.

Trotz der geringen Verbreitung, welche die preussische Einschätzungsmethode zur Zeit noch findet, sind wir doch der Meinung, dass derselben nicht nur auf dem Gebiete der Gewerbesteuergesetzgebung die Zukunft gehört, sondern dass dieselbe auch hinsichtlich der Grundsteuereinschätzung die Brücke abzugeben im Stande ist, um zwischen den Anhängern und Gegnern des französischen Verfahrens eine Verständigung herbeizuführen.

Fassen wir nun die Anwendung der geschilderten Methode etwas genauer ins Auge, so finden wir einzelne Gewerbe, die ausnahmsweise nach abweichenden Prinzipien veranlagt werden. Es sind dies die Gewerbe der Brauer und Müller, die Transportgewerbe und der Gewerbetrieb im Umherziehen. Die *Brauer* werden nach Verhältniss des vorbrauchten Malzes besteuert, dessen Ermittelung ohnehin wegen der Braumalzsteuer nothwendig ist. Von den *Transportgewerben* werden die Eisenbahnen nach dem wirklichen Reinertrage besteuert — ein Verfahren, das ebenso dem besonderen für die Eisenbahnen geltenden Massstabe entspricht, wie es wegen der Oeffentlichkeit der Finanzverhältnisse bei diesem Gewerbe leicht ausführbar ist. Wie das Eisenbahngewerbe rein nach der germanischen Methode, so werden die *Müller, Schiffer, Pferdeverleiher* und *Gewerbetreibende im Umherziehen* rein nach der romanischen Methode besteuert. Hinsichtlich der Schiffer, Pferdeverleiher und Gewerbetreibenden im Umherziehen beruht die Unmöglichkeit der Bildung von Steuergesellschaften in der Natur des Gewerbebetriebes. Denn, wenn auch zahlreiche Gewerbetreibende derselben Art an einem Orte domizilirt sind, so dehnt sich doch ihr Ge-

---

*) Vocke, über das baierische Gewerbesteuergesetz vom 1. Juli 1856. Zeitschrift für die gesammte Staatswissenschaft. Jahrgang 1861 S. 46.

werbebetrieb geographisch nach so verschiedenen Richtungen aus, dass die für die Veranlagung innerhalb der Steuergesellschaften nothwendige gegenseitige Kenntniss der Gewerbetreibenden von dem Umfange ihres Gewerbsverdienstes durchgängig als nicht vorhanden angenommen werden kann, Weniger, als hinsichtlich dieser Gewerbe erklärt es sich, warum hinsichtlich der Müller lediglich das romanische Einschätzungsverfahren stattfindet.

Nachdem wir zuvor die Einzelheiten der gemischten Einschätzungsmethode einer näheren Prüfung unterzogen haben, kommen wir auf dieses bei einzelnen Gewerben beobachtete besondere Einschätzungsverfahren noch mit einigen Worten zurück.

Bei der *gemischten Methode* haben wir einmal die Art der Ermittelung des Steuersolls der *Steuergesellschaften*, sodann die Veranlagung des *einzelnen Steuerpflichtigen innerhalb der Steuergesellschaft* ins Auge zu fassen.

Die Bildung der Steuergesellschaft setzt die *Ausscheidung* derjenigen kleinen Gewerbetreibenden voraus, welche in Gemässheit des oben bereits erörterten finanziellen Prinzips von der Gewerbesteuer überhaupt freigelassen werden sollen. Es kommen in dieser Beziehung indessen ausser den Vermiethern möblirter Zimmer nur die kleinen Handwerker in Betracht, da aus den oben angeführten polizeilichen Rücksichten Kleinhändler und die kleinen Wirthe sämmtlich gewerbesteuerpflichtig bleiben, hinsichtlich der Bäcker und Fleischer man aber von der Voraussetzung ausgegangen ist, dass sie auch bei dem geringsten Umfange des Betriebes noch einen steuerbaren Gewinn zu erzielen im Stande sind. Während die Vermiether möblirter Zimmer erst bei dem Vermiethen von mehr als zwei heizbaren Stuben steuerpflichtig werden, kommt als Merkmal der beginnenden Steuerpflicht für die kleinen Handwerker theils die Zahl der Gehülfen, theils die Art des Absatzes ihrer Leistungen in Betracht.

Nach Hoffmann (S. 219) ist bei der Wahl der hinsichtlich der Handwerker geltenden Merkmale der Gesichtspunkt massgebend gewesen, das Handwerk, soweit es das Anfertigen neuer Waaren und Arbeiten betreibt, zu besteuern, dagegen diejenigen Handwerker von der Steuer frei zu lassen, welche sich mit Ausbosserungen und Flickarbeiten abgeben. So zweckmässig in dieser Beziehung im Allgemeinen auch das Unterscheidungszeichen nach der Anzahl der Gehülfen erscheint, so muss dasselbe doch zu Ungerechtigkeiten führen, wenn den verschiedenen Betriebsweisen gegenüber überall die Grenze dahin ge-

zogen ist, dass nur das mit einem erwachsenen Gehülfen und einem
Lehrling betriebene Handwerk steuerfrei ausgeht. Auf dem Lande
giebt es beispielsweise Schneider und Schuhmacher, die mit zwei oder
mehreren Gehülfen die ganze Woche hindurch von Hof zu Hof ziehen,
um gegen Kost und dürftigen Tagelohn die nöthigen Flickereien und
Arbeiten für den Bauer und sein Gesinde zu besorgen. Dem Meister
bleibt hier von dem Tagelohn der Gesellen wohl kaum mehr als ein
Silbergroschen täglich übrig. Diesen Klassen von Handwerkern erscheint die Steuerlast um so härter, wenn sie auf die Steuerfreiheit
anderer Meister desselben Handwerks blicken, welche, wenn auch nur
mit *einem* Gehülfen arbeitend, doch wegen des Aufenthalts in der
Stadt und der Arbeit gegen Stücklohn einen weit grösseren Gewerbsverdienst haben. Noch ungleichmässiger erscheinen aber die Grenzen
der Steuerfreiheit, wenn man dieselben bei verschiedenen Handwerksgruppen beobachtet, Wie sehr steht z. B. der Maurer oder Zimmerer
mit zwei Gehülfen an Gewerbsverdienst hinter dem Stubenmaler, Schlosser
oder Drechsler zurück, der allein oder nur mit einem Gehülfen arbeitet!
Und doch geht der letztere steuerfrei aus, während der erstere besteuert wird.

Neben der Gehülfenzahl bildet ein Unterscheidungsmerkmal der Steuerfreiheit der Umstand, ob der Handwerker ausser dem Jahrmarkt ein
offenes Lager von fertigen Waaren hält. Es mag im Allgemeinen
richtig sein, dass es in der Regel einen höheren Wohlstand bezeichnet,
wenn Handwerker, welche gewöhnlich nur bestellte Arbeit verfertigen,
auch ohne Bestellung abzuwarten, ihr Geschäft fortsetzen und gleich
den Fabrikunternehmern Lager von ihren Arbeiten zur freien Auswahl
der Käufer vorräthig halten. Indessen hat schon Hoffmann darauf aufmerksam gemacht (S. 200), dass es auch Handwerker giebt, deren Arbeiten
blos deshalb nie voraus bestellt werden, weil sie allzu unbedeutend
sind. »Niemand« bemerkt Hoffmann, »bestellt eine Bürste, ein Pfund
Bindfaden, ein Paar Seidenstränge, ein Schock Nägel, einen Korb und
ähnliche kleine Wirthschaftsbedürfnisse: der Bürstenbinder, Seiler,
Nagelschmied und Korbmacher muss sie vorräthig halten, wie geringfügig und armselig auch sein Geschäftsbetrieb sei.« Um die Härte,
welche in der Belastung dieser Handwerker mit der Gewerbesteuer
liegt, zu beseitigen, ist der Finanzminister durch die Novelle ermächtigt worden, »solchen Handwerkern, welche der Natur ihres Gewerbes
nach dasselbe in lohnender Weise nicht wohl betreiben können, ohne
auch ausser den Jahrmärkten ein offenes Lager fertiger Waaren zu

halten, oder die Wochenmärkte ihres Wohnortes zu beziehen, als Holzdrechsler, Seiler, Töpfer, den Betrieb des Gewerbes steuerfrei zu gestatten, so lange der Waarenvorrath nicht von erheblichem Umfange ist und diese Handwerker das Gewerbe nur für ihre Person oder mit einem erwachsenen Gehülfen und mit einem Lehrling betreiben.« Mag auch hierdurch und durch das zur Ausführung dieser Bestimmung unter dem 21. November 1861 ergangene höchst scharfsinnige Ministerialreskript der grössere Theil der Härten der Gesetzgebung in dieser Beziehung beseitigt sein; so ist diese Korrektur, abgesehen davon, dass das Mass derselben von dem Gutdünken des jeweiligen Finanzministers abhängt, doch mit einer Vermehrung des Schreibwerks bei der Jahresveranlagung verbunden, welche ausser Verhältniss mit der Bedeutung des Gegenstandes steht.

Was nun nach Ausscheidung der steuerfreien Personen die *Ermittellung des Steuersolls* der von den Steuerpflichtigen eines bestimmten Bezirks gebildeten Steuergesellschaften angeht; so bietet sich hierzu ein zweifacher Weg dar. Man kann entweder die Besteuerungsmerkmale der *einzelnen* zur Gesellschaft gehörigen *Gewerbsunternehmen* summiren oder direkt aus Merkmalen, welche einen Schluss auf die Produktionsverhältnisse der *ganzen Steuergesellschaft* zulassen, das Steuersoll berechnen. Die preussische Gesetzgebung schlägt lediglich den zweiten Weg ein, der jedenfalls die statistischen Arbeiten der Veranlagungsbehörden wesentlich vereinfacht. Besteuerungsmerkmale sind demnach neben der Grösse und Wohlhabenheit des Betriebsortes und der Art des Gewerbes entweder die *Zahl der Produzenten* d. h. der Mitglieder der Steuergesellschaft oder die *Zahl der Konsumenten* d. h. der Einwohner des Bezirks der Steuergesellschaft.

Die Berechnung des Steuersolls durch Vervielfachung der nach dem *Betriebsorte* und der *Gewerbsklasse* abgestuften Steuersätze mit der *Zahl der Produzenten* findet Anwendung hinsichtlich der Handels- und Fabrikgewerbe, der Handwerker, Wirthe, *in allen* Orten, sowie der Bäcker und Fleischer in Ortschaften von durchgängig weniger wie 10,000 Einwohnern. Es bleiben demnach für die zweite Art der Berechnung durch Vervielfachung mit der Zahl der Konsumenten nur noch die Bäcker und Fleischer in grösseren Städten übrig.

Fassen wir zunächst die erste Art der Berechnung ins Auge, so haben wir die *Richtigkeit* der massgebenden Besteuerungsmerkmale, ebenso wie ihre *Vollständigkeit* für die Berechnung des Gewerbsertrages zu prüfen. In ersterer Beziehung kann es keinem Zweifel unterliegen, dass sich aus der *Art eines Gewerbes* ebenso, wie aus der *Zahl der durch dasselbe beschäftigten Gewerbetreibenden* Schlüsse auf den Ertrag dieses Gewerbes in einem bestimmten Bezirke ziehen lassen. Einer genaueren Prüfung bedarf aber die Frage: ob und inwieweit die *Grösse, Wohlhabenheit und Gewerbsamkeit des Betriebsortes* auf den Gewerbsertrag bestimmend einwirken. Leicht zu entscheiden ist die Frage hinsichtlich aller derjenigen Gewerbe, welche vorzugsweise für den Konsum des Ortes arbeiten. Denn hier lässt sich nicht verkennen, dass mit der Bevölkerung auch für den einzelnen Gewerbsunternehmer die Möglichkeit eines grösseren Absatzes steigt, Ebenso erhellt es, dass die natürlichen Vortheile des Grossbetriebes dazu hindrängen, auf diese Möglichkeit hin den Betrieb möglichst zu erweitern. Abgesehen hiervon erzeugt aber auch die grössere Wohlhabenheit im Verein mit der grösseren Geselligkeit an dichter bevölkerten Orten eine feinere Lebensweise. Die durch letztere bedingten kostbareren Gegenstände der Konsumtion verlangen schon zu ihrer Herstellung neben grösserer Geschicklichkeit des Arbeiters ein grösseres Betriebskapital. In dieser Weise lässt sich allerdings die Abstufung der Steuersätze nach der Grösse und Wohlhabenheit des Ortes hinsichtlich der Bäcker und Fleischer, der Wirthe und des grösseren Theils der Handwerker rechtfertigen.

Erheblicher bestritten ist der Zusammenhang des Betriebsortes mit dem Geschäftsumfang hinsichtlich des nicht unmittelbar für den örtlichen Konsum arbeitenden Handels. Jakob, welcher in seinem Lehrbuch der Finanzwissenschaft die zur Berechnung des Steuersolls der Steuergesellschaften gewählten Besteuerungsmerkmale einer Kritik unterzieht, meint (S. 973), dass der Grosshandel mit Landesprodukten auf einem Dorfe, ja in einem einzelnen an einem schiffbaren Flusse liegenden Hause in einem viel grösseren Umfange könne getrieben werden, als in einer noch so grossen Stadt. Wir glauben indessen kaum, dass Jakob bei dieser Behauptung thatsächliche Verhältnisse vorschwebten. Wenn auch der Grosshandel in seinem Umfange nicht unmittelbar von der Einwohnerzahl des Ortes bestimmt wird, so findet der Geschäftsbetrieb an volkreichen Orten doch in allen seinen Operationen wesentliche Erleichterung. Hat wirklich damals, als Jakob sein Lehrbuch der Finanzwissenschaft schrieb, ein Grosshändler in einem einsamen Hause gewohnt, so darf man mit Sicherheit annehmen, dass die Entfernung von der Eisenbahn und Telegraphenstation, von der Börse und von Bankanstalten ihn längst aus demselben vertrieben hat.

Im Gegensatz zu derartigen Handelsgeschäften müssen wir die vollständige Unabhängigkeit von der Grösse und Wohlhabenheit des Betriebsortes hinsichtlich derjenigen *Gewerke* zugeben, deren Erzeugnisse eine weite Versendung ertragen und desshalb ein grosses Absatzgebiet finden. Es macht keinen Unterschied in dem Verdienste eines Webers, ob er seinen Stuhl in einem kleinen Dorfe oder in einer grossen Stadt aufstellt, ebenso gleichgültig ist die Grösse des Betriebsortes für die Produktion eines Hochofens und eines Walzwerks. In richtiger Weise nimmt das französische Gewerbesteuergesetz, welches sonst auch Ortsklassen kennt, bei der Besteuerung der genannten Gewerbe, wie auch der chemischen Fabriken, Kalkbrennereien, Koksöfen, Glasbläsereien, Steingutfabriken, Spinnereien etc. auf den Betriebsort gar keine Rücksicht.

Wenn das preussische Gesetz von 1820 in entgegengesetzter Weise verfuhr, so musste dies zu um so schrofferen Ungleichheiten führen, je mehr die Vervollkommnung der Verkehrsmittel und die Möglichkeit eines ausgedehnteren Güteraustausches unter den einzelnen Landestheilen die für den Weltmarkt arbeitenden Gewerbe sowohl an Zahl, wie an Umfang anwachsen liess.

Was nun die *Vollständigkeit* der besprochenen Besteuerungsmerkmale für die Berechnung des Gewerbsertrages angeht, so bemerkt Jakob (S. 97) dagegen Folgendes: »Zehn Grosshändler mit einer Million können ebensoviel kaufen, wie zwanzig Grosshändler mit demselben Kapital. Wo es wenige reiche Grosshändler giebt, da bemächtigen sich diese aller Geschäfte und lassen wenig Andere neben sich aufkommen, da ihr grosses Kapital sie in den Stand setzt, den Kunden bessere Bedingungen zu machen als andere weniger Reiche, die mit ihnen in Konkurrenz treten.«

Wir müssen hiergegen anführen, dass in dem Masse, wie einzelne Geschäfte einen hervorragenden Umfang annehmen, sich innerhalb desselben Gewerbes auch die Zahl der kleineren Gewerbetreiben vermehrt. Es hat dies seine natürliche Ursache darin, dass gewisse Verrichtungen eines Gewerbes mit dem Grossbetriebe desselben sich schwer vereinigen lassen. So beschäftigt sich ein grösserer Handwerker nicht gern mit Flickarbeiten, ein Hôtelwirth versteht sich schwer zur Verabreichung von Bier, ein Grosshändler bemüht sich nicht um die Besorgung von kleinen Speditions-, Kommissions- und Wechselgeschäften. Man kann daher wohl behaupten, dass auch das Mass des im Gewerbebetrieb thätigen Kapitals in der Zahl der Produzenten einen gewissen Ausdruck erhält. Eine Ausnahme wird man indessen doch zugeben müssen hinsichtlich der nicht örtlichen Gewerbe. Offenbar brauchen nämlich hier Kleinbetrieb und Grossbetrieb nicht in demselben Veranlagungsbezirk zusammenzutreffen, sondern können je nach den lokalen Verbindungen meilenweit von einander entfernt wohnen. Abgesehen hiervon kommt es hinsichtlich der örtlichen Gewerbe auch darauf an, dass das Gesetz Kleinbetrieb und Grossbetrieb vollständig in derselben Steuergesellschaft vereinigt. Wenn, wie dies bei den Handwerkern der Fall ist, die kleineren Gewerbetreibenden steuerfrei ausgehen, so ergiebt sich bei grösserer Konzentration des Kapitals in Folge des Verschwindens des mittleren Gewerbebetriebes für die betreffende Steuergesellschaft ein zu geringes Steuersoll. Wenn dagegen, wie namentlich bei den Handelsklassen, die kleinen Gewerbetreibenden desselben Produktionszweiges einer anderen Steuergesellschaft angehören, wie die grösseren, kapitalbesitzenden, so vermehrt sich die Steuerlast der ersteren in dem Masse, wie die der letzteren sich ungebührlich verringert.

Hinsichtlich der nicht örtlichen Gewerbe hat sich aus unserer Erörterung ergeben, dass dieselben in Gemässheit der Gesetzgebung von 1820 nicht nur nach theilweis unrichtigen, sondern auch nach unvollständigen Besteuerungsmerkmalen eingeschätzt werden. Man hat in der Novelle diesem Fehler dadurch abhelfen wollen, dass man die umfangreichsten Handels- und Fabrikgeschäfte aus den Ortsklassen ausschied und nach Regierungsbezirken zu besonderen Steuergesellschaften vereinigte. Je nach der Zahl und der Bedeutung der im Regierungsbezirk vorhandenen umfangreichen Geschäfte hat sodann der mit der Zahl derselben zu vervielfachende Steuersatz zwei Abstufungen.

Wir können diese Arts der Korrektur der Gesetzgebung von 1820 nicht als gelungen bezeichnen. Zunächst sind die umfangreichsten Gewerbe nicht gerade diejenigen, welche nicht örtlicher Natur sind. Wie z. B. eine grosse Gasfabrik doch zu den Ortsgewerben gehört, so arbeitet umgekehrt der kleine Webermeister für den ganzen Weltmarkt. Abgesehen hiervon hängt der Absatz und die Betriebsweise der nicht örtlichen Gewerbe so wenig, wie mit der Ortsgemeinde, mit dem Regierungsbezirk zusammen. Der Regierungsbezirk umfasst überhaupt nicht, wie die Ortsgemeinde, ein in gewisser Beziehung organisch verbundenes Produktionsgebiet, sondern bezeichnet nichts weiter als die räumlichen Grenzen einer Verwaltungsinstanz.

Wir haben nunmehr noch einen Blick zu werfen auf die Art und Weise, *wie sich die Steuersätze nach den Orts- und Gewerbsklassen verschieden abstufen.* Neben den nur für die Besteuerung der umfangreichsten Handels- und Fabrikgeschäfte in Betracht kommenden Bezirksklassen kennt die preussische Gesetzgebung vier Ortsklassen, in welche die Städte und Dörfer nach Massgabe ihrer Wohlhabenheit und Gewerbsamkeit eingereiht sind. Zur ersten Klasse gehören nach den Bestimmungen des Gesetzes die Städte Berlin, Breslau, Danzig, Köln, Königsberg in Preussen, Magdeburg, Stettin, Aachen und Elberfeld. Die zur zweiten Klasse gehörigen Städte giebt das Gesetz ebenfalls namentlich an, es sind dies etwa 120 Städte, welche 1820 durchschnittlich mehr als 6000 Einwohner besassen. In die dritte Klasse fallen in der Regel alle Städte mit mehr als 1500 Einwohnern, während die übrigen Städte und Ortschaften des platten Landes die vierte Klasse bilden. Diejenigen nahe gelegenen Anlagen und Oerter indess, welche durch und für die Gewerbe und Genüsse einer grossen oder Mittelstadt ganz oder doch hauptsächlich bestehen, sind in dieser Rücksicht als Zubehör derselben anzusehen und daher mit ihr zu einer Klasse zu bringen. Veränderungen in der zweiten Klasse können nur mit Königlicher Genehmigung, Veränderungen in den übrigen Klassen nur mit Zustimmung des Finanzministerii erfolgen.

Wir halten die Zahl von vier Ortsklassen, welche auch in der baierischen und badenschen Gesetzgebung angenommen ist, für ausreichend, um die örtliche Verschiedenheit des Betriebsumfanges genügend zu berücksichtigen. — Eine Vermehrung auf acht Klassen, wie sie die französische Gesetzgebung kennt, würde wesentlich die Einreihung der einzelnen Ortschaften erschweren und bei dem näheren Zusammenliegen der einzelnen Steuersätze einen Reiz zu willkürlichen Versetzungen einzelner Ortschaften abgeben. Je zahlreicher die Abstufungen der Steuersätze sind, um so häufiger müssen auch bei den wechselnden Verkehrsverhältnissen in den einzelnen Klassen Veränderungen vorgenommen werden. Wollte man diese von einem Akt des Gesetzgebers abhängig machen, so würden sie bei der Schwerfälligkeit, mit welcher Gesetze naturgemäss in konstitutionellen Staaten zu Stande kommen, in der Regel zu spät eintreten. Bei der Beschränkung auf vier Klassen erscheint es uns dagegen, zur Verhütung einer willkürlichen Vermehrung der Steuerlast durch die Verwaltung wohl zulässig.. Veränderungen in den Ortsklassen bei dem Widerspruch der Bezirksoder Provinzialvertretung von der Landesvertretung abhängig zu machen. Eine allgemeine Revision der jetzigen Klasseneintheilung, welche trotz der gänzlich umgestalteten Verkehrsverhältnisse vielfach noch dieselbe, wie diejenige von 1820 ist, würde einer grossen Zahl von Beschwerden Abhülfe zu verschaffen im Stande sein.

Was die Gewerbsklassen angeht, so zerlegt die Gesetzgebung die nach der in Rede stehenden Methode besteuerten Gewerbe in 7 Klassen.

Nachdem die Novelle die nach dem Besitz kaufmännischer Rechte sich unterscheidenden Klassen A und B in die nach anderen Merkmalen sich abgrenzenden Klassen A I., A II. und B. gespalten hat, sind dies folgende:

Klasse A I. Fabrik- und Handelsunternehmungen mit Einschluss der Kommissions-, Speditions-, Agentur-, Geld-, Wechsel-, Versicherungs- und Rhedereigeschäfte, sowie der auf Vermittelung von Handels- und Geldgeschäften gerichteten Gewerbe, mit Betrieb von *bedeutendem Umfang.*

Klasse A II. Dieselben Geschäfte bei *geringerem Betriebsumfange.*

Klasse B. Handelsgeschäfte *der geringsten Art* mit Einschluss der nicht handwerksmässigen Anfertigung von Waaren auf den Kauf, wie diejenigen der Höker, Trödler, Viktualien-, Obst- und Gemüsehändler und die diesen ähnlichen Gewerbe, *soweit ihr Umfang nicht als ungewöhnlich erheblich bezeichnet werden muss.*

Klasse C. Gast-, Speise- und Schankwirthschaft mit Einschluss der Vermiether möblirter Zimmer.

Klasse D. Bäckergewerbe.

Klasse E. Fleischergewerbe.

(Klasse F. und G. werden nach anderen Methoden besteuert.)

Klasse H. Handwerker, d. h. Verfertiger von Waaren, wobei das Werk der Hand das Meiste thut und nicht eine von dem Menschen nur in Gang zu bringende und zu leitende Naturkraft, wie z. B. eine chemische Operation durch Siedung, Gährung, Verdunstung u. s. w., eintritt.

Indem die Gesetzgebung die Gewerbetreibenden der Klassen A I., A II., B. und H. statt nach dem Gegenstand der Beschäftigung nach der Verschiedenheit der Betriebsweise abgrenzt, trennt sie Gross- und Kleinbetrieb in verschiedene Steuergesellschaften. Dies hat aber, wie bereits oben angedeutet, die Wirkung, dass sich bei grösserer Konzentration des Gewerbskapitals die Steuerlast der kleinen Gewerbetreibenden in demselben Masse vermehrt, als sich diejenige der grossen Gewerbetreibenden ungebührlich verringert.

Was, abgesehen von diesem prinzipiellen Fehler, die *Zahl* der Gewerbsklassen angeht, so müssen wir es tadeln, dass dieselbe sich nicht mit der Ortsklasse verändert. Je grösser die Stadt ist, um so stärker die Arbeitstheilung. Viele Gewerbsverrichtungen sondern sich in grossen Städten zum selbständigen Nahrungszweig für kleinere Gewerbetreibende ab. So ist in grösseren Städten die Zahl der Viktualienhändler, Höker etc. besonders gross. — Zählen diese Personen nun in einer Steuergesellschaft mit, welche in kleineren Orten nur eine sehr geringe Zahl solcher kleineren Gewerbetreibenden enthält, so entsteht hierdurch für die grösseren Städte eine unverhältnissmässig starke Belastung. Dergleichen hat man namentlich in Berlin mehrfach empfunden und aus diesem Grunde wurden denn auch durch Kabinetsordre vom 24. Juli 1837 daselbst von dem Steuersoll der die Höker, Butter- und Milchhändler einschliessenden Gewerbsklasse B. fünf Prozent nachgelassen. Durch die Novelle ist sogar allgemein dem Finanzminister die Ermächtigung ertheilt worden bis zu 10 pCt. des Veranlagungssolls der Klasse B. zu erlassen, wenn in einzelnen Städten der ersten und zweiten Klasse wegen des Vorhandenseins zahlreicher Obst-, Gemüse- und anderer ähnlichen Händler, die nur den niedrigsten Steuersatz aufzubringen vermögen, die Steuer für die übrigen Gewerbetreibenden dieser Klasse sich unverhältnissmässig hoch stellt. Offenbar ist es aber nicht der richtige Weg der Reform, statt der Verstopfung der Quelle des Uebels, durch das Gesetz die Verwaltung in dieser Weise zu ermächtigen, einzelne besonders stark hervortretende Symptome des Uebels zu beseitigen.

Während die gleiche Zahl der Gewerbsklassen in grossen Städten zu verschiedenartige Gewerbe in derselben Steuergesellschaft vereinigt, zerreisst sie auf dem platten Lande organisch verbundene Gewerbe in verschiedene Steuergesellschaften. Es gilt dies namentlich hinsichtlich des auf dem Lande mehrfach im Zusammenhang betriebenen Bäcker-, Fleischer- und Wirthschaftsgewerbes. Zählt ein dies mit einander verbindendes Geschäft, besonders sowohl in der Klasse der Bäcker, wie der Fleischer und Wirthe mit, so entsteht dadurch eine im Gesetz nicht beabsichtigte Ueberbürdung.

Andere Uebelstände liegen in der mangelhaften *gesetzlichen Abgrenzung der Gewerbsklassen* untereinander. Schon die Abgrenzung der Handwerkerklasse II., den Handelsklassen gegenüber, entbehrt einer scharfen Bestimmtheit. Indessen hat sich hier die Praxis bemüht, nach der vorwaltenden Betriebsweise hinsichtlich jedes einzelnen Produktionszweiges möglichst ins Klare zu kommen. Durch das mit grossem Scharfsinn abgefasste Ministerialreskript vom 19. September 1829 ist denn auch wirklich eine gewisse Gleichmässigkeit in der Veranlagung erzielt worden. Vollständig schwankend sind dagegen die Grenzen der Handelsklassen A I., A II. und B. untereinander, da der Begriff eines bedeutenden oder eines minder bedeutenden Umfanges, eines ganz verschiedenen Inhaltes je nach der subjektiven Ansicht des Einschätzers oder dem durchschnittlichen Umfang der in die drei Klassen einzuschätzenden Geschäfte fähig ist. Die zur Ausführung der Novelle erlassene Anweisung vom 12. August 1861 bemerkt in dieser Beziehung:

»Bestimmte Merkmale, aus denen auf den Umfang des Geschäfts mit solcher Sicherheit zu schliessen wäre, dass danach eine scharfe Grenzlinie zwischen den nach A I. und den nach A II. gehörigen Geschäften für alle Fälle gezogen werden könnte, lassen sich der Natur der Sache nach nicht aufstellen.«

In Gemässheit dessen beschränkt sich denn die Anweisung auch auf den wohlfeilen Rath, nicht zu viel und nicht zu wenig Geschäfte in die höheren Klassen einzureihen. Da sonach bei der Abgrenzung der Klassen Alles auf die willkürliche subjektive Anschauung der Veranlagungsbehörden ankommt, so ist neben der Ungleichmässigkeit der Veranlagung in verschiedenen Bezirken auch Gefahr dafür vorhanden, dass die Grenzen der höher besteuerten Klassen im fiskalischen Interesse mehr und mehr erweitert werden. Freilich sollen die Vertreter der Steuergesellschaften vor jeder Jahresveranlagung über die Abgrenzung der Klassen gehört werden. Das Gutachten derselben fällt aber moralisch schon deshalb nicht sehr ins Gewicht, weil dasselbe von einem einseitigen Interesse eingegeben sein kann. Denn nichts ist natürlicher, als dass die Vertreter der Steuergesellschaft sich gegen die Zugehörigkeit aller derjenigen Gewerbetreibenden aussprechen, welche nicht fähig sind, den Mittelsatz aufzubringen, um welchen sie das Steuersoll der Gesellschaft vermehren.

Die Unbestimmtheit der Grenzen der Gewerbsklassen kann unter diesen Umständen von einem geldbedürftigen Finanzminister auf die bequemste Weise zu einer Vermehrung der Steuerlast im Verwaltungswege benutzt werden. Es braucht nur ein Reskript an die Bezirksregierungen mit der Anweisung erlassen zu werden, bei der Einreihung der Geschäfte in die Klasse A I. mit grösserer Sorgfalt zu verfahren und der angeblich bedeutender entwickelten Industrie mehr als bisher Rechnung zu tragen. Werden darauf durch ganz Preussen auch nur tausend Gewerbetreibende aus der Klasse A II. in die Klasse A I. versetzt, so ergiebt dies schon für die Staatskasse ein Plus von 80,000 Thalern, Gegen eine solche Aushebung finden die Betroffenen noch weniger Schutz, als die Einkommensteuerpflichtigen gegen ein Hinaufschrauben in einer nach dem wirklichen Einkommen veranlagten Einkommensteuer. Bei der letzteren kann der Einzelne schlimmsten Falls durch Offenlegen der Handlungsbücher oder eidesstattliche Erklärung den Beweis führen, dass er das vermuthete Einkommen nicht beziehe. Bei der Gewerbesteuer dagegen befindet sich der Steuerpflichtige vollständig im Dunkeln darüber, was die einschätzende Behörde vermuthet hat, als sie ihn zur Steuerklasse der »bedeutenderen Geschäfte« versetzte.

Stützt der Reklamant seine Beschwerde auf den bedeutenderen Umfang des Geschäfts eines in der Klasse A II. verbliebenen Konkurrenten, so vermag die Veranlagungsbehörde durch spätere Heranziehung des letzteren diesen Einwand zu entkräften. Wir müssen daher in dieser Beziehung dem Abgeordneten Schöller vollständig Recht geben, wenn er bei der Berathung der Novelle im Abgeordnetenhause meinte (Stenogr. Bericht S. 703), die geeignetste Ueberschrift der Novelle sei: »Befugniss für den Finanzminister nach Bedürfniss oder Willkür einige Millionen Thaler mehr als bisher, von dem Gewerbestande zu erheben.«

Verschieden von der bisher besprochenen Methode wird das Steuersoll der Gesellschaften der Bäcker und Fleischer in den Städten erster und zweiter Klasse ermittelt. Wie bereits oben bemerkt, gilt für diese, neben der Grösse und Wohlhabenheit des Betriebsortes und der Art des Gewerbes, statt der Zahl der Produzenten die *Zahl der Konsumenten* als Besteuerungsmerkmal. Die Berechnung des Gewerbsgewinns nach letzterem Merkmal erscheint hinsichtlich der Bäcker und Fleischer aus dem Grunde zuverlässiger, weil sich annehmen lässt, dass das durchschnittliche Mass der Konsumtion in verschiedenen Veranlagungsbezirken ein gleichmässigeres ist, als das durchschnittliche Mass der Produktion. Letzteres zeigt namentlich deshalb erhebliche Abweichungen, weil das Bäcker- und Fleischergewerbe an vielen Orten fast durchgängig in Verbindung mit anderen Gewerben betrieben wird. Während aus diesem Grunde in Elberfeld ein Bäcker schon auf 307 und in Malmedy sogar auf 140 Einwohner kommt, zählt Berlin erst auf 1407 Einwohner einen solchen.

Die genannte Methode der Besteuerung auch auf die Bäcker und Fleischer in kleineren Orten anzuwenden, musste man füglich aus dem

Grunde Bedenken tragen, weil dort die dieser Methode zu Grunde
liegende Präsumtion, dass jeder Einwohner des Ortes Kunde des
Bäckers und Fleischers ist, wegen der häufigen Sitte des Backens und
Schlachtens auf eigene Rechnung nicht durchgängig zutrifft. Die
Richtigkeit der Berechnung der Zahl der Konsumenten aus der Einwohnerzahl ist von Jakob auch hinsichtlich grösserer Städte angegriffen
worden. Seine Einwendungen, welche in neuerer Zeit wieder in Petitionen der Bäcker und Fleischer wegen Steuerüberlastung aufgetaucht
sind, stützen sich in der Hauptsache darauf, dass nicht nur viel Landbrod in die Städte eingeführt werde, sondern dass die Städter auch viel
Brod und Fleisch während ihrer oft periodischen Abwesenheit vom
Orte auswärts verzehrten. Die Thatsache der beträchtlichen Einfuhr
von Landbrod in die Städte wird in dem Kommissionsbericht des Abgeordnetenhauses zu dem Gesetzentwurf von 1857 hauptsächlich damit
erklärt, dass die Landbäcker selten oder niemals reines Roggenbrod
backten, sondern demselben durch Vermischung mit Weizenmehl ein
besseres Aeussere zu geben suchten. Während sie dafür die Mahlsteuer vom Roggenbrod mit 9 Sgr. pro Ctr. zahlten, müssten die
städtischen Bäcker das Weizenmehl mit 1 Thlr. 6 Sgr. pro Ctr. ver-
steuern, könnten daher in Bezug auf solches gemischtes Backwerk mit
jenen nicht konkurriren. Wenn dies richtig ist, so liegt der Grund
der günstigeren Stellung der Landbäcker, aus welchem ihre Konkurrenz
hervorgeht, in fehlerhaften Bestimmungen der Schlacht- und Mahl-
steuergesetzgebung und muss daher auch dort die verlangte Remedur
eintreten. Wir sollten übrigens meinen, dass bei einiger Anstrengung
die Stadtbäcker die Landbäcker um so leichter aus der Stadt fern zu
halten im Stande wären, als sie nicht nur bei dem Absatz ihrer Waaren
jene erheblichen Transportkosten sparen, sondern auch nicht das Risiko
tragen, dem sich die Landbäcker aussetzen, wenn sie für Waaren die
Schlacht- und Mahlsteuer entrichten, welche sie vielleicht wieder aus
der Stadt ohne Rückersatz der Steuer hinausführen müssen. Dasselbe
lässt sich auch von den Fleischern sagen. Wenn man hinsichtlich
dieser wie der Bäcker noch auf die periodische Abwesenheit vieler
Städter hinweist, so findet dieser Umstand seine Gegenrechnung darin,
dass auch viele bei Berechnung des Steuersolls nicht mitzählende
Fremde sich periodisch in grossen Städten aufhalten. Namentlich verdient auch noch Erwähnung, dass die Landleute bei der Rückkehr vom
Markte viel feines Gebäck aus der Stadt mit nach Hause nehmen.
Um trotz alledem eine ungleichmässige Belastung einzelner Ortschaften

zu verhüten, ist durch die Novelle der Finanzminister ermächtigt worden, die Steuersätze der Bäcker und Fleischer bis auf die Hälfte zu ermässigen, wo nach seiner Ansicht die Konsumtion des am Orte produzirten Brodes und Fleisches wegen erheblicher Einfuhr oder aus anderen Gründen eine unbedeutendere ist.

Nach unserer Ansicht sind die Klagen der Bäcker und Fleischer weniger aus den angeführten Gründen als in der Beziehung gerechtfertigt, dass die Steuersätze der ersten Ortsklasse denjenigen der zweiten Ortsklasse gegenüber zu hoch bemessen worden. Mit Rücksicht auf die grosse Zahl von Handarbeitern, welche sich in grossen Städten der besseren Erwerbsgelegenheit wegen zusammendrängen, lässt sich sogar bezweifeln, ob es überhaupt gerechtfertigt ist für Städte der ersten Ortsklasse ein grösseres Mass der Konsumtion, namentlich von Fleisch, pro Kopf der Bevölkerung anzunehmen, als für Städte der zweiten Ortsklasse. Wir glauben, dass die Resultate der Schlacht- und Mahlsteuer diesen Zweifel eher zu verstärken als zu beseitigen im Stande sind.

Wir haben nunmehr die *Veranlagung der einzelnen Steuerpflichtigen innerhalb der nach den geschilderten beiden Methoden besteuerten Steuergesellschaften* ins Auge zu fassen. Es kann offenbar die gleichmässige Veranlagung nur fördern, wenn verwandte Gewerbe betreibende Steuergesellschaften desselben Ortes sich zu einer *Veranlagungsgesellschaft* vereinigen. Namentlich bietet eine solche Vereinigung ein Mittel dar, um Ungleichmässigkeiten bei der Tarifirung der verschiedenen Besteuerungsmerkmale minder fühlbar zu machen. Die preussische Gesetzgebung hat indessen von diesem Ausgleichungsmittel keinen Gebrauch machen können, weil namentlich die verschiedenen von ihr beobachteten polizeilichen Rücksichten für manche Gewerbe, wie z. B. der Wirthe, Kleinhändler, einen *verschiedenen Besteuerungsmassstab* vorschreiben, innerhalb einer Veranlagungsgesellschaft aber offenbar nur nach *einem* Massstabe gemessen werden kann. Statt verschiedene Gewerbe desselben Ortes hat dagegen die Gesetzgebung *dasselbe* Gewerbe aus *verschiedenen* Orten zu einer Veranlagungsgesellschaft verbunden. So sind die Handelsgewerbe der Klassen A II. und B., die Wirthschaftsgewerbe, Handwerker, Bäcker und Fleischer des platten Landes durch den ganzen landräthlichen Kreis hindurch zu je *einer* Veranlagungsgesellschaft vereinigt worden. Diese Einrichtung giebt zu den lebhaftesten Beschwerden Veranlassung. Da nämlich die einzelnen Handwerker, Wirthe, Handelsleute nur mit den Gewerbsgenossen ihrer nächsten Nachbarschaft in Verbindung stehen, so suchen sie möglichst aus ihrem Orte einen Vertreter bei der Einschätzung zu gewinnnen. Es kann dadurch leicht kommen, dass eine bei der Wahl in der Minorität bleibende Ortschaft ohne Vertretung in der Kommission sich befindet, Dies ist aber um so misslicher, als die Mitglieder der Kommission nur eine geographisch beschränkte Kenntniss von den Gewerbetreibenden des ganzen Kreises besitzen. Die unvertretene Ortschaft läuft hierbei um so mehr Gefahr übermässig belastet zu werden, als gewiss keiner der Einschätzer es versäumen wird, irgend einen für die geringere Veranlagung seiner Ortschaft sprechenden Grund unerwähnt zu lassen. Auch hinsichtlich der in der Komission vertretenen Ortschaften ist die gleichmässige Veranlagung lediglich von dem Grade der Vollständigkeit und Aufrichtigkeit der thatsächlichen Angaben abhängig, welche der einzelne Einschätzer über die Verhältnisse der Gewerbetreibenden seiner Ortschaft macht. Herrscht in dieser Beziehung unter den Einschätzern nur das geringste Misstrauen, so entsteht bei der Unmöglichkeit, die gegenseitigen Behauptungen zu prüfen, leicht ein Wetteifer, ohne Rücksicht auf die übrigen Kreisinsassen für die eigene Nachbarschaft die möglichst günstige Veranlagung zu erzielen. Die Ueberzeugung von der Unsicherheit einer Veranlagung durch ganze Kreise hat in der Rheinprovinz schon mehrfach dazu geführt, gegen die Bestimmungen des Gesetzes die Veranlagungsgesellschaften auf den Umfang der Steuerempfangsbezirke zu beschränken. Als die Richtigkeit der Veranlagung wenig fördernd müssen wir es auch bezeichnen, wenn die Einschätzer der Kleinhändler und Handwerker, anstatt aus der Wahl ihrer Gewerbsgenossen hervorzugehen, von der Veranlagungsbehörde ernannt werden. Der Mangel an Vertrauen, welchen der Gesetzgeber durch diese Zurücksetzung gegen die übrigen Gewerbsklassen bekundet, steht in schneidendem Widerspruche mit dem Wahlrecht zu den wichtigsten staatlichen und kommunalen Funktionen, welches doch auch den Kleinhändlern und Handwerkern zusteht. Wenn man die Befürchtung ausspricht, die betreffenden Gewerbetreibenden würden sich ohnehin schwerlich zu dem Wahlakt der Einschätzer einfinden, so theilen wir dieselbe nur insofern, als der Wahlakt so unbequem eingerichtet wird, dass der Verlust von Arbeitszeit ausser Verhältniss zu der Wichtigkeit des Gegenstandes steht.

Gleich ungerechtfertigt, wie die Ernennung der Vertreter dieser Gewerbsklassen, erscheint die Bestimmung, wonach denselben nicht eine entscheidende, sondern nur eine *begutachtende Stimme* bei der Veranlagung zukommt. Wer nur zu rathen, nicht auch zu beschliessen hat, verfährt bei der Bildung seines Urtheils leicht mit weniger Eifer und geringerer Gewissenhaftigkeit. — Die Behörden haben aber um so mehr Ursache auf ein möglichst gründliches und scharfes Urtheil der Vertreter der Steuerpflichtigen hinzuwirken, als sie selbst kaum im Stande sind, sich ein zuverlässiges Urtheil zur Sache zu bilden.

Obwohl bereits durch die Bestimmung, dass unter fünf Abgeordneten einer das Gewerbe im geringsten, einer im höchsten und zwei im mittleren Umfang betreiben müssen, einer Ueberlastung des Gross- oder Kleinbetriebes innerhalb der Steuergesellschaften vorgebeugt wird, sind zum Schutze des Grossbetriebes auch bei den Handwerkern, Bäckern und Fleischern *Minimalsätze* eingeführt worden. Dieselben können hier nicht aus polizeilichen Gründen, wie bei den Wirthen und Anderen gerechtfertigt werden. — Hoffmann bemerkt S. 205 zur Rechtfertigung dessen: »Der Unterschied zwischen dem Wohlhabensten und dem Aermsten in einerlei Geschäftsbetriebe erscheint den meisten Vertheilern so gross, dass sie leicht verleitet werden, den niedrigsten Satz so gering zu stellen, dass den wenigen Ausgezeichneten Belastungen, welche das Gesetz in solchem Masse nicht beabsichtigt, aufgebürdet werden müssen, um den Mittelsatz im Durchschnitt herauszubringen.« Es lässt sich wohl schwerlich rechtfertigen, dass man, um eine Benachtheiligung der grossen Gewerbetreibenden den kleinen gegenüber zu verhindern, diesen ersteren schon von vornherein eine Erleichterung auf Kosten der letzteren zu Theil werden lässt. Letzteres geschieht nämlich so oft, als die Minimalsätze verhindern, einen kleinen Gewerbetreibenden mit einem geringeren Steuersatz angemessen zu belegen. Denn in gleichem Masse, als diese kleinen Gewerbetreibenden demnach zu hoch besteuert werden, vermindert sich das von den grossen Gewerbetreibenden an den Durchschnittssätzen zu deckende Steuersoll. Abgesehen von der Ungerechtigkeit dieses Mittels muss man sich auch über die Inkonsequenz wundern, mit der man es verabsäumt hat für die Bäcker und Fleischer in den beiden ersten Ortsklassen, für welche doch auch die angeführten Gründe zutreffen müssten, solche Minimalsätze festzustellen.

Ein anderes Hinderniss einer den individuellen Verhältnissen des Einzelnen sich anpassenden Veranlagung finden die Einschätzer in den durch das Gesetz bestimmten Abstufungen der Steuersätze. Die bei der Veranlagung zulässigen Steuersätze sind nämlich nur folgende: 1, 2, 4, 6, 8, 12, 14, 16, 18, 20, 24, 28, 30, 32, 36, 44, 48, 54, 60, 66, 72, 84, 96 u. s. w. Thaler. Ein Grund zur Festsetzung von Abstufungen überhaupt lässt sich nur in der leichteren Erhebung der hiernach berechneten monatlichen Theilzahlungen finden. Diesem Umstande scheint uns aber schon zur Genüge Rechnung getragen zu werden, wenn die Steuersätze von 1 bis 12 Thlrn. sich mit je 1 Thlr., von 12 bis 24 Thlrn, mit je 2 Thlrn., von 24 bis 48 mit je 4 Thlrn., und darüber mit je 6 Thlrn. abstufen. — Wir haben nunmehr noch einen Blick auf die besonderen Methoden zu werfen, nach welchen aus den bereits oben entwickelten Gründen der Ertrag einzelner Gewerbsklassen berechnet wird. Die Berechnung der Gewerbesteuer der Brauer nach Verhältniss des konsumirten Braumalzes und der Eisenbahnen nach Verhältniss des wirklichen Reinertrages ist so einfach, dass sich hinsichtlich derselben nichts zu bemerken findet. Von den nach rein romanischer Methode eingeschätzten Gewerbsklassen sind namentlich für die *Müller* die Besteuerungsmerkmale den verschiedenen Betriebsarten angepasst. Das Gesetz unterscheidet nämlich Windmühlen, Wassermühlen, Pferde- und Dampfmühlen. Für die Windmühlen gelten verschiedene Steuersätze, je nachdem dieselben nach dem Grade der Beweglichkeit des Mühlenwerkes zu den holländischen Mühlen, den Paltrocken oder den Bockmühlen gehören. Wassermühlen werden nach Mahlgängen besteuert. In Oelmühlen gilt jede Presse, in sonstigen Stampfmühlen gelten je sechs Läufe im Grubenbaum für einen Mahlgang. In Schneidemühlen mit einer Säge zählt diese für einen halben Mahlgang, in anderen Schneidemühlen jedes Sägegatter für einen ganzen Mahlgang. Für die Mahlgänge finden wieder verschiedene Steuersätze Anwendung, jenachdem dieselben das ganze Jahr hindurch oder nur von Michaelis bis Johannis oder endlich nur von November bis Mai Wasser zum Betriebe haben. Rossmühlen werden nach der Zahl der zum Betriebe verwandten Pferde, Dampfmühlen nach der Pferdekraft der Maschinen besteuert. Erwägt man, dass Mühlen, die als Maschinen zum Bergbau, zum Hütten- und Salinenwesen gehören oder zur Bearbeitung von Fabrikmaterialien dienen, wie auch Hammer-Bohr-, Schleif-, Papier-, Loh- und Walkmühlen, nach der Methode der Handelsgewerbe oder des Handwerks eingeschätzt werden, so müssen die aufgeführten Besteuerungsmerkmale ebenso ausreichend wie zutreffend erscheinen. *Fuhrleute* werden mit den *Dampfschiffern* nach der Zugkraft, *Segelschiffer* nach der Traglast der Schiffe besteuert. Segelschiffe von weniger als drei Traglasten und Fuhrleute mit nur einem Pferde sind steuerfrei. Die Rhederei wird nach der Methode der Handelsgewerbe eingeschätzt. Man hat die Besteuerung der Dampfschiffe nach der Pferdekraft der Maschinen, welche erst durch die

Novelle eingeführt worden ist, als einen Rückschritt gegen die frühere Besteuerung nach der Traglast bezeichnet. Wir können uns hiermit nicht einverstanden erklären. — Offenbar bestimmt sich der Gewerbsertrag des Schiffers ebenso wie nach der Traglast des Schiffsgefässes auch nach der Zahl der in einem gewissen Zeitraum gemachten Fahrten. — Der letztere Faktor kommt aber bei Dampfschiffen um so mehr in Betracht, als eine Abkürzung der Dauer der einzelnen Fahrten bis zu einem gewissen Grade durch Aufstellung kräftigerer Maschinen in der Gewalt des Schiffers liegt. Würden die Dampfschiffe daher, statt nach der Pferdekraft der Maschinen, welche übrigens auch von der Traglast bedingt wird, direkt nach der Traglast besteuert, so würden die schnellfahrenden Schiffe vor den übrigen zu niedrig veranlagt erscheinen.

Ganz zweckmässig sind auch die Besteuerungsmerkmale für die *Gewerbetreibenden im Umherziehen* ausgewählt. Denn abgesehen von dem für dieselben geltenden verschiedenen Steuerfuss richten sich die Preise der Gewerbescheine hier nach der Art der Transportmittel, der Gattung des Gewerbes, der Zahl der Gehülfen wie der Ausdehnung des Betriebes über einen oder mehrere Regierungsbezirke.

Wie von der richtigen Auswahl der Besteuerungsmerkmale wird eine gleichmässige Veranlagung auch von der *gleichmässigen Tarifirung der Besteuerungsmerkmale* untereinander bedingt. — Für die preussische Gesetzgebung kann es indessen nur auf eine Verhältnissmässigkeit der Steuersätze für Handel, Handwerk, Bäcker, Fleischer und Müller ankommen, da die Veranlagung der übrigen Gewerbetreibenden, wie wir im ersten Abschnitte unserer Erörterung gesehen haben, nach einem aus verschiedenen Gründen abweichenden Steuerfusse vorgenommen wird. Unter den nach gleichem Steuerfuss zu veranlagonden Gewerbetreibenden erscheinen uns gegenüber den Handelsgewerben und dem Handwerk die Steuersätze der Bäcker, Fleischer und Müller zu hoch gegriffen. Dass hinsichtlich der Bäcker und Fleischer trotz der denselben theilweise durch die Novelle gewährten Erleichterung noch eine Ueberbürdung besteht, geht schon daraus hervor, dass die von denselben aufzubringende Steuer 9½ pCt. des Gesammtertrages der Gewerbesteuer exkl. Eisenbahnabgabe beträgt, während die Gesammtsteuer der auch alle Fabriken umfassenden Handelsklassen kaum 40 pCt. erreicht. Die unverhältnissmässige Belastung namentlich der Bäcker erhellt auch schon aus der Vergleichung der Steuersätze selbst. So entspricht die von den Bäckern in den Städten erster Klasse durchschnittlich entrichtete Steuer schon dem Mittelsatze der Handelsklasse A II. Die

Steuersätze der Bäcker und Fleischer der dritten und vierten Ortsklasse übersteigen diejenigen der Handwerker um die Hälfte, und diejenigen der Kleinhändler in der vierten Klasse um das Doppelte. Es lässt sich wohl bezweifeln, ob bei Abmessung dieser Steuersätze der Umstand hinreichend gewürdigt worden ist, dass gerade in der dritten und vierten Ortsklasse das Bäcker- und Fleischergewerbe vielfach nur als Nebengewerbe betrieben, auch in seinem Ertrage wesentlich durch die Sitte des Backens und Schlachtens in eigener Wirthschaft geschmälert wird.

Hinsichtlich der Müller, welche 10 pCt. des Gesammtertrages der Gewerbesteuer exkl. Eisenbahnabgabe aufbringen, scheint die hohe Tarifirung der Steuersätze hauptsächlich in der Unterlassung einer die seit 1820 veränderten Betriebsverhältnisse berücksichtigenden Revision ihren Grund zu haben. Diese Revision ist aber um so nothwendiger, als mit dem Verschwinden der Zwangs- und Bannrechte in diesem Gewerbe allmälich an Stelle des früheren Monopols eine lebhafte Konkurrenz getreten ist. Auch im Verhältniss der einzelnen Mühlenklassen zu einander scheinen in Folge der vielfach veränderten Mechanik Missstände in der Tarifirung entstanden zu sein; so wird namentlich über die zu niedrige Tarifirung der Dampfmühlen gegenüber den nur zeitweise arbeitenden Wind- und Wassermühlen vielfach Beschwerde geführt.

Düsseldorf, den 8 Juni 1863.

Studien über Freizügigkeit.

Von

Dr. Carl Braun.

I.

Wir glauben irgendwo bei C. Vogt gelesen zu haben, dass es eine niedere Art von Thieren giebt, welche, an einer gewissen Stufe ihres Lebens angelangt, aufhören, sich frei zu bewegen. Während sie bis dahin sich lustig im Meere getummelt haben, saugen sie sich plötzlich an irgend einem Felsen an, verlieren die Bewegungsorgane, ja, wenn wir nicht irren, sogar den Kopf, und führen von da an bis an den Rest ihrer Tage ein stilles, beschauliches, vegetatives Leben, unbekümmert um die Stürme der Welt und unbehelligt von den Gefahren der oceanischen Freizügigkeit. Wenn man die Entwickelung der Freizügigkeit in Deutschland betrachtet, ist man in Gefahr, an jene Thiere erinnert zu werden, und nur der neuere wirthschaftliche und politische Aufschwung der Nation erweckt einige Hoffnung auf bessere Gestaltung.

Nachdem die germanische Race sich zur Zeit der Völkerwanderung in der ganzen Welt herumgetummelt und auch später noch die deutschen Könige keine feste Residenz hatten, sondern mit ihrer Hofhaltung wandernd von Ort zu Ort zogen, auch sogar die deutschen Reichstage Wanderversammlungen waren (freilich in einem anderen Sinne als es kürzlich wieder Herr von Beust in Dresden vorgeschlagen), sehen wir später nach und nach unter den Einwirkungen des Feudalsystems die Menschen fast erstarren. Es ist nicht mehr der Mensch, der das Grundeigenthum beherrscht, sondern das Grundeigenthum beherrscht den Menschen. Der letztere ist nur noch ein Appendix des ersteren und nimmt dessen unbeweglichen Charakter an. Das Aufblühen der deutschen Städte im zwölften und dreizehnten Jahrhundert bringt zwar das halb erstorbene wirthschaftliche Leben wieder in Fluss. Allein auch diese Blüthe welkt wieder. Die Gestaltungsversuche der Reichsritterschaft scheitern und die stürmischen Anläufe der Bauern nach politischer, religiöser und wirthschaftlicher Freiheit werden blutig zurückgeschlagen.

Der Feudalstaat, innerlich gebrochen, giebt sein Regiment an den absolutistischen Polizei- und Fiskalstaat ab, dessen Träger die seit Ende des siebenzehnten Jahrhunderts von der Reichsgewalt fast ganz emanzipirten Fürsten sind. Allein der Polizeistaat ist der Freizügigkeit nicht günstiger, als der Feudalstaat. Aus Furcht vor dem Anwachsen der Lasten der öffentlichen Armenpflege, welche er sich aufgeladen, aus Besorgniss vor der Konkurrenz für seine Unterthanen, welche er »beschützt«, um sie besteuern zu können, aus Ueberschätzung seines Territoriums, welches er für das bestregierte und für das trefflichste aller möglichen und denkbaren Länder hält, wehrt er mit wenigen Ausnahmen jeden Zuzug sorgfältig ab. Er erlässt die strengsten Strafgesetze gegen Bettler, Vaganten, Vagabunden und »verdächtiges Gesindel«. Er verbietet seinen Unterthanen das Auswandern oder das Mitnehmen des Vermögens, oder erhebt wenigstens von dem letzteren, aus zärtlicher Besorgniss für den Fiskus, eine entsprechende Abzugssteuer.

Die einzige gern gesehene Art der Freizügigkeit besteht in dem Verkauf von Soldaten an fremde Mächte, wie ihn der Kurfürst von Hessen und der Herzog von Würtemberg im vorigen Jahrhundert geübt haben. Und noch im Jahre 1815 versteht die deutsche Bundesakte, welche unter den ausserordentlich mageren Grundrechten, die sie der deutschen Nation garantirt, (die Mehrzahl derselben ist indess in dem halben Jahrhundert, das seitdem verflossen, nicht zur Ausführung gekommen) auch die »Freizügigkeit« aufführt, darunter nichts, als dass Niemand gehindert werden soll in dem Wegziehen aus dem einen Bundesstaat in den andern, d. h. sofern ihn der letztere aufnehmen will, was er aber von Bundeswegen ganz machen kann, wie es ihm beliebt, dass ferner von dem Vermögen des Wegziehenden kein Abzugsgeld oder Nachsteuer (im juristischen Küchenlatein »jus detractus oder gabella emigrationis« genannt, wie das genannte Grundgesetz der deutschen Nation ausdrücklich in Parenthese beizufügen, nicht unterlässt), erhoben werden darf, d. h. nur insofern das Vermögen in einen andern deutschen Bundesstaat und nicht sonst wohin übergeht. In der That, dieser Ausbund volkswirthschaftlicher Weisheit bei den hohen Gründern des deutschen Bundes muss heut zu Tage Staunen und Bewunderung erregen.

Interessant ist es zu beobachten, wie sich in den *Städten* während des *zwölften und dreizehnten Jahrhunderts* allmälig die Freiheit der Person und des Eigenthums und damit auch die auf dieser doppelten Basis ruhende Freizügigkeit entwickelte. Je mehr die Bevölkerung der Städte wuchs, desto mehr drängte Alles auf Befreiung des Grundeigenthums hin, das ursprünglich in den Städten, vereinigt in den Händen des Patriziats, in derselben starren Gebundenheit sich befand, wie auf dem Lande. Es musste gebaut und folglich parzellirt, es musste getheilt und Besitz und Eigenthum gewechselt werden können. Es wurden bewegliche Werthe geschaffen; die Liegenschaften wurden in den freien Verkehr gezogen; an die Stelle der Natural-, trat die Geldwirthschaft.

Zunächst half man sich mit *Verleihung* des Grundeigenthums. Die Gärten, Aecker, Wiesen, Weinberge, welche die Umgebung der Städte bildeten, wurden von den Familien, in deren Eigenthum sie sich befanden, parzellirt und gegen einen festen jährlichen Zins, früher Natural-, dann Geldzinns, in Leihe gegeben, theils in Erbleihe, theils in Leihe auf längere Zeit, (letzteres ähnlich wie heute noch das städtische Grundeigenthum in England auf 99 Jahre zu Bauplätzen verliehen wird). Dadurch war die Möglichkeit des Zuzugs und des Neubaues eröffnet. Zugleich lockerten sich die Bande der *Hörigkeit.* Auch in den Städten waren die persönliche Freiheit und der Besitz von Grundeigenthum ursprünglich untrennbar verbunden, und wer keinen Grundbesitz oder nur abgeleiteten Grundbesitz hatte, war hörig. Die Leihe vermittelte zwischen diesen beiden schroff entgegenstehenden Kasten der freien Besitzenden und der Recht- und Besitzlosen. Die Leihträger wurden frei. Auch das diente dazu, den Zuzug zu vermehren. Allmälig entwickelte sich das bewegliche Kapital. An die Stelle der Leihe trat der *Kauf*, d. h. die wirkliche Uebertragung des ganzen und vollen Eigenthums gegen Zahlung von Geld oder Bestellung eines Zinses. Der Kauf wurde erst möglich durch Entfesselung des Kapitals, das, als es anwuchs, die bisherigen Schranken nicht mehr ertrug. Nach dem bisherigen Recht war der Kredit dadurch erschwert, dass das Nehmen von Zinsen absolut verboten war, wenigstens den Christen untereinander (den Juden sah man schon lange durch die Finger). Nun aber kam der *Rentenkauf* auf, d. h. man legte Kapital in der Weise an, dass sich der Kapitalist gegen Verabreichung des Darlehns oder gegen Gewährung des Kredits zwar nicht Zinsen versprechen, wohl aber aus den Liegenschaften seines Schuldners einen Grundzins bestellen liess. Im Grunde genommen war dies ein verschleiertes Dahrlehn und unterschied sich von einem gewöhnlichen nur dadurch, dass der Gläubiger die Stellung eines Grundherrn einnahm und dem Schuldner nicht kündigen konnte, wofür er aber dadurch wieder schadlos gehalten wurde, dass die Rente als eine dingliche Last auf dem Grundstück haftete und ihm damit volle Sicherheit für deren Bezug gewährt war.

Die Einführung des Rentenkaufs in das deutsche Vertragsrecht, welche von dem zwölften Jahrhundert an datirt, erleichterte ausserordentlich die Befreiung der Person und des Eigenthums in den Städten. Der Kaufliebhaber hatte entweder selbst das Kapital oder er konnte es durch Rentenverkauf erwerben. Damit war ihm die Möglichkeit, Grundeigenthum zu erwerben, gegeben. Der Verkäufer konnte auch auf Kredit verkaufen und sich einen Grundzins bestellen lassen. So wurde das städtische Grundeigenthum nach und nach emanzipirt und in den freien Verkehr gezogen. Die bisher Besitzlosen wurden Besitzende und die Hörigen durch ihren Besitz Freie. Auch die sonstigen politischen Unterschiede wurden nach heissen Kämpfen zwischen den Geschlechtern und den Handwerkern niedergekämpft. Die Geschichte des städtischen Eigenthums ist für die wirthschaftliche Geschichte der Nation von der grössten Wichtigkeit. Dies ist der Grund, aus welchem wir unsere Volkswirthe auf die treffliche Schrift des Professor Dr. Arnold aus Basel »Zur Geschichte des Eigenthums in deutschen Städten« (Basel 1861) hierdurch dringend aufmerksam machen.

In einzelnen Städten emanzipirten die Geschlechter freiwillig die Hörigen, die ihnen in dem Kampf um ihre munizipale Selbständigkeit nach aussen getreulich zur Seite gestanden. Der Rath von Pistoja verfügte die Freilassung »im Angedenken an den Werth der Freiheit.« Aehnlich in Bologna.

Die Städte — wir sprechen hier zunächst von italienischen und deutschen Städten in der Zeit vom zwölften bis vierzehnten Jahrhundert, und nehmen wegen der letzteren auf *Arnold* wegen beider aber auf den fünften Band von *Raumer*'s »Hohenstaufen« Bezug — waren damals nicht so banausisch-engherzig, nicht so schild- und kleinbürgerlich, wie sie es heut zu Tage vielfach sind. Statt den Zuzug abzuwehren, öffneten sie ihm breit ihre Pforten. Sie luden Alle, welche mühselig und beladen waren, alle Landbewohner, welche sich im Zustande der Leibeigenschaft oder Hörigkeit befanden und von ihren Herrschaften gedrückt wurden, ein, in dem Gebiete der Stadt Schutz und Gedeihen zu suchen. Man kann sich denken, dass eine solche ausdrückliche oder stillschweigende Aufforderung nicht ohne Erfolg blieb. Denn die Zuziehenden fanden in den Städten persönliche Freiheit, reichlichen Erwerb und die Möglichkeit Grundeigenthum zu acquiriren. Während jetzt die verschiedenen Territorien Ausweisungen vornehmen und mit ihren Nachbarn wegen der Uebernahme Heimathloser streiten, nahmen damals die Städte die Zuziehenden mit offenen Armen auf und verweigerten dem Adel und der Geistlichkeit, welche die Entlaufenen reklamirten, deren Auslieferung. So wuchsen damals die Städte durch die Freizügigkeit, und diese hatte heilsame Wirkungen nicht nur für diejenigen Hörigen, welche Gebrauch davon machten, um durch den Ueberzug in die Stadt ihre Freiheit zu erlangen, sondern auch für die, welche blieben. Denn ihre Herren mussten sie gelinder behandeln aus Furcht, dass auch sie in den Städten ein Asyl suchen möchten.

Wir finden zahlreiche Streitigkeiten zwischen dem Adel und den Städten über diesen Punkt. Wir finden Verträge zwischen Städten und Adel, worin der letztere, um dem ihm drohenden Verlust zu entgehen, sich ausbedingt, dass erstere keine von seinen Leuten als Bürger aufnehmen dürfen. In anderen Verträgen wird eine kurze Frist festgestellt, innerhalb welcher die Gutsherrschaft die Entwichenen mit Erfolg bei der Stadt reklamiren kann; nach deren Ablauf soll jeder Anspruch erloschen sein.

Im Jahre 1167 erliess auf Beschwerden des Adels und der Geistlichkeit Friedrich I. eine Verordnung, dass alle Landleute, welche nach Städten gezogen wären, um sich den Pflichten gegen ihre Herren zu entziehen, zurückkehren, oder gewärtigen sollten, dass man sie wegen so einseitigen Rechtsbruches ächte und ihre Güter einziehe. Glücklicher Weise wurde diese Verordnung nicht überall vollzogen. Es war ein grosser Fehler des deutschen Kaiserthums, dass es zuweilen, je nachdem die politischen Interessen und Konstellationen des Augenblicks es zu fordern schienen, die Städte preissgab, statt ihre frisch aufstrebende Gewalt zu kräftigen und an ihr eine bleibende Stütze zu gewinnen. Nur ausnahmsweise intervenirten die Kaiser auf Anrufen der Städte zu Gunsten der wirthschaftlichen Freiheit. So erliess z. B. Kaiser Albrecht am 7. Mai 1301 auf Anstehen der rheinischen Städte eine Verordnung, worin er sagt: »Einige Fürsten, Herren und Edle des Reichs, namentlich die drei Erzbischöfe am Rhein (Mainz, Trier und Köln) hätten die alten Zölle über das Mass erhöhet, ausserdem, in Geiz verblendet, von Bacharach abwärts neue Zölle von Reichsbürgern zu erpressen sich unterfangen; er, der Kaiser, der er mit aller Anstrengung auf Erfüllung seiner Pflicht bedacht sei und oft den nächtlichen Schlaf sich abkarge, um den Reichstreuen Frieden zu schaffen, hebe hierdurch, um den boshaften Umtrieben der Erzbischöfe und aller Andern ein Ziel zu setzen, alle Zölle, welche ihnen vom Könige Rudolph oder von andern seiner Vorfahren oder von ihm selbst verliehen worden seien (mit Ausnahme der von Kaiser Friedrich verordneten), als verboten auf und ermächtige die Städte, einen allgemeinen Landfriedensbund aufzurichten und den Zollerhebern an den genannten Orten sich mannhaft und mit gewaffneter Hand zu widersetzen.« Dieser Aufruf reichte hin, um einen städtischen Kreuzzug gegen Adel und Geistlichkeit auf die Beine zu stellen. Der Rhein wurde frei. Als aber Adel und Klerus wieder zu Macht gelangten, da wurde der Strom »wieder geschlossen«.

Im Jahre 1388 erlitten die Städte die bekannte grosse Niederlage. Von da an ging es abwärts bis zum gänzlichen Untergange der reichsstädtischen Freiheit.

Wir brechen an dieser Stelle unsere Untersuchung über die früheren Spuren der Freizügigkeit ab. Wir werden unten, wo wir den Zusammenhang zwischen der Freizügigkeit und der modernen öffentlichen Armenpflege, wie sie seit dem siebenzehnten Jahrhundert unter der Territorialherrschaft sich entwickelt hat, erörtern, den Faden wieder aufnehmen, den wir hier fallen lassen an dem Punkt, wo die Rolle der deutschen Städte scheinbar ausgespielt hat.

Sie beginnt von Neuem mit der preussischen Städteordnung von 1808 und mit dem von dem Minister Freiherrn von Stein proklamirten in der Geschäftsordnung für die Regierungsbehörden von Preussen vom 26. Dezember 1808 niedergelegten Grundsatze, »dass bei allen Ansichten, Operationen und Vorschlägen der Regierung der Grundsatz leitend bleiben müsse, Niemanden in dem Genusse seines Eigenthums, seiner bürgerlichen Gerechtsame und Freiheiten weiter einzuschränken, als dies zur Förderung des gemeinen Wohls nöthig sei; dass vielmehr einem Jeden innerhalb der allgemeinen Schranken die möglichst freie Entwickelung seiner Anlagen, Fähigkeiten und Kräfte, in moralischer sowohl, als in physischer Hinsicht, zu gestatten und alle dagegen noch obwaltenden Hindernisse baldmöglichst auf eine legale Weise wegzuräumen seien«.

Aus diesem Grundsatze ging das preussische Gesetz vom 31. Dezember 1842 hervor, welches, freilich nur für preussische Staatsangehörige und nicht für Ausländer, die Freizügigkeit statuirt mit den Worten:

»Keinem selbständigen preussischen Unterthan darf an dem Orte, wo er eine eigene Wohnung oder ein Unterkommen sich selbst zu verschaffen im Stande ist, der Aufenthalt verweigert oder durch lästige Bedingungen erschwert werden«.

Bekanntlich war der Schneider Leidemit nicht preussischer, sondern mecklenburgischer Staatsbürger.

II.

Wenn wir in Deutschland von »Freizügigkeit« sprechen, so müssen wir uns zuvor darüber zu verständigen suchen, was wir darunter verstehen, d. h., welche gegenwärtig noch bestehenden Hindernisse der menschlichen und wirthschaftlichen Freiheit der Bewegung dadurch negirt werden sollen, und das ist bei den heterogenen Begriffen und den verschiedenartigen Benennungen, welche in den Gesetzen, Verordnungen und Verwaltungsnormen der verschiedenen einzelnen deutschen Staaten herrschen, und bei der babylonischen Sprachverwirrung, welche daraus entsteht, nicht ganz leicht, wie sich dies im Jahre 1860 auf dem volkswirthschaftlichen Kongresse in Köln gezeigt hat.

Die Kommission erstattete Bericht über die Freizügigkeit und beantragte, der Kongress möge sich für dieselbe aussprechen. Abgesehn von einigen Zunftmeistern, fand der Antrag keinen Widerspruch. Als man aber zur Abstimmung schreiten wollte, zeigte es sich, dass die verschiedenen Mitglieder der Kommission mit dem Worte »Freizügigkeit« verschiedene Begriffe verbanden. Der Eine verstand darunter das »Recht eines Jeden, an jedem Orte Deutschlands sich aufhalten und sein Geschäft betreiben zu dürfen, ohne vorher dort Orts- und Staatsbürgerrecht erwerben zu müssen«. Der Andere verstand darunter nicht nur das Recht zum Aufenthalt und Gewerbebetrieb, sondern auch den Anspruch auf das Orts- und Staatsbürgerrecht. Ein Dritter unterschied zwischen Heimaths- und Gemeindebürgerrecht. Ein Vierter wieder distinguirte in Uebereinstimmung mit den Einrichtungen seiner Heimath zwischen der *politischen* Gemeinde und der »*Real*gemeinde«, deren Wesen in der Benutzung des Gemeindevermögens besteht, und wollte das Recht des Anzüglers auf die erstere beschränken, im Uebrigen aber ihm sofort alle politischen und gewerblichen Befugnisse geben, welche irgend ein Einwohner oder Ortsbürger als solcher üben darf. Schliesslich einigte man sich dahin, dass man sich, unter Beiseitelegung jener lediglich auf politische Institutionen bezüglichen Differenzen, für die wirthschaftliche Freizügigkeit aussprechen wolle,

d. h. für Beseitigung der Hemmnisse, die der Arbeiter oder der Kapitalist bei der Wahl des Ortes für seine wirthschaftliche Thätigkeit jetzt noch so vielfach finde. In diesem Sinne sprach sich denn eine imposante Majorität für die volkswirthschaftliche Freizügigkeit aus. Dieser Beschluss war dem damaligen Stande der Debatte und der Lage der Sache völlig entsprechend.

Allein da ein grosser Theil der Einwendungen, welche man gegenwärtig leider noch gegen die Einführung der wirthschaftlichen Freizügigkeit erhebt, basirt sind auf die politischen Institutionen der verschiedenen deutschen Staaten in Bezug auf Niederlassungs-, Heimaths-, Gemeinde- und Staatsbürgerrecht, da ferner die Unklarheit, welche über diese Gegenstände in sehr vielen Köpfen und namentlich in denjenigen von Kommunal- und Lokalstaats-Beamten herrscht, ein wirkliches Hinderniss der richtigen Auffassung und Unterscheidung und damit eine Erschwerung der Einführung bildet, und da endlich auf dem Gebiete der Freizügigkeit die wirthschaftliche und die politische Seite vielfach ineinandergreifen und die wirthschaftliche Reform sich nicht wohl ausführen lässt, ohne gleichzeitig auch nach der politischen Richtung hin in den gegenwärtigen Institutionen Einiges zu ändern, so glauben wir im Interesse der Sache zu handeln, wenn wir beide Seiten in das Auge fassen und zunächst die verschiedenen wirthschaftlichen und politischen Begriffe neben einander stellen, um nach Feststellung ihrer Berührungs- und Unterscheidungspunkte, weiter zu argumentiren.

Das geringste Mass der Freizügigkeit ist *das Recht zum Aufenthalt*, das an und für sich noch nicht mit der Befugniss zum Geschäftsbetrieb verbunden ist. Dieses Recht als solches hat man nach der Gesetzgebung der meisten deutschen Staaten nur an dem Orte der Heimathberechtigung; in allen anderen bedarf es dazu einer besonderen staatspolizeilichen oder kommunalen Erlaubniss, einer Gestattung des temporären Aufenthalts, welche bei »Inländern« in der Regel leicht ertheilt wird und innerhalb der Befugnisse der Gemeindebehörde liegt, bei »Ausländern« dagegen grössere gesetzliche Sckwierigkeiten findet (indem ihr eine Prüfung der persönlichen und Vermögensverhältnisse vorausgehen muss), vielfach an Reziprozität gebunden ist und nur von der Staatsverwaltungsbehörde ertheilt werden kann. Diejenigen, welche nicht das Recht zum Aufenthalt auf die bezeichnete Art erworben haben, sind nur geduldet. Sie können jeder Zeit ausgewiesen werden. Aber auch für Diejenigen, welche jene Erlaubniss bei der Staats- oder

Gemeindebehörde erwirkt haben, bestehen Gründe, aus welchen sie später dennoch weggewiesen werden können. Die Gesetzgebung zählt entweder als solche Gründe auf:
1. Verurtheilung wegen gewisser Verbrechen oder zu gewissen Strafen,
2. Bettelei, Landstreicherei, öffentliche oder gewerbsmässige Unzucht,
3. Verfallen in Konkurs,
4. Bezug von öffentlichen Almosen u. s. w.,

oder sie unterlässt es auch, einzelne Gründe anzuführen, indem sie Alles der diskretionären Gewalt der Verwaltung anheimstellt und vorschreibt: »Wer in einer fremden Gemeinde (d. h. in einer solchen, wo er nicht heimathberechtigt ist), seinen Aufenthalt oder Wohnsitz genommen hat, kann aus »»Gründen des öffentlichen Wohls«« weggewiesen werden«.

Ueber dem mit Heimaths-, Gemeinde- und Staatsbürgerrecht nicht verbundenen blossen Aufenthaltsrecht steht *das Recht zum Geschäftsbetrieb* und zum Erwerb von Liegenschaften. Das letztere ist (abgesehen von den hin und wieder noch bestehenden Beschränkungen der Theilbarkeit und der Ansiedelung), in den meisten deutschen Staaten nunmehr auch den Ausländern und Nichtheimathberechtigten zugestanden. Nur in Tyrol will man es noch von dem Glaubensbekenntnisse abhängig machen. Was den Geschäftsbetrieb anlangt, so ist derselbe noch vielfach den Beschränkungen der Zunftgezetze unterworfen. Wo aber auch letztere aufgehoben oder durchlöchert sind, da macht man doch noch vielfach die Erlaubniss zum Geschäftsbetrieb abhängig von dem Erwerb des Bürger- oder des Heimathsrechts in der betreffenden Gemeinde, so dass ein Ausländer, welchem die Erfordernisse zu letzterem fehlen oder die Betretung des Wegs zum Bürgerrecht wegen dessen Langwierigkeit, Kostspieligkeit oder aus sonstigen Gründen nicht opportun erscheint, um ein Geschäft zu betreiben, genöthigt ist, sich einen Inländer als Pseudo-Firmaträger oder Strohmann zu kaufen. In einigen Staaten ist, wenigstens bei zünftigen Geschäften, die Erlaubniss zum Geschäftsbetriebe abhängig gemacht von vorheriger Erwerbung des Ortsbürgerrechtes und die Erwerbung des Ortsbürgerrechtes ihrer Seits ist wieder abhängig gemacht von vorheriger Erbringung der Nachweise, dass man im Stande sei, sich und seine Familie zu ernähren. Da man aber einen thatsächlichen Nachweiss der letzteren Art nicht wohl erbringen kann, ohne wirklich ein Geschäft zu betreiben, so hat sich die Gesetzgebung hier in einen circulus vitiosus verrannt, aus welchem sie nur durch eine mehr die realen Verhältnisse, als die Abstraktionen des Gesetzes berücksichtigende Praxis erlöst werden kann.

Es folgt nun das *Heimathsrecht*, das auf der einen Seite mehr ist, als das Recht zum Aufenthalt und auf der andern Seite weniger, als das Gemeinde- und Staatsbürgerrecht. Ein Heimathsberechtigter kann nicht ausgewiesen werden aus dem Orte seiner Berechtigung und hat ein in der Regel von gewissen gesetzlichen Voraussetzungen abhängig gemachtes Anrecht auf demnächstige Erwerbung des Gemeindebürgerrechtes an dem Orte und des Staatsbürgerrechtes in dem Lande der Heimathsberechtigung. Das Heimathsrecht wird erworben durch Geburt, Aufnahme und Verleihung. Die Erwerbung desselben durch Naturalisation, welche der beste Regulator der Freizügigkeit ist, kennt die Gesetzgebung der meisten deutschen Staaten nicht. Wir werden dieselben unten näher erörtern. Die Erwerbung der Heimathsberechtigung an einem Orte involvirt ihrer Natur nach in der Regel auch die Gemeindeangehörigkeit an diesem Orte und die Staatsangehörigkeit in dem Lande, worin der Ort liegt. Gemeindeangehörigkeit ist aber nicht identisch mit Gemeindebürgerrecht und Staatsangehörigkeit nicht mit Staatsbürgerrecht.

Auch das *Gemeindebürgerrecht*, welches in den meisten deutschen Staaten ein einheitliches und ungetheiltes ist und alle politischen, wirthschaftlichen und finanziellen Rechte und Pflichten gleichmässig umfasst, ist in einzelnen deutschen Staaten getheilt in ein *politisches* und in ein sogenanntes »*reales*« Recht. Das Mitglied der Realgemeinde hat Antheil an dem Gemeindevermögen und dessen Nutzungen. Wer bloss politischer Gemeindebürger ist, hat neben Ausübung seiner Korporationsrechte im Uebrigen auch bezüglich der öffentlichen Anstalten wie z. B. Brunnen, Beleuchtung, Schulen, Strassenpflaster u. s. w. gleiche Berechtigung und Verpflichtung, wie die Andern, aber an dem Allmendgenuss nimmt er nicht Theil. Ein Einkaufsgeld für Erwerbung der kommunalen *Real*rechte ist vollständig gerechtfertigt; ein Einzugsgeld für die blosse Erlaubniss zum Aufenthalt, ein Aufnahmegeld für Ertheilung der politischen Rechte eines Gemeindebürgers sind dagegen völlig unstatthaft. Dennoch bestehen diese Beschränkungen der Freizügigkeit in den meisten deutschen Staaten. Eigentlich sollte man nicht nur die politische Gemeinde von der wirthschaftlichen, sondern auch die letztere wieder in ihre einzelnen Zweige trennen, so dass z. B. zur *Schul*gemeinde alle Diejenigen gehören, welche Kinder haben und für dieselben Gebrauch von den Schulen machen, zur *Viehzüchter-*

Gemeinde alle Viehbesitzer, die an der Bestellung der Viehhirten und der Besorgung der Viehheerde, an der Stellung des Mannviehs etc. ein Interesse haben, und dass die Bedürfnisse der Schule (natürlich mit Heranziehung der fundationsmässigen Mittel) von der Schulgemeinde, die Generalbedürfnisse für die Viehzucht von der Viehzüchter-Gemeinde aufgebracht würden u. s. w. Dadurch würde nicht nur dem praktischen Kommunismus entgegengewirkt, welcher jetzt noch vielfach das Gemeindeleben durchdringt, sondern es würde auch mancher Widerstand beseitigt, der gegenwärtig der Freizügigkeit entgegengesetzt wird. Denn die kleineren wirthschaftlichen Gemeinden oder Gemeinde-Unterabtheilungen würden an dem Zuzuge weiterer, zu Beiträgen verpflichteter Mitglieder ein Interesse haben, welches die grosse politische Gemeinde, die zudem mit einer den gegenwärtigen realen Verhältnissen nicht mehr entsprechenden Last der Armenpflege (siehe unten) überbürdet ist, nicht hat.

Den Gipfel dieser verschiedenen Berechtigungen bildet das *Staatsbürgerrecht*. Jene dienen diesem als Grundlage. Es schliesst das Heimathsrecht mit in sich, nicht aber das Gemeindebürgerrecht. Namentlich sind in den verschiedenen deutschen Gesetzgebungen einzelne Klassen der Bevölkerung vom Gemeindebürgerrechte ausgeschlosen, obgleich sie Staatsbürger sind. So z. B. vielfach die Staatsdiener, die Geistlichen, die Rittergutsbesitzer, die Standes- und Grundherrn, welche alle nicht *verpflichtet*, und die Juden, welche nicht *berechtigt* sind, Gemeindebürger zu werden. Uebrigens lässt sich nicht verkennen, dass gegenwärtig die Tendenz der Gesetzgebung auf Gleichberechtigung gerichtet ist, und man dahin strebt, jedem Staatsbürger, sobald er die Erfordernisse dazu hat, die Berechtigung und auch gleichzeitig die Verpflichtung aufzuerlegen, irgend einer Gemeinde anzugehören. Namentlich ist dieser Grundsatz in Würtemberg durchgeführt worden trotz des lebhaftesten Widerspruches der adligen Grundbesitzer.

Gehen wir nun, nach diesem Ueberblick der verschiedenen gesetzlichen Institutionen, wie sie sich, in buntester Mannigfaltigkeit und doch mit gewissen gemeinschaftlichen Grundanschauungen, in den einzelnen deutschen Staaten entwickelt haben, über zu der Betrachtung ihres Verhältnisses zu der Freizügigkeit (die eigentlich kein politisches Recht ist, sondern eine Negation vernunftwidriger Beschränkungen und der Anspruch auf Wiederherstellung eines angeborenen Menschenrechts, eine Forderung, welche sich aus dem sozialen und wirthschaftlichen Charakter der menschlichen und bürgerlichen Gesellschaft ergiebt), so wird man vielleicht erwarten, dass wir eine Begründung und Rechtfertigung dieser Forderung der Freizügigkeit vorausschicken.

Allein wir glauben dies aus mehreren Gründen unterlassen zu können. Erstens verhält es sich mit dem Beweise der Nothwendigkeit der Freizügigkeit etwa eben so, wie mit dem Beweise, dass man berechtigt ist, mit seinem eigenen Auge zu sehen, oder mit seiner eigenen Nase zu riechen. Er ist eben so leicht und eben so schwer zu führen, wie dieser; und es kann mit Fug und Recht behauptet werden, dass Derjenige, welcher Beschränkungen einer natürlich-menschlichen und allgemein-bürgerlichen Freiheit verlangt, seinerseits den Beweis der absoluten Nothwendigkeit derselben zu führen hat.

Zweitens haben *Bitzer* (»Armenunterstützung und Freizügigkeit« Stuttgart und Oehringen. 1863), *Lette* (Artikel »Freizügigkeit« in Rotteck und Welker's Staatslexikon), *Rentzsch* (»Gewerbefreiheit und Freizügigkeit« Dresden. 1861), Alles, was darüber zu sagen ist, besser und ausführlicher gesagt, als wir es, namentlich in Anbetracht der hier gezogenen Grenzen, zu sagen vermöchten. Auch haben wir selbst das unsrige dazu beigetragen in einer schon vor mehr als drei Jahren erschienenen Schrift: »Für Gewerbefreiheit und Freizügigkeit durch ganz Deutschland« (Frankfurt a. M. 1860), die vielleicht desshalb einige Beachtung verdient, weil durch dieselbe die Einführung der Gewerbefreiheit und die Aufhebung mancher Beschränkungen der Freizügigkeit in dem Herzogthum Nassau inaugurirt worden ist.

Endlich aber kann man es den Gegnern der Freizügigkeit füglich selber überlassen, einander gegenseitig den Garaus zu machen. Denn während die Einen sagen, die Neuanziehenden bestehen lediglich aus »Schund«, sie sind alle Armenunterstützungs-Kandidaten und drücken unser Budget, behaupten die Andern, sie seien alle so treffliche und fleissige Arbeiter, dass die Angesessenen die Konkurrenz mit ihnen nicht bestehen könnten und ihrerseits der Armenkasse anheimfallen würden. Beide Behauptungen können nicht neben einander bestehen, und zum Glück sind sie, wie die Erfahrung zeigt, beide unwahr. Sie sind freilich noch so vielfach verbreitet, dass man nicht ermüden darf, sie in der Tagespresse, in Vorlesungen, Versammlungen und Vereinen, im persönlichen und mündlichen Verkehr unablässig und tagtäglich zu bekämpfen; in einer für ein wissenschaftlich gebildetes Publikum bestimmten Zeitschrift wird dies wohl nicht mehr nöthig sein.

Wir wollen daher, unter Verweisung auf die zitirten Bücher, uns darauf beschränken, hier noch die Art der Durchführung der Freizügigkeit in Deutschland und die Voraussetzungen derselben zu erörtern.

Wenn gegenwärtig der Bürger O. aus dem deutschen Bundesstaate P. seinen Wohnsitz und sein Geschäft nach dem deutschen Bundesstaat N., Gemeinde M. verlegen will, so hat, wenn die Gesetzgebung des letzteren zum Geschäftsbetrieb das Bürgerrecht erfordert, folgende Manipulation stattzufinden. O. muss bei der Gemeinde M. unter Vorlage von öffentlichen Dokumenten oder Zeugnissen seiner Heimathsbehörde um Aufnahme in den Gemeindebürger-Verband nachsuchen. Nachdem über dies Gesuch in vorgeschriebener Weise, nicht allzuschnell, verhandelt und Alles in Ordnung befunden worden ist, erhält er eine Entschliessung des Inhalts, dass seiner Aufnahme als Bürger der Gemeinde M: nichts im Wege stehe, vorausgesetzt, dass die Regierung oder der Landesherr ihm das Staatsbürgerrecht (Indigenat) von N. ertheile. Darauf folgt dann das Gesuch um Aufnahme in den Staatsverband, welchem ebenfalls Nachweisungen über die persönlichen und namentlich Vermögens-Verhältnisse und über die Zusage der Gemeinde in Betreff der Aufnahme als Ortsbürger beigefügt sein müssen. Darüber wird dann auch verhandelt, und zwar auch nicht citissime, und es erfolgt dann der Bescheid, dass man hohen Orts geneigt sei, den O. in den Staatsverband von N. aufzunehmen, wenn er die Entlassung aus dem Staatsverband von P. beibringe. Darauf muss O. diese Dekrete, die er bis jetzt erlangt hat, in P. vorlegen, um dort die Entlassung zu bewirken, welche er jedoch nur dann erhält, wenn seine Nachkommenschaft durch Geschlecht oder Alter mit der Konskription nichts, noch nichts oder nichts mehr zu schaffen hat. Hat er die Entlassungsurkunde dort erhalten, so muss er diese wieder bei der Regierung von N. und bei der Gemeindebehörde von M. vorlegen, um dort die Aufnahme zu bewirken, welche ihm denn endlich gegen Stempelabgabe, Sporteln und Einzugsgeld ertheilt wird. Dann hat er aber vorerst nur das Domizil erlangt. Ob und welche Schwierigkeiten er noch weiter wegen des Geschäftsbetriebes haben wird, das hängt von der betreffenden Gewerbegesetzgebung ab, welche ihm vielleicht ihrerseits einen abermaligen Passionsgang von wenigstens ebensoviel Leidensstationen vorschreibt. So also geht es, wenn ein Deutscher *in Deutschland* eine Niederlassung und ein Geschäft gründen oder verlegen will.

Will er dasselbe *in Frankreich*, so hat er sich lediglich bei der Polizei und zur Besteuerung anzumelden, und wenn er eine Zeit lang dort gewohnt hat, so wird ihm auf dem Wege der Naturalisation auch das französische Bürgerrecht zu Theil. So treibt denn Deutschland seine tüchtigsten und regsamsten Köpfe über die stets offene französische Grenze, weil die Grenzen innerhalb des deutschen Gebiets entweder ganz verschlossen oder nur mit Mühe zu öffnen sind.

Der erste erhebliche Anlauf zur Beseitigung jener Unterbindungen des gesellschaftlichen und wirthschaftlichen Blutumlaufes findet sich in den »deutschen Grundrechten«. Dieselben sind nicht in Vollzug getreten; allein, auch abgesehen davon, würden sie schwerlich vollständige Abhülfe gewährt haben. Denn wenn sie auch den Grundsatz aufstellen:

»Jeder Deutsche hat das Recht, an jedem Orte des Reichsgebietes seinen Aufenthalt und Wohnsitz zu nehmen, Liegenschaften jeder Art zu erwerben, und darüber zu verfügen, jeden Nahrungszweig zu betreiben und das Gemeindebürgerrecht zu gewinnen«,

so fügen sie doch bei, dass die Bedingungen für den Aufenthalt und Wohnsitz durch ein »*Heimathsgesetz*« und jene für den Gewerbebetrieb durch eine »*Gewerbeordnung*« noch geregelt werden sollen. Damit ist denn jener Grundsatz hinsichtlich seines Inkrafttretens wieder suspendirt bis zum Erlass jener Einzel-Gesetze und -Verordnungen. Es ist mit der andern Hand genommen, was mit der einen gegeben war. Es ist ein Prinzip proklamirt mit dem Beifügen, dass es vorerst noch nicht gelten solle.

Da nun viele deutsche Staaten, und darunter merkwürdiger Weise Preussen an der Spitze, noch an den Zunftgesetzen festhalten, und die Vielstaaterei einerseits, und die mangelhafte Bundesverfassung andererseits, eine prinzipgerechte Regelung des Heimathsrechts, etwa auf Grund eines allgemeinen deutschen Bürgerrechtes, das aber statt des Staatenbundes einen Bundesstaat voraussetzen würde, erschweren, so ist die Gesetzgebung in einzelnen deutschen Territorien, ähnlich wie der volkswirthschaftliche Kongress von 1860, auf die Idee gekommen, zu unterscheiden zwischen politischer und wirthschaftlicher Freizügigkeit und unter theilweiser Einführung der letzteren, es bezüglich der ersteren beim Alten zu lassen.

Der Zuziehende erhält demnach das Recht, zu wohnen und zu arbeiten, aber er erhält in der Zuzugs-Gemeinde sonst keinerlei Berechtigung, ausser der der Mitbenutzung der öffentlichen Anstalten, wie Schulen, Brunnen, Strassen, Beleuchtung, wofür er indess, ohne Gemeindebürger zu sein, seine Gemeindesteuer bezahlen muss. Hinsichtlich des Heimaths-, des Gemeinde- und [des Staatsbürgerrechts bleibt er in seinem bisherigen Status.

Man hat aber meistens selbst diese sich auf das soziale und volkswirthschaftliche Gebiet beschränkende und das politische und kommunale ausschliessende Freizügigkeit minoris gradus in der Regel beschränkt auf »Inländer«, bei welchen indess auch gewisse Zurückweisungsgründe eintreten. Bei »deutschen Ausländern« ist gewöhnlich das Erforderniss der Reziprozität aufgestellt, bei nichtdeutschen Alles dem liberum arbitrium der Verwaltungsbehörden anheim gestellt.

Es handelt sich also auch hier um Beschränkungen des Freizügigkeits-Begriffes hinsichtlich seines Umfanges oder Inhalts und hinsichtlich der Personen, auf welche er angewandt wird. Sprechen wir zuerst von den letzteren. Es ist nicht abzusehn, welcher Unterschied in wirthschaftlicher Beziehung, durch die Verschiedenheit der Nation oder des Namens oder der Territorialangehörigkeit des Zuziehenden zuwegegebracht wird. Für die Verwerthung des Kapitals oder der Arbeitskraft, welche Zulassung begehren, ist es ganz einerlei, ob jenes in Paris gesammelt ist oder in Liechtenstein, ob diese diesseits oder jenseits der Landesgrenze grossgezogen worden ist. Wer seinem noch nicht zur gehörigen Einsicht durchgedrungenen Nachbarlande gegenüber noch zu Reziprozitäts-Prinzip und Repressalien greift, der schadet zwar seinem eigensinnigen Nachbarn, aber noch mehr sich selbst; denn er verscherzt sich das Anwachsen von Kapital- und Arbeitskraft und die Steigerung der Produktion. Frankreich kennt eine solche Unterscheidung schon lange nicht mehr und befindet sich wohl dabei.

Was die Beschränkung des Inhalts der Freizügigkeit auf deren wirthschaftliche Seite anlangt, so ist damit wohl vorerst einem wesentlichen Missstand abgeholfen, allein wir hegen starke Zweifel, ob man damit auf die Dauer auslangen wird.

Nehmen wir an, es hat Jemand auf den Grund dieser bloss wirthschaftlichen Freizügigkeit seine Heimath verlassen und in irgend einer Gemeinde eines anderen deutschen Staates sich niedergelassen und ein Geschäft gegründet, natürlich ohne daselbst Heimaths- oder Gemeinde- und Staatsbürgerrecht zu erwerben; in Folge von Unglücksfällen oder Erlöschen seiner Arbeitskräfte geht es ihm später schlecht: — dann hat die Zuzugsgemeinde das Recht, ihn in seine Heimathsgemeinde zurückzuschicken. Es ist das eine grosse Härte sowohl gegen den Mann, als gegen seine Heimathsgemeinde, die einander durch des ersteren Jahrzehnte lange Abwesenheit völlig entfremdet sind. Warum soll Derjenige, welcher in seiner Niederlassungs-Gemeinde seine guten Tage zugebracht hat, verhindert werden, auch seine schlechten da zuzubringen? Warum soll diejenige Gesellschaft, welche ein Menschenalter hindurch allen Nutzen von seinem Besitz und seiner Person, von seiner Kapital- und seiner Arbeitskraft bezogen hat, ein Recht haben, in dem Falle der Möglichkeit, dass auch er seinerseits einmal etwas von ihr verlangen kann, ihn wie ein Stück falsches Geld zurückzuschicken an Den, von welchem sie ihn empfangen? Warum soll die Heimathsgemeinde, welche den Mann seit seiner frühen Jugend nicht mehr kennt, die nie einen Vortheil von ihm gehabt und ihn nur gross gezogen hat für die Andern, die Lasten tragen? Es ist naturwidrig, eine untrennbar verbundene wirthschaftlich-politische menschliche Existenz gleichsam in zwei verschiedene Seiten zu zerschneiden auf dem Wege einer Abstraktion, der der lebendige Individualism widerstrebt. Wo Jemand wirthschaftlich wohnt, da soll er auch politisch wohnen oder wenigstens wohnen können. Die entgegengesetzte Einrichtung führt auch nothwendig zu Konflikten zwischen der Gesetzgebung und der Verwaltung in den einzelnen deutschen Staaten. In sehr vielen derselben wird das Heimathsrecht durch Nichtgebrauch, d. h. durch Abwesenheit während einer Reihe von Jahren, verloren. Sobald die Zuzugsgemeinde und die Heimathgemeinde verschiedenen Ländern angehören und in dem Lande der letzteren das Gesetz der Verwirkung des Heimathsrechtes gilt, wird Derjenige, welcher von der blos wirthschaftlichen Freizügigkeit Gebrauch macht, politisch heimathslos, da er das Heimathrecht in dem alten Wohnsitz verliert und in dem neuen nicht erwirbt. Ueberhaupt führt jene Trennung zwischen dem Wohnsitz und dem Heimathssitz, wenn sie gegen die Wünsche und Bedürfnisse der Individuen von der Gesetzgebung unter dem Einflusse des Gespensterglaubens an ein durch volle Freizügigkeit heraufzubeschwörendes Proletariat auf die Dauer eigensinnig festgehalten wird, zu einer heillosen Konfusion; denn es ist dabei nicht möglich, auf eine längere Zeit hinaus, etwa mehrere Generationen hindurch, das Heimathsrecht klar und evident zu erhalten, was in einem einheitlichen Staate am Ende nicht von so grosser Wichtigkeit, dagegen in einem Staatenbunde, wo die Territorien so durch einander laufen, wie in Deutschland, unumgänglich nothwendig ist, wenn nicht ewige Konflikte und Reklamationen zwischen den Regierungen oder zwischen den Gemeinden entstehen sollen dadurch, dass man nicht weiss, gehört der Mann dem Staat und der Gemeinde an, wo er jetzt wohnt, oder dem Staate und der Gemeinde, wo er oder seine Vorfahren vor Jahren gewohnt haben. Solche Konflikte haben ihren Grund theils in Leistungen, welche die betreffende Person an den Staat oder die Gemeinden (Zivil- oder Kirchen-Gemeinden) zu leisten hat, theils in Ansprüchen, die er an den Staat oder an die Gemeinde erhebt. In dem ersteren Fall werden sowohl der frühere als der jetzige Wohnort und Staat geneigt sein, ihn als den Ihrigen anzuerkennen, in dem letzteren werden sie beide geneigt sein, ihn zu verleugnen. Wo es sich um Konskription, Gemeinde-, Staats- und Kirchensteuer handelt, wird er in Gefahr sein, eine doppelte Heimath zu besitzen; dagegen, wenn er Ansprüche auf Unterstützung, oder irgend eine andere Forderung geltend macht, wird er sich von dem Schicksal der Heimathslosigkeit bedrohet sehen. In Betreff der Konskription liegt die Gefahr der Konflikte um so näher, als die Verheissung der Bundesakte vom 8. Januar 1815, dass die Bundesversammlung die Einführung gleichmässiger Grundsätze in Betreff der gesetzlichen Vorschriften über die Militairpflicht für das ganze deutsche Bundesgebiet zu Wege bringen werde, damit wegen der noch obwaltenden grossen Verschiedenheit dieser Vorschriften nicht ein ungleichartiges, für einzelne Bundesstaaten nachtheiliges und den Uebertritt aus dem einen in den andern hinderndes oder erschwerendes Verhältniss entstehe, unerfüllt geblieben ist.

Die Missstände, welche sich, wie in dem Obigen gezeigt, aus einer Trennung der wirthschaftlichen und politischen Freizügigkeit ergeben, liessen sich am einfachsten beseitigen durch eine Vereinigung beider, indem man bestimmt, dass mit dem Aufenthaltsrecht auch das Heimaths- und das Bürgerrecht erworben werde. Allein das geht nicht, so lange noch Staat und Gemeinde die Last der Armenpflege zu tragen, und die Gemeinde nicht nur ein politischer sondern auch ein mit der politischen Seite einheitlich und untrennbar verbundener wirthschaftlicher und finanzieller Gesammtverband ohne Unterabtheilung und Differenzirung ist. Ausserdem aber liegt es weder in des Gemeinwesens, noch in des Individuums Interesse, jede Uebergangs- und wechselseitige Probezeit, in welcher der Zuziehende prüfen kann, wie ihm der Ort, und der Ort, wie ihm der Zuziehende gefalle, auszuschliessen.

Es ist also eben so wenig gerechtfertigt, das Aufenthalts- und das Heimathsrecht so vollständig zu identifiziren, dass sie einander decken, noch auch, sie so sehr zu trennen, dass sie sich in der Regel nicht vereinigen. Gegen die Missstände, welche auf der einen, und die, welche auf der andern Seite liegen, giebt es Abhülfe in jenem Regulator der Freizügigkeit, welcher bekannt ist unter der Benennung der

Naturalisation, d. h. in dem Anspruch auf Ertheilung der Heimaths-berechtigung, welcher erwirkt wird durch Ersitzung oder durch einen mehrjährigen (am Besten etwa dreijährigen) tadellosen Aufenthalt. Die Berechtigung zum Aufenthalt darf also an und für sich noch nicht das Heimathsrecht verleihen; dagegen soll, natürlich unbeschadet des Rechts der Gemeinde, es auf Ansuchen auch schon früher zu ertheilen, aus dem dreijährigen Wohnsitz innerhalb einer Gemeinde ein förmlicher Rechtsanspruch auf Ertheilung der Heimathberechtigung erwachsen, dessen Geltendmachung für den Zugezogenen jedoch nur bis zu einem gewissen Grade fakultativ sein darf. Allerdings kann man den Zugezogenen nicht zwingen, seine Heimath zu wechseln, wenn er nicht will. Aber man wird, ohne unbillig zu sein, nach Ablauf der vorgeschlagenen drei Jahre eine kategorische Erklärung von ihm darüber verlangen dürfen, ob er nunmehr in der neuen Gemeinde Heimathsberechtigung erwerben wolle oder nicht. Die Bejahung der Frage würde natürlich eo ipso die Naturalisation zur Folge haben. Im Falle der Verneinung würde die alte Gemeinde mit Recht eine Anerkennung des fortbestehenden Nexus vermittelst einer Leistung, welche zugleich eine Assekuranz-prämie für den Fall der Rückkehr in schlechten Umständen bildete, verlangen können, die neue Gemeinde aber das Recht der Zurückver-weisung in die alte Heimath erhalten oder behalten. Jene Abgabe besteht in manchen deutschen Staaten unter dem Namen Bürger-Re-kognitios-Geld oder Heimaths-Rekognitions-Abgabe. Sie ist gerecht-fertigt, wenn der Uebergezogene sich aus irgend welchen Gründen auch dann noch, wenn mehrere Jahre seit dem Ueberzug verflossen, und vorausgesetzt, dass die Naturalisation nicht ipso jure durch den Zeitablauf eintritt, weigert, seinen Wohnort und seine Heimath zu identifiziren, während dies im Interesse der beiden betheiligten Ge-meinden und des Staates liegt. Gleichzeitig muss dem entsprechend die Verjährungszeit geregelt werden, innerhalb welcher das Bürger- oder Heimathsrecht durch Nichtgebrauch erlischt.

Diese Reform bezüglich des Heimathsrechtes liesse sich verwirk-lichen auch bei der gegenwärtigen Bundesverfassung, d. h. wenn Deutschland ein Staatenbund und nicht ein Bundesstaat bliebe. Ein Staatsbürgerrecht freilich setzt einen Staat voraus, und ein allgemeines deutsches Staats- oder Reichsbürgerrecht erfordert einen Gesammtstaat, einen Bundesstaat an der Stelle eines völkerrechtlichen Staatenkomplexes. Eine gemeinsame, gleichmässige Regelung der Heimathverhältnisse dagegen ist auch in einem Staatenbunde möglich. Indess darf man sich nicht auf die Gothaer Konvention beziehen. Diese ist nur eine negative Regelung der Verhältnisse der Heimathslosen; daneben bedürfte es einer positiven Regelung über die Verhältnisse der Heimathsberechtigten in dem Falle des Ueberzugs derselben aus einem Staate in den andern. Die gemeinschaftliche [Basis zu einer solchen Ordnung der *föderalen* Heimathsverhältnisse, welche rechtlich in der Mitte liegen zwischen den *bundesstaatlichen* und den *internationalen*, ist nur zu finden in dem Grundsatze der Naturalisation und in der gleichmässigen Fixirung der Naturalisationszeit und der Zeit, in welcher das Heimathsrecht durch Nichtgebrauch erlischt. Denn ist die [letztere ungleich, so entstehen aus solchen Abweichungen abermals Konflikte, in welchen der eine Ort oder Staat behauptet, den betreffenden Mann bereits erworben, und der andere, ihn noch nicht verloren zu [haben, wobei denn freilich der erstere Ort, an welchem er wohnt und sein Vermögen und Geschäft plazirt hat, nach dem Grundsatze: »beati possidentes« im Vortheil ist.

Eine gemeinschaftliche Regelung der Heimathsverhältnisse auf der Basis, dass alle deutschen Staaten ihrer ,Partikulargesetzgebung das Prinzip der Naturalisation durch einen Zeitablauf von drei Jahren zu Grunde legen, würde auf keinerlei materielle Schwierigkeiten stossen. Formell würde sie am korrektesten in Form eines Vertrages ausgesprochen. Für die wirthschaftliche Seite der Frage würde indess auch ein gemeinschaftlich zu redigirendes und dann in den Einzelstaaten zu Stande zu bringendes und zu publizirendes Gesetz von derselben Wirkung sein, obgleich diese Form politische Bedenken gegen sich hat.

Auf das Nachdrücklichste aber müssten wir davor warnen, auf eine solche Vereinbarung, deren Zustandekommen bei der Zerfahrenheit unserer öffentlichen Zustände immerhin für die nächste Zukunft noch sehr zweifelhaft ist, in der Art zu warten, dass man bis dahin die Reformen in den Einzelstaaten verschiebt. Das wäre unter Umständen eine Vertagung ad Calendas Graecas. Diejenigen Staaten, welche mit Reformen im Sinne der Freizügigkeit vorschreiten, werden den Vortheil davon haben; sie werden den engherzigen Regierungen, welche zurückbleiben immer mehr Kapital und Arbeitskraft entziehen und dadurch sie zwingen, auf der Bahn der Verbesserungen, wenn auch widerwillig, nachzufolgen. Volentem fata ducunt, nolentem trahunt. Bei Konflikten über das Heimathsrecht werden die Staaten von liberaler Gesetzgebung nicht zu kurz kommen. Sie sind im Besitz der durch das Prinzip der Naturalisation herangezogenen Elemente, und da es an einem Tribunal fehlt, welches ihnen den Besitz absprechen könnte, so werden sie jeden Konflikt ruhig im Sande verlaufen machen.

Dass die Folge des Naturalisationsprinzips auch eine Erleichterung der Erwerbung des Indigenats und des Gemeindebürgerrechtes sein muss, versteht sich von selbst. Theilnahme und Eintritt in vermögensrechtliche Ansprüche und Bezüge rechtfertigt ausnahmsweise ein Einkaufsgeld; jedoch muss die Gesetzgebung durch Ziehung fester Schranken dafür sorgen, dass nicht das Einkaufsgeld, das Rekognitionsgeld u. s. w. zu Brandschatzungen ausarten.

Was endlich die Verehelichung anlangt, so sollte man doch endlich aufhören, der Heimaths- oder Niederlassungsgemeinde ein Veto dagegen einzuräumen oder die Erlaubniss von dem Nachweise eines Nahrungsstandes oder dem Antritte des Staats- und Ortsbürgerrechtes abhängig zu machen. Was gewinnt man durch Verhinderung einer Heirath? An die Stelle einer Ehe tritt ein Konkubinat, an die Stelle der ehelichen Kinder treten uneheliche. Ein bayerischer Schriftsteller hat nachgewiesen, dass, wenn in Bayern innerhalb der letzten hundert Jahre die Niederlassungs- und Ehegesetze strenge gehandhabt worden wären, d. h. wenn Niemand geheirathet hätte und Niemand zur Welt gekommen wäre, als wie es nach dem Gesetze soll und darf, dass dann die Bevölkerung des Königreichs bereits ausgestorben wäre. Die gütige Mutter Natur hat dies glücklich verhindert! — Unsere Statistik weist nach, dass die Zahl der Ehen in Deutschland in den letzten vierzig Jahren im Abnehmen ist. Der Prozentsatz der verheiratheten Männer und Frauen beträgt im Verhältniss zur Gesammtbevölkerung 1863 ein Bedeutendes weniger als 1823; namentlich verringern sich die Eheschliessungen in den höheren Ständen. Die römischen Cäsaren erliessen Verordnungen, durch welche sie die Ehe prämiirten, indem sie über Cölibatäre allerlei Nachtheile verhängten. Sollen wir die entgegengesetzte Politik verfolgen, indem wir dafür sorgen, dass die Welt entweder ausstirbt oder sich nur noch ausserehelich fortpflanzt?

III.

Die Forderung der Freizügigkeit wird, wie gesagt, von wissenschaftlicher Seite schwerlich prinzipiell bestritten werden können. Die Schwierigkeiten, welche ihrer Realisirung entgegenstehen sind anderer Art.

Zunächst bringt man die Frage der Freizügigkeit in Zusammenhang mit der *Armenpflege* einerseits, und mit allen jenen *Beschränkungen der Erwerbsthätigkeit*, welche in den meisten deutschen Staaten noch bestehen, andererseits. Man sagt, unter Verweisung auf die angeblich in England gemachten Erfahrungen: »So lange der Staat für sich die *obligatorische* Armenpflege als Grundsatz aufstellt und auch die unter seinen Gesetzen und seiner Gewalt befindlichen Verbände und Korporationen zwingt, diesem Prinzip nachzuleben, wird durch unbedingte Freizügigkeit Denjenigen, welchen die Aufbringung der Mittel für die öffentliche Armenpflege obliegt, eine unerträgliche und ruinirende Last aufgeladen. Es bedarf daher, ehe man zur Freizügigkeit übergeht zuvor einer durchgreifenden Reform unserer Armengesetzgebung. Dann aber: Was will man denn mit der Freizügigkeit, so lange noch alle jene Hindernisse, welche eine erhebliche Steigerung der Produktion unmöglich machen, von der Gesetzgebung aufrecht erhalten werden? Wo soll die entfesselte, frei zirkulirende Arbeitskraft Beschäftigung und Erwerb finden, so lange noch unsere Gewerbegesetzgebung besteht, in welcher ein möglichst hoher Grad von Scharfsinn aufgeboten ist, um Vorschriften aufzustellen, welche es dem Menschen unmöglich machen, sich gemeinnützig und produktiv zu beschäftigen? Oder wie ist überhaupt eine freie Zirkulation der Arbeitskräfte über das ganze Wirthschaftsgebiet denkbar, so lange die Beschränkungen der Handelsfreiheit die internationale Arbeitstheilung unmöglich machen, so lange der Kredit dem Arbeiter mehr oder weniger unzugänglich gemacht oder erschwert ist durch die bestehenden Zinswuchergesetze, durch Vorenthaltung der den Kredit- und Vorschuss-Vereinen zukommenden Rechte einer juristischen Person, durch Beschränkung der Bankfreiheit, durch Vertheuerung des Realkredits mittelst einer kostspieligen und schwerfälligen Hypotheken-Einrichtung und sonstiger Umstände, welche verhindern, dass überhaupt das Kapital in die richtigen Hände gelange, d. h. in diejenigen, in welchen es am produktivsten arbeitet? Wie können die ländlichen Arbeitskräfte frei zirkuliren, wenn ihnen durch das Verbot des Erwerbs von Liegenschaften oder durch Untheilbarkeit oder Beschränkung der Theilbarkeit des Grundeigenthums die Erwerbung ihres Produktionsinstruments unmöglich gemacht ist? Wie können es die gewerblichen und industriellen Arbeitskräfte, so lange unsere indirekten Steuern bestehen, welche, wie Prince-Smith ganz richtig sagt, ihrer Natur nach nichts sind, als Geldstrafen, mit welchen die mannigfachsten und nützlichsten produktiven Thätigkeiten (z. B. das Betreiben einer Spiritusbrennerei, das Backen von Brod und das Herrichten von Schlachtfleisch, das Einsalzen von Fleisch, das Verwenden von Salz beim Viehfutter oder bei der Fabrikation von Glas, Chemikalien u. s. w.) von der Staatsgewalt heimgesucht werden. Ehe wir also die unbeschränkte Freizügigkeit einführen, müssen wir *zuvor* unsere Armenpflege neu organisiren. Wir müssen an die Stelle der obligatorischen Intervention des Staats und der unter ihm stehenden Institute der Gutsherrschaft, der Gemeinde, der Provinzen oder sonstigen Armenverbände das Prinzip der Selbsthülfe in möglichster Ausdehnung setzen. Wir müssen *zuvor* die Zunftgesetze und sonstigen Beschränkungen der freien gewerblichen Thätigkeit aufheben, und gleichzeitig die Entfesselung und Theilbarkeit des Grundeigenthums durchsetzen, damit der entfesselte Strom der freien Arbeitskraft sich nach Bedürfniss in die verschiedenen Zweige der gewerblichen und der ländlichen Arbeit vertheile. Es muss die Kapitalfreiheit, die Tarifreform, die Steuerreform, die Abschaffung des Salzregals und der sonstigen Monopolien vorausgehen, sonst geben wir mit der Freizügigkeit dem Arbeiter ein Recht, welches ihm selbst keinen Vortheil und dem Gemeinwesen Nachtheil bringt.«

Wir haben in dem Obigen uns bemüht, alle diejenigen Einwendungen, welche man einzeln der Ausführung der Freizügigkeit entgegenstellen hört, möglichst vollständig *zusammen zu stellen*, um sie möglichst vollständig *widerlegen* zu können. Die Männer, von welchen diese Einwendungen ausgehen, bestreiten nicht die Freizügigkeit *im Prinzip*, aber sie sind ängstlich *in der Ausführung*. Sie verweisen auf die oben aufgezählten wirthschaftlichen Missstände und ausserdem auf eine Reihe anderer Schwierigkeiten, welche sich aus der unter Absatz II. erörterten Komplizirtheit der politischen Verhältnisse in Deutschland ergeben, und welche Demjenigen, der in dergleichen Dingen praktisch arbeitet, nur zu wohl bekannt sind und ihm ein schmerzliches Lächeln ablocken über die kühne Behauptung »die Gewerbefreiheit und Freizügigkeit seien Dinge, welche man nur einfach zu dekretiren habe.« Wir, die wir uns seit Jahren mit der Ausführung beschäftigen, wissen nur zu wohl, welche sauere Arbeit wir noch zu verrichten haben.

Wir können nicht bestreiten, dass alle jene Dinge, dass die Freizügigkeit, die Armenpflege, die Befreiung der Arbeit, des Kapitals, des Grundeigenthums, des Kredits, des Handels von allen jenen Fesseln, welche ihnen der Feudalismus, der Polizeistaat und der Mangel an wirthschaftlicher Einsicht angelegt haben, in einem engen Zusammenhange mit einander stehen.

Sobald einmal irgend eine Gewalt, mag sie sich nun Staat nennen oder wie sonst, mit plumper, störender Faust in die organische Bewegung des wirthschaftlichen Lebens eingegriffen hat, wird sie gleichsam durch ihr falsches Prinzip gezwungen, Schritt vor Schritt darin weiter zu gehn, wie ein Eroberer stets neue Provinzen an sich reissen muss, um die bedrohten Grenzen seiner früheren Eroberungen zu decken. Wenn wir heute die freie Arbeit in eine Zunft einzwängen, so rufen uns morgen die Zünftigen um immer neue Beschränkungen, Verbietungs- und Bannrechte, Monopole und Privilegien an, und wir können sie ihnen nicht weigern. Sie sind unsere Geschöpfe. Wir haben sie der treuen Mutter, die sie nährte, der freien wirthschaftlichen Entwickelung, entrissen. Wir haben sie isolirt, folglich müssen wir sie »schützen.« Aber nicht nur die Zünftigen, auch die Nichtzünftigen rufen uns um Schutz an. Sie sagen uns mit Fug und Recht: »Du verbietest uns zu arbeiten, obgleich wir es wollen und können, so gut, wie die Zünftigen; Du beraubst uns unserer Selbstständigkeit und folglich auch unserer Selbstverantwortlichkeit; wir können nicht mehr für unsere Subsistenz aufkommen, denn wir sind nicht mehr wirthschaftlich frei; Du bist der Herr, wir sind Deine Sklaven: füttere Deine Sklaven!« Was ist darauf zu antworten? Ich darf Jemanden, der leidet, oder auch nur zu leiden vorgiebt, weil ich ihm den freien Gebrauch seiner Kräfte entzogen habe, nicht leiden lassen, wenn ich die Mittel habe, es zu ändern. Daraus folgt denn die obligatorische Armenpflege des Staats, welche eigentlich ein Stück gesetzlich geregelten Kommunismus ist. So erscheint der Polizeistaat und der Feudalismus als der Ursprung des Kommunismus, ein Verwandtschaftsverhältniss, das sich ja auch in den Fluktiationen der neuesten Gegenwart offenbart. Man vergleiche das Triumvirat Lassalle-Wagner-Pause.

In den Ländern, wo das Grundeigenthum untheilbar oder sonst wie in feudaler Erstarrung befangen ist, strömt die überflüssige Arbeiterbevölkerung nach der Stadt, welche ihrer Seits sie nicht zu beschäftigen weiss, weil sie nach dem platten Land zu wenig Absatz hat. Die Städte schreien also um Schutz; und es muss schliesslich in der Stadt die Gewerbefreiheit und die Freizügigkeit abgeschafft werden, weil auf dem Lande das Grundeigenthum unfrei ist. Und umgekehrt. So erzeugt ein Uebel das andere, und eins dient als Vorwand, um die andern beizubehalten. Daraus folgert man denn, dass man diese Uebel alle mit einem Schlag radikal ausrotten, und so lange man das nicht könne, sich dessen getrösten müsse, sie eins mit dem andern und alle zusammen vorerst sich noch gefallen zu lassen. Oder man streitet, an welchem Punkt man mit der Reform zu beginnen habe. Der Eine will mit der Reform der Armengesetzgebung anfangen und so lange bis er damit fertig ist, einstweilen noch die Beschränkungen des Niederlassungsrechtes beibehalten wissen; der Andere will die Arbeit in umgekehrter Reihenfolge vorgenommen haben. Dieselbe Erscheinung wiederholt sich auch auf anderen wirthschaftlichen Gebieten. Man macht die Abschaffung der Transitzölle abhängig von Ermässigung der Flusszölle, und umgekehrt. Wenn von der Reform des Zolltarifs die Rede ist, so bestreitet man zwar nicht die Nothwendigkeit der Ermässigung oder Abschaffung einzelner Zollsätze, aber man hat bei jeder Konzession, welche man dem Freihandelsprinzip macht, eine Bedingung zu stellen, deren *vorherige* Erfüllung man verlangt. Während man bereitwillig die Unabweisbarkeit der Tarifreformen zugiebt, welche die Folge des Handelsvertrages mit Frankreich sein werden, verlangt man, dass der letztere nicht eher in das Leben trete, als bis der Transporttarif auf unseren Eisenbahnen so niedrig, wie in England und Belgien, gesetzt, namentlich für schwere und billige Artikel der Ein-Pfennig-Satz für die Meile allgemein eingeführt, bis alle Uebergangsabgaben von Wein, Tabak, Spiritus etc. beseitigt, die Flusszölle und die Bergwerkssteuern, das Salzmonopol und wer weiss, was noch für sonstige Uebelstände abgeschaft seien. Gewiss, ein Herkules, der die Gewalt hätte, den ganzen Augiasstall mit einem Schlage zu fegen, würde damit ein höchst verdienstliches Werk thun. Wir leben nicht mehr im mythischen Zeitalter. Wie sich unsere Geologen immer mehr überzeugen, dass es nicht Erd-Revolutionen, sondern sich durch viele Jahrtausende hinziehende Erd-Evolutionen waren, welche unserem Weltkörper seine jetzige Oberfläche gegeben haben, so müssen wir uns auch in der Politik und in der Volkswirthschaft überzeugen, dass die Weltgeschichte nicht mit Siebenmeilenstiefeln marschirt, sondern langsam, Schritt vor Schritt, und dass wir unsere Reformen eine nach der andern vornehmen müssen, jede dann, wenn sie an der Reihe, d. h. wenn sie reif ist. Die Reform der Niederlassungsgesetze aber ist reif in Deutschland, sie ist überreif und wäre längst schon ausgeführt, wenn nicht die komplizirte Gestaltung unserer politischen Verhältnisse die Sache schwierig (aber, wie oben unter II. gezeigt worden ist, durchaus nicht unmöglich) machte.

Der neueste deutsche Schriftsteller über »Freizügkeit«, Oberregierungsrath *Bitzer* in Stuttgart, resümirt seine Ansicht so:

»Die Reform der Armenpflege und die Durchführung der Freizügigkeit greifen so nicht nur in der Richtung in einander ein, dass die letztere die erstere zur Bedingung hat, sondern sie liegen auch insofern in *einer* Linie, weil beide erhöhete Ansprüche an die Einzelnen und die verschiedenen Kreise der Gesellschaft machen. Die Freiheit der Ansässigmachung und Niederlassung löst zwar manche Bande, welche den Einzelnen bis jetzt bei wichtigen Schritten seines Lebens beengten, allein sie giebt ihm auch die volle Verantwortlichkeit für sein Thun zurück, sie macht ihn zum Herrn seines Schicksals auch in dem Sinne, dass er die Folgen seiner Entschlüsse selbst zu tragen hat, und die Reform der Armenpflege zieht hieraus die praktische Folgerung, dass sie ihm das Ruhekissen der stets bereiten öffentlichen Armenunterstützung wegnimmt und ihn auf seine eigene Kraft verweist. Das ist ja die grosse Lehre, welche die soziale Wissenschaft, wie die Erfahrung der Kulturvölker unserer Zeit immer und immer wieder vor Augen stellen: dass die Einzelnen, wie ganze Völker, die höchste Stufe irdischen Wohlergehns nicht durch Hemmnisse der Arbeit und des Verkehrs, nicht durch Zunft- und Niederlassungsschranken — sondern nur durch ihre freieste Entfaltung und nur durch die höchste Anstrengung der individuellen, wie der Gesammtkraft zu erringen vermögen.«

So richtig die Darlegung des Wechselverhältnisses zwischen der Selbständigkeit und der Selbstverantwortlichkeit ist, indem der Staat, wenn er dem Individuum sein *Recht*, die Selbständigkeit, nimmt, ihn dann auch seiner *Pflicht*, nämlich der Selbstverantwortlichkeit und des eigenen Einstehens für seine Existenz, überheben muss, — was freilich bloss legislativ, d. h. auf dem Papier, nicht aber faktisch und in Wirklichkeit möglich ist — so wenig sind wir damit einverstanden, dass die Reform der Armenpflege zur *Vorbedingung* der Einführung der Freizügigkeit gemacht werde. Zugestanden: Beide Reformen sind nöthig, — so finden wir doch keinen Grund, mit der einen auf die andere zu warten, und jedenfalls scheint uns die Freizügigkeit die fundamentale, die primäre und die dringlichere.

Das System unserer gegenwärtigen vom Staate geleiteten öffentlichen Armenpflege, das in der Mehrzahl der europäischen Kulturstaaten mit mehr oder weniger Konsequenz und Strenge durchgeführt und in Uebung ist, datirt aus dem Ende des sechszehnten und dem Anfange des siebenzehnten Jahrhunderts. Seine Mutter ist die Reformation, welche die bereits erschütterten mittelalterlichen Formen und Gestaltungen über den Haufen warf und für das Emporkommen des modernen Staatsbegriffes, und zwar in Deutschland zunächst in der

Form des territorialen Absolutismus, den Grund legte. Der letztere siegte vollständig durch den westfälischen Frieden. Drei grosse und denkwürdige Versuche, dem deutschen Reiche eine auf den Grundsätzen der Einheit und Freiheit beruhende Organisation zu geben, waren vorher gescheitert, weil jeder Stand für sich und in Feindseligkeit gegen die andern das Wagniss unternahm, das für ihn allein zu schwer und nur in Gemeinschaft mit den andern zu überwinden war. So ging denn die Reichsreformbestrebung der Städte zu Grunde, und die der Ritter, und die der Bauern; und in diesen Kämpfen und Zuckungen, sowie in den später folgenden Religionskriegen wurde die Kraft der Nation und die des deutschen Königs (Kaisers) so geschwächt, dass der Schwerpunkt der politischen Macht schliesslich an die Territorialherrschaften überging.

Die Territorialherren, welche, trotz ihrer zum Theil winzig kleinen Gebiete, das Wort Ludwigs XIV. »der Staat bin ich« antezipirten und in dem festen Glauben an ihre und des Staates Omnipotenz, es liebten die Vorsehung zu spielen, machten auch die Armenpflege zur Staatsangelegenheit. Allerdings bestand sogar eine gewisse Nöthigung hierzu. Denn mit dem sechszehnten Jahrhundert begannen zwei Quellen, aus welchen bisher die Armenpflege, ohne Intervention des Staates bestritten worden war, zu versiegen, während mit dem siebenzehnten in Deutschland eine schreckliche Massen-Verarmung eintrat.

Nach dem kanonischen Rechte soll ein Viertel der Einkünfte aus dem Vermögen der Kirche für Almosen verwendet werden. Wenn auch grade nicht buchstäblich und ihrer ganzen Ausdehnung nach, so wurde diese Regel doch im Allgemeinen befolgt; und die Mittel zu ihrer Befolgung waren vorhanden; denn die Kirche war reich. Dies änderte sich mit der Reformation und mit der Säkularisirung der Kirchengüter. Die alte Kirche wurde arm und die neue nicht reich. Auch legte die letztere keinen so hohen Werth auf die »guten Werke.« Sie war mehr der Innerlichkeit zugewandt und in dem heftig entbrannten Kampf um den »Glauben,« mussten die »Werke« etwas zurücktreten. Dadurch versiegte aber auch manche Quelle der Privatwohlthätigkeit, die bisher theils direkt, theils durch die Kirche geflossen.

Soweit aber im Mittelalter die Mittel der Kirche und der privaten Mildthätigkeit nicht ausgereicht hatten, war das korporative Element der ständischen Gliederung eingetreten. Jedermann musste damals zu Schutz und Trutz in irgend einen korporativen Verband eintreten. Die Kassen dieser korporativen Verbände aber erfüllten zum Theil (freilich in sehr primitiver und rudimentärer Art und fast ohne sich dessen bewusst zu werden, jedenfalls aber ohne Kenntniss der volkswirthschaftlichen Gesetze und ohne alle und jede Berechnung von Morbilität, Mortalität und Invalidität), die Funktionen unserer jetzigen Sterbe-, Kranken-, Invaliden- und Pensionskassen; d. h. die Zunft, Innung oder der sonstige Verband liess einen einzelnen Angehörigen im Falle der Krankheit oder sonstigen Arbeitsunfähigkeit, und dessen Hinterlassene im Falle des Todes, nicht stecken. Der Grundsatz der Solidarität dehnte sich zu einer Art von gegenseitiger Versicherung gegen Tod, Unglück und Verarmung aus.

Je mehr die Blüthe der deutschen Städte wieder hinwelkte, je mehr die mittelalterliche Gliederung erschlaffte, desto mehr schwand auch die Mitwirkung des korporativen Elements zur Verhütung und Linderung der Armuth. Nun kam noch im dreissigjährigen Krieg ein Unglück ohne Gleichen über Deutschland, das die unerhörteste massenhafte Verarmung zur Folge hatte.

So wurde die landesherrliche Gewalt in den einzelnen deutschen Ländern im sechszehnten und siebenzehnten Jahrhundert dazu gedrängt, die Armenpflege, die bis dahin Sache der Kirche, der Korporationen und der Privaten war, und um die sich die Regierungen nicht gekümmert hatten, zu einer Staatsangelegenheit zu machen. Sobald man aber dem Dürftigen dem Staate gegenüber ein Recht auf Unterstützung und dem Staate eine Pflicht zur Verabreichung derselben zuschrieb, folgte daraus die Nothwendigkeit, dem Staat die Befugniss zu ertheilen, die Mittel zur Armenpflege von den Steuerpflichtigen zu erheben, oder auf die Gemeinden, Gutsherrschaften u. s. w. zu repartiren, oder endlich die Last der Armenunterhaltung den letzteren direkt aufzuladen, sie zu deren Erfüllung anzuhalten und nur subsidiär mit den Mitteln des Staats einzutreten.

Es musste sich aber bald zeigen, dass sich der Staat eine Last aufgeladen hatte, welche er nicht tragen konnte. In Folge des Kriegs und der absurden wirthschaftlichen und finanziellen Massregeln der Regierungen war die Armuth eine weit verbreitete; und je mehr Arme es gab, desto schwieriger war es, von den weniger Vermögenden die Mittel zur Unterstützung der vielen Armen aufzubringen. Der Staat, die Gemeinden, die Gutsherrschaften waren nicht im Stande, die ihnen auferlegte Pflicht zu erfüllen. Die Armenpflege hörte faktisch auf, wo die Unmöglichkeit der Durchführung begann. Es trat daher eine Reaktion gegen diese Verpflichtung ein, welche jedoch ihre Spitze nicht gegen das herrschende falsche Prinzip der Staatsomnipotenz, sondern gegen die Freizügigkeit richtete. Statt den Quellen des Elends nachzuforschen und sie zu verstopfen, statt einen Theil der Last abzuwälzen, richtete man seinen Zorn gegen die Zuziehenden. Man erblickte in jedem Fremden einen zukünftigen Almosenempfänger, man schob einander die Menschen wie einen falschen Groschen oder einen sonstigen unnützen Stoff zu, und Bezirk suchte sich gegen Bezirk möglichst hermetisch abzuschliessen. Man unterdrückte die schwachen Anfänge der Freizügigkeit; man beschränkte die Befugniss zum Gewerbebetrieb und das Recht der Niederlassung; man machte das Heirathen von einer vorherigen Erlaubniss und die Erlaubniss von vielerlei Bedingungen und Nachweisungen abhängig; man forderte für den blossen Aufenthalt Einzugsgelder und Kautionen (in Frankfurt am Main muss noch jetzt jeder »deutsche Ausländer,« welcher sich vorübergehend dort aufhält, eine Geldkaution hinterlegen, dafür, dass er sich wohl verhalte und der Armenkasse nicht zur Last falle); man erschwerte die Möglichkeit der Erlangung des Staats- und des Gemeindebürgerrechts ganz ausserordentlich; — Alles aus Angst vor der Menge der anziehenden Armenhauskandidaten.

Die Arznei, welche man gebrauchte, war schlimmer, als die Krankheit, und vermehrte die letztere. Die Gesetze der Natur, stärker als die des Staats, rächten sich bitter für ihre Verkennung. Die Menschen, welche man hinderte zu arbeiten, oder ihre Arbeit da zu verwerthen, wo sie am gesuchtesten und theuersten war, verfielen der Unthätigkeit, dem Missmuthe, der Indolenz, der Armuth. Die Erschwerung der Ehe führte zum Konkubinat. Die ausserehelichen Kinder entbehrten der väterlichen Fürsorge. Die Ausschliessung erzeugte Heimathlose. Die Massregeln, welche die Armenlast verringern sollten, steigerten sie in das Masslose.

Der Polizeistaat, welcher sah, dass das Gegentheil von dem eintrat, was er bezweckt hatte, hätte Ursache gehabt, nachzudenken, ob er sich wohl auf dem richtigen Wege befinde und zweckmässige Mittel gewählt habe. Allein überzeugt von seiner Unfehlbarkeit, wie er es war, gerieth er in Zorn und Erbitterung darüber, dass die reale Welt seinen Doktrinen einen hartnäckigen Widerstand entgegensetzte. Abermals griff er zu der Waffe der Gesetzgebung und abermals vergebens.

Diesmal erliess er strenge Strafandrohungen gegen Bettler, Vaganten und Landstreicher, er erfand ein sehr komplizirtes System der

Pass- und Fremdenpolizei, er setzte alle Organe der Verwaltung, der Polizei und der Justiz in Bewegung, um diesen Einrichtungen den striktesten Vollzug zu geben. Er wüthete mit dem Schwert der Strafjustiz und mit dem Polizeistock zugleich.

Man erfand das Verbrechen der »Landstreicherei,« welches gegenwärtig noch in allen Strafgesetzbüchern und in den Lehrbüchern des Kriminalrechts paradirt. Es besteht nach der Definition unserer Strafgesetzgebung darin, dass Jemand »ohne Zweck und Erwerbszweig und ohne dass er sich über zureichende Mittel zu seinem Unterhalte ausweisen kann, ausserhalb seines Wohnorts umherzieht oder überhaupt einen Wohnort nicht hat.« Ein solcher Missethäter wird nach den meisten deutschen Strafgesetzbüchern mit schwerer Gefängnissstrafe, welche bei Rückfällen bis zu fünf Jahren steigen kann, belegt; er wird nach verbüsster Strafe unter Polizeiaufsicht gestellt, auf seinen Heimathsort konfinirt, erhält keinen Pass mehr u. s. w. Man vergleiche z. B. die Strafgesetzbücher vom Grossherzogthum Hessen Art. 244 und 245; Nassau Art. 237; Baden Art. 639; Würtemberg Art. 197 und 199; Preussen Art. 117.

Wollte man die Vorschriften dieser Gesetze wörtlich vollziehen, so müsste man in den grossen Städten, an Badeorten und sonstigen derartigen Knotenpunkten des gesellschaftlichen Verkehrs, wo sich bekanntlich die »problematischen und verfehlten Existenzen« anzusammeln pflegen, alljährlich Tausende in Anklage stellen wegen des Verbrechens der Vagabondage. Da man das aber nicht kann oder nicht will, so sind jene Gesetze ein wenig eingeschlafen, oder es hat sich eine Art polizeilichen Gewohnheitsrechts gebildet, wonach sie nur gegen schlecht gekleidete Menschen aus den niederen und ärmeren Bevölkerungsklassen in Anwendung gebracht werden. Es wird gewiss keinem Gesetzgeber einfallen, einem Straf-Artikel den Zusatz zu geben: »Diese Vorschrift gilt jedoch nur gegen solche Personen, welche ein Kamisol und eine Mütze tragen, nicht aber gegen solche, welche mit einem Hut und einem Rock versehen sind.« Wenn aber gleichwohl sich ein Gesetz in der Handhabung so ausnimmt, als wenn derartige Worte darin ständen, so ist dies wohl ein Grund, die Rechtmässigkeit und Zweckmässigkeit desselben etwas in Zweifel zu ziehen.

Gewiss jeder Mensch wird sich lieber zu irgend einer behaglichen Existenz und Thätigkeit irgendwo *niederlassen*, als in Unruhe und Planlosigkeit *umherstreichen*. Wenn ihm aber die Beschränkungen der Verfügung über Grund und Boden, des Handels, des Gewerbebetriebs, des Niederlassungsrechts, es unmöglich machen, sich zu *setzen*, und er das *Stehen* nicht vertragen kann, so muss er eben *umherziehen* oder umherstreichen. Es liegt dann ein Fall vor, auf welchen man anwenden kann, was die Alten von »dem Neid der Götter« sagten, »Zuerst machen sie den Menschen schuldig, und dann strafen sie ihn.«

Wenn man aber den Vaganten nach erlittener Strafe in seine Heimathsgemeinde konfinirt, wo er menschlicher Berechnung nach wahrscheinlich keine Arbeit findet, wenn man ihm einen Pass verweigert und ihn dadurch in die Alternative setzt, entweder zu Hause ohne Beschäftigung zu darben, oder ohne Pass auf gut Glück in die Welt zu gehn, auch auf die Gefahr hin, abermals wegen »Landstreicherei« bestraft zu werden, wer will sich beschweren oder wundern, wenn er das letztere vorzieht und dadurch »rückfällig« wird, um demnächst, aus der Strafanstalt entlassen, ganz der Armenkasse zur Last zu fallen?

Dieselbe Härte, wie diese Gesetze gegen die Landstreicher, deuselben mit der Absicht des Gesetzgebers in direktem Widerspruch stehenden Erfolg, hat eine Reihe anderer von demselben Geist, von derselben Furcht vor Armenhauskandidaten diktirter Verordnungen. Ich nenne darunter eine Reihe Passregulative oder Polizeiverwaltungsnormen, welche eine besondere Strenge gegen Solche, welche übel gekleidet sind, oder den unteren Klassen angehören, einschärfen und einen scheinbar Verdächtigen behandeln, wie einen überführten Verbrecher. Diese Dinge sind bei Gelegenheit des Antrages des Abgeordneten *von Rönne* auf Reform des Passwesens und der in Folge davon gemachten Gesetzesvorlage in den Jahren 1862 und 1863 in dem preussischen Abgeordnetenhause ausführlich behandelt worden. Wir verweisen unsere Leser auf die sehr interessanten Aufzeichnungen der stenographischen Protokolle. Aehnlich, wie in Preussen, steht es mit den betreffenden Einrichtungen in den übrigen deutschen Staaten, an vielen Orten noch schlimmer.

Weitere Ausgeburten der Angst vor Ueberschwemmung mit Zuzüglern, vor Störung der öffentlichen Ordnung und Belastung der Armenkasse durch dieselben, sind die Institute der »Stellung unter Polizei-Aufsicht« und des Verbotes des Zuzuges gegen solche, welche schon Bestrafungen erlitten haben, oder welche schon einmal Almosen empfingen u. s. w.

Diese Einrichtungen sind ohne Zweifel in der Absicht, die Interessen der bürgerlichen Gesellschaft zu wahren, ersonnen und zu diesem Zwecke in Vollzug gesetzt. Allein sie erschweren ganz ausserordentlich für Denjenigen, welcher einmal vom rechten Weg abgewichen, die Rückkehr zu demselben, die ihm nirgends saurer wird, als da, wo man ihn kennt und meidet, während der Aufenthalt in einer neuen Umgebung und unter Menschen, welche seine Vergangenheit nicht kennen, oder sie ignoriren, oft einem reinigenden Bade gleicht, das ihn der bürgerlichen Gesellschaft und einer geordneten Thätigkeit neugeboren zurückgiebt.

IV.

Wir haben, so weit es der einer kurzen Skizze zugemessene Raum gestattet, in Obigem, an der Hand der Geschichte, der Entwickelung des Armenwesens und der Freizügigkeit (richtiger gesagt: des Gegentheils der letzteren) in Deutschland zu folgen gesucht. Wir haben gesehen, dass erfahrungsmässig die Beschränkungen der Freizügigkeit für das Gemeinwesen und die Einzelnen gemeinschädlich gewirkt, dass sie namentlich die Last der öffentlichen Armenpflege bedeutend gesteigert haben und dass alle weiteren Beschränkungen, welche man im Interesse der Erleichterung der Armenverbände und der Armenkassen glaubte machen zu müssen, die letzteren nur noch mehr überbürdet haben, dass also das beste, sicherste und rascheste Mittel, das Armenwesen zu vereinfachen, darin besteht, dass man die Ursachen entfernt, welche die Verarmung en masse hervorrufen, dass unter diesen Ursachen die Beschränkung des Rechtes der Heirath, des Aufenthalts, des Geschäftsbetriebs, des Grunderwerbs, eine der wesentlichsten ist, dass man daher vor Allem diese zu beseitigen hat, und dass man ihre Beseitigung nicht abhängig machen soll von einer gleichzeitigen oder vorherigen Reform der Armengesetzgebung. Damit wollen wir indess nicht gesagt haben, dass die letztere nicht nöthig sei, man soll nur nicht mit den andern Reformen auf sie warten. Ohne Zweifel wäre es gut, wenn man, nach möglichster Beseitigung der Massen-Armuth, die Heilung der einzelnen sozialen und wirthschaftlichen Krankheitsfälle mehr der Privatwohlthätigkeit überliesse, und so weit daneben noch eine Armenpflege aus öffentlichen Mitteln erforderlich ist, die Armenverbände, auf welchen die Last ruhet, möglichst gross machte, so dass die Last sich auf ein grosses Terrain und eine zahlreiche Bevölkerung möglichst gleichmässig und gerecht vertheilte, während jetzt einzelne kleinere Bezirke, ohne dass sie ein Verschulden trifft, besonders hart heimgesucht werden können.

Der Irrthum, welchem der Grundsatz von der obligatorischen Armenpflege des Staats entspringt, hat seine Quelle in dem irrigen Glauben an die Omnipotenz der Staatsgewalt. Der Staat kann und muss die Rechtsordnung aufrecht erhalten ihrem ganzen Umfange nach; im Uebrigen kann er, was die Thätigkeit der bürgerlichen Gesellschaft und der Einzelnen anlangt, im Wesentlichen nur eine negative Wirksamkeit durch Beseitigung der Hindernisse entfalten, und nur hin und wieder positiv fördernd einwirken. Er kann aber nicht die irdische Vorsehung spielen, er kann nicht alle Menschen gut, gesund und wohlhabend machen.

Der Staat sorgt bis zu einem gewissen Grade z. B. auch für die Gesundheit seiner Angehörigen. Er stellt Gesundheitsbeamte an, welche gemeinschädliche, sanitätswidrige Zustände und Einrichtungen zu verhüten und wenn sie eingetreten sind, zu entfernen haben. Aber er kann ganz gewiss nicht von Obrigkeits wegen und aus öffentlichen Mitteln jeden einzelnen Kranken kuriren lassen. Dies kann er schon deshalb nicht, weil die meisten Krankheiten die Folgen von verkehrter Lebensweise, unzureichender oder unzweckmässiger Nahrung, Wohnung oder Kleidung, von unrichtiger körperlicher und geistiger Oekonomie, von zu grosser Anstrengung oder zu grosser Trägheit, von Ausschweifungen u. s. w. sind, und weil der Staat unmöglich allen seinen Bürgern gesundheitsgemässe Nahrung, Kleidung und Wohnung und eine richtige Diät mit weiser und massvoller Abwechslung zwischen Arbeit und Erholung zuwenden oder gar aufzwingen kann.

So wenig, wie der Staat im Stande ist, alle Bürger von Obrigkeits wegen *körperlich* gesund zu machen, eben so wenig kann er sie alle *wirthschaftlich* gesund machen, am wenigsten kann er es durch Almosen. Das Kapital, welches zum Almosenspenden verwendet wird, nützt in der Regel den Empfängern weniger, als seine Entziehung denjenigen, welchen es entzogen wird, und der Produktion, welcher es bisher diente, schadet. Jede Ueberschreitung des Masses im Almosengeben ist wirthschaftlich gemeinschädlich. Denn sie erzeugt unwirthschaftlichen Sinn, Bettelwirthschaft und neue Armuth. Sie vermehrt das Uebel, das sie heilen will und doch besten Falles nur lindern kann.

Freilich sagt man: die staatliche Armenpflege enthalte zunächst ihrem Wesen nach nichts Anderes, als eine Vorkehr dagegen, dass innerhalb des Staatsgebietes Niemand aus Mangel an Mitteln zu seinem Lebensunterhalt sein Leben verliere, und es stehe diese staatliche Einschreitung in gleicher Linie mit der Vorsorge gegen Gefährdungen des Lebens der Menschen durch Unfälle der verschie-

densten Art u. s. w. (siehe *Bitzer*, a. a. O. Seite 42.); man sagt:
»Der Staat kann und darf Niemanden verhungern lassen, er hat
das Recht und die Pflicht, auch die Möglichkeit dies zu hindern.«
Aber man wird doch nicht bestreiten wollen, dass wenn Jemand
den Willen hat, zu verhungern, der Staat dies nicht hindern kann. Eine
andere Sache ist es, wenn sich Jemand um Hülfe an den Staat wendet;
dann hat derselbe die Möglichkeit zu verhindern, dass er an einer *akuten*
Dürftigkeitskrisis stirbt; aber gegen die *chronische* Dürftigkeit ist der
Staat machtlos. Wie mancher verfrühte Todesfall ist nicht die Folge
schlechter Wohnung, mangelhafter Kleidung, unzureichender Ernährung;
wie Viele suchen überhaupt keine Hülfe beim Staat und wie Viele
suchen sie zu spät! Wie Viele suchen sie vergeblich, da die offiziellen
Staatsbettler, welche man sich grossgezogen hat und deren Rechtstitel
lediglich darin besteht, dass sie entweder nicht arbeiten oder nicht
sparen wollen, Alles für sich vorweg nehmen!

Rechtlich verpflichtet zur Obsorge für die wirthschaftliche Versorgung ist der Staat eigentlich nur gegenüber Denjenigen, welche in
Ermangelung der Rechtspersönlichkeit und geborner Vertreter (Eltern)
auf seine Hülfe verwiesen sind, wie z. B. Findelkinder, Waisen, Geisteskranke, Entmündigte u. s. w.

Man hat in neuerer Zeit nachgewiesen, dass die französische Revolution von 1789 weniger aus rein politischen Gründen (d. h. aus
Rechts-, Verfassungs- und Machtfragen) als aus wirthschaftlichen
Gründen entstanden sei, d. h. aus volkswirthschaftlichen Begehungs-
und Unterlassungssünden des Staats und aus der daraus erwachsenen
allgemeinen Erbitterung, namentlich der mittleren und unteren Volksschichten. Nichts aber ist geeigneter, Demoralisation, Verwilderung
und Erbitterung hervorzurufen, als Beschränkungen der Freiheit der
Arbeit und der Niederlassung in Verbindung mit einer irrationellen
Armenpolitik: »c'est le ventre qui fait les revolutions.«

Die Unglücklichen, welche durch eine verkehrte Gesetzgebung von
der menschlichen und bürgerlichen Gesellschaft ausgeschlossen und
gewisser Rechte und Befugnisse beraubt sind, in deren Besitz sie die
Andern sehen, und mit deren Besitz sie selbst einen gewissen Grad
wirthschaftlicher Wohlfahrt erlangen oder wieder erobern könnten,
während sie gegenwärtig in Dürftigkeit und Mangel leben, gewöhnen
sich daran, den Staat, die Gemeinde, die bürgerliche Gesellschaft als
ihren geschworenen Feind zu betrachten. Sie vindiziren sich einen

Rechtsanspruch auf Armenunterstützung gegen die Obrigkeit, weil diese sie ihrer Behauptung zufolge erwerbslos gemacht hat; und wenn dieser Rechtsanspruch nicht auf das Bereitwilligste honorirt wird, betrachten sie den Staat oder den Armenverband wie einen böswilligen säumigen Schuldner, gegen welchen man sich das Schlimmste erlauben darf.

Der Landstreicher, welchem der Richter Vorwürfe macht, erwidert mit einigem Rechte: »Was wollen Sie? man beschränkt mich auf das kleine Dorf, wo ich geboren bin und mich Niemand zur Arbeit nimmt; man weist mich da aus, wo ich Arbeit finden kann; was bleibt mir anders übrig, als die Landstrasse, oder das Gefängniss (Arbeitshaus), wo Ihr mich zwangsweise ernähren müsst, weil Ihr nicht dulden wollt, dass ich mich freiwillig selbst ernähre?«

Die Dirne, welche eine Reihe von unehelichen Kindern geboren, die der Gemeinde zur Last fallen, erwidert dem sie koramirenden Dorfschulzen: »hättet Ihr mich vor acht Jahren meinen damaligen Bräutigam, einen fleissigen und erwerbsfähigen Menschen, dessen Thätigkeit den Mangel an Vermögen ersetzt hätte, und den Ihr nur deshalb zurückwieset, weil er aus einem andern Dorf war und einen andern Glauben hatte, heirathen lassen, so wäre ich jetzt eine ehrliche Frau und hätte einen Vater zu meinen Kindern; so aber, da Ihr mich unglücklich gemacht habt, will ich Euch und der Gemeinde zur Strafe« — — Wir wollen den Satz in seiner ursprünglichen drastischen Redaktion nicht zu Ende schreiben, sondern nur bemerken, dass er die Androhung einer fortgesetzten und vermehrten Fruchtbarkeit ihres Leibes, als Strafe für die illiberale Niederlassungspolitik der Gemeinde, enthielt.

Diese Geschichten sind nicht fingirt. Jeder polizeiliche und richterliche Beamte wird bestätigen, dass solche und ähnliche Aeusserungen in der Praxis vielfach vorkommen.*) Wir überlassen es unseren Lesern, an diese Thatsachen ihre weiteren Betrachtungen anzuknüpfen.

V.

Werfen wir noch einen Blick auf die Freizügigkeit und die Armenpflege in England, welche letztere neuerdings in Deutschland mannig-

---

*) Man vergleiche den Aufsatz von *Karl Grosse* „Armenpflege und Freizügigkeit" in den Berliner „*Deutschen Jahrbüchern*". 1863. Band VIII. Heft 2. (August) Seite 217.

fache Erörterung gefunden hat, nicht nur in dem angeführten Buche von *Bitzer*, sondern auch in einer von den Freiherrn *K. v. Richthofen* publizirten trefflichen Monographie des 1858 gestorbenen Dr. K. Gustav *Kries*. (siehe Vierteljahrsschrift für Volkswirthschaft und Kulturgesch. 1863. Bd. 2. S. 246. u. ff.)

In England nahm die Armenpflege seit dem fünfzehnten Jahrhundert einen ähnlichen Verlauf, wie in Deutschland, für die wissenschaftliche Bearbeitung hat die dortige Entwickelung noch den Vorzug, dass sie sowohl nach der guten, als nach der schlechten Seite hin eine kontinuirliche und einheitliche war, und dass aus allen Zeiträumen vollständige Nachrichten nicht nur über die Erlassung, sondern auch über den Vollzug der Gesetze und über deren Wirkungen vorliegen, so dass sich der ganze Vorgang genau verfolgen lässt.

Auch dort hat der Staat die Armenpflege für eine Zwangspflicht erklärt und sie den Gemeinden (Kirchspielen) aufgeladen. Die Gründe dazu waren im Wesentlichen die nämlichen, wie in Deutschland. Wie bei uns der dreissigjährige Krieg, so hatte in England der Kampf zwischen den beiden Rosen das Mark des Landes aufgesogen und eine schrekliche Massenverarmung erzeugt. Der alte Adel war vernichtet oder durch Konfiskationen seiner Mittel beraubt. Der Lehnsnexus löste sich auf. Darauf folgte dann die Reformation und die Einziehung der Kirchengüter. Also auf der einen Seite: Vermehrung der Armuth, auf der andern Seite: Verschwinden der Mittel, aus welchen bisher die Armenpflege ohne Zuthun des Staats und der Gemeinden, bestritten worden war.

So entstand nach und nach schon unter Heinrich VII. und Heinrich VIII. die obligatorische Armenpflege durch die Kirchspiele unter Leitung des Staats. Diese allmälig eingeschlichene faktische Uebung wurde 1601 unter Königin Elisabeth zum Gesetz erhoben. Das Gesetz 43. Eliz. 2. ist die Kodifikation des englischen Armenrechts und bildet heute noch, nach drittehalb Jahrhunderten, die Grundlage desselben. Seine Fundamentalsätze sind:

1. Der Staat hat die Verpflichtung zur Armenpflege aus öffentlichen Mitteln;
2. arbeitsunfähige Arme erhalten Unterstützung;
3. arbeitsfähige Arme werden nur durch Beschäftigung unterstüzt, nöthigenfalls auf dem Wege des Zwanges;
4. die Unterstützungen hat dasjenige Kirchspiel zu leisten, in wel-

chem der Arme geboren ist oder in welchem er in den letzten *drei* Jahren gewohnt hat, (bei Heimathslosen oder Vagabunden *ein* Jahr);

5. die Kirchenvorsteher leiten die Armenpflege und bringen die Mittel für dieselbe auf durch Besteuerung der Kirchspielsangehörigen.

(Siehe *Gneist* engl. Kommunalverfassung Seite 638. u. ff.)

Anfänglich hatte dieses Gesetz keine wesentlichen Beschränkungen der Freizügigkeit zur Folge. Erst während der Restauration unter Karl II., wo die Gentry sich in den Besitz der Gewalt gesetzt hatte und die Gesetzgebung und Verwaltung von den einseitigen Interessen der Grundherren geleitet und missbraucht wurden, schritt man zur Beschränkung der Freizügigkeit, um die Armensteuern der Squires zu vermindern. Das Statut von 1662 (act of settlement), 13 u. 14. Car. II. c. 12. §. 1. sagt: »Sintemal in Folge einiger Fehler in dem bestehenden Gesetze gegenwärtig arme Leute nicht gehindert sind, aus einem Kirchspiele in das andere zu gehen und zu versuchen, sich in solchen Kirchspielen festzusetzen, wo sie den besten Viehstand finden, oder die grössten Gemeindeweide-Ländereien, oder Gemeindeeigenthum, um Arbeiterwohnungen darauf zu bauen, oder das meiste Holz zum Verbrennen oder Zerstören, und wenn sie Das konsumirt haben, dann nach einem anderen Kirchspiele zu ziehen und so fort, bis sie zuletzt Bettler und Landstreicher werden, — und sintemal diess zur grossen Entmuthigung der Kirchspiele gereicht und sie abhält, Vorräthe anzuschaffen, da diese ja Gefahr laufen, von Fremdlingen verschlungen zu werden; — so wird hierdurch verordnet, wie folgt: Jede Person, bei welcher es wahrscheinlich ist, dass sie einmal der Armenpflege des Kirchspiels zur Last fällt, soll innerhalb vierzig Tagen, nachdem sie gekommen ist, sich festzusetzen in irgend einer Besitzung, welche weniger Werth ist, als 10 £, gesetzlich durch zwei Friedensrichter derjenigen Division, wo sie sich einfinden sollte, mittelst Befehl zurückgesandt und transportirt werden nach demjenigen Kirchspiel, in welchem sie zuletzt eine gesetzliche Niederlassung gehabt hat, sei es durch Geburt oder eigene Wirthschaft, Aufenthalt, Lehrlingschaft oder Dienst für den Zeitraum von wenigstens 40 Tagen.«

Es ist im Wesentlichen die nämliche Vorschrift, welche das preussische Gesetz vom 31. Dezember 1842 enthält, welches die freie Wahl des Aufenthalts Denjenigen untersagt, »welche weder hinreichendes Vermögen, noch Kräfte besitzen, sich und ihren nicht arbeitsfähigen

Angehörigen den nothdürftigen Lebensunterhalt zu verschaffen« u. s. w., womit die andere Vorschrift »dass die Besorgniss künftiger Verarmung zur Abweisung nicht genüge«, wieder ziemlich illusorisch gemacht wird. (Beiläufig bemerkt, ist indess das preussische Gesetz, trotz aller seiner Mängel, noch fast das liberalste in Deutschland, wenigstens gegen preussische Staatsangehörige; gegen Nichtpreussen ist das Gesetz noch exklusiv, allein die Praxis jetzt doch auch schon ziemlich liberal).

Die englische Gesetzgebung hat wenigstens noch *den* Vorzug, dass die Rückschiebungsbefugniss auf eine kurze Frist von vierzig Tagen beschränkt ist, deren Ablauf genügt, um für den Anziehenden das Aufenthaltsrecht zu ersetzen, und dass ein Heimathsschein der Gemeinde, woher er kam, gegen die Ausweisung schützte. Indess war der Gebrauch den man von der Ausweisungsbefugniss machte, ein keineswegs sparsamer. Er richtete sich nicht nur gegen Diejenigen, »welche dem Kirchspiel muthmasslich zur Last fallen könnten,« sondern auch gegen alle bescholtenen oder übel beleumundeten Personen (rogues, vagabonds, idle or disorderly persons).

Die Wirkungen dieser Beschränkungen der Freizügigkeit waren dieselben, wie in Deutschland. Sie zeigten sich namentlich, (wie Gneist a. a. O. Seite 673 erwähnt) »in den »close agricultural parishes,« in den Kirchspielen, in welchen alles Grundeigenthum in den Händen eines oder weniger Grundeigenthümer liegt, welche keine neue Niederlassungen dulden, zuweilen die Arbeiterwohnungen massenweise niederreissen und die Arbeiter, die sie selbst bedürfen und deren sie sich selbst bedienen, den benachbarten Kirchspielen zuschicken.« Dafür ist denn der Zuzug nach den grösseren Gemeinden und den Städten um so grösser geworden, deren schnelles Wachsthum sich zum Theil aus den Schwierigkeiten erklärt, welche die Niederlassung der Arbeiter auf dem flachen Lande findet. Auch in Deutschland waren die grösseren Städte stets liberaler in der Aufnahme, als die kleineren. Denn jedes Schildburg oder Krähwinkel pflegt sich für ein Paradies, für ein Eldorado, für ein Unikum zu halten, und ist deshalb doppelt eifersüchtig darauf, dass nicht ein »Hergelaufener«, ein »Fremdling« in seine geheiligten Mauern eindringe, um den klassischen Boden zu entweihen.

In England haben die Beschränkungen des Niederlassungsrechtes die Armenlast, statt sie zu mindern, erheblich gesteigert. Seit dem Gesetze von 1662 war sie in progressivem Wachsthum. Nach Gneist

(Seite 656) betrugen die Armenkosten im Jahre 1750 — 4 Millionen Thaler, 1776 — 9 Millionen, 1785 — 12 Millionen, 1801 — 24 Millionen, 1818 — 47 Millionen. Dieses Steigen hatte jedoch auch noch andere Gründe. Der Humanismus, welcher das vorige Jahrhundert beherrschte, in seiner falschen Anwendung, neigte ohnedies zur Ausdehnung der Armenpflege und war gegen die Anwendung der Zwangsarbeit. So unterstützte man denn in ausgedehntester Weise und hauptsächlich in Geld, auch die *arbeitsfähigen* Dürftigen. In den kleinen Kirchspielen war ohnehin das Auffinden einer angemessenen Beschäftigung für die Armen, wenn man nicht der freien Arbeit Derjenigen, welche auf Unterstützung keine Ansprüche machten, eine schlimme Konkurrenz bereiten wollte, schwierig; und endlich war das Verabreichen von Geld das Bequemste für die Armenpflegebeamten, welche nicht bezahlt wurden und alle Jahre wechselten und daher weder grosse Ursache noch hinreichende Gelegenheit hatten, ihrer Verwaltung eine besondere Sorgfalt zu widmen.

Diese Missstände weckten die Kritik. Schon *Adam Smith* griff die verkehrten Niederlassungsgesetze an; und ein Mitglied des Unterhauses bemerkte vor einiger Zeit, dass nach Karl II. sich kein einziger namhafter Parlamentsredner oder Schriftsteller finden lasse, welcher deren Prinzip vertheidigt hätte. Seit Beginn des vorigen Jahrhunderts traten einzelne Milderungen der Settlements-Akte von 1662 ein. Die wichtigste Reform aber ist die durch das St. 9 und 10 Victor. c. 66. herbeigeführte, wonach fortan Niemand mehr ausgewiesen werden kann aus einem Kirchspiel, in welchem er bereits fünf Jahre gewohnt hat; und die Praxis ist überall liberaler als die noch nicht ganz von den traditionellen Mängeln befreite Gesetzgebung.

Das Armenwesen wurde reformirt durch das Gesetz von 1834, 4 und 5 Will. IV. c. 76; es kehrte zurück zu der alten Regel der Unterstützung *nur* durch Arbeit und nöthigen Falls durch *Zwangsarbeit* für alle arbeitsfähigen Armen. Daneben ordnete es eine Reihe von Reformen in dem Organismus der Verwaltungen an.

Die Grundlage des Gesetzes ist die Einrichtung der Arbeitshäuser. Sie sind vielfach angefeindet worden und doch vollkommen gerechtfertigt: 1. vorausgesetzt, dass man überhaupt die obligatorische Armenpflege durch den Staat anerkennt, und vorausgesetzt 2. dass im Uebrigen alle Beschränkungen der wirthschaftlichen Entwickelung, welche die Steigerung der Produktion, die Zirkulation und die richtige Verwendung der Arbeitskräfte hindern, beseitigt sind.

Man sagt: »Wer giebt dem Staate das Recht, den Armen seiner Freiheit zu berauben und das Unglück mit einer Strafe zu belegen? Kann es eine grössere Grausamkeit, eine grössere Härte geben?«

Darauf ist zu erwidern: Wenn das Kapital, das Grundeigenthum, der Handel, die Arbeit, die Niederlassung frei sind, wenn völlige Vereinsfreiheit und damit die Möglichkeit gegeben ist, sich durch Betheiligung an Vorschuss- und Kreditvereinen kredit- und erwerbsfähig zu machen und durch Einschüsse in Kranken-, Invaliden-, Pensions- und Sterbekassen gegen Morbilität, Invalidität und Mortalität zu versichern, wenn die Hindernisse beseitigt sind, welche unser Zollsystem der Produktion in den Weg legt, wenn Jedermann die Bahn geöffnet ist zur freien Wettbewerbung um die wirthschaftlichen Güter, so trägt Jeder, welcher trotz voller Rechtspersönlichkeit und trotz geistiger und körperlicher Arbeitsfähigkeit der öffentlichen Unterstützung anheimfällt, selbst die Schuld davon. Bringt ihn der Staat durch Verabreichung von Unterstützungen ohne Bedingung und ohne Gegenleistung in eine günstigere Lage, als den Arbeitsfähigen, der sich durch eigene Kraft durchschlägt, so belohnt er den Schuldigen und bestraft den Unschuldigen. Er setzt eine Prämie auf den Bettel und zieht sich ein künstliches Proletariat gross.

Wer trotz vorhandener Arbeitsfähigkeit auf seine wirthschaftliche Selbstständigkeit verzichtet, da, wo es sich um Erlangung von *Berechtigungen* oder Vergünstigungen handelt, der muss das Prinzip der wirthschaftlichen Unselbstständigkeit seiner Person auch *gegen* sich gelten lassen, da, wo es sich um *Verpflichtungen* und Lasten handelt. Zwingt er dem Gemeinwesen seine Person auf, so muss er sich auch gefallen lassen, dass das Gemeinwesen über seine Person disponirt und ihm die Arbeit aufzwingt. Etwas Anderes ist es natürlich bei Arbeitsunfähigen, bei den Opfern einer durch den Staat selbst oder eine höhere Gewalt herbeigeführten Krisis, bei Findlingen, Geisteskranken oder sonstigen Personen, welchen die volle Rechtssubjektivität fehlt. Im Uebrigen aber ist das Arbeitshaus ein Prüfstein der uns an jenes Rezept erinnert, welches nach der Tradition des bekannten deutschen Volksbuches von »Eulenspiegel«, (einer treffenden Satyre auf die Gebrechen der damaligen Zeit), dieser Held des deutschen Mutterwitzes im Auftrag einer freien Reichsstadt gegen die Ueberfüllung eines reichdotirten Hospitals und Pfründhauses anwandte. Man konnte sich in diesem Hause des Andranges von Pfründnern nicht erwehren, welche allerlei Gebrechen, Krankheiten u. s. w. vorschützten, ohne dass man überzeugt war, dass letztere auch wirklich vorhanden seien. Eulenspiegel, der damals als Arzt reiste und über den Fall konsultirt wurde, fand ein Mittel. Er versammelte alle Pfründner um sich und liess sich von einem Jeden seine Krankheit schildern, dann verkündigte er den Versammelten, er habe ein unfehlbares Mittel, sie alle wieder gesund zu machen, das darin bestehe, dass der Kränkste von ihnen verbrannt, pulverisirt und das Pulver für die übrigen als Arznei angewandt werde; er bitte den Kränksten, im Spital zu bleiben und alle Andern, dasselbe zu verlassen. Da verliessen Alle das Haus und Keiner kehrte zurück.

Der Prüfstein des Arbeitshauses gleicht dem letzgenannten Mittel und unterscheidet sich von demselben dadurch, dass er gerecht und ernsthaft, wirthschaftlich und dauernd wirksam ist.

VI.

Fassen wir das Ergebniss unserer Betrachtungen zusammen, so kommen wir zu folgenden Vorschlägen:

1. Man soll jedem Menschen, mag er einer Gemeinde, einem Lande und einer Nation angehören, welcher er wolle, gestatten, an jedem Orte, wo er will, seinen Aufenthalt zu nehmen und dort jeden Erwerbszweig zu betreiben, sofern er die allgemeinen bürgerlichen Gesetze respektirt.

2. Man soll das Recht zum Aufenthalt weder von Einzugsgeldern noch von sonstigen onerösen Bedingungen abhängig machen.

3. Es ist kein Grund vorhanden, dieses Recht auf »Inländer« zu beschränken. Jedenfalls aber ist es eine Pflicht der nationalen Ehre, es wenigstens innerhalb des deutschen Bundesgebiets auf alle Angehörigen der deutschen Bundesstaaten auszudehnen.

4. Es liegt kein Grund vor, die Bedingung der Reziprozität aufzustellen und die in den bisherigen deutschen Gesetzgebungen aufgestellten Zurückweisungsgründe ferner beizubehalten.

5. Die Erlaubniss zur Heirath darf nicht von der Zustimmung der Heimaths- oder Niederlassungsgemeinde abhängig gemacht werden und eben so wenig von dem Nachweise eines Nahrungsstandes oder dem Antritte des aktiven Bürgerrechtes.

6. Die Berechtigung zum *Aufenthalt* verleiht an und für sich noch nicht das Heimathsrecht; und das *Heimathsrecht* verleiht an und für sich noch nicht das *volle aktive Staats- und Gemeindebürgerrecht*.

7. Die Gemeinden sind zur Ertheilung des Heimathsrechtes be-

rechtigt. Ausserdem erwirbt es Jeder durch dreijährigen Wohnsitz und Aufenthalt in der Gemeinde, sobald er erklärt, von diesem Rechte Gebrauch machen zu wollen *(Naturalisation)*.

8. Sowohl die Heimathsgemeinde, als die Zuzugsgemeinde hat nach Ablauf dieser drei Jahre das Recht, eine Erklärung darüber zu fordern, ob der Uebergezogene von dem Rechte der Naturalisation Gebrauch machen will, oder nicht. Verneint er die Frage, so kann die Zuzugsgemeinde Rückkehr in die Heimathsgemeinde, oder die Heimathsgemeinde die Entrichtung eines jährlichen Rekognitionsgeldes von einem gewissen mässigen Betrage verlangen.

9. Diese Vorschriften sind womöglich gleichmässig und gemeinsam für ganz Deutschland, sei es auf dem Wege des Vertrags oder durch einen einheitlichen, gemeinsamen Akt der Gesetzgebung (durch die Reichs- oder Zentralgewalt oder in der Art, wie das allgemeine deutsche Handelsgesetzbuch) einzuführen.

10. Falls indess ein solcher gemeinschaftlicher Akt nicht zu Stande kommt, dürfen die einzelnen Staaten sich durch die Erwartung eines solchen nicht abhalten lassen, selbständig mit der Durchführung dieser Reformen vorzugehn.

11. Die Erwerbung des Staats- und Gemeindebürgerrechtes muss möglichst erleichtert werden.

12. Die Reform der Gesetze über Niederlassung, Gewerbebetrieb Heirath, Heimathsrecht, Staats- und Gemeindebürgerrecht darf nicht abhängig gemacht werden von einer gleichzeitigen oder vorherigen Reform der Armengesetzgebung.

13. Die förderlichsten Mittel zur Nutzbarmachung der Freizügigkeit und zur Abschaffung oder wenigstens beschränkenden Reform der obligatorischen Staatsarmenpflege sind: Befreiung und freie Theilbarkeit des Grundeigenthums, Abschaffung der Zunftgesetze und sonstiger Beschränkungen der Arbeit und des Erwerbs, Befreiung des Kapitals und Kredits, Abschaffung der Zinswuchergesetze, Herstellung eines billigeren und minder schwierigen Realkredits durch Vereinfachung der Hypothekengesetzgebung, Bankfreiheit, Beseitigung der indirekten Steuern und der Beschränkungen, welche den Handel und die internationale Arbeitstheilung erschweren, Förderung der sozialen Selbsthülfe vermittelst des Genossenschaftswesens und der Versicherung, und Beseitigung der der Genossenschaftsbildung durch die Gesetzgebung bereiteten Hindernisse, namentlich Verleihung der Rechte juristischer Personen an die Genossenschaften etc.

14. Jede dieser Reformen ist für sich allein ausführbar; aber eine dient zur Vorbereitung, Beförderung und Erleichterung der andern.

15. Der Staat muss sich und seine Unterabtheilungen der Armenpflege möglichst zu entschlagen suchen, was er desto eher kann, je mehr er die volkswirthschaftlichen Kräfte frei walten lässt, und je mehr er sich hütet, durch verkehrte politische, administrative und finanzielle Massregeln Massen-Verarmungen hervorzurufen.

16. Die Sorge für die arbeitsfähigen Armen ist ihnen selbst und dem Interesse oder der Mildthätigkeit der bürgerlichen Gesellschaft zu überlassen. Glaubt aber der Staat, so lange er die wirthschaftlichen Kräfte noch nicht genügend durch Freizügigkeit und die andern oben (pos. 13.) genannten Mittel entfesselt und belebt sieht, die Gemeinden oder sonstigen Verbände noch zu dieser Obsorge heranziehen zu müssen, so hat er die Pflicht, die Verbände möglichst gross zu machen und Garantieen gegen Missbrauch durch Einführung der Arbeitshäuser zu gewähren. Im Uebrigen hat sich die eigentliche Staatsarmenpflege auf solche Dürftige zu beschränken, welche entweder gar keine Erwerbsfähigkeit oder keine Rechtspersönlichkeit haben und dabei auch keine Verwandte besitzen, welche diese Mängel zu ergänzen im Stande und verpflichtet sind.

Wiesbaden, den 30. August 1863.

Die österreichische Bankakte.

Von

Otto Michaelis.

Mit dem Erlass der österreichischen Bankakte vom 6. Januar d. J. ist in Oesterreich ein folgenreicher Schritt geschehen. Das Monopol der österreichischen Nationalbank in Bezug auf Notenausgabe und Stempelfreiheit ist auf weitere 10 Jahre, bis zum Ablauf des Jahres 1876, verlängert. Bis dahin ist in Oesterreich die Entwickelung eines freien dezentralisirten Bankwesens gehindert und zu dem Uebel der einen zentralen Quelle der Banknoten das neue Uebel hinzugefügt, dass der 1848 nur als Nothbehelf verliehene Zwangskurs der Noten als dauernde Institution in das Privilegium der Bank aufgenommen ist.

An der Hand der Erfahrung aller der Länder, in welchen dem Bankwesen die verderbliche Fessel künstlicher Zentralisation auferlegt wurde, können wir diesen Schritt, im Interesse einer gesunden Entwickelung nicht nur des Bankwesens, sondern aller wirthschaftlichen Verhältnisse Oesterreichs, nur beklagen. Einem von diesem Standpunkte aus leicht zu begründenden Verdikt über jene Massregel — man brauchte sich zur Begründung ja nur auf die gesammte Bankliteratur zu berufen! — stellt sich jedoch die Erwägung entgegen, ob nicht der gegenwärtige Schritt durch die Konsequenzen einer Vergangenheit diktirt wurde, über welche die gegenwärtigen österreichischen Staatsleiter keine Macht mehr haben. Dieses grosse zentrale Bankinstitut besteht einmal seit einem halben Jahrhundert, es hat die Handhabe geboten, zur Herbeiführung dieser heillosen Verwirrung der Valutenverhältnisse, an welchen das Land seit 1848 leidet: bietet es nicht, wie in ungeschickten oder nothbedrängten Händen ein Werkzeug zur Herbeiführung des Uebels, ebenso in geschickten und von guten Zeitläuften begünstigten Händen eine geeignete Maschinerie, um die Besserung rascher und mit geringeren Beschwerden für das arbeitende Volk herbeizuführen? Kann nicht dieses selbige Unternehmen, welches allein reiche Dividenden zog, als sein Bankrott durch den Zwangskurs der uneinlösbaren Noten dem Volke, die Schäden vervielfachend, aufgewälzt wurde, jetzt dem Volke manche mit der Wiederherstellung eines geregelten Geldumlaufs unvermeidlich verbundenen Lasten wieder abnehmen, und so nachträglich eine gewisse Ausgleichung wieder versuchen? Und willst Du ernstlich rathen, im jetzigen Momente, wo der Verkehr ausser den Noten dieser Bank keine Umsatzmittel besitzt, die Bank zur Liquidation, d. h. zur Einziehung der letzten Note zu zwingen, während sie fast nichts dagegen zugeben hat, als Staatspapiere und Domänen? Fürchtest Du denn gar nicht, dass Deine freien lokalen Banken, wenn sie ihre Noten auf den sich entleerenden Markt, in die vertrockneten Kanäle des Verkehrs bringen, sogleich im ersten Anlauf des Guten zu viel thun und das Unheil, welches beseitigt werden soll, wieder herbeiführen werden?

Es sind dies Fragen, in welchen sich die ganze kolossale Schwierigkeit der Lage zeichnet, der die Urheber dieser Bankakte gegenüberstanden, und welche zur vorsichtigen Abwägung des Urtheils mahnen. Es ist für den Theoretiker leicht, die naturgemässe Bankfreiheit zu begründen, zu preisen und anzurathen. Aber dem seiner Verantwortlichkeit sich bewussten Staatsmann ist es schwer, in der Noth von Alters her verwickelter Verhältnisse, und dem gänzlich unvorbereiteten Boden gegenüber, niederreissend, was Jahrzehnde gebaut und woran Generationen sich gewöhnt, zu diesem scheinbar radikalen Mittel zu greifen. Glückt der rücksichtslose Griff, so ist der Dank der Mitwelt und der Ruhm der Nachwelt sicherer und reicher Lohn, glückt er nicht, so wird die Verantwortung für alle Unglücksfälle auf diese armen zwei Schultern gewälzt, und das Wagniss, mit den Ueberlieferungen der Vergangenheit zu brechen, durch unverdienten schweren Vorwurf gestraft. Wagt er den rücksichtslosen Griff nicht, wählt er die den Traditionen sich anschliessenden Mittel, so bleibt ihm der Ruhm guter Erfolge ungeschmälert, während die Vergangenheit ihm ein gutes Theil der Verantwortung für das Misslingen abnimmt.

Das sind praktische und psychologische Gesichtspunkte, denen ihre Beachtung nicht vorenthalten bleiben darf. Aber wenn der zwingende Drang der bestehenden Verhältnisse und die Schwierigkeit und Verantwortlichkeit der ungeheuren Aufgabe die abstrakten Forderungen der Wissenschaft modifiziren sollen, so stellt sich die Frage in den Vordergrund, ob die getroffenen Massnahmen geeignet sind, aus den Wirren der Gegenwart heraus die gestellte grosse Aufgabe zu lösen, und zur Wiederherstellung eines gesunderen Geldumlaufs in Oesterreich zu führen. Diese Frage führt uns sofort mitten in die Sache. Das Notenmonopol der österreichischen Nationalbank war bisher ein unbeschränktes. So lange die Einlösungspflicht bestand, fand die Ausnutzung des ersteren in dieser ihre bestimmte Grenze. Seit Einführung des Zwangskurses und Einstellung der Baarzahlungen war jede Schranke gefallen. Der Drang der politischen Verhältnisse führte zu einer Ausdehnung der Notenemission, mittelst welcher die Bank dem Staate einen Kredit geben musste, den derselbe sonst nicht hatte. Es folgte die Flucht der Edelmetalle aus dem Verkehr, das Unheil einer entwertheten, täglich schwankenden Landesvaluta. Die Bank konnte aus der Verwirrung, in welche sie gerathen war, nicht herauskommen, da das Aequivalent des grössten Theiles ihres Notenumlaufs in einer Summe von Forderungen an den Staat bestand, welche sie weder einzukassiren, noch zu verkaufen vermochte. Im Gegentheil, das Streben den Werth dieser ihrer Aktiva aufrecht zu erhalten und zu vermehren, veranlasste sie zu einer Politik, die den Zinsfuss künstlich zu erniedrigen und durch hohe Beleihung der Staatspapiere im Lombardgeschäft den Werth der Staatspapiere künstlich zu erhöhen suchte. Diese Politik war der gesunderen Gestaltung des Notenumlaufs geradezu feindselig, sie führte mit Nothwendigkeit zu weiterer Ausdehnung des ungesunden Notenumlaufs und zur Fundirung eines grossen Theiles desselben auf das Lombardgeschäft, welches ein sehr zweckwidriges Fundament des Notenumlaufs bildet.

Die Bemühungen der österreichischen Regierung waren von dem Tage an, wo sie den Plan einer Wiederherstellung der Valutenverhältnisse fassen konnte, darauf gerichtet, durch Abtragung der Forderungen der Bank an den Staat, die erstere in den Stand zu setzen, ihren Notenumlauf zu mindern und ihre Zahlungsfähigkeit wieder herzustellen. Diese Bemühungen dauern nun schon zwölf Jahre. Als der Finanzminister v. Kraus im Jahre 1851 eine Silberanleihe von ca. 100 Millionen Fl. kontrahirte, war der Zweck derselben unmittelbar allerdings nur auf die Verminderung des damals noch neben den Banknoten umlaufenden Staatspapiergeldes gerichtet; aber auch in Bezug auf die Banknoten hatte er den Erfolg schon so in der Tasche, dass er dem Werthe der Banknote eine gleitende Skala vorschrieb, dergemäss derselbe mit dem Einlaufen der Einzahlungen von Monat zu Monat steigen und noch im Laufe des Jahres 1852 das Silberpari erreichen sollte. Dieser Versuch musste scheitern weil das Mittel im Verhältniss zu seinem Zwecke zu ärmlich war. Eigensinnig verlachte der Kurs der Banknote die Vorschrift des Finanzministers, tanzte anfangs in neckischen Sprüngen um die gleitende Skala herum und kehrte sich später gar nicht mehr an dieselbe. Es folgte der Umtausch des Staatspapiergeldes gegen Banknoten und das Versprechen des Staats die hieraus entstehende Schuld mit jährlich 10 Millionen Fl. abzulösen, ferner die Uebernahme grösserer Zahlungsverpflichtungen des Staates an die Bank, die aus seinen zahlreichen Kreditoperationen, namentlich der Nationalanleihe, gedeckt werden sollten, die Verdoppelung des Bankkapitales, die Uebertragung der Staatsdomänen an die Bank behufs Abtragung eines Theils der Forderungen der Bank an den Staat, endlich der Umtausch der auf Konventionsmünze lautenden Banknoten gegen Noten die auf die neue österreichische Währung lauteten und in Erfüllung des Artikel 22 des Münzvertrages vom 24. Januar 1857, auf Verlangen gegen Silber eingelöst werden sollten. Dieser forcirte Versuch der Wiederaufnahme der Baarzahlungen dauerte vom 6. September 1858 bis zum 25. April 1859. Er misslang und hätte misslingen müssen, auch wenn der bekannte kaiserliche Neujahrsgruss und die italienische Kriegsverwickelung nicht dazwischen getreten wären. Schon von Anfang an war die Baareinlösung der auf österreichische Währung lautenden Noten eigentlich nur eine nominelle und wurde es täglich mehr; die Bank setzte dem Andrang die in Nothfällen gebräuchlichen Schwierigkeiten entgegen, sie beschränkte die Auszahlungen auf eine enge Räumlichkeit, zahlte in kleiner Münze, so dass zuletzt täglich nur 50—60000 Fl. zur Auszahlung kommen konnten, bedrohte die Häuser, welche mit ihrer Einlieferungspflicht Ernst machen wollten, mit Kreditbeschränkungen, verweigerte die Diskontirung von Wechseln mit auswärtigen Giro's, weil diese der verbrecherischen Operation auf das Silberagio verdächtig wären, u. s. w.

Man hatte sich damals die Aufgabe offenbar zu leicht gedacht. Durch die vorausgegangene Verminderung des Notenumlaufs der Nationalbank glaubte man dem Uebel der Ueberfüllung des Verkehrs mit Banknoten abgeholfen und damit den Valutenverhältnissen eine solidere Grundlage gegeben zu haben. Allein es blieb noch eine zweite, ungleich schwierigere Aufgabe zu erfüllen. Die wichtigste Vorbedingung freier Zirkulation einlösbarer Noten ist, dass der Verkehr neben den Noten Silbermünze habe so viel, wie er bedarf. Hat er diese nicht, so greift er zu dem gefährlichen Mittel durch Noteneinlösung sich die Silbermünze von der Bank zu verschaffen. Nun fehlte dem österreichen

Verkehr das Metallgeld ganz. Die Vorbedingung freier Notenzirkulation war also die vorgängige *Füllung der Adern des Verkehrs mit vollwichtigem Metallgelde*. Dieser Aufgabe war begreiflicher Weise die Nationalbank mit ihrem Baarschatz von 109 Millionen Fl., wenn sie daneben die Baarzahlungen aufrecht erhalten wollte, nicht gewachsen. Das einzige Mittel, um zur Erreichung eines solchen Zweckes beizutragen, bestand seitens der Bank darin, dass sie durch äusserste Restriktion ihres Kreditgeschäfts und energische Erhöhung ihres Diskontosatzes, d. h. durch Unterbrechung der Versorgung des Verkehrs mit papiernen Zahlungsmitteln, diesen schon vor Wiedereröffnung der Baarzahlungen gezwungen hätte die edlen Metalle aus dem Auslande, koste es, was es wolle, an sich zu ziehen. Dieses Mittel hätte durch eine gewaltige Krise hindurch zum Zwecke führen können. Die Bank wandte es nicht an. Sie schien es sich zur Aufgabe zu stellen, durch Aufrechterhaltung eines niedrigen Diskontosatzes die Hausse aufrecht zu erhalten. Sie traf zwar einige Massregeln, die etwas von Restriktion an sich hatten, sie wurde wählerischer in den Unterschriften der Diskontowechsel, sie beschränkte die Beleihung österreichischer Staatspapiere auf den Wiener Platz. Aber diese kleinen und halben Massregeln waren der ungeheuren Aufgabe nicht gewachsen. Ausserdem gab sie, um die Nachfrage nach baarem Gelde abzuschwächen, Einguldennoten in der neuen Währung aus, während ursprünglich 10 Fl. das Minimum der Apoints bilden sollten. Allein nicht neues Papier, *Silber* wollte der Verkehr haben, und diesem kolossalen Silberdurst des allen Metallgeldes beraubten Verkehrs das einzige Ventil der Noteneinlösungskasse zu öffnen, das hiess die Aufrechterhaltung der Baarzahlungen von vornherein unmöglich machen.

Es schien damals indess wirklich einige Zeit, als habe man es in Oesterreich verstanden, das Unmögliche möglich zu machen. Die einlösbaren Wiener Banknoten und die Wiener Wechsel stiegen an den auswärtigen Plätzen rapide in ihrem Werthe, auswärtige in Edelmetallen zahlbare Wechsel und edle Metalle kamen auf den Wiener Markt, es schien als ob ein Einströmen edler Metalle vom Auslande in den österreichischen Verkehr sich von selber organisire. Allein diese Haussebewegung der österreichischen Valuta hatte nur in der Spekulation ihren Grund, sie gab, um wieder zu entziehen. Alle Welt hoffte auf den Erfolg der Wiederaufnahme der Baarzahlungen, alle Welt hoffte in Wien Silber gegen Banknoten haben zu können. In Berlin, Frankfurt, Amsterdam spekulirte daher alle Welt auf die Hausse der Wiener Wechsel. Das kann man aber nur, indem man Wiener Wechsel kauft, und damit Wiener Wechsel gekauft werden können, müssen in Wien zahlbare Forderungen vorhanden sein. Man drängte sich also, um diese allgemein gesuchte Waare zu beschaffen, dem Wiener Platze Kredit zu geben. Man sandte Londoner Wechsel, sogar Edelmetalle nach Wien, um auf Wien »ziehen« zu können. Die Wiener Börse schwamm im Ueberfluss von kreditirtem Kapital und versuchte im Uebermuth sogar eine Hausse der österreichischen Papiere — etwas, was unter den damaligen Umständen am wenigsten angebracht war; denn, wenn Wien *Papiere* aus dem Auslande kauft, woher soll dann das *Silber* kommen? Der hinkende Bote kam denn auch bald. Alle die Edelmetalle und »Metalldevisen« waren nur auf Widerruf nach Wien gesandt. Die Spekulation wollte nicht nur kaufen, sie wollte auch ihren Gewinn realisiren. Nun haben aber die Valutenspekulationen eine Eigenthümlichkeit. Bei allen anderen Werthen findet die Spekulation auf die Steigerung keine bestimmte Grenze, kann sich daher langsam abwickeln. Bei der Spekulation auf die Wiederherstellung des Vollwerths einer entwertheten Valuta ist, sobald die Valuta den Parikurs erreicht hat, keine weitere Steigerung mehr möglich; und mit einem Schlage treten die Realisationen ein. Die Wendung zur massenhaften Realisation wurde in Wien sogar verfrüht durch die Schwierigkeiten, welche die Nationalbank der Einlösung ihrer Noten entgegenstellte, namentlich durch die Verweigerung der Diskontirung von Wechseln mit auswärtigen Giro's. Bei der wiedereintretenden Steigerung der Kurse der auswärtigen Wechsel versuchte die Bank durch wohlfeilen Verkauf kleiner Summen Londoner Wechsel nominell günstige Wechselkurse zu erhalten, Kurse freilich, zu denen in Wien auswärtige Wechsel nicht weiter zu haben waren. Sie suchte ferner durch einen neuen Vertrag mit dem Staate, welcher ihr neue Silbersummen versprach, ihre Lage zu kräftigen. Aber welche Bank wäre wohl dem allgemeinen Andrange des silberdurstigen Verkehrs, der sich auf ihre Kassen konzentrirt, gewachsen? Mitten in die Bemühungen kamen die Kriegsbefürchtungen und Kriegsvorbereitungen und es ist bekannt, wie nach längerer Aufrechterhaltung nomineller Baarzahlungen die Kasse der Bank wieder geschlossen wurde. Die politischen Verwickelungen haben allerdings die Operationen, welche man zur Wiederherstellung der Valutenverhältnisse unternahm, durchkreuzt, sie haben einen klaren Erfahrungsbeweis der Unzulänglichkeit der damals in Bewegung gesetzten Mittel nicht zugelassen. Allein die unzweifelhafte Unmöglichkeit, dass die Bank ihre Zahlungsfähigkeit aufrecht erhalte, wenn ihr Baarschatz das einzige Reservoir bildet, aus welchem der silberentleerte und das Silber nicht einmal festhaltende Verkehr seinen Bedarf nach Edelmetallen zu decken suchen muss, scheint uns hinzureichen zu dem Beweise, dass auch ohne Dazwischentritt der äusserlichen Störungen eine reelle Durchführung des Planes unmöglich gewesen wäre.

Der Krieg vermehrte wieder durch verschiedene Kreditoperationen die Forderungen der Bank an den Staat, und den Umlauf entwertheter Banknoten um bedeutende Summen. Die österreichische Valuta wurde auf einen Standpunkt herabgebracht, wie sie ihn kaum je zuvor erreicht hatte, und nach dem Frieden musste die Sisyphus-Arbeit von Neuem beginnen.

Es ist unverkennbar, dass die österreichische Regierung seit dem Frieden in ihren auf Wiederherstellung der Finanz- und Valuten-Verhältnisse gerichteten Bestrebungen ungleich planvoller zu Werke geht, als früher. Da der Staat durch die auf das allgemeine Umsatzmittel gelegten Anleihen die Verwirrung des Geldumlaufs herbeigeführt hat, da überdies die dauernde Begründung der Zahlungsfähigkeit der Nationalbank und des ganzen Landes von der Zahlungsfähigkeit des Staates abhängt, so hat man mit Recht seine Bemühungen zunächst auf die Ordnung der Staatsfinanzen und Verminderung des Defizits gerichtet. Durch beträchtliche Ersparnisse einerseits und durch beträchtliche Inanspruchnahme der Steuerkraft des Landes andererseits sind in dieser Beziehung rasch erhebliche Resultate erlangt worden. Daneben ist man bestrebt gewesen, durch Baarzahlungen und Ueberweisung verkäuflicher Obligationen an die Bank die Zahlungsfähigkeit derselben zu erhöhen, den Baarvorrath zu verstärken und den Notenumlauf einzuschränken. Die finanzielle Lage der Bank hat sich, wie es ja auch unter den Segnungen des Friedens nicht anders möglich war, erheblich gebessert. Von 475 Millionen im Jahre 1860 ist der Notenumlauf unter 400 Millionen herabgedrückt, von 80 Millionen im Jahre 1859 ist der effektive Baarvorrath auf 105 Millionen gesteigert, und der Werth der österreichischen Banknoten hat sich erheblich gebessert. Allein unverändert ist der Zustand, dass an Stelle der Metallzirkulation ein entwertheses und in seinem Werthe schwankendes Papiergeld besteht, welches alles Edelmetall, selbst die über ihren Werth ausgemünzten Sechskreuzerstücke aus dem Verkehr hat verschwinden lassen, dass ferner eine zahlungsunfähige Bank durch Noten, die mit dem Zwangskurs ausgerüstet sind, den Geldmarkt zu beherrschen und den Zinsfuss künstlich niedrig zu erhalten sucht, dass die Schwankungen des allgemeinen Werthmesser die Berechnungen des Handels und der Industrie durchkreuzen, und durch das Gefühl der Unsicherheit den Unternehmungsgeist daniederhalten.

Das Erscheinen der Bankakte, welche sich die Aufgabe stellt, diesem unheilvollen Zustande in wenigen Jahren ein Ende zu machen, hat, man kann es nicht verkennen, das Vertrauen wesentlich gekräftigt. An die Stelle des chaotischen Durcheinander von Rathschlägen, Wünschen, Vorsätzen und Unschlüssigkeiten ist durch sie ein fester Plan getreten, welcher die seinen Verfügungen entsprechende Regelung der Geldverhältnisse an einzelne, bestimmte Bedingungen knüpft und den Hoffnungen auf endliche Wiederherstellung regelmässiger Verhältnisse einen äusserlich festen Anhalt verleiht. Den grossen Schwankungen zwischen Vertrauen und Entmuthigung ist ein Ende gemacht und an die Stelle grosser Schwankungen des Valutenkurses sind Pendelschwingungen mit kleinem Ausschlage getreten.

Dieses erstere Gefühl der Sicherheit ist indess nicht entscheidend für den Werth der Massregel und die Verlässlichkeit ihres Erfolges. Es ist ein unklares Gefühl, nicht ein durchdachtes Urtheil, welches die Börse in ihren Hoffnungen leitet, und schon oft sind ihre zuversichtlichsten Voraussetzungen grausam enttäuscht worden. Die Ungewissheit des Erfolges drückt sich in dem noch immer bestehenden bedeutenden Silberagio aus, welches zwischen 10 und 12 pCt. auf- und abwärts schwankt.

Die nächste Aufgabe, welche die Bankakte sich stellt, ist die Rückzahlung der Forderungen der Bank an den Staat bis auf einen Restbestand von 80 Millionen Fl., der als konsolidirter und unveränderlicher Bestand mit jährlich höchstens einer Million soweit verzinst werden soll, als dies nothwendig ist, um den Bankaktionären eine Dividende von 7 pCt. zu geben. Die Forderungen der Bank an den Staat betrugen am 1. Januar 1863 217,3 Millionen Fl. Von dieser Summe sollen also bis Ende 1866 137,3 Millionen getilgt werden. Die Tilgung geschieht theils durch Baarzahlungen aus der Staatskasse, theils durch Verkauf von Domänen und Anleihe-Obligationen. Da das Defizit aus dem Budget des Staats wohl nicht so rasch verschwinden wird, so können wir voraussetzen, dass auch die Mittel zu Zahlungen aus der Staatskasse durch Kreditoperationen, d. h. durch Verkauf von Staatsobligationen, beschafft werden müssen. Der Kapitalmarkt wird also durch Uebernahme von Anleihen und Grundstücken $137\frac{1}{3}$ Millionen Fl. aufbringen müssen, damit die Bank in den Stand gesetzt werde, um diesen Betrag theils ihren Baarschatz zu erhöhen, theils ihren Notenumlauf zu vermindern. Da die Bank sich verpflichtet hat, im Jahre 1867 ihre Baarzahlungen wieder aufzunehmen, so hat sie ein sehr wesentliches Interesse an dem Gelingen dieser Operation; sie wird daher zweifellos alle Anstrengungen machen, um dieselbe zu fördern.

Wir müssen darauf aufmerksam machen, dass in diesem naturgemässen Streben der Bank einige Klippen verborgen liegen, welche die Bank umschiffen muss, wofern sie nicht der Erreichung des letzten Zweckes entgegenwirken will. Zur raschen und nominell möglichst vortheilhaften Veräusserung der Domänen vermag die Bank nämlich wesentlich durch ihr Hypothekengeschäft beizutragen, indem sie die zu veräussernden Güter, so viel als möglich, mit Pfandbriefen beleiht, die sie anderweitig zu veräussern sucht, d. h. indem sie durch Vermittelung der Pfandbriefe auch solche Kapitalinhaber an dem Ankauf betheiligt, die nicht Grundstücke, sondern Renten kaufen wollen. Um aber diese Waare, welche theilweise für die Domänengrundstücke substituirt wird, möglichst beliebt zu machen, dazu giebt es ein ferneres Mittel: die Beleihung der Pfandbriefe im Wege des Lombardgeschäfts. Wenn die Nationalbank auch dieses Mittel anwendet, so wird sie schliesslich einen Theil des Werths der von ihr veräusserten Domänen in Gestalt von Papiergeld, d, h. in *Assignaten*, auf den Markt gebracht haben.

Ebenso wie die Beleihung der Pfandbriefe ihre Unterbringung befördert, ebenso wird auch der Verkauf der Staatsobligationen wesentlich erleichtert, wenn die Bank den Käufer im Wege des Lombardgeschäfts in den Stand setzt, einen Theil des gezahlten Kaufgeldes in Gestalt der marktgängigen Umsatzmittel, der Banknoten, sofort wieder zu seiner Disposition zu stellen. Ja, so lange 5 prozentige österreichische Papiere unter Pari stehen, kann der Käufer, wofern nur die Bank an Lombardzins einen geringeren Prozentsatz nimmt, als die gekauften Staatspapiere ihm für das Kaufgeld eintragen, sogar an den Zinsen einen kleinen Zusatzvortheil herausschlagen. Leiht die Nationalbank dem Verkauf der Staatsobligationen die hiernach sehr werthvolle Unterstützung williger Lombardbeleihung, so bringt sie einen Theil des Werthes der verkauften Staatsobligationen in Gestalt von Banknoten auf den Markt, d. h. sie übt indirekt das aus, durch dessen direkte und allerdings umfangreichern Ausübung sie die Kalamität herbeigeführt hat.

Unverkennbar liegt also in dem Wege auf welchem die Nationalbank zur Wiederaufnahme der Baarzahlungen gelangen soll, ein wesentlicher Anreiz zu einer *unbankmässigen Fundirung eines Theils ihres Notenumlaufs*, während die erste Vorbedingung für die reelle Durchführung der Baarzahlungen in einer durchaus soliden Grundlage des Notenumlaufs der Bank besteht. Wir freuen uns konstatiren zu können, dass die Nationalbank diesem Anreiz bis jetzt widerstanden zu haben scheint. Ein Vergleich des ersten nach Erlass der Bankakte aufgestellten Wochenausweises mit dem vom 19. August ergiebt folgende Ziffern:

	21. Januar.	19. August.
Notenumlauf	423,486,005	393,588,050
In Noten rückzahlbare Staatsschuld, und Domänenkaufgelder	117,652,873	103,729,436
Wechsel	66,001,310	71,447,155
Lombard	52,306,600	45,049,700
Zu realisirende Effekten	26,470,347	14,726,661

Die Nationalbank hat also in dieser Periode 13,923,437 Fl. aus Domänenverkäufen und in Banknoten zahlbaren Forderungen an den Staat gelöst, ferner für 11,743,686 Fl. von den ihr überwiesenen Effekten verkauft, und dennoch zugleich das Lombardgeschäft um 7,256,900 Fl. eingeschränkt. Da gleichzeitig das Diskontogeschäft nur um circa 5½ Millionen Fl. stieg, auch das Silberdepot des Staates, gegen welches er Noten entnommen hat, sich am 19. August um ca. 2½ Millionen niedriger stellte, so tritt als Resultat eine Ermässigung des Notenumlaufs um ca. 30 Millionen Fl. hervor. Uebrigens war diese Periode der Unterbringung von Effekten günstig.

Sollen die Staatsobligationen, die Domänen- und Pfandbriefe, von deren Verkauf die ganze Operation abhängt, leicht und gut untergebracht werden, so ist die wesentlichste Vorbedingung ein niedriger Zinsfuss am Geldmarkte; denn von diesem hängen so gut die Kurse der Zinspapiere, wie die Werthe der Grundstücke ab. Mit dem Interesse an dem Gelingen der Operation hat also die Nationalbank eine Interesse an der *Herstellung und Aufrechterhaltung eines niedrigen Zinsfusses.* Sie ist gewohnt, durch ihre Zinssätze im Lombard- und Diskontogeschäft den Zinsfuss des Geldmarktes wenigstens scheinbar und in der Einbildung zu dirigiren. Fährt sie in dieser süssen Gewohnheit fort, so wird ihr durch den Operationsplan selbst das Interesse eingeflösst, den Zinsfuss möglichst niedrig zu erhalten. Freilich ist durch die Bankakte die Nationalbank von den Wuchergesetzen befreit, und wir würden diese Befreiung mit ungetheiltem Beifall als einen wesentlichen Fortschritt begrüssen, wenn sie nicht ein Privilegium für die Nationalbank, sondern ein allgemeines Gesetz für den Verkehr wäre. Aber wir fürchten, dass diese Befreiung auch für die Nationalbank illusorisch sein wird, so lange ihr gleichzeitig ein lebhaftes Interesse an einem niedrigen Zinsfusse eingeimpft ist. Unglücklicherweise besteht dieses Interesse für die Nationalbank nicht blos zeitweise, sondern sogar permanent; denn sie ist zugleich pfandbriefausgebende Hypothekenbank und eine solche kann begreiflicher Weise nur bei niedrigem Zinsfusse und hohem Kurse ihrer Pfandbriefen ein lebhaftes Geschäft machen. Ein solches *Interesse an einem niedrigen Zinsfusse* ist gefährlich für eine notenausgebende Bank. Sie wird durch dasselbe verleitet, ihr Notenprivileg zu dem gefahrvollen Versuche einer Beeinflussung des marktgängigen Zinsfusses und Ueberreizung des Unternehmungsgeistes zu missbrauchen. Solche Versuche führen stets zu Rückschlägen, die verderblich sind für den Verkehr und für die Bank selbst. Eine solide Gestaltung des Notenumlaufs ist nur dann möglich, wenn die Bank in ihren Zins- und Diskontosätzen den Bewegungen des Geldmarktes nicht nur sich anschliesst, sondern selbst in Perioden, wo Symptome einer beginnenden Ueberreizung auftreten, mit der Einschränkung der Geschäfte rechtzeitig vorangeht. Die Nationalbank hatte schon Privilegien und Monopolien genug, sie brauchte nicht noch das die Leitung ihres Hauptgeschäfts beirrende Hypothekengeschäft, und es wäre alle Veranlassung gewesen, diesen Geschäftszweig bei der Reorganisation der Nationalbank zu sistiren.

Ganz besonders bedenklich ist aber das einseitige Interesse der Nationalbank an einem niedrigen Zinsfusse gerade in der gegenwärtigen Periode. Was Oesterreich bedarf, ist eine Füllung der Adern des Verkehrs mit Edelmetallen, und zwar noch vor dem Momente der Wiederaufnahme der Baarzahlungen, damit nicht der allein auf die Bankkasse konzentrirte Durst des Verkehrs nach Silber die Durchführung der Baarzahlungen unmöglich mache. Oesterreich bedarf also Kapital, Kapital in jeder Form, namentlich aber Kapital in Form von edlen Metallen. Gerade wegen dieses ganz ausserordentlichen Kapitalbedarfs ist es naturgemäss und nützlich, dass bis zur Befriedigung desselben der marktgängige Zinsfuss in Oesterreich höher stehe, als in den Ländern, woher es das Kapital zu ziehen bestrebt sein muss. In der gegenwärtigen Periode in Oesterreich auf eine künstliche Ermässigung des Zinsfusses hinwirken, heisst die Gesundung des Geldumlaufs, die allein durch Zufluss von Kapital und von Edelmetallen erfolgen kann, unmöglich machen. Ebenso ist es mit den Kursen der zinstragenden Papiere. Nicht hohe Kurse, sondern solche Kurse, zu welchen das Ausland nicht verkauft, sondern kauft, zu welchen das Ausland nicht Papiere, sondern Geld bringt, sind auf dem österreichischen Markte dringendes Bedürfniss. Sind diese Kurse zugleich hoch, desto besser; denn desto rascher vollzieht sich der Heilungsprozess. Aber künstlich auf die Erhöhung der Fondskurse einwirken heisst Kurse hervorrufen, welche Geld und Kapital vom österreichischen Markte holen und dafür Papier bringen, heisst also den Zustand verschlimmern, statt ihn zu verbessern.

In dieser bis Ende 1866 durchzuführenden Abtragung eines Betrages von $137\frac{1}{2}$ Millionen Fl. von der Schuld des Staates an die Bank liegt die wesentlichste von der Bankakte festgestellte Vorbereitung der Wiederaufnahme der Baarzahlungen. Ausserdem ist die Nationalbank verpflichtet, ihren eigenen Bestand an Effekten, mit Ausnahme derer des Reservefonds und ca. 13 Millionen Fl. Kaufschillingsraten der Karl-Ludwigsbahn, zu veräussern und den Ertrag zur Verminderung des Notenumlaufs zu verwenden. Am 1. Januar 1863 betrug der Metallvorrath der Nationalbank, einschliesslich der noch rückständigen in Silber zahlbaren Kaufschillingsraten der Südbahn 127,7 Millionen Fl., der Notenumlauf 426,9 Mill. Da von den Forderungen der Bank an den Staat 20 Millionen Fl. in Silber gezahlt werden müssen, so werden aus allen diesen Operationen der Bank bis Ende 1866 ca. 142 Millionen zur Verminderung des Notenumlaufs und 20 Millionen Fl. zur Vermehrung des Metallvorrathes zufliessen. Wenn inzwischen nicht anderweitig Veränderungen eintreten, so wird also die Nationalbank in die Epoche, wo sie die Baarzahlungen wieder aufzunehmen verpflichtet ist, mit einem Baarvorrath von $147\frac{3}{4}$, und einem Notenumlauf von 285 Millionen Fl. eintreten. Allein diese Rechnung ist von einer Bedingung abhängig, von der nämlich, dass die Nationalbank nicht durch ihre sonstigen Geschäfte den Notenumlauf inzwischen vermehrt. Dass dieses möglicher Weise im Lombardgeschäfte, wahrscheinlich auch im Diskontogeschäfte geschehen werde, haben wir so eben nachgewiesen. Es ist also nicht gerechtfertigt, diese Zahlen als feststehende anzunehmen; der Notenumlauf namentlich wird ein wesentlich höherer sein.

Von grösserem Gewicht, als diese ungewissen Zahlen des Verhältnisses zwischen Notenumlauf und Baarvorrath, sind die *neuen Bedingungen, welche für die Notenemission der Nationalbank durch*

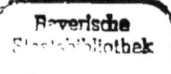

die Bankakte in Kraft treten. Bisher war das Recht zur Notenemission ein unbeschränktes. Die neue Bankakte hat eine Beschränkung festgestellt, und zwar in folgender Weise:

Die Nationalbank ist während der Dauer ihres Privilegs *ausschliesslich* berechtigt, Banknoten auszugeben, die indess auf keinen niederen Betrag, als 10 Fl., lauten dürfen. Sie ist verpflichtet, diese Noten auf Verlangen der Inhaber bei ihrer Hauptkasse in Wien, und bei ihren Kassen an anderen von der Finanzverwaltung im Einvernehmen mit der Direktion zu bestimmenden Plätzen jederzeit nach ihrem vollen Nennwerthe gegen gesetzliche Silbermünze einzulösen. Die Nichterfüllung dieser Verpflichtung hat, insofern sie bei der Hauptkasse in Wien eintritt, »ausser dem Falle einer im gesetzlichen Wege verhängten zeitweiligen Einstellung der Noteneinlösung«, den Verlust des Privilegiums zur Folge. Die Bankdirektion hat für ein solches Verhältniss des Metallschatzes zur Notenemission Sorge zu tragen, welches geeignet ist, die vollständige Erfüllung dieser Verpflichtung zu sichern. Es muss jedoch jedenfalls jener Betrag, um welchen die Summe der umlaufenden Noten 200 Millionen Fl. übersteigt, in gesetzlicher Silbermünze oder Silberbarren vorhanden sein, doch kann bis zur Höhe des vierten Theiles Gold in Münze oder Barren das Silber vertreten. Der Betrag, um welchen die umlaufenden Noten den vorhandenen Baarvorrath übersteigen, muss mit statutenmässig eskomptirten oder beliehenen Effekten oder »mit eingelösten verfallenen Koupons von Grundentlastungsobligationen bedeckt sein, dann mit statutenmässig eingelösten und zur Wiederveräusserung geeigneten Pfandbriefen der Bank, welche letztere jedoch den Betrag von 20 Millionen Fl. nicht überschreiten dürfen und nur mit $\frac{2}{3}$ des Nennwerthes zur Bedeckung dienen können.« Der Betrag der im Umlauf befindlichen Noten und der Stand ihrer Bedeckung ist wöchentlich zu veröffentlichen. Die Noten der österreichischen Nationalbank geniessen ausschliesslich die Begünstigung, dass sie bei allen in österreichischer Währung zu leistenden Zahlungen im ganzen Umfange der Monarchie, mit Ausnahme des lombardisch-venetianischen Königreichs, von Jedermann, sowie von allen öffentlichen Kassen nach ihrem vollen Nennwerthe angenommen werden müssen.

Dies sind, im Wesentlichen wörtlich, die Hauptbestimmungen über die Notenemission.

Die Bank hat das Monopol der Notenausgabe für den ganzen Kaiserstaat, jedoch ist der Umfang ihres Notenumlaufs in sofern beschränkt, dass höchstens 200 Millionen Fl. umlaufen dürfen, welche in

»Sicherheiten« ihre Deckung finden, während für alle ferneren im Umlauf befindlichen Noten der gleiche Betrag in baarem Gelde oder Barren bei der Bank beruhen muss. Für diese Art der Beschränkung hat ohne Zweifel die Peelsche Bankakte als Vorbild gedient. Es lässt sich sogar die weitere praktische Konsequenz ziehen, dass derjenige Betrag, um welchen die Summe der mit Edelmetallen nicht gedeckten Noten kleiner ist, als das Maximum von 200 Millionen Fl., als »Notenreserve« betrachtet und zu den Mitteln gerechnet wird, welche die Bank in jedem Momente zur Befriedigung eines etwa steigenden Geldbedarfs noch besitzt. Es würde sich dann weiter ergeben, dass die Nationalbank gleich der Bank von England den Umfang ihres Diskontogeschäftes mittelst des Diskontosatzes so regelte, dass jederzeit noch eine angemessene »Notenreserve« disponibel bliebe. Es ist also darauf abgesehen, mittelst des dem englischen Vorbilde nachgeahmten Mechanismus die Nationalbank zum Regulator des Geldumlaufs in Oesterreich zu machen. Im Interesse der Solidität ihres Notenumlaufs sind der Nationalbank noch zwei fernere Beschränkungen auferlegt. Von den im Girogeschäfte bei ihr deponirten Geldern darf sie nur die Hälfte zu Kreditgeschäften verwenden. Ferner schliesst § 62 die Darlehnsgeschäfte mit dem Staat, welche die Veranlassung des Unheils gewesen sind, aus. Dieser Paragraph erlaubt nur die statutenmässige Diskontirung der von der Finanzverwaltung eingereichten Wechsel, ausserdem kann die Bank nur kommissionsweise Geschäfte für Rechnung des Staates besorgen und das aus der kommissionsweisen Besorgung solcher Geschäfte sich ergebende Guthaben ist, damit nicht eine wahre Staatsschuld sich ansammle, am Schlusse eines jeden Monats gegenseitig baar zu begleichen.

Die Aufstellung einer versuchten *Nachahmung der Peelsakte* stellt die Frage dahin, ob denn die der Peelsakte analogen Dispositionen der österreichischen Bankakte in Oesterreich eine ähnliche Gestaltung des Geldumlaufs zur Folge haben werden, wie die Dispositionen der Peelsakte in England. Denn, was man auch von der Peelsakte sagen mag, dafür scheint die Erfahrung allerdings bis heute zu sprechen dass in Grossbritannien in *ruhigen Zeiten* ihre Bestimmungen durchführbar sind, ohne den Verkehr mit Papiergeld zu überfüllen und ohne der englischen Bank die Erfüllung ihrer Einlösungspflicht zur Unmöglichkeit zu machen. Wird Gleiches in Oesterreich erreicht, so wird die Bankakte ein wahrer helfender Gott und man würde sie als Heilsbringerin verehren, aller theoretischen Kritik zum Trotz.

Leider steht es nicht so. Die Wirkungen eines Gesetzes sind abhängig von den thatsächlichen Verhältnissen, auf welche das Gesetz Anwendung findet. Nun waren aber die Verhältnisse, unter welchen die Peelsakte in England ins Leben trat, vollständig entgegengesetzt denen welche in Oesterreich herrschen. Die englische Bank war vollkommen zahlungsfähig, ihre Noten, genossen vollkommenes Vertrauen, die Baareinlösungspflicht der Bank bestand und wurde vollkommen erfüllt, der Geldumlauf des Landes hatte keinen Mangel an Edelmetallen, keinen Durst nach solchen. Die Peelsakte bildete nicht etwa die Modalität, unter welcher die Bank ihre Einlösungspflicht wieder aufgenommen hätte, sondern ein von der damaligen Theorie adoptirtes Schutzmittel gegen Ueberemmissionen von Banknoten, zu welchen das unbedingte Vertrauen, welches die Noten der englischen Bank genossen, verleiten konnte. Diese Theorie ging davon aus, dass der innere Verkehr 14 Millionen £ Noten der Bank von England und 8 Millionen £ Noten der übrigen Banken beschäftigen könne, ohne dass Edelmetalle in dem Verkehr des Landes so selten würden, dass eine Nachfrage nach ihnen diesen Notenumlauf beeinträchtigte. Weil man einen Notenumlauf innerhalb dieser Grenzen für vollkommen gesichert hielt und keinen andern, als einen vollkommen gesicherten Notenumlauf haben wollte, bestimmte man, dass die englische Bank über den ihr zugemessenen Betrag von 14 Millionen £ hinaus keine Note in den Verkehr senden dürfe, für welche sie nicht volle metallische Deckung in ihren Kellern habe. Durch die Rückwirkung dieser Bestimmung auf den möglichen Umfang der Kreditgeschäfte der Bank glaubte man einen Mechanismus in Bewegung zu setzen, der, selbstwirkend mittelst der Diskontofestsetzungen, den Geldverkehr und das Kreditgeschäft in gesunder Ordnung erhielte. In dieser letzten Voraussetzung hat man sich getäuscht. Unter der Peelsakte sind Handelskrisen entstanden, welche sie verhindern sollte, und als sie entstanden waren, hat man jedes Mal die Peelsakte suspendiren müssen. Das heisst nichts Anderes, als: die Peelsakte ist in Gültigkeit gewesen so lange, als der Notenumlauf der englischen Bank auch ohne ihr Bestehen die Schranken derselben nicht überschritten haben würde, sie musste ausser Kraft treten so lange, als der Notenumlauf aus andern Gründen sich so ausdehnen musste, dass er ihre Beschränkungen als Fesseln empfand. Sie war in Gültigkeit, so lange sie nicht nöthig war, und trat ausser Wirksamkeit, sobald der Zustand eintrat, für den sie nach der ihr zu Grunde liegenden

Theorie nothwendig war. Nicht die Gesetze Peels, sondern die Naturgesetze des Verkehrs haben in England geherrscht.

Die österreichische Nationalbank ist *nicht* zahlungsfähig, ihre Baareinlösungspflicht besteht *nicht*, die Nachahmung der Peelsakte soll die Modalität sein, unter welcher die Baareinlösungspflicht erst wieder eintreten soll. Der Geldumlauf in Oesterreich hat gar keine Edelmetalle, die Banknoten geniessen kein Vertrauen. In dem Momente, wo die österreichische Nationalbank ihre Baarzahlungen wieder aufnimmt, wird ihr alle Lust vergehen und auf lange Zeit alle Lust vergällt werden, eine Ueberemission von Noten vorzunehmen; denn der ängstliche und silberbedürftige Verkehr wird nach wie vor ihre Noten auszustossen und Silber zu erlangen suchen; sie ist so weit entfernt, der Verlockung einer Ueberemission zu unterliegen, dass es vielmehr sehr fraglich ist, ob sie dem allgemeinen Andrange gegenüber ihre Einlösungspflicht lange wird erfüllen können. Mit einem Worte, die Nachahmung der Peelsakte ist darauf angelegt, gegen Gefahren zu schützen, welche nicht vorhanden sind, und sie lässt Gefahren in ihrer ganzen Grösse unberücksichtigt bestehen, welche wirklich vorhanden sind; sie ist darauf angelegt, eine Ordnung der Goldverhältnisse zu erhalten, während es darauf ankommt, eine Ordnung erst herzustellen.

Zum Ueberfluss besteht noch ein durchgreifender Unterschied. Die Peelsakte hatte ein ausgebildetes, mit der englischen Bank konkurrirendes, dem Verkehr reichliche Leistungen bietendes Bankwesen vor sich. Die österreichische Bankakte wird in einem Lande erlassen, welches ein lebendiges Privatbankwesen noch gar nicht kennt, sie monopolisirt und limitirt die Ausübung des Monopols einer Konkurrenz gegenüber, welche noch gar nicht vorhanden ist, und erstickt im Keime die Entstehung eines den Verkehrsbedürfnissen gerecht werdenden Bankwesens, während die Peelsakte nur die Ausschreitungen eines schon damals reich entwickelten Bankwesens, wenn auch ungeschickt, beschneiden wollte. Sie will allein die Nationalbank reglementiren, während die englische Bank durch eine, wenn auch mannigfach behinderte, doch in grossem Masstabe vorhandene Konkurrenz schon wesentlich in ihrer Bewegung bedingt wird. Die Peelsakte war auf ein zentrales Institut berechnet, neben welchem eine Masse reich dotirter lokaler Institute bestand. Oesterreich hat nur die zentrale, hat keine lokalen Banken, wenigstens sind die schwachen, zerstreuten Anfänge dem Bedarf gegenüber gar nicht zu rechnen. Das englische Publikum war in die Benutzung des Bankwesens eingelebt und konnte sich immer weiter einleben, das österreichische Publikum ist nicht darin eingelebt und konnte sich bisher nicht darin einleben, weil das Monopol ein Privatbankwesen nicht aufkommen liess. Freilich bemüht man sich jetzt mit englischem Kapitale Banken ohne Notenausgabe nach dem Muster der englischen Joint-Stock-Banken in Oesterreich herzustellen. Es sind bereits zwei Unternehmungen dieser Art im Werke, und wir erkennen hierin ein erfreuliches Symptom dafür, dass man in Oesterreich den vorhandenen Mangel erkennt. Allein die Formen des englischen Bankwesens lassen sich nicht beliebig in ein Land verpflanzen, wo die wirthschaftlichen Voraussetzungen des englischen Bankwesens noch gar nicht existiren. Die Ertheilung einiger Konzessionen reicht nicht aus, um in wenigen Jahren die Grundlagen des Verkehrs und die Gewohnheiten des Volks umzuwandeln, zumal, wenn das verpflanzte Bankwesen mit einem durch Steuerfreiheit, Hehlerrecht und Notenmonopol bevorzugten Institute in Konkurrenz treten soll.

Die Peelsakte in Oesterreich, in Verbindung mit dem Monopole, verhindert eine Entwickelung, durch welche die Peelsakte in England überhaupt erst möglich wurde, sie trifft Verhältnisse, auf welche sie nicht passt, und verhindert Verhältnisse, auf welche sie möglicher Weise passen könnte. Sie schwebt so vollkommen in der Luft, dass sich gar nicht sagen lässt, ob je Umstände eintreten können, welche sie in Wirksamkeit setzen. Die Frage, ob der österreichische Verkehr eben so gut 200 Millionen Fl. tragen könne, ohne unregelmässige Symptome zur Erscheinung zu bringen, wie der englische Verkehr 220 Millionen Fl. Noten der zentralen und der lokalen Banken zusammengenommen, tritt daher vor der Hand vollkommen in den Hintergrund. Es ist vielmehr zu fragen, *ob die österreichische Bankakte überhaupt einen gesunden Notenumlauf aufkommen lässt;* die andere Frage, ob sie geeignet sei, die ungesunden Auswüchse zu beschneiden, und ob sie äusserlich den Punkt trifft, wo die gesunde Gestaltung aufhört und der ungesunde Auswuchs anfängt, kann ganz ruhig auf spätere Zeiten vertagt werden.

Um jene Hauptfrage zu beantworten, werden wir etwas weiter ausholen und auf die Bedingungen eines gesunden Umlaufs papierner Umsatz- und Zahlungsmittel zurückgehen müssen.

In dieser Untersuchung wird es am zweckmässigsten sein, das papierne Umsatzmittel zunächst allen Beiwerks zu entkleiden, durch welches seine Natur verändert wird. Zunächst unzweifelhaft des Zwangskurses, dann aber auch der Wechseleigenschaften, endlich auch der Eigenthümlichkeit, dass es irgendwo und von irgend Einem gegen edle Metalle eingelöst werden muss. Denn, da es als Zahlungsmittel den Umsatz von Waaren aller Art vermitteln soll, so liegt in seinem Begriffe durchaus nicht nothwendig, dass irgend Jemand die Verpflichtung habe, eine bestimmte Quantität Silber oder Gold dagegen zu verkaufen.

Es bleibt uns also übrig: ein Stück Papier, welches bei Käufen und bei Erfüllung von Schuldverpflichtungen statt baaren Geldes als Zahlungsmittel verwendet worden kann. Und die Frage lautet: welche Beschaffenheit muss dieses Stück Papier haben, damit es in dem Verkehr, dessen herrschendes, die Preise ausdrückendes Umsatzmittel das edle Metall ist, ohne Anstand umlaufe, die Funktionen der edlen Metalle versehe, und der Anzahl von Metallmünzen gleich gelte, auf welche es lautet.

Ein solches papiernes Umsatzmittel ist unmöglich, wird man uns einwenden, wenn nicht irgend Jemand vorhanden ist, der den Betrag von Metallgeld, auf welchen es lautet, auf Verlangen auszuzahlen verpflichtet und im Stande ist.

Dieser Einwand ist voreilig. Denn jene Milchfrau, welche, um einen Milcheimer zu kaufen, dem geschickten Holzarbeiter alle Morgen ein Quart Milch brachte, jedes Quart auf ihrem Kerbholze einkerben liess, und, als sie von dem Holzarbeiter einen Milcheimer kaufte, ihm dafür solche Kerbhölzer gab, sie hatte in diesen Kerbhölzern ein an sich werthloses Umsatzmittel, welchem der Kredit den Werth von den darauf verzeichneten Quantitäten Milch gab, ohne dass irgend Jemand verpflichtet gewesen wäre, so viel Milch dagegen zu liefern. Dass es von Holz war, thut doch wohl nichts zur Sache. Es war *eine Quittung über geleistete Dienste, für welche die Gegenleistung noch zu empfangen*, und diente als solche zwischen der Milchfrau und dem Holzarbeiter als Tausch-, Umsatz- oder Zahlungsmittel, wie Du es nennen willst.

Ja, solche papierne Zahlmittel giebt es noch heute, und wir zweifeln nicht, dass ein jeder unserer Leser schon eine grosse Anzahl davon in Händen gehabt und sie unbesehen zum vollen Werth weiter gegeben hat. Hätte er sie besehen, er würde sich über sich selbst gewundert haben.

Wir meinen das Staatspapiergeld. Wie viele Papierthaler aller Farben sind schon im deutschen Verkehr als Zahlungsmittel zum vollen Werth von Hand zu Hand gegangen! Fast auf keinem stand die Verpflichtung des Staats verzeichnet, gegen einen solchen Papierthaler einen harten Silberthaler auszuzahlen. In manchen Staaten bestanden zwar gesetzliche Einlösungskassen, welche zur Einlösung verpflichtet waren. Dieselben hatten aber regelmässig so wenig Metallgeld, dass sie ihre Zahlungen in wenigen Tagen hätten einstellen müssen, wenn eine irgend erhebliche Anzahl der Inhaber es sich hätte einfallen lassen, von dem Recht, die Einlösung zu fordern, Gebrauch zu machen. Wie hätte auch die Verpflichtung der in Kassel etwa befindlichen Einlösungskasse den Berliner veranlassen können, die kurhessischen Papierthaler für voll zu nehmen, da er die Porto- und anderen Kosten der Einlösung hätte tragen müssen. In vielen Staaten, welche ganz lustig ihre Papierthaler vollwerthig in den Verkehr brachten und darin erhielten, bestand gar keine Einlösungskasse und Einlösungspflicht. Und aufrichtig, es fragte Niemand ernstlich nach der Pflicht und der Möglichkeit der Einlösung, es wussten die Meisten gar nicht, ob eine solche bestand.

Nun stand zwar auf diesen Papierthalern meist der herrische Befehl:

»Vollgültig in allen Zahlungen.«

Aber dieser Befehl kann die Möglichkeit des Umlaufs zum vollen Werth nicht veranlasst haben. Denn einmal galt er nur innerhalb der engen Grenzen des oft sehr kleinen Staates, während sein Papiergeld zum vollen Werthe weit über seine Grenzen hinausging, und zweitens haben wir ja nur zu oft gesehen, dass dieser Befehl den Vollwerth des Papierthalers im eigenen Lande nicht aufrecht enhalten konnte, wenn die wahren Vorbedingungen des vollwerthigen Umlaufs fehlten.

So müssen wir denn unsere Zuflucht zu einer letzten Erklärung nehmen die auf keinem dieser Papierthaler fehlte, wenn sie etwa nicht in dem eben erwähnten Befehle mit inbegriffen war. Diese Erklärung ging dahin, dass der Papierthaler

»in den Staatskassen zum Werthe von 1 Thaler *in Zahlung* angenommen werde.«

Da sind wir aber wieder beim Kerbholz. Der Staat hat als Quittung über empfangene Dienstleistung diesen Papierthaler einem Beamten, einem Soldaten, einem Lieferanten ausgezahlt und versprochen, diese Quittung gegen seine Leistungen, also bei Steuer-, Gebühren- und anderen Zahlungen, zum vollen Werthe in Zahlung zu nehmen. Es ist eine *Quittung für geleistete Dienste, für welche die Gegenleistung noch zu empfangen* — ein wahres Umsatzmittel.

Dieses Umsatzmittel unterscheidet sich aber von jenem Kerbholze dadurch, dass es den Tausch nicht lediglich zwischen den beiden tauschenden Parteien vermittelt, dass es vielmehr, gleich dem Metallgelde von dem ersten Inhaber aus durch die Hände einer ganzen Reihe von tauschenden Personen läuft, überall Täusche vermittelnd. Um einen solchen Umlauf zu ermöglichen, steigt der Staat von seinem hohen Befehlshaberstuhle herab und tritt in der bescheidenen Rolle eines Produzenten und Schuldners auf. Er ist, so weit er Papiergeld ausgiebt, als eine grosse industrielle Unternehmung zu betrachten, welche mitten in dem Verkehr, mitten in dem in sich selbst zurückkehrenden Güterkreislaufe steht. Da er entweder gar nicht versprochen hat, das Papiergeld gegen Silber einzulösen, oder da männiglich bekannt, dass, wenn er es versprochen, die Silbereinlösung bald aufhören müsste, wenn man ihn ernsthaft beim Wort nähme, so kann das Papiergeld nur so weit vollwerthig zirkuliren, als nicht das Bedürfniss erwacht, dasselbe gegen Silber einzuwechseln; denn sobald dieses erwacht, wird man die Zahlung in Silber der Zahlung in Papier vorziehen, und es wird sich, da der Umtausch gegen Silber mindestens problematisch, dieser Vorzug in einem Silberagio ausdrücken. Das Bedürfniss nach Silbereinwechslung entsteht aber so lange nicht, als es jedem Inhaber *leicht* ist, *entweder selbst durch fällige Zahlungen an den Staat den Papierthaler zu realisiren, oder einem Andern, dem dies leicht ist, den Papierthaler in Zahlung zu geben.* Wenigstens liegt diese Grenze ungleich näher, als die andern, wo es schwer wird, Silber in Zahlung zu erhalten und wo das Silber, wenn es zu Zahlungen gebraucht wird, erst gegen Papiergeld gekauft werden muss. Wird diese Grenze erreicht, so ist eine Störung im Gleichgewicht des Geldumlaufs eingetreten, und Verlegenheiten für den Staat, Entwerthung des von ihm in Umlauf gesetzten Papiergeldes sind unvermeidlich. Dass diese letztere Grenze erreicht, die Grenze innerhalb deren Papiergeld gefahrlos in Umlauf gesetzt werden kann, also schon weit überschritten ist, zeigt sich, wenn eine Einwechslungskasse vorhanden, darin, dass Einlösungsforderungen sich häufen. Die Mühe, welche der Inhaber sich giebt, seine Papierthaler zur Einwechslungskasse zu tragen, um Silber zu empfangen, enthält bereits das erste Partikelchen Silberagio.

Der Umfang, innerhalb dessen der Staat Papiergeld ohne Gefahr in Umlauf setzen kann, hängt hiernach zusammen mit dem Umfange der bei der Staatskasse täglich fälligen Zahlungen. Je grösser dieser Umfang im Verhältniss zu dem emittirten Papiergelde ist, um so leichter ist es jedem Inhaber, seinen Papierthaler dem Schuldner (dem Staat) als Gläubiger in Zahlung zu geben, oder einen Andern zu finden, dem er zu zahlen hat und der dem Staate in Zahlung geben kann. Der

Umfang der sicheren Staatspapiergeldemission hängt mit andern Worten ab von dem Umfange des regelmässigen Einnahmebudgets, kann aber, der Ziffer nach, nur einen kleinen Bruchtheil desselben erreichen. Die komplizirtere Erscheinung des papierenen Umlaufsmittels, die *Banknote*, enthält stets das ausdrückliche Versprechen der Bank, die Note nicht nur zum vollen Werthe in Zahlung zu nehmen, sondern dem Inhaber auf Verlangen sofort gegen den Betrag baaren Silbers (oder Goldes), auf welchen sie lautet, umzutauschen, und die Bank giebt auch vor, zu dieser Baareinlösung jederzeit im Stande zu sein. Indessen steht auf jeder Banknote mit unsichtbarer Schrift die Bitte, dieses Versprechen ja nicht ernsthaft zu nehmen, weil man ja wisse, dass, wenn alle Noteninhaber auf einmal die Baareinlösung fordern, die Bank nur dann im Stande sei, ihr Versprechen zu halten, wenn sie den vollen Betrag ihrer Noten in baarem Golde liegen hat, und keine anderen Gläubiger den Noteninhabern diesen Baarvorrath streitig machen.

Wenn eine Bank ihre Noten mit der Modalität ausgiebt, dass sie den gleichen nur den Noteninhabern haftenden Betrag in baarem Gelde konservirt, so sind das keine ungedeckten Umsatzmittel, also keine eigentlichen Banknoten mehr, sondern nur ausgestossene Blätter aus dem Buche einer wahren Girobank. Von diesen »Noten« reden wir also hier nicht.

Sehen wir aber von ihnen ab, so ist der in den Versprechungen des Emittenten liegende Unterschied zwischen Staats- und Banknoten nicht mehr gross. Es ist richtig, die Bank kann das Versprechen der Baareinlösung leichter halten, als der Staat; denn sie ist Geldhändlerin und muss als solche immer einen beträchtlichen Vorrath ihrer Waare auf dem Lager haben. Sie kann Geldmarken ausgeben, wie der Speisewirth Speisemarken. Aber sie hat ja bei Ausgabe ihrer Geldmarken gar nicht die Absicht, ihren Baarvorrath rasch los zu werden, wie der Speisewirth seinen Speisevorrath. Die Absicht ist die gerade entgegengesetzte. Die auf ihre Kasse ausgegebenen Sichtanweisungen sollen als Zahlungsmittel zirkuliren, und als Zahlungsmittel, nicht als Geldforderer in ihre Kasse zurückkehren. Kommen sie mit der Forderung der Baareinlösung, so erschöpfen sie rasch ihren Baarvorrath, setzen sie in Verlegenheit, mindern ihren Kredit, und in der Mühe, welche sich die Inhaber geben, den Betrag der Note bei der Bank einzukassiren, liegt schon das beginnende Silberagio, welches die Bank um jeden Preis vermeiden muss. Die Note, welche in der Hand des Schuldners im Wege der Zahlung zur Bank kommt, ist stets angenehm;

die Note, welche in der Hand des Gläubigers, Silber fordernd, kommt, ist gefürchtet, ist gefahrdrohend.

Hieraus folgt, dass die Umlaufsfähigkeit der Banknote genau auf derselben Vorbedingung beruht, wie die Umlaufsfähigkeit des Staatspapiergeldes, darauf nämlich, *dass der Inhaber sie leicht der Bank in Zahlung geben, oder leicht Jemanden finden kann, dem er Zahlung zu leisten hat, und der die Note der Bank leicht in Zahlung geben kann.*

Der Umfang, innerhalb dessen die Noten einer Bank für sie gefahrlos als Zahlungsmittel in Umlauf gebracht werden können, hängt also ab *von dem Umfange der täglich bei der Bank im regelmässigen Geschäft einlaufenden Zahlungen.*

Wir kommen also bei der Banknote auf dieselbe Grundlage der Umlaufsfähigkeit wie beim Staatspapiergeld. Dagegen können wir von der Banknote nicht so ohne Weiteres, wie vom Staatspapiergeld, sagen, dass sie »eine Quittung sei über geleistete Dienste, für welche die Gegenleistung noch zu empfangen.« Der erste Empfänger der Banknote *hat* der Bank nicht Dienste geleistet, er hat nur *versprochen*, dass er oder ein Anderer ihr nach bestimmter Frist eine Zahlung leisten werde; die Dienstleistende ist zunächst die Bank. Jene, auf die Banknote schlecht passende, Formel enthielt aber die Definition des Umsatzmittels. Also ist entweder die Definition nicht richtig, oder die Banknote ist kein Umsatzmittel im Sinne jener Definition. In der That ist das letztere richtig; die Banknote ist kein selbständiges Umsatzmittel, sie ist nur die *Stellvertreterin* eines wahren und selbständigen Umsatzmittels, des *Diskontowechsels*, der in der Wahrheit und Wirklichkeit ist: eine Quittung über geleistete Dienste (»Valuta empfangen«), für welche die Gegenleistung noch zu empfangen. Die Bank hat dieses Umsatzmittel in ihr Portefouille genommen, und an dessen Stelle die Anweisung auf ihre Kasse in Umlauf gesetzt. Auf diese höchst praktische Konsequenz hat uns die Logik unserer Definition geführt. Wir werden diesen Faden weiter unten von der praktischen Seite wieder aufnehmen, und kehren hier zu der Basis der Umlaufsfähigkeit der Banknote wieder zurück.

Die Hübnersche Theorie, welche die Noten als täglich ohne Frist kündbare Verbindlichkeiten den Terminkrediten gegenüberstellt, die mittelst derselben gewährt worden, hat zu der irrigen Schlussfolgerung geführt, dass es auf die durchschnittliche Umlaufszeit der Noten und die durchschnittliche Verfallzeit der gewährten Terminkredite ankomme, und dass die Bank sicher gehe, so lange diese von jener überstiegen werde. Denken wir uns die Zahlungsfähigkeit der Bank davon abhängig, dass die Noten ihre durchschnittliche Umlaufszeit ziemlich genau innehalten, so macht jede Störung des Notenumlaufs die Bank zahlungsunfähig. Je länger die Noten einzeln im Umlauf bleiben, um so grösser sind die Unregelmässigkeiten, denen ihr Umlauf ausgesetzt ist, um so grösser sind die Beträge, welche die Bank plötzlich, Baarzahlung fordernd, überraschen können. Je kürzer dagegen die durchschnittliche Umlaufszeit der einzelnen Noten ist, auf die Rückkehr um so grösserer Beträge ist die Bank täglich vorbereitet, und um so geringer ist das Risiko. Denken wir uns die Möglichkeit, dass alle Tage der Gesammtbetrag aller ausgegebenen Noten im Wege der Zahlung in die Bank wirklich zurückkehre, so ist die Notenemission ohne Baarvorrath gerade so absolut sicher fundirt, als wenn die Bank für ihre länger kursirenden Noten einen ebenso grossen Baarbestand bereit hielte. Die täglich bei der Bank einlaufenden Zahlungen bilden die Möglichkeit für eine gleich grosse Summe von Noten täglich zur Bank zurückzukehren, ohne dieselbe in Verlegenheit zu setzen. Die Ungefährlichkeit des Notenumlaufs für die Zahlungsfähigkeit der Bank, *die Solidität des Notenumlaufs, hängt also ab von dem Verhältnisse des Umfanges des Notenumlaufs zu dem Umfange der täglich im regelmässigen Geschäft einlaufenden Zahlungen* — wir sind auf anderem Wege zu demselben Gesetz gelangt. Wir haben auf diesem Wege aber noch ein zweites gefunden. Dasselbe lautet: *je kürzer für jede Note die Umlaufszeit, so weit sie in einer Zahlungsleistung an die Bank ihren Abschluss findet, um so solider der Notenumlauf.* Und dieses zweite Gesetz findet eine zusätzliche Bestätigung durch folgende Betrachtung. Je öfter die Noten zur Bank zurückkehren, desto öfter ist sie in die Lage versetzt bei der Wiederausgabe die Fähigkeit und Willigkeit des Verkehrs, ihre Noten aufzunehmen, zu prüfen, um so rascher fühlt sie also die wechselnden Pulsschläge des Verkehrs, und um so leichter kann sie den Umfang ihres Notenumlaufs nach den Bedürfnissen des Verkehrs reguliren. Allerdings ist die Rückkehr der Noten nur dann völlig gefahrlos, wenn die Zahlungen, welche zu derselben Veranlassung geben, auf eigene Rechnung der Bank geschehen. Aber selbst die flüchtig die Kassen der Bank durchlaufenden Zahlungen bei Inkasso's bieten der Bank jedesmal, wenn sie eine Note bringen, Gelegenheit, bei der Wiederausgabe die Absorptionsfähigkeit des Verkehrs zu prüfen, und, wenn die Prüfung ungünstig ausfällt, mit der Wiederausgabe anzuhalten. Gehen die Noten bei Einzahlung von Girodepositen ein, so wandelt die Notenverpflichtung sich in eine Giroverpflichtung um, und der Notenumlauf ist zunächst um eben so viel entlastet. Kommen die Noten als verzinsliche Depositen, so verwandelt der unverzinsliche Kredit, den die Bank in der Note empfing, sich in einen verzinslichen und wenn die Bank ihre Notenemission übertreiben will, so dass der Verkehr übermässig viele disponible Umsatzmittel aufsammelt, die Verzinsung suchen, so liegt eben in der Institution der verzinslichen Depositen, also in der dem Publikum gewährten Möglichkeit, unverzinsliche Verpflichtungen der Bank (Noten) in verzinsliche (Depositen) umzuwandeln, ein wirksamer Regulator des Notenumlaufs.

Von dem hier gewonnenen Gesichtspunkte aus betrachtet, sind die Noten der *Bank des berliner Kassenvereins* von musterhafter Solidität. Der durchschnittliche Notenumlauf des Instituts belief sich 1862 auf 510,260 Thaler. Aus dem Wechsel- und Lombardverkehr, also den auf eigene Rechnung gemachten Geschäften, gingen bei ihr an Zahlungen ein 21,180,000 Thaler, oder durchschnittlich an jedem Geschäftstage 70,600 Thaler. Innerhalb sieben Tagen konnte also der ganze Notenumlauf der Bank im Wege der Zahlung *eigener Forderungen der Bank*, also ohne dieselbe irgend zu geniren, in ihre Kasse zurückkehren. An Inkasso's besorgte die Bank 453,787,600 Thaler, wovon 235,182,500 Thaler durch Abrechnung, der Rest mit 218,604,100 Thalern, oder durchschnittlich 771,090 Thalern an jedem Geschäftstage, durch Zahlung abgemacht wurde. Auf diesem Wege konnte an jedem Tage mehr als der ganze Notenumlauf zur Bank zurückkehren. Der Gesammtumsatz im Eingang und Ausgang betrug 645,973,223 Thaler, also im Eingang allein, wenn man dafür die Hälfte rechnet, 322,986,000 Thaler, oder an jedem Geschäftstage 1,076,620 Thaler. Es konnte also *täglich der doppelte Betrag des Notenumlaufs*, für welchen überdies noch ein Baarbestand vorhanden war, *durch die Kassen der Bank laufen*.

Da die Einnahme des preussischen Staats im Bruttobudget nicht 150 Millionen beträgt, also der Kasseneingang des preussischen Staats nicht halb so gross ist, wie der der Bank des berliner Kassenvereins, so könnte der Preussische Staat mit gleicher Sicherheit nur halb so viel Papiergeld in Umlauf setzen, wie die Bank des berliner Kassenvereins Banknoten.

Messen wir von diesem Gesichtspunkte aus die Sicherheit des Notenumlaufs der österreichischen Nationalbank, so müssen wir dabei noch in Anschlag bringen, dass wir bei beiden Instituten das Verhältniss des statutenmässig ungedeckten Notenumlaufs vergleichen müssen. Dieser beträgt bei der österreichischen Nationalbank im Maximum 200 Millionen Fl., bei der Bank des berliner Kassenvereins die für $\frac{1}{3}$ ihres jedesmaligen Notenumlaufs baare Deckung halten muss, im Jahre 1862 also $\frac{2}{3}$ von 510,260 Thalern, d. h. 340,173 Thaler. Die Bank des berliner Kassenvereins hatte bei einem Umsatz im Eingang von 322,986,000 Thalern einen ungedeckten Notenumlauf von 340,173 Thalern. Um mit gleicher Solidität einen ungedeckten Notenumlauf von 200 Millionen Fl. aufrecht zu erhalten, müsste die österreichische Nationalbank also jährlich einen Kasseneingang von fast 190,000 Millionen Fl., einen Gesammtumsatz von 380,000 Millionen Gulden haben!

Bei der österreichischen Nationalbank betrug 1862 der Kasseneingang aus eigenen (Lombard- und Diskonto-) Forderungen der Bank 520 Millionen, der Kasseneingang aus dem gesammten Bankgeschäfte mit Privaten ca. 700 Millionen, aus dem Bankgeschäfte mit der Regirung und dem Privatpublikum 2471 Millionen Fl. oder 8¼ Millionen täglich. Mit gleicher Sicherheit, wie die Kassenvereinsbank, würde sie also kaum 4 Millionen Fl. ungedeckter Noten in Umlauf setzen können. Legen wir den bescheidneren Massstab der preussischen Bank an, die 1862 bei einem Kasseneingang von durchschnittlich 2,816,666 Thaler einen ungedeckten Notenumlauf von 20¼ Million Thaler unterhielt, so würde die österreichische Nationalbank mit gleicher Sicherheit etwa 60 Millionen Fl. ungedeckter Noten in Umlauf setzen können.

Indem man der Nationalbank das Maximum ihres ungedeckten Notenumlaufs auf 200 Millionen Fl. begrenzte, hat man, das ist offenbar, nicht den Massstab *ihres eigenen* gegenwärtigen oder voraussichtlichen zukünftigen Geschäftsumfanges angelegt, sondern man hat ungefähr geschätzt, dass der *österreichische Verkehr* 200 Millionen Fl. ungedeckter Noten tragen und beschäftigen könne, und hat der Bank das alleinige Recht gegeben, diese Belastungsfähigkeit des Verkehrs bis zu der nach höchst zweifelhaften Voraussetzungen geschätzten Grenze mittelst ihres Notenmonopols auszubeuten. Eine Beschränkung der Notenemission dieser einzigen Zettelbank, nicht nach dem Massstabe ihres Geschäfts, sondern nach dem Massstabe des angeblichen Notenbedarfs, ist keine Beschränkung.

Wäre die Bank blos auf den Umfang ihrer Geschäfte angewiesen, hätte sie nach diesem zu bemessen, einen wie grossen unbedeckten Notenumlauf sie unterhalten könnte, ohne der Gefahr des Bankerutts zu verfallen, müsste sie das Publikum fragen, wie viele Noten es nehmen will, d. h. wie viele es leicht im Wege der Zahlung in die Kassen der Bank zurückschicken kann; so würde sie ja nicht im Entferntesten daran denken können, 200 Millionen Fl. Noten in den Verkehr zu schicken. Eine monopolisirte Bank in einem Lande, wo der geschäftliche Verkehr des Publikums mit der Bank noch so äusserst wenig ausgebildet ist, wo noch gar kein Gedanke daran ist, dass die allgemeine Sitte die Banken zu gemeinsamen Kassenführerinnen mache, sieht auch gar nicht die Möglichkeit vor sich, ihren Verkehr mit der Geschäftswelt so auszubilden, dass ihre täglichen Kasseneinläufe ein irgend Sicherheit gewährendes Verhältniss zu einem Notenumlauf von 200 Millionen ausmachten.

Unglücklicher Weise ist diese angebliche »Beschränkung« des Notenumlaufs auch nicht einmal eine Nichtbeschränkung, sie ist im Zusammenhange mit dem gesammten System der Statuten eine *künstliche Erweiterung des Notenumlaufs*. Und dieses ist der Grundfehler der Bankakte.

Man hat nämlich den Noten der österreichischen Nationalbank den ihnen in der Zeit der bittersten Noth verliehenen *Zwangskurs* auch nach der Reorganisation belassen und während der Dauer des Privilegs als regelmässige Geschäftsgrundlage garantirt. Nachdem wir oben die eigentliche Grundlage der Umlaufsfähigkeit der Noten, die zugleich dem Notenumlauf seine natürliche Grenze setzt, dargelegt haben, wird es uns leicht werden, die *Bedeutung des Zwangskurses* festzustellen. Die Umlaufsfähigkeit der Banknote beruht auf der für jeden Inhaber derselben vorhandenen Möglichkeit, dieselbe ohne besondere Mühewaltung im Wege der Zahlung mittelbar oder unmittelbar in die Kasse der Ausstellerin, die allein verpflichtet ist, die Note zum vollen Werth in Zahlung zu nehmen, zurückfliessen zu lassen. Der Zwangskurs befiehlt *Jedem*, die Note zum vollen Werthe in Zahlung zu nehmen. Durch den Zwangskurs wird also den Noten die den Umlauf *begrenzende* Grundlage der Umlaufsfähigkeit, welche in den bei der Bank täglich fälligen Zahlungen liegt, *genommen*, und eine andere den Umlauf nicht begrenzende Grundlage substituirt, welche in allen im ganzen Lande an irgend wen fälligen Zahlungen beruht. Es wird jeder Zusammenhang zwischen den Geschäften der Bank und ihrem Notenumlauf durchschnitten und mit diesem Schnitt wird die naturgemässe Grenze des Notenumlaufs beseitigt. Aus einem mit grossem Risiko verbundenen *Erleichterungsmittel der durch die Kreditgeschäfte eines Bankinstituts veranlassten Zahlungen* wird versucht ein *wahres Geld* zu machen, welches als aus dem Nichts geschaffenes neues Kapital zu dem Vermögen der Bank hinzutritt. Der Notenumlauf wird der naturgemässen Regelung entbunden und die Regellosigkeit wird Regel. Alle Motive, welche die Bank bei der auf sich selbst beruhenden Notenausgabe zur Solidität leiteten, werden in ihr Gegentheil verkehrt. Sie hatte das Interesse, die Rückkehr der Noten in ihre Kassen möglichst zu erleichtern, und jede im Wege der Zahlung kommende Note nahm sie mit Freuden auf, weil sie die Gefahr beseitigt sah, dass die Note, Silber fordernd, zu ihr komme. Sie hatte also das Interesse ihr Geschäft als gemeinsame Kassenführerin des Publikums mit aller Energie auszubilden, denn mit der Vermehrung ihrer Kasseneingänge wuchs die Leichtigkeit und Ungefährlichkeit des Umlaufs ihrer Noten. Sie hatte das Interesse an einer raschen Rückkehr jeder ausgegebenen Note im Wege der Zahlung, damit sie eine beständige Kontrole und Herrschaft über den Notenumlauf ausübte. Wuchs die Nachfrage nach ihren Noten, welche sich durch zur Diskontirung angebotene Wechsel geltend machte, so hatte sie nicht das Interesse den Kredit- und Notenbedarf endlos zu befriedigen, weil mit dieser Ausdehnung ihres Notenumlaufs in stärkeren Masse die Gefahr desselben gewachsen wäre; denn während sie im Stande sein musste, die Note täglich im Wege der Zahlung in ihre Kasse zurückzunehmen, vermittelte die Diskontirung nur eine, nach zwei oder drei Monaten fällige Zahlung des gleichen Betrages. Sie hatte vielmehr das Interesse, statt durch Vermehrung des Notenumlaufs und seiner Gefahren, durch Erhöhung des Diskontosatzes zu verdienen und eine wohlthätig mässigende Rückwirkung auf den leicht in's Ueberschwängliche wachsenden Spekulationsgeist zu üben.

Seitdem aber durch Einführung des Zwangskurses der Papiergeldbedarf des Verkehrs der Bank als auszubeutende Domaine angewiesen ist, wird sie von entgegengesetzten Motiven beherrscht. Die zur Kasse zurückkehrende Note ist unwillkommen; denn sie vermindert das auszubeutende Notenkapital. Die Ausbildung eines lebendigen Kassenverkehrs durch Giro- und Depositengeschäft ist theoretische Pedanterie, je mehr die Note dem Publikum seine Zahlungen erleichtert, um so weniger fühlt es das Bedürfniss, seine Zahlungen durch die Bank vermitteln zu lassen; die Vermehrung des Notenumlaufs bietet also dem Publikum dieselbe Erleichterung mit grösseren Vortheilen für die Bank. Je länger die Noten im Umlauf bleiben, je weniger leicht sie zurückkehren können, um so besser für die Bank. Leicht und gern zu diskontiren, den Zinsfuss niedrig zu erhalten, ist die Hauptaufgabe der

Bank, dazu ist sie ja eingerichtet, dazu hat sie ihr Notenmonopol empfangen.

Die Begrenzung des Notenumlaufs wird jetzt nicht durch die Natur des Geschäfts gebildet, sondern durch das Statut mit seinen 200 Millionen. Diese Grenze liegt aber, wie wir nachgewiesen haben, weit hinter der durch das eigene Geschäft und die leichte Rückkehr der Noten im Wege der Zahlung bedingten engeren natürlichen Grenze. Was sich von Noten zwischen diesen beiden Grenzen im Verkehr ansammelt, ist eine permanente Gefahr, gegen welche das Statut abstumpft, so lange sie blos Drohung ist, gegen welche das Statut nicht hilft, sobald sie zur Thatsache wird. Irgend ein entstehendes Misstrauen, irgend ein entstehender Silberbedarf treibt diese Noten nicht in der Hand zahlender Schuldner oder Kunden, sondern in der Hand fordernder Gläubiger zu den Kassen der Bank, und sobald die Bank an den sich häufenden Einlösungsforderungen merkt, dass sie das Spiel übertrieben, ist es zu spät. Die Einlösungsforderungen selbst sind der Beginn der Entwerthung der Noten, und dem gleich einer Lawine wachsenden Rennen nach Silber ist keine Bank der Welt gewachsen, am wenigsten eine solche, die für 200 Millionen Fl., keine Silberdeckung zu haben braucht.

Aber die Nationalbank ist ja verpflichtet, für ihre ungedeckten Noten bankmässige Deckung zu haben! — Nun wohl, prüfen wir auch diese!

Man kann von *bankmässiger Deckung der Noten* von zwei Gesichtspunkten aus sprechen, einmal von dem Gesichtspunkte der *Sorge der Bank für ihre stete Zahlungsfähigkeit*, zweitens von dem Gesichtspunkte eines *gesunden Notenumlaufs*.

Wenn die Bank ihren stets fälligen Verpflichtungen gegenüber, seien dies nun Noten oder Girodepositen, ihre Zahlungsfähigkeit aufrecht erhalten will, so darf sie ihre Fonds nur in *kurzfälligen Krediten* anlegen, damit sie einem etwaigen Andrange der Noteninhaber oder Deponenten gegenüber sich in der Lage befinde, durch rasche Einziehung der Kredite rasch disponible Mittel zu schaffen. Die beste Anlage für diesen Zweck ist unbedingt die in guten, durch zahlungsfähige Unterschriften versicherten *Diskontowechseln*. Denn diese kann die Bank in jedem Augenblicke verkaufen, sie läuft dabei nur die Gefahr, am Diskonto zu verlieren. Ungleich weniger geeignet sind *Lombardforderungen*. Denn wenn diese auch auf höchstens 3 Monate laufen, so ist die Bank doch bis zum Ablauf des Kredits ausser Stande, das dargeliehene Geld zu realisiren. Und wenn bei einer in der Regel gleichzeitig mit dem Ansturm auf die Bank eintretenden Entwerthung der Papiere und Waaren die sofortige Kündbarkeit eintritt, so ist die Bank bei der im Wege der Exekution stattfindenden Losschlagung der Pfandobjekte nicht vor grossen Verlusten sicher. Noch weniger geeignet sind *Blankokredite* ohne alle Unterlage, und am allerwenigsten Anlagen in *Effekten* und *Hypotheken*.

Während vom Standpunkte der Bank aus die Anlage des Notenumlaufs und der täglich fälligen (on call-) Depositen in guten Diskontowechseln die *vorzüglichlichste*, ist vom Standpunkte eines gesunden Notenumlaufs aus die Anlage desselben in guten Diskontowechseln, die *einzig zulässige*. Noten sind Zahlungs- und Umsatzmittel, und Umsatzmittel in den Händen des Publikums bilden eine *Nachfrage* nach Waaren aller Art. Eine einseitige, willkürliche Vermehrung der Umsatzmittel bringt Störung in das natürliche Verhältniss der Preise, indem sie dieselben durch einseitige Vermehrung der Nachfrage erhöht, führt, da das Gleichgewicht sich wieder herzustellen sucht, zu einem Abfluss derjenigen Umsatzmittel, welche allgemeine Umlaufsfähigkeit haben, also der Edelmetalle, nach dem Auslande, führt zu Handelskrisen, und, indem der Verkehr die über das richtige Mass ausgegebenen Noten gewaltsam auszustossen sucht, zum Bankerott der emittirenden Bank.

Es ist daher ungesund und gefahrvoll, wenn eine Bank durch ihre Noten *neue* Umsatzmittel *schafft*. Sie darf nur *andere Umsatzmittel*, welche der Verkehr bereits *freiwillig und auf gesunder Grundlage* geschaffen hat, gegen ihre Noten *umtauschen*. Diese Umsatzmittel, an deren Stelle die Noten treten, sind *gute Diskontowechsel*. — Wir erinnern daran, dass wir hier auf anderm Wege zu dem oben schon aus der Definition des Umsatzmittels gefolgerten Resultate gekommen sind. — Unter guten Diskontowechseln verstehen wir solche, welche nicht willkürlich (im Wege der Wechselreiterei) geschaffen sind, um einen unverkauften Waarenvorrath durch Beschaffung von Geld ohne Verkauf konserviren zu können, welche vielmehr durch ein *Verkaufsgeschäft auf Kredit* entstanden sind und in den Händen des Verkäufers ein Kaufmittel für Wiederergänzung seines Rohprodukten- oder Waarenvorraths bilden, nachdem er seine Waare durch Verkauf der reproduktiven Konsumtion zugeführt hat. Durch Diskontirung solcher Wechsel, d. h. durch Umtausch derselben gegen ihre Noten, *vermehrt* eine Bank *nicht* die vorhandenen Umsatzmittel, sie *ersetzt* nur die für den Verkehr minder tauglichen durch tauglichere, nimmt namentlich dadurch, dass ihre Noten keines Giro's bedürfen, von den an den weiteren Umlauf dieses Umsatzmittels Betheiligten, und somit von der ganzen Wirthschaftsgemeinde, die in dem Art. 89 der Wechselordnung liegenden Gefahren des ansteckenden Bankrotts hinweg, dagegen selbst die Gefahr der täglichen Fälligkeit der Noten übernehmend. Der erste Verkauf, welchem der diskontirte Wechsel seine Entstehung verdankt, hat zugleich in dem Kreislaufe des Verkehrs und der Produktion die Nothwendigkeit eines Kreislaufs weiterer Verkäufe zur Folge, welche ohne den Diskontowechsel zu dieser Zeit nicht zu Stande gekommen wären, und eröffnet somit einen den in Umlauf gebrachten Noten entsprechenden Bedarf an Umsatzmitteln. Bei der grossen Gefahr, welche die Bank durch die Ausgabe täglich fälliger Noten übernimmt, ist es für sie *zweckmässig*, gegen andere Gefahren des Kreditgebens *Versicherung* zu nehmen, d. h. nur Wechsel zu diskontiren, welche durch die zweite oder »*dritte Unterschrift*« eine Bürgschaft erlangt haben. Diese Versicherung ist zugleich geeignet, mögliche Irrthümer über die Natur der Diskontowechsel zu vermindern und diese letzteren als wirklich umlaufsfähige Umsatzmittel zu legitimiren. Die Versicherung ist indess nur zweckmässig, nicht nothwendig.

Dass trotz dieser Vorsicht die Notenemission von einer leichtsinnigen Bankverwaltung übertrieben werden kann, indem sie durch zu leichtes Diskontiren zur Schaffung von Diskontowechseln *anreizt* und partielle Ueberproduktion veranlasst, dass ferner die verkauften Waaren in den Händen des neuen Käufers gespeichert, und so den ausgegebenen Umsatzmitteln die Beschäftigung vorenthalten werden kann, dass bei leichtsinniger Diskontirung dieselbe Waare zwanzig Diskontowechseln Ursprung geben kann, ohne in die produktive Komsumtion zu treten, das Alles ist richtig. Gegen diese Gefahren schützt bei freiem Bankwesen die Konkurrenz, bei monopolisirten Banken sind wir auf die Vorsicht und Verantwortlichkeit der Bankverwaltung angewiesen.

Eine Beleihung im Wege des *Lombard*geschäfts übt sehr oft genau die Funktion, welche in den den Handelskrisen vorausgehenden Zeiten allgemeiner Haussespekulation der Wechselreiterei zufällt, sie geht von der Voraussetzung aus, dass der Inhaber seine Waare nicht verkaufe, sondern speichere und sich Geld zu schaffen suche, um zur Erfüllung laufender Verpflichtungen oder zur Effektuirung neuer Käufe im Stande zu sein, ohne zu verkaufen. Wir wollen damit das Lombardgeschäft nicht aus der Reihe der Bankgeschäfte streichen; denn da Speichern auch wirthschaftlich sein kann, so kann jenes Geschäft auch einen wirthschaftlichen Charakter haben. Aber *Lombardkredit mit Noten* geben, heisst wirklich *neue* Umsatzmittel schaffen, welche sich in Schöpfung einer *künstlichen*, das Gleichgewicht störenden Nachfrage erst Beschäftigung *suchen* müssen; heisst den Werth von Waaren, welche als Produktionsinstrumente noch nicht dienen, in Papier auf den Markt bringen, ist eine Art von Assignatenausgabe.

Dass Hypotheken, Pfandbriefe und Börseneffekten keine Grundlagen für Notenemissionen bilden können, brauchen wir nicht erst nachzuweisen. Da könnte ja Jeder sein ganzes Vermögen verdoppeln, indem er es zur Grundlage einer »Papiergeldemission« machte.

Als »Bedeckungsmittel« dieser letzten verwerflichsten Art lässt die Bankakte 20 Millionen eingelöster und zur Wiederveräusserung geeigneter Pfandbriefe der Nationalbank zu $\frac{2}{3}$ ihres Nominalwerthes zu, und wie zu erwarten, war dieses Bedeckungsmittel sofort im statutenmässigen Maximum vorhanden. Es figurirt in der Wochenübersicht vom 19. August für einen Notenbetrag von 13,333,333 Fl. 33 Xr.! Im Uebrigen sind, wenn wir von den verfallenen Koupons von Grundentlastungs-Obligationen, die einen erheblichen Betrag nicht erreichen werden, absehen, *Diskontowechsel und Lombardforderungen zu gleichen Rechten* zugelassen, und sie werden in dem Verhältniss als Deckungsmittel dienen, in welchem die Nationalbank das eine oder das andere Geschäft auszubilden beliebt. Nach dem erwähnten Wochenbericht bestanden von den Bedeckungsmitteln 45 Millionen Fl. in Lombardforderungen, $71\frac{1}{2}$ Millionen Fl. in Diskonten. Wie sich das Verhältniss der Lombardforderungen zu den Diskonten stellen wird, nachdem die Forderungen der Bank an den Staat in der vorgeschriebenen Weise getilgt sein werden, hängt von der Geschäftsführung ab, welche die Bankverwaltung belieben, oder welche ihr durch den Gang der Dinge aufgezwungen werden wird. Eine Sicherung ist absolut nicht getroffen, und wir können erleben, dass von den über den Baarvorrath hinaus im Umlauf befindlichen Noten nur die Hälfte Umsatzmittel vertritt, welche an ihrer Stelle aus dem Verkehr getreten sind (Diskontowechsel), während die andere Hälfte eine von *der Nationalbank geschaffene, das Gleichgewicht des Verkehrs und der Preise störende einseitige Nachfrage bildet*.

Sollen die Bestimmungen über die Bedeckung des Notenumlaufs demselben, soviel in ihren Kräften liegt, eine gesunde Grundlage sichern, so kennen wir nur eine Modalität, welche diesem Zweck entspricht, die Vorschrift nämlich, dass die Bank auf Höhe des *ganzen Notenumlaufs gute Diskontowechsel vorräthig* halten und *ausserdem* einen Baarvorrath besitzen muss, der sie in den Stand setzt, etwa sich häufenden

Einlösungsforderungen leicht zu entsprechen. Die preussische Bankordnung entspricht dieser Anforderung wenn auch nicht ganz, so doch in weit höherem Grade; sie lässt als Deckungsmittel für Noten im Ganzen nur 7 Millionen Lombardforderungen zu, für den Rest müssen Baar- oder Wechselbestände vorhanden sein.

Für eine gesunde, den Verkehr und die Zahlungsfähigkeit der Bank nicht bedrohende Notenpolitik bleiben wir also bei der österreichischen Nationalbank lediglich auf die Einsicht und den guten Willen der Bankverwaltung angewiesen.

Die *Einsicht* — aber das ist ja eben das Unglück des zentralisirten und monopolisirten Bankwesens, dass diese Einsicht unmöglich ist. Um den Pulsschlag des Verkehrs zu fühlen, muss eine Bank mitten in, und nicht hoch oben über dem Verkehr stehen. Um einen die ganze Absorptionsfähigkeit des Verkehrs erschöpfenden Notenumlauf zu unterhalten, müsste die Bank mit allen den grossen, kleinen und kleinsten Kanälen des Verkehrs, welche ihre Noten aufnehmen sollen, in unmittelbaren Wechselbeziehungen stehen, durch Kredit- und Depositengeschäfte, durch Vermittelung der baaren Einnahmen und Ausgaben in allen bei dem Notenumlauf betheiligten Kreisen. Diese Kreise steigen bei einem Minimalbetrage der Notenapoints von 10 Fl. sehr tief in den Kleinverkehr hinab und die Bank kann vermöge ihrer Natur nur mit den Grossmächten des Handels und der Industrie in unmittelbare Beziehungen treten. Die Bestimmungen, welche für den Giroverkehr, für die Checques, für die Zensur der Diskontowechsel getroffen sind, können, wir geben das zu, als musterhaft gelten. Aber hat die Bank ein Interesse, hat sie nur die Möglichkeit, ihren Giroverkehr so weit auszudehnen, wie es nothwendig wäre, wenn sie durch denselben die für die Wiederaufnahme einer so ungeheuren Notenemission nöthigen Ventile offen halten, durch denselben ihre Fühlfäden in die fernsten Verzweigungen des Notenumlaufs vorschieben wollte? Wird die Zensur der Wechsel nicht die Herrschaft der Bankaristokratie sichern, welche sich, angeschwellt und aufgedunsen durch das privilegirte Vertrauen, mit grossen Prätensionen und durch das Privileg verdunkelter Einsicht zwischen die Bank und das grosse Publikum legt, den Einblick in das stets wechselnde Getriebe des Verkehrs verhindernd, statt befördernd? Und endlich: die grosse, allein zuverlässige Schöpferin der Einsicht ist die Konkurrenz — und die Konkurrenz von Notenbanken ist ausgeschlossen, um Platz zu machen den an das

Monopol der Bank sich anheftenden Monopolien und Privilegien der Bankokratie!

Der *gute Wille* — o ja, er wäre zu erzwingen durch volle Haftungspflicht der Direktoren und Verwaltungsräthe mit ihrem ganzen Vermögen, im Fall durch schlechte Verwaltung das Publikum geschädigt wird, ferner durch die unerbittlich strenge Pflicht, in Wien und in den Provinzialstellen die täglich zur Einlösung sich präsentirenden Noten auch an demselben Tage einzulösen. Ist diese Pflicht eine unbedingte, ist also die Bank in der Gefahr, wenn sie irgendwo, im Zentrum oder an der Peripherie ihres Geschäftskreises die soliden Bahnen verlässt, peinliche Verlegenheiten, Verluste, wo nicht gar nicht nur reellen, sondern auch formellen Bankerott über sich hereinbrechen zu sehen, so wird sie beständig auf der Hut sein, sich die Einsicht, die sie sich verschaffen kann, auch wirklich verschaffen, und das gebrechliche Gut des Notenumlaufs auch als ein solches behandeln.

Nun verlangt freilich die Bankakte die Noteneinlösung wenigstens bei der Hauptkasse unbedingt. Aber die Bank kann dem Gebote dadurch gehorchen, dass sie in Viertelguldenstücken, jedes einzeln auf den Tisch gezählt, auszahlt und sich dann »leider!« nicht in der Möglichkeit befindet, täglich mehr als eine lächerlich kleine Summe von Noten einzulösen. Sie soll auch an anderen Stellen der Monarchie einlösen, aber die Bestimmung dieser Punkte hängt vom »Einvernehmen« ihrer Direktion mit dem Finanzministerium, also von ihrem Belieben ab, und sie ist nicht genöthigt, weitere Einlösungskassen zu bestimmen. Die Nichterfüllung dieser äusserst lax gefassten Verpflichtung in Wien soll Verlust des Privilegs zur Folge haben, aber als ein Fingerzeig auf das, was die Bank in solchem Falle zu fordern hat, und was die Gesetzgebung dem drohenden Bankrott der Nationalbank gegenüber, der durch das Monopol zu einem nationalen Unglück gemacht ist, nicht leicht versagen kann, ist die Ausnahme hinzugefügt: »ausser dem Falle einer im gesetzlichen Wege verfügten zeitweiligen Einstellung der Noteneinlösung!« Hierdurch wird die Drohung zu einer Ermunterung, weil der Bank gegen die nachtheiligen Folgen gemeinschädlicher Gebarung die sichere Zufluchtstätte gezeigt wird. Zum Ueberfluss ist der Bank in kritischer Zeit, die sich in der Regel zunächst als ein dringender Bedarf nach Notenkrediten darstellt, noch die Anweisung gegeben, eine Erweiterung ihrer Notenemmissions-Befugniss durch den Nachweis zu erwirken, dass ihr ungedeckter Notenumlauf von 200 Millionen Fl. für den Bedarf nicht reiche. Also die letzte, die einzige dem

Monopol auferlegte Schranke, wird, wenn durch Missbrauch eine Krise herbeigeführt ist, durchbrochen und schliesslich jede Garantie beseitigt.

Wir haben gezeigt, dass die Nachahmung der Peelsakte in Oesterreich den bestehenden Verhältnissen und vorliegenden Aufgaben gegenüber in der Luft schwebt, dass sie, in Verbindung mit den übrigen statutarischen Bestimmungen, weder eine gesunde Grundlage, noch eine solide Einschränkung der Notenemission sichert, vielmehr von der Hauptaufgabe der Bankthätigkeit, der Kassenführung für das Publikum, ablenkt, zu einer unnatürlich verzerrten Entwickelung der Nationalbank und ihrer Geschäftsthätigkeit führt und eine erträgliche Gestaltung des Geldumlaufs lediglich von der Einsicht und dem guten Willen der absolut herrschenden Bankverwaltung abhängig macht. Es folgt hieraus, dass für die Durchführung der zunächst gestellten Aufgabe, der Wiederherstellung des Vollwerthes der Banknoten und Aufrechterhaltung der Baarzahlungen, in der Bankakte keine Garantie geboten ist. Es folgt aber keineswegs, dass diese Aufgabe nicht dennoch und trotz der Grundfehler der Bankakte möglicher Weise durchgeführt werden könnte. Aber ein etwaiges Gelingen wird nicht der Weisheit der Bankakte, sondern anderen Verdiensten und anderen wichtigeren und tiefer eingreifenden Vorgängen zu danken sein.

Wollten wir über die Wahrscheinlichkeit oder Unwahrscheinlichkeit der Wiederherstellung eines gesunden Geldumlaufs bis zum Jahre 1867 hier unsere Vermuthungen aufstellen, so würden wir uns dem gerechten Vorwurfe aussetzen, Propheten spielen zu wollen. Eine Folge zweier guten Erndten könnte alle ungünstigen, eine Folge zweier mangelhaften Erndten alle günstigen Voraussetzungen durchlöchern. Eher ziemt es uns, unsere Ansichten darüber aufzustellen: welche Vorbedingungen bis dahin erfüllt sein müssen, wenn 1867 der Versuch der Wiederaufnahme der Baarzahlungen dauernd und reell gelingen soll.

Man scheint sich in vielen Kreisen, und zwar nicht blos in Regierungs- sondern auch in Börsenkreisen der Meinung hinzugeben, das Arkanum für die Heilung der Krankheit des österreichischen Geldwesens sei *Vertrauen*. Und insofern der Erlass der Bankakte aus der Ungewissheit der Projekte auf den unzweifelhaften Boden einer Thatsache führte und dadurch die Schwankungen des Silbermarktes beruhigte, insofern der Erlass der Februarverfassung und der verfassungsmässige Gang der Dinge, der durch Preussen bereitwillig gewährten Folie gegenüber, die stets optimistische Börsenwelt ein Eingewöhnen in die verfassungsmässigen Garantieen des Finanzhaushalts hoffen liess, glaubte man den Boden geschaffen und den Keim gelegt zu haben, aus welchem dieses Arkanum bis zum Jahre 1867 zu voller heilender Kraft erwachsen würde.

Das Vertrauen zu dem verfassungsmässigen Bestand der Verhältnisse überhaupt, und insbesondere zu der Zahlungsfähigkeit des Staates und der Nationalbank ist ein sehr gutes Ding, wenn gesunde Valutenverhältnisse wieder hergestellt sind, denn es hält das Publikum ab, so bald es eine Note in die Hände bekommt, zur Bank zu eilen, um Metallgeld dagegen einzulösen. Vertrauen ist auch ein sehr guter Helfer zu den sonst für die Wiederherstellung gesunder Valutenverhältnisse nöthigen Bemühungen.

Aber ein gesunder Geldumlauf ist nicht ein Umlauf von Noten die Zwangskurs haben und zeitweise Vertrauen geniessen, ein gesunder Geldumlauf setzt vor Allem voraus, dass das allgemein gültige Tauschmittel, das Welt-Tauschmittel, das baare Metallgeld die Adern des Verkehrs, so weit nöthig, fülle. Dafür sprechen Erfahrung und Wissenschaft. Oesterreich bedarf für die Gesundung seines Geldumlaufs Etwas viel kostspieligeres, als Vertrauen, es bedarf *gemünztes Gold und Silber*, welches trotz der Freiheit des Abflusses nach allen Ländern der Welt in seinem Verkehr bleibt, so dass das Gleichgewicht des zirkulirenden Metallgeldes zwischen Oesterreich und der übrigen Welt hergestellt ist und hergestellt bleibt. So lange der Verkehr nicht so viel Silber und Gold hat, wie er braucht, wird er es da holen gehen, wo er es am leichtesten bekommen kann, wird er also, sobald die Kassen der Nationalbank geöffnet sind, es aus diesen holen gehen. Dem Andrange eines silberdurstigen Verkehrs gegenüber hält keine Notenbank der Welt Stich, und sobald der Verkehr seinen Silberdurst bei der Bank stillen geht, verschwindet auch das mühsam Jahre lang erhaltene Vertrauen, wie Nebel vor der Sonne. Denn wer will einer Bank vertrauen, deren Kassen von Noteninhabern gestürmt werden? Und wenn das Vertrauen, fehlt, so bleibt das aus der Bank geholte Edelmetall nicht im Lande, sondern geht dahin, wo es nicht durch Zwangskursnoten ersetzt werden kann, d. h. in das Ausland, und der Verkehr trinkt und trinkt, gleich dem durchschnittenen Pferde Münchhausens — bis die Bank ihre Kasse wieder schliesst und die alte Misere von neuem anhebt.

Wenn die Wiederaufnahme der Baarzahlungen gelingen soll, so darf nicht wieder, wie 1858, die Kasse der Bank das einzige Reservoir sein, mit welchem die der Edelmetalle entleerten Adern des Verkehrs durch gierige Saugröhren verbunden werden. Da man aber andere Reservoire nicht beliebig öffnen kann, so besteht das Problem darin, zu bewirken, dass die Adern des Verkehrs bis zu einem mit dem Auslande ausgeglichenen Niveau, d. h. bis zur vollen Befriedigung des Bedarfs nach Edelmetallen wieder gefüllt seien, wenn die Nationalbank ihre Baarzahlungen eröffnet. Diese Aufgabe vermag nicht das Geschick des Finanzministers, nicht die Aengstlichkeit der Bankverwaltung, sondern nur die *Arbeit, die harte, entbehrungsreiche Arbeit des Volkes* zu erfüllen; der Staat und die Bank können nichts thun, als der Arbeit des Volkes die Erfüllung dieser Aufgabe möglich machen und durch Entfesselung der Kräfte erleichtern.

Die Aufgabe ist eine ungeheure. Selbst für die Baarschätze, welche vielleicht noch im Inlande vergraben sind, muss die Wünschelruthe, welche sie an's Sonnenlicht ruft, eine goldene sein. Man rechne daher nicht zu sehr auf diese, man vertraue nur auf einen Zufluss von Edelmetallen aus dem Auslande, der anhalten muss, bis der Bedarf befriedigt ist. Erst die sichere Erwartung dieses Momentes lockt die Schätze des Inlandes hervor, und dann erst mag der Ueberschuss wieder an das Ausland abgegeben werden. Dieser Zufluss von Edelmetallen ist nur durch zwei Mittel zu beschaffen, theils mittelst eines *starken Waarenexports,* theils durch starke *Anlage fremder Kapitalien auf österreichischem Boden*. Unter einem starken Waarenexport verstehen wir einen solchen, für welchen Oesterreich nicht, wie andere Länder, fast ausschliesslich Genussmittel und Rohstoffe für die fabrizirende Thätigkeit, sondern zu einem grossen Theile Edelmetalle eintauscht. Da aber ohne Rohstoffe ein Export verarbeiteter Waaren nicht möglich ist, so wird Oesterreich den Zuschuss, den es an Edelmetallen bedarf, an Genussmitteln aussparen müssen, d. h. es wird hart arbeiten und karg leben müssen. Diese Aufgabe lastet um so schwerer auf dem österreichischen Volke, als es schon ohnehin zur Bezahlung der Zinsen für die dem Auslande schuldigen Staats- und Eisenbahnschulden, jährlich an achtzig Millionen in das Ausland schicken, d. h. für achtzig Millionen Fl. Produkte seiner Anstrengungen in das Ausland senden muss, gegen welche es nichts wieder erhält, als Zinskoupons. Ein starker Waarenexport ist nur möglich bei wohlfeilen Preisen und reicher Produktivität der Arbeit, eine starke Anlage fremder Capitalien auf österreichischem Boden ist nur möglich bei hohem Zinsfusse. Diesen Voraussetzungen wirkt ein Bankinstitut, welches die Aufgabe verfolgt, mittelst Unterhaltung eines umfangreichen Umlaufs von Zwangskursnoten den Zinsfuss zu drücken und die

Preise zu steigern, direkt entgegen. Wenn also am Ende doch lediglich die eigene Kraft und Thätigkeit des Volkes die grosse Aufgabe erfüllen muss, so ist dieselbe durch die Bankakte, welche diese Politik der Bank ermöglicht und begünstigt, nicht erleichtert, sondern wesentlich erschwert. Und als ganz besondere Erschwerung wirkt noch der *Zwangskurs*. Er drängt, weil er das Metallgeld entbehrlich zu machen d. h. im Werthe zu vermindern sucht, das kaum eingetauschte Edelmetall wieder zum Lande hinaus, macht die Arbeit des Volks zur Sisyphusarbeit. Wesentlich erleichtert würde die Aufgabe dagegen durch Zulassung eines Systems freier, untereinander konkurrirender und auf die ökonomischeste Verwaltung der vorhandenen Kapitalien hinwirkender Banken. Diese Hülfe, welche die Fruchtbarkeit der vorhandenen Kapitalien vermehren würde, ist durch die Bankakte erschwert.

Was kann der Staat aber mehr thun, um dem arbeitenden Volke seine Aufgabe zu erleichtern? — Nun, das System der Deckung eines klaffenden Defizits durch Anleihen muss aufhören, das frisst entweder die Kapitalien, welche das Volk zur Unterstützung seiner Anstrengungen so dringend bedarf, oder, wenn es dieselben vom Auslande holt, so mehrt es den Silberabfluss, mehrt es das Defizit des Volkshaushalts. Auch durch Steuererhöhungen die Einnahmen heraufschrauben, um das Gleichgewicht herzustellen, ist eine schlechte Politik. Denn die Steuern gehören zu den Gemeinkosten der Produktion des Landes, vertheuern und erschweren die Produktion, welche wohlfeil und leicht sein muss, wenn der Export seine grosse Aufgabe lösen soll. Ein österreichischer Volkswirth (v. Hock) hat in den Schutzzöllen für die Produktion eine Ausgleichung der hohen Steuern finden wollen. Aber die Schutzzölle sind Steuern, welche dem einen Produzenten auferlegt werden, um, nach Abzug der Kosten und Schäden, welche sie veranlassen, in die Taschen des andern zu fliessen, der dadurch nicht reicher wird, weil sie ihm erlauben unwirthschaftlicher zu arbeiten. Schutzzölle sind so weit entfernt, die Nachtheile der Steuer auszugleichen, dass sie dieselben vielmehr vervielfachen.

Sprüchwörtlich sind die reichen Quellen des Nationalwohlstandes, welche Oesterreich besitzt. Aber die Wohlstandsquellen bringen nur Wohlstand, wenn freie, und durch die Freiheit ökonomische, Ausnutzung der Kräfte des Menschen, des Kapitals und der Arbeitskraft, sie fliessen macht. Jene kolossalen, zukunftreichen Länderstrecken, welche die gerühmten Güterquellen enthalten, sind das Ausbeutungsgebiet einer durch ein prohibitives Zollsystem scheinbar privilegirten, in Wahrheit verzärtelten und entkräfteten Industrie. Man hebe das System der Ausbeutung auf, man gebe Handelsfreiheit, aber nicht durch das ängstlich bewachte Ventil eines Differenzialsystems; denn dieses bringt nur Konkurrenz, nicht das Mittel, der Konkurrenz zu begegnen und die Produktivkraft zu stärken: *Wohlfeilheit*. Man gebe Handelsfreiheit von allen Seiten und mit allen Ländern, damit die »Hinterländer« nicht ferner ihren Lebenssaft an ein Schmarotzergewächs abgeben müssen: so werden die Güterquellen reichlich fliessen und der dann erst zugelassene Austausch mit andern Nationen wird rasch wachsend auch die Aufgabe der Heilung der Valutenverhältnisse übernehmen. Und wie die Entwickelung des materiellen, so befördere man die Entwickelung des geistigen Kapitals, man befördere die Volksbildung und gebe die Wissenschaft frei von den Fesseln, die Staat und Kirche ihr auferlegt. Denn die Bildung ist am Ende die gewaltigste und unversieglichste aller Reichthumsquellen.

Es ist schwer für Volk und Staat, die Wahrheit anzuerkennen, dass ökonomischen Missständen nur durch ökonomische und erfolgreiche Arbeit des Volkes abzuhelfen ist. Wie der knapp genährte Arbeiter lieber sozialistischen Theorien horcht, statt sich zu der Erkenntniss zu ermannen, dass dem Mangel nur durch Fülle abgeholfen wird, und dass Fülle mit vermehrtem Kapital identisch ist und nur erzeugt werden kann durch Anstrengung, Intelligenz und Sparsamkeit: so hängt man in Oesterreich seine Hoffnung lieber an allerlei künstliche Kombinationen monopolisirender Bankgesetzgebung und irrlichterirender Finanzkunst, statt sich zu der Erkenntniss der einfachen Wahrheit zu entschliessen, dass der Verkehr Silber und nochmals Silber, die Produktion Kapital und nochmals Kapital bedarf, und dass Silber, wie Kapital nur beschafft wird durch harte und entbehrungsreiche Arbeit und durch die volle und ökonomische Ausnutzung der vorhandenen Arbeits- und Kapitalkräfte, welche lediglich durch die wirthschaftliche und intellektuelle Freiheit hergestellt wird. Und je mehr man seine Hoffnung auf Kunststücke der Gesetzgebung und Finanzkunst setzt, um so weniger kommt das Volk zu dem Entschluss die wirthschaftliche Freiheit zu fordern, und der Staat zu dem Entschluss, die wirthschaftliche und intellektuelle Freiheit zu geben. Und doch ist nur in dieser sichere Hülfe.

Berlin, 1. September 1863.

Wirthschaftliche Selbstverwaltung.

Von

Dr. Otto Wolff.

Ueber Genossenschaftswesen. Was ist der Arbeiterstand in der heutigen Gesellschaft? Und was kann er werden? Von Eduard Pfeiffer. Leipzig, Georg Wigand. 1863. 247 S. 8.
Die Arbeiterfrage, von Max Wirth. V. Flugschrift des volkswirthschaftlichen Vereins, für Südwest-Deutschland. Frankfurt a. M. Verlag der Expedition des „Arbeitgeber". 55 S. 8.

»Selbstregierung«, »Selbstverwaltung« spielt schon seit geraumer Zeit eine hervorragende Forderung in der inneren politischen Entwickelung Deutschlands: sie ist eine von den wenigen Forderungen, welche die verschiedenen Parteien mit einander theilen. In der Praxis machen sich zwar auch hier die sonstigen Gegensätze der Parteien geltend: die Selbstregierung im Sinne eines Anhängers der »Kreuz-Zeitung« und eines »Demokraten von 1848« haben wenig Positives mit einander gemein. Dennoch ist die Wichtigkeit dieses die Parteien, wenn auch in der Hauptsache nur negativ, bindenden Schlagwortes kaum zu hoch zu schätzen. In ihm drückt sich kurz und intensiv der tiefe Gegensatz aus, in welchem die dem Deutschen Volksgeiste entspringende politische Richtung gegen die alles öffentliche Leben zentralisirende und unablässig auf die Allmacht der Staatsgewalt hinarbeitende Richtung steht, wie sie in Frankreich ihren konsequentesten Ausdruck gefunden hat und von dort aus lange Zeit die Entwickelung des ganzen Kontinents bestimmen zu sollen schien.

Eine interessante Aufgabe wäre es zu verfolgen, wie sich der Begriff der Selbstverwaltung in Deutschland entwickelt, welche verschiedenen Phasen er durchgemacht hat. Unsere Geschichte, seit Anfang dieses Jahrhunderts, würde damit in einem vielfach neuen Lichte erscheinen. Eine ganz besondere Bedeutung hat aber dieser Begriff in neuester Zeit erlangt durch seine Ausdehnung auf das wirthschaftliche Gebiet, und durch die Verbindung, welche er damit zwischen der politischen und der volkswirthschaftlichen Reform hat vermitteln helfen.

In den »Genossenschaften« ist die Selbstverwaltung auch zum wirthschaftlichen Prinzip geworden. Und nachdem Volkswirthschaft und Politik lange Zeit nur äusserlich nebeneinander gingen, hat die genossenschaftliche Selbstverwaltung am meisten dazu beigetragen, die wesentliche Identität der politischen und der volkswirthschaftlichen Reform zum öffentlichen Bewusstsein zu bringen.

Auch die *wirthschaftliche Selbstverwaltung* ist zum Schlagwort geworden. Wo ein wirthschaftlicher Uebelstand — gleichviel, ob ein wirklicher oder nur vermeintlicher — die Aufmerksamkeit auf sich zieht, da kann man bereits mit Sicherheit darauf rechnen, dass von irgend einer Seite die Selbstverwaltung als Heilmittel dagegen vorgeschlagen wird: es ist, als ob auf sozialem Gebiete der Stein der Weisen entdeckt wäre. Und nicht allein bei Theoretikern finden wir diesen Glauben an die fast universelle Heilkraft der Selbstverwaltung, sondern selbst bei Männern der nüchternen Praxis. Als vor wenigen Monaten eine Anzahl Rheder und Schiffsbauer in Rostock eine Agitation begannen, um sich von dem drückenden »Monopol« des in Paris unter dem Namen »Bureau Veritas, Lloyd universel« bestehenden Schiffsbesichtigungs-Institutes zu befreien, da waren sie sofort mit der »Selbstverwaltung« als Mittel zu diesem Zwecke bei der Hand, wie es scheint, ohne sich im Einzelnen klar zu machen, wodurch denn das von ihnen zu schaffende Institut sich vermöge der Selbstverwaltung von dem Pariser auf die Dauer unterscheiden würde.*) Einzelne derartige Fälle liessen sich noch genug anführen; doch bedarf es dessen nicht. Vielmehr ist es eine unzweifelhafte Thatsache, dass sich in letzter Zeit innerhalb der volkswirthschaftlichen Reformbestrebungen mehr und mehr eine Richtung ausgebildet hat, welche gradezu als ihr Ziel in das Auge gefasst hat, die gesammte soziale Welt nach ihren wesentlichen Grundlagen vermittelst der Selbstverwaltung umzugestalten. Diese Richtung verdient in hohem Grade unsere Beachtung. Ist sie in sich begründet? wird sie zu ihrem Ziele führen? oder ist sie um-

---

*) Die ausserhalb des Kreises der Interessenten sehr wenig bekannten, volkswirthschaftlich höchst interessanten Schiffsbesichtigungs-Institute beabsichtige ich in einem der nächsten Hefte der Vierteljahrsschrift zu besprechen.

gekehrt einer wahrhaften Reform unserer wirthschaftlichen Zustände gefährlich? Ich will versuchen, diese Fragen zu beantworten.

Die wirthschaftliche »Selbstverwaltung« ist zunächst nur eine Konsequenz oder ein besonderer Ausdruck des Eigenthums-Begriffes. Nur soweit ich mein Eigenthum selbst verwalte, oder, falls ich es von Anderen verwalten lasse, diese Anderen selbst bestimme, und die Bedingungen, unter denen sie die Verwaltung übernehmen, mit ihnen frei vereinbare, bin ich wirklicher und voller Eigenthümer. Einen spezifischen Begriff haben wir mit der wirthschaftlichen Selbstverwaltung erst durch die wirthschaftlichen Genossenschaften verbinden gelernt.

Die *Genossenschaften* beruhen auf der »Selbsthülfe«. Die Beseitigung zahlreicher wirthschaftlicher Mängel und Uebelstände hatten früher die zunächst dabei Betheiligten, und noch mehr die idealistischen Weltverbesserer vom Staat oder von der Humanität verlangt: beide zeigten sich dieser Anforderung nicht gewachsen, die Einmischung beider vermochte nur scheinbar den wirthschaftlichen Uebeln zu steuern, in Wirklichkeit half sie dieselben nur vorgrössern und vermehren. Aber die wirthschaftlichen Uebel bestehen; und selbst wenn sie in Wirklichkeit nicht ganz so gross sein sollten, wie sie einer verdüsterten Phantasie vielfach erscheinen, so sind sie doch nicht wegzuleugnen, und selbst der kurzsichtigste und engherzigste Egoist vermag sie nicht zu ignoriren. Sind sie eine absolute Nothwendigkeit? sind sie ein unvermeidlicher Ausfluss der Unvollkommenheit aller menschlichen Dinge? Selbst wenn dies feststände, so würde daraus keineswegs folgen, dass die Betheiligten, dass diejenigen, welche die Uebel unmittelbar oder mittelbar fühlen, ihnen gegenüber die Hände in den Schooss legen sollten: wie unvollkommen alle menschlichen Dinge ewig bleiben mögen, so liegt es doch eben so sehr in der Natur des Menschen, sich auf die Dauer nie bei der vermeintlichen Unabänderlichkeit eines bestimmten Uebels zu beruhigen, vielmehr immer aufs Neue dagegen anzukämpfen.

Die *Massen-Armuth* ist keine neue Erscheinung unserer Zeit, wohl aber ist sie in unserer Zeit zuerst im allgemeinen Bewusstsein als ein wirthschaftliches Uebel erkannt, welches bekämpft werden muss. Nachdem die Versuche, dies mit den Mitteln des Staats und der Humanität zu thun, fehlgeschlagen, ist es doch unmöglich geworden die Bekämpfung überhaupt aufzugeben. Auch genügt es nicht, die Beseitigung der Massen-Armuth vom *wirthschaftlichen Fortschritt im Allgemeinen* und von der Beseitigung der zahlreichen künstlichen Hemmnisse dieses

Fortschritts zu erwarten. Wie sehr auch jeder Einzelne von der allgemeinen Entwicklung abhängig ist, so wird sich doch immer sein Bewusstsein gegen den Gedanken empören, als sei er mit seinem persönlichen Wohlergehen lediglich das Produkt der allgemeinen Entwicklung; sein subjectives Gefühl wird nie dulden, dass er sich selbst lediglich als leidenden Theil der allgemeinen Entwicklung auffasse. Dieses Einzel-Bewusstsein, als Grundkraft des menschlichen Daseins, zwingt einen Jeden, die »sociale Frage« so viel als möglich, wenigstens für sich allein, zu lösen, so viel als möglich, wenigstens für sich allein, gegen die allgemeinen Verhältnisse anzukämpfen, welche ihm einen bestimmt beschränkten Theil wirthschaftlichen Wohlergehens zugewiesen haben. So ist es immer gewesen, ehe überhaupt die »sociale Frage« auftauchte. Aber die kulturgeschichtliche Bedeutung dieser Frage besteht grade darin, dass sie zuerst dem Verständniss des Zusammenhanges der wirthschaftlichen Einzel-Existenzen mit den Bedingungen und Ergebnissen der allgemeinen Entwicklung Bahn brach. Aus dem Verständniss dieses Zusammenhanges ergiebt sich das Bestreben einer Einwirkung auf jene Bedingungen und Ergebnisse mit Nothwendigkeit: wer mit vollem Bewusstsein für die Verbesserung seiner eigenen wirthschaftlichen Lage arbeitet, wird selbst eine Art Weltverbesserer — und meist nicht nur praktisch sondern auch theoretisch. Irgend welche Theorie, wie diese oder jene allgemeinen Verhältnisse umzugestalten wären, trägt ein Jeder im Kopfe, der überhaupt mit Bewusstsein lebt. Und vollends *wirthschaftliche Weltverbesserungs-Pläne* — einst das Privilegium einzelner auserlesener Geister, eines Morus, Campanella und ihrer Nachfolger — sind heutzutage so allgemein, dass sie selbst als einer der wichtigsten Faktoren der heutigen Kulturentwicklung erscheinen.

Nachdem nun der Staat und die Humanität, d. h. die von aussen her der Massen-Armuth entgegen gebrachte Hülfe, sich der ihnen in dieser Beziehung gestellten Aufgabe gegenüber als unzureichend bewährt haben, bleibt nichts übrig, als es mit der Hülfe von innen heraus, mit der »Selbsthülfe« zu versuchen. Wer sich durch die wirthschaftlichen Zustände gedrückt fühlt, wer im Pauperismus steckt oder darin zu versinken fürchtet, soll sich selbst helfen durch Steigerung seiner wirthschaftlichen Kraft, und so weit er dies für sich allein nicht vermag, oder nicht zu vermögen glaubt, bieten sich ihm als Mittel hierzu die wirthschaftlichen Genossenschaften. Sie verfolgen zunächst nur Einzelzwecke, aber immer mit dem mehr oder minder klar ausgesprochenen

Streben einer Einwirkung auf allgemeine wirthschaftliche Verhältnisse. »Selbsthülfe« hat zwar von jeher jeder wirthschaftlich strebende Mensch geübt, aber in der Genossenschaft bekommt sie einen neuen Charakter. Die Gemeinsamkeit der Zwecke, und die solidarische Haft der Mitglieder legen jedem Einzelnen eine neue Verpflichtung auf, nehmen eine Art der wirthschaftlicher Thätigkeit von ihm in Anspruch, welche er bis dahin nicht geübt. Die Bedürfnisse, welche er vermittelst seiner Theilnahme an einer Genossenschaft befriedigt wissen will, wurden früher entweder überhaupt nicht, oder ohne seine unmittelbare Mitwirkung durch Andere, welche er in der einen oder andern Weise dafür bezahlte, befriedigt. In diesem Gegensatze beruht der specifische Begriff der wirthschaftlichen Selbstverwaltung als eines neuen Prinzips für die soziale Entwicklung.

Die Mitglieder einer *Kredit-Genossenschaft* wollen sich regelmässigen und sicheren Kredit, welchen sie bis dahin meist entbehren mussten, durch Selbstverwaltung schaffen. Der Kaufmann und Fabrikant sind gewohnt diesen regelmässigen und sicheren Kredit bei den Banken zu finden. Die Banken sind kaufmännische Geschäfte, welche Kredit kaufen und verkaufen, wie der Getreidehändler Getreide etc. Ihre Kunden stehen zu ihnen in keinem anderen Verhältnisse als die Kunden des Getreidehändlers zu diesem; sie haben den Banken gegenüber keine anderen Rechte und Pflichten, als solche, die ihnen aus jedem einzelnen mit denselben gemachten Geschäfte erwachsen; sie haben auf die gesammte Geschäftsthätigkeit der Banken keinen weiteren Einfluss, sie haben mit der Verwaltung derselben nichts zu schaffen. Anders in einer Kredit-Genossenschaft. Die Mitglieder einer solchen haben, innerhalb der durch das Statut festgesetzten Grenzen, ein Recht auf den ihnen von der Genossenschaft zu gewährenden Kredit, sie haben in bestimmt vorgeschriebenen Formen einen Einfluss auf die gesammte Geschäftsthätigkeit derselben, sie verpflichten sich zur Theilnahme an der Verwaltung, sei es, dass sie bestimmte Funktionen dabei übernehmen, oder dass sie die bei der Verwaltung beschäftigten Personen nur mitwählen und kontroliren.

Bei den Konsum-Vereinen und den Rohstoff-Genossenschaften liegt die Analogie auf der Hand. Aber auch bei den Produktiv-Genossenschaften ist ein ähnliches Verhältniss. Die Arbeiter in einer Fabrik stehen in festem Lohn. Sie haben keine unmittelbare Sorge für den Gang des Geschäftes und keinen weiteren Einfluss darauf, als durch die Art, wie sie die ihnen zuertheilte Arbeit ausführen. Ist die Fabrik das Eigenthum einer Genossenschaft der in ihr beschäftigten Arbeiter, so wird ihr Lohn nur noch nominell ein fester sein, in Wirklichkeit dagegen lediglich in einem Baar-Antheil an dem Gewinne des Unternehmens bestehen. Gleichviel nun, in welchem Verhältniss der Gewinn auf die Mitglieder der Genossenschaft vertheilt wird, je nachdem sie an dem in dem Unternehmen steckenden Kapital, oder an der Gesammtsumme der aufgewandten Arbeitsleistungen betheiligt sind: immer werden sie durch ihre Theilnahme an der Verwaltung der Fabrik eine neue wirthschaftliche Leistung ausüben müssen, von welcher sie in ihrer Stellung als reine Lohn-Arbeiter frei waren. Während ihre wirthschaftlichen Leistungen als Lohnarbeiter von einem Anderen verwaltet wurden, sollen sie dieselben als Theilnehmer an einer Genossenschaft selbst verwalten.

Die wirthschaftliche Selbstverwaltung einer Genossenschaft läuft also, allgemein betrachtet, darauf hinaus, dass ihre Mitglieder die Sorge und unmittelbare Verantwortlichkeit für gewisse wirthschaftliche Funktionen selbst übernehmen und den darauf fallenden wirthschaftlichen Entgelt selbst beanspruchen, während sie, wenn sie nicht Mitglieder einer Genossenschaft sind, diese Funktionen Andern überlassen, welche daraus ein besonderes Geschäft machen.

Hier nun ergiebt sich sofort ein Einwand, welcher auf den ersten Blick dazu angethan scheint, den wirthschaftlichen Werth der Selbstverwaltung, und damit der Genossenschaften, in Frage zu stellen. Steht es nicht in Widerspruch mit dem Prinzip der *Arbeitstheilung*, liegt also nicht ein wirthschaftlicher Rückschritt darin, wenn von den Mitgliedern einer Genossenschaft, ausser ihrer eigentlichen wirthschaftlichen Thätigkeit, noch Funktionen übernommen werden, welche bis dahin von Andern für ihre eigene Rechnung und Gefahr ausgeübt wurden? Die Antwort auf diese Frage muss entscheidend sein für den allgemeinen und dauernden Werth der Genossenschaften; aber freilich keineswegs für ihren Werth gegenüber einer bestimmten Phase der allgemeinen wirthschaftlichen Entwicklung, oder der Entwicklung in besonderen Zweigen der wirthschaftlichen Thätigkeit.

Das Letztere zeigt sich sofort am klarsten bei derjenigen Art von wirthschaftlichen Genossenschaften, welche sich in Deutschland bisher am stärksten entwickelt hat, bei den Kredit-Genossenschaften. Wesshalb sind sie in Deutschland in so kurzer Zeit zu so grosser Ausdehnung und Blüthe gelangt, während sie in England, wo doch das Genossenschaftswesen auf anderen Gebieten ungleich grössere Erfolge als in Deutschland, aufzuweisen hat, ganz unbekannt sind? Der hauptsächliche Grund liegt offenbar in der durchaus einseitigen und in dieser Einseitigkeit im Ganzen so beschränkt gebliebenen Entwickelung unseres Bankwesens. Die Banken existiren in Deutschland nur für den wirthschaftlichen Grossbetrieb, während sie in England für den gesammten wirthschaftlichen Betrieb längst so unentbehrlich und wichtig geworden sind, wie irgend ein anderes wirthschaftliches Unternehmen. Vor der Hand kann also bei den Kredit-Genossenschaften nicht davon die Rede sein, dass sie auf dem Wege der Selbstverwaltung ein wirthschaftliches Bedürfniss befriedigen wollen, welches bereits ohne sie Gegenstand besonderer geschäftlicher Unternehmen wäre. Die Handwerker und sonstigen Gewerbetreibenden, welche nicht bereits dem Grossbetriebe angehören, fanden bisher in Deutschland stets nur zufälligen Personal-Kredit — zufällig insofern, als er von ihren vereinzelten persönlichen Verbindungen abhängig war: und doch ist der Kredit für jeden Geschäftsbetrieb erst dadurch recht werthvoll, dass er in gewissem Umfange ein gesicherter ist. Die Kredit-Genossenschaften befriedigen also ohne Zweifel ein Bedürfniss, welches ohne sie unbefriedigt war.

Inwieweit bei den Konsum-Vereinen ähnliche Verhältnisse wirksam sind, muss ich dahin gestellt lassen. Leider giebt die Literatur über die Genossenschaften, so sehr sie auch im Wachsen begriffen ist, über solche Fragen so gut wie gar keine Auskunft. War der Detailhandel an solchen Orten, wo die Konsum-Vereine zu einer raschen Blüthe gelangt sind, schlecht entwickelt? Nach einer gewissen Seite ohne Zweifel. So wird z. B. bei den Konsum-Vereinen in England grosses Gewicht darauf gelegt, dass die Waaren in den Vereinsläden unverfälscht und stets in bester Qualität verkauft werden. In der That steht der Detailhandel in diesen Beziehungen, namentlich in gewissen Kolonialwaaren, wohl fast überall auf einer mehr oder minder untergeordneten Stufe, und schon aus diesem Grunde ist es begreiflich, wenn die Konsum-Vereine gedeihen. Namentlich gegenüber der Verfälschung der Waaren ist die Selbstverwaltung ohne Zweifel ganz an ihrer Stelle, und mindestens weit wirksamer, als alle polizeiliche Kontrole.

Auch die Produktiv-Genossenschaften haben ihre Begründung in einem bestimmten Mangel der bisherigen wirthschaftlichen Entwicklung: in der mangelhaften Bestimmung der Lohnsätze. Nicht als ob es möglich wäre, dass die Lohnsätze auf längere Zeit irgendwie von der blossen Willkür der Geschäftsunternehmer abhängig wären, vielmehr stehen dieselben auf die Dauer stets im Verhältniss zu den Leistungen der Arbeiter. Aber die Art ihrer Bestimmung wirkt ebenso unzweifelhaft auf die Leistungen ein. Der *Stück-* oder *Accord-*Arbeiter leistet mehr als der Tage-Arbeiter, und nur weil er mehr leistet, wird auch sein Lohn höher sein. Doch selbst die Accord-Arbeit wirkt nur auf die einzelnen Arbeitsleistungen, und nur vermittelst dieser auf das Gesammtresultat eines Geschäftes; ein unmittelbares Interesse an dem letztern bekommt der einzelne Arbeiter erst durch einen Antheil an dem Netto-Gewinn, durch eine *Tantieme.* Der eigentliche Zweck der Produktiv-Genossenschaften besteht darin, den Arbeitern neben ihrem Tage- oder Stück-Lohn einen Antheil an dem Reingewinne zu verschaffen — einen *Antheil;* denn der gesammte Reingewinn kann den Arbeitern immer nur zu Gute kommen, soweit ihnen das in dem Unternehmen steckende Kapital gehört; auch wird der gesammte Reingewinn je nach den Funktionen der Arbeiter, nach der dazu erforderlichen Fähigkeit und der damit verbundenen Mühewaltung und Verantwortlichkeit verschieden vertheilt werden müssen. Die Produktiv-Genossenschaften verfolgen jenen Zweck vermittelst der Selbstverwaltung, und wie schwierig diese auch gerade in solchen Genossenschaften durchzuführen sein mag, immerhin beweisen die mannigfachen glänzenden Erfolge derselben, in England und Frankreich, dass diese Art der Selbstverwaltung in der That möglich ist. Auf der andern Seite sehen wir die Geschäftsunternehmer im Ganzen nur sehr langsam zu dem Grundsatze der Betheiligung ihrer Arbeiter an dem Geschäftsgewinn übergehen. Erst in wenigen Arten von Geschäften sind Tantiemen bereits fester Brauch geworden, und selbst in diesen werden dieselben fast ohne Ausnahme nur den höher gestellten Arbeitern zu Theil, von deren Geschäftseifer das Geschäftsresultat unmittelbarer abhängig ist. Und doch ist es klar, dass kaum eine geschäftliche Verrichtung so untergeordneter Natur ist, dass sie nicht, unter dem Sporn eines Antheils an dem Reingewinne weit besser geleistet werden könnte. Auf dem bisherigen Wege der wirthschaftlichen Entwicklung würde aller Wahrscheinlichkeit nach die Umwandlung oder wenigstens Modifizirung des Lohnsystems, durch Ausdehnung der Tantiemen, nur äusserst langsam vor sich gehen, schon weil die Berechnung und zweckmässige Vertheilung, namentlich Anfangs, bis genügende Erfahrungen vorliegen, ihre grossen Schwierigkeiten hat, und weil ferner die wirthschaftliche Einsicht der Unternehmer bisher nur zu sehr gewohnt ist, ihr Augenmerk betreffs möglichster Steigerung der Produktivität fast ausschliesslich auf andere Seiten des wirthschaftlichen Getriebes zu richten. Auch hier also kann die Selbstverwaltung belebend und fördernd in die bisherige Entwicklung eingreifen.

Fassen wir also den gegenwärtigen wirthschaftlichen Zustand ins Auge — bei den Kredit-Genossenschaften die mangelhafte Entwicklung des Bankwesens, bei den Konsum-Vereinen die mangelhafte Entwicklung des Detailhandels, bei den Produktiv-Genossenschaften die mangelhafte Bestimmung der Lohnsätze, — so steht die wirthschaftliche Selbstverwaltung keineswegs im Widerspruch mit dem Grundsatz der Arbeitstheilung, oder sie kann dafür wenigstens hinlänglichen Ersatz durch Erweckung wirthschaftlicher Kräfte bieten, welche bis dahin geschlummert haben. Die Frage, wieweit danach den Genossenschaften ein dauernder Werth beizumessen ist, mag vor der Hand dahin gestellt bleiben; aber unter allen Umständen wird ihr Werth davon abhängen, ob und in welchem Masse sie in der That neue wirthschaftliche Kräfte in Bewegung setzen.

Dieser Gesichtspunkt kommt in den meisten Schriften, welche Propaganda für die Genossenschaften machen, im Grunde nur beiläufig zur Sprache, und zwar um so mehr, je höher und umfassender ihre Bedeutung und Aufgabe hingestellt wird. Die sichtbaren Erfolge der Genossenschaften haben offenbar der Anschauung Bahn gebrochen, als ob in dem Prinzip derselben eine Art Zauberkraft stecke, welche sich in kürzerer oder längerer Zeit in dem gesammten wirthschaftlichen Gebiete geltend machen, dasselbe mehr oder minder vollständig umwandeln, und damit die vorhandenen wirthschaftlichen Mängel in demselben Grade beseitigen werde. Vermittelst welcher wirthschaftlichen Kräfte dies möglich sein, und weshalb diese Kräfte nur mittelst der Genossenschaften wirksam sein sollen, das bleibt eine im Grunde unbeantwortete Frage. Etwaige Zweifel werden mit dem Hinweis auf die vorliegenden Erfolge beseitigt; aber die Theorie, welche aus diesen Erfolgen abgeleitet wird, läuft nur auf den ziemlich mystischen Begriff der in der Assoziation vereinzelter Kräfte liegenden Kraft-Steigerung hinaus. Als ob nicht das wirthschaftliche Getriebe in seiner Gesammtheit, in all' dem bunten Wechsel seiner inneren Beziehungen und in der ganzen Fülle der Formen, in welchen diese Beziehungen vor sich gehen, *eine* ungeheure Assoziation einzelner Kräfte wäre! Jede einzelne dieser Kräfte hat von Natur das Streben nach Fortentwicklung, und jede Umwandlung der wirthschaftlichen Formen ist für die Gesammtheit nur wirksam durch ihren Einfluss auf die einzelnen Kräfte —

durch den belebenden oder hemmenden Einfluss auf ihre Thätigkeit. Soll nun die wirthschaftliche Selbstverwaltung, als die Basis der Genossenschaften, eine gänzliche Umgestaltung des wirthschaftlichen Betriebes herbeiführen, soll sie die sozialen Schäden heilen, zu deren Beseitigung früherhin die Macht des Staats und die Humanität vergeblich aufgeboten sind, soll sie mehr leisten, als der auch ohne die Selbstverwaltung sich tagtäglich vollziehende Fortschritt in der Thätigkeit der einzelnen wirthschaftlichen Kräfte: dann muss der allgemeine Beweis geführt werden, dass die Selbstverwaltung nicht blos *unter bestimmten äusseren Voraussetzungen* belebend auf die wirthschaftlichen Kräfte einwirkt, sondern dass sie dies *ihrer Natur nach* und unter allen Umständen thun müsse. Dieser Beweis wird aber stets auf sich warten lassen.

Die Kredit-Genossenschaften verdanken, wie schon oben angedeutet, ihre Existenz in der Hauptsache der einseitigen und mangelhaften Entwicklung unseres Bankwesens. Mit wenigen Ausnahmen sind sie nur für die mittleren und kleineren selbständigen Gewerbtreibenden bestimmt, und ein Grund, dass sie in Deutschland zu so grosser Blüthe gelangt sind, während man sie in England und Frankreich, wo doch andere Formen des Genossenschaftswesens sich schon weit kräftiger, als in Deutschland, entwickelt haben, durchaus nicht kennt, liegt gewiss auch darin, dass in dem deutschen Handwerk noch weit mehr als in dem der beiden genannten Länder das Bestreben liegt, sich neben dem Grossbetriebe in seiner Selbständigkeit zu erhalten. Daraus ist sogar ein Vorwurf gegen diese Genossenschaften hergeleitet, als ob sie die naturnothwendige Umwandlung alles Kleinbetriebes in Grossbetrieb anfhielten — ein Vorwurf, der im Grunde nur beweist, auf wie schwachen Füssen die Theorie von dieser nothwendigen Umwandlung steht. Wenn gewisse Arten des Kleingewerbes sich als solche erhalten können — nicht dadurch, dass sie sich in den Besitz irgend welcher Privilegien setzen, sondern dadurch, dass sie sich vermittelst der Selbstverwaltung die wirthschaftliche Kraft eines gesicherten Kredits dienstbar machen, — so folgt daraus, dass diese Arten des Kleingewerbes nicht, oder wenigstens noch nicht, durch den Verlauf der natürlichen Entwicklung dazu bestimmt sind, dem Grossbetriebe Platz zu machen. Wird aber die Selbstverwaltung in den Kredit-Genossenschaften sich immer durchführen lassen? Ist sie nicht für alle diejenigen, welche sie ernst nehmen, eine schwere Last? Empfindlich wird diese Last natürlich nur für diejenigen, welche wirklich die

Geschäfte der Genossenschaft zu führen haben. Denn darüber darf man sich keiner Illusion hingeben: bei der Masse der Genossenschaftsmitglieder reduzirt sich die Selbstverwaltung auf eine mehr oder minder wirksame Theilnahme an den Wahlen der Genossenschafts-Beamten, des Verwaltungsrathes und der Direktoren, oder wie diese Beamten heissen mögen. Zu Anfang mögen diese Beamten ihre Funktionen um der guten Sache willen, d. h. ganz oder theilweise unentgeltlich ausüben; je mehr die Genossenschaft und die Ausdehnung der Geschäfte wächst, um so weniger wird sich dies dauernd durchführen lassen, und die Besoldung der Beamten wird die Regel werden. Dabei mag die Ausübung gewisser Funktionen immer als Ehrenposten betrachtet werden, grade wie bei den Aktiengesellschaften; aber wie bei diesen die »Selbstverwaltung« in der That fast ganz in dem System der Verwaltung durch selbstgewählte und besoldete Beamten aufgegangen ist, so wird es auch bei den Genossenschaften der Fall werden. Nun beweist alle bisherige Erfahrung, dass unter sonst gleichen Verhältnissen ein Unternehmen als Eigenthum einer Aktiengesellschaft weniger rentabel ist, denn als Eigenthum eines Einzelnen. Auch kann dies nicht anders sein, da jeder Einzelne als Eigenthümer besser wirthschaften wird, denn als blosser Beamte. Desshalb haben Aktiengesellschaften nur unter bestimmten wirthschaftlichen Voraussetzungen ihre Berechtigung, hauptsächlich, wenn das betreffende Unternehmen nach der Höhe des dazu erforderlichen Kapitals, oder nach dem Umfange des damit verbundenen Risiko's die Unternehmungsfähigkeit und die Unternehmungslust des Einzelnen übersteigt. Sobald nun also das Kredit- und speziell das Bankwesen, nach Beseitigung der bestehenden Privilegien und Beschränkungen, sich in Deutschland in ähnlicher Weise entwickeln sollte, wie in England, so ist es mindestens fraglich, ob auch dann noch die Kredit-Genossenschaften wirthschaftlich berechtigt sein werden. Zwar wird grade im Bankwesen aller Wahrscheinlichkeit nach die Form der Aktiengesellschaft — gleichviel ob mit beschränkter oder unbeschränkter Haftbarkeit — immer eine hervorragende, selbst neben dem ausgedehntesten System von Privat-Bankgeschäften, bilden. Aber damit ist noch nicht gesagt, dass auch die Kredit-Genossenschaften einen dauernden Boden finden werden. Denn diese sind darauf begründet, dass die Kredit-Bedürftigen selbst aus der Kredit-Vermittlung ein Geschäft machen, während das Prinzip der Arbeitstheilung dazu führen muss, dass die Kredit-Bedürftigen ihr Bedürfniss mühe- und sorgenloser, d. h. billiger befriedigen können, wenn sie sich an ein

Kredit-Vermittlungsgeschäft, d. h. an eine Bank wenden, mit deren Verwaltung sie nichts zu thun haben, gegen welche sie keine weiteren Verpflichtungen eingehen, als durch das jeweilige Geschäft, welches sie mit ihr machen, und an deren Gesammtrentabilität sie höchstens insofern betheiligt sind, als sie, wie jeder Kunde, allerdings an ihrem wirthschaftlichen Fortbestande ein Interesse haben. Auf der anderen Seite indessen ist es trotz alledem denkbar, dass auf dem Gebiete der Kreditvermittlung die Genossenschaft eine dauernde Bedeutung erlangt, weil für ihre Mitglieder die ihnen als solchen erwachsende formelle Berechtigung auf einen bestimmten Kredit so werthvoll sein kann, dass sie desshalb auf den billigeren, aber nicht so formell sicheren Kredit bei einer Bank, an deren Eigenthum sie keinen Theil haben, verzichten.

Auch bei den übrigen Genossenschaften wird sich dieselbe Entwicklung wiederholen, welche wir oben skizzirt haben: die Selbstverwaltung wird mehr und mehr zu einer Verwaltung durch bezahlte Beamte werden. Nun ist ein *Konsum-Verein* nichts Anderes als eine *Handelsgesellschaft*, deren Gedeihen davon abhängt, möglichst billig einzukaufen und möglichst theuer zu verkaufen. Von der letzteren Bedingung können wir allerdings absehen, da die Preise im Detailhandel sich sehr leicht zu regeln pflegen. Wie aber steht es mit dem Einkaufen? Ist anzunehmen, dass bezahlte Beamte dies Geschäft für Rechnung des Vereins auf die Dauer eben so gut besorgen werden, wie die Eigenthümer der entsprechenden Privat-Geschäfte? Schwerlich: am allerwenigsten, wenn diese Beamten, wie es in England der Fall ist, nur ein festes Gehalt beziehen.*) Aber selbst wenn ihr Gehalt ganz oder zum Theil in einem Antheil an dem Geschäftsgewinn besteht, so ist doch wahrscheinlich, dass sich im Grossen und Ganzen nur ausnahmsweise Männer finden werden, welche als Beamte eines Konsumvereins dieselbe Tüchtigkeit zeigen, wie als Eigenthümer eines Handelsgeschäftes: und gerade je tüchtiger diese Beamten sind, um so mehr werden sie dahin streben aus dem abhängigen Verhältnisse, in welchem sie stehen, mit all' den damit möglicher Weise verbundenen Widerwärtigkeiten herauszukommen, indem sie ein selbständiges Geschäft etabliren. Die bisher prosperirenden Konsum-Vereine, müssen allerdings bei der Wahl ihrer Beamten einen guten Griff gethan haben. Sehen wir doch alle Tage, wie sich der Handelsstand, bis in seine

---

*) Ueber das Genossenschaftswesen von Ed. Pfeiffer. S. 128.

höchsten Spitzen, aus Männern rekrutirt, welche nach ihrem ursprünglichen Bildungsgange zu ganz anderen Stellungen im wirthschaftlichen Getriebe bestimmt schienen: wesshalb sollten sich da nicht auch unter den Handwerkern und Arbeitern, welche einen Konsum-Verein bilden, die tüchtigsten merkantilen Kapazitäten finden! Diesen wird durch den Verein eine Gelegenheit zur Entfaltung ihres Talentes geboten, welche ihnen sonst vielleicht stets gefehlt hätte: das persönliche Vertrauen, welches sie geniessen, genügt, während sie zur Begründung eines eigenen Geschäftes ein Kapital bedurft hätten, welches ihnen von keiner Seite zugänglich war. Dazu kommt endlich die Begeisterung für die gute Sache, ohne welche die anfänglichen Schwierigkeiten einer Genossenschaft überhaupt nicht zu überwinden sind. Aber die Begeisterung ist keine genügende Basis für die Dauer eines Geschäftes und am allerwenigsten ist sie im Stande, neue Talente an Stelle der ausscheidenden zu setzen. Mehr und mehr werden sich bei den Konsum-Vereinen, je länger sie bestehen, dieselben Motive wie bei allen wirthschaftlichen Unternehmungen zur Geltung bringen: das Streben nach möglichster Nutzbarmachung der eignen Kraft wird allein das leitende Prinzip bleiben. Dann aber, sobald die Dinge diese alltägliche Wendung nehmen, wird der Fortbestand eines Konsum-Vereines — selbst wenn er nicht an verfehlten Spekulationen beim Einkaufen, oder an Betrügereien seiner Beamten scheitert — wesentlich davon abhängen, wie sich die übrigen gleichartigen Unternehmungen, mit denen er konkurrirt, unter der unabhängigen und lediglich selbstverantwortlichen Leitung ihrer Eigenthümer gestalten. Fahren diese z. B. fort, gewisse Waaren in mehr oder minder verfälschter Gestalt feil zu bieten, so werden sie der Konkurrenz gut geleiteter Konsum-Vereine meist nicht gewachsen sein. Das kaufende Publikum wird mehr und mehr die unverfälschten von den verfälschten Waaren unterscheiden, und den Werth der ersteren schätzen lernen, und kann es dieselben nur auf dem Wege der Selbstverwaltung sicher erlangen, so wird es sich der damit verbundenen Sorge verhältnissmässig leicht unterwerfen. Damit aber würde nur der Beweis geführt sein, dass die entsprechenden Privatunternehmungen sich ihrerseits nicht in den rechten Händen befinden. So mag denn in der That eine Anzahl derselben der Konkurrenz der Konsum-Vereine weichen müssen; schliesslich aber wird diese Konkurrenz dazu führen, dass die Privat-Unternehmungen selbst durchweg wirthschaftlicher geleitet werden, theils durch erhöhte persönliche Anstrengung der Eigenthümer, theils auch dadurch, dass sich mehr Kapital nach diesen Unternehmungen hinzieht, wozu die Konsum-Vereine um so mehr Veranlassung bieten werden, je bessere Geschäfte sie machen.

Für das Inslebentreten der Konsum-Vereine ist es von Bedeutung, dass sie eine relative Konzentration der Nachfrage ermöglichen, durch welche die Kosten des Verkauf-Geschäftes verringert werden. Der Konsum-Verein hat eine bestimmte Anzahl von Kunden, deren Bedürfnisse sich ihrem Umfange nach von vornherein ziemlich genau feststellen lassen oder doch sehr bald durch die Erfahrung ergeben, so dass er also weniger dem Verlust an verdorbenen Waaren ausgesetzt ist und sich nicht genöthigt sieht, durch Reklamen der verschiedensten Art sich einen Absatz zu verschaffen. Auf diesen Punkt legt *Pfeiffer* „Ueber Genossenschaftswesen" mit Recht grosses Gewicht; dadurch wird es überhaupt erst begreiflich, dass die Konsum-Vereine rentabel sein können. Denn die Annahme, dass sie den Zwischenhandel beseitigen und dadurch die Kosten der Distribution der Waaren vermindern, beruht doch nur auf einer Illusion: alle Funktionen des Zwischenhandels — der Ankauf von den Produzenten oder Grosshändlern, die Aufspeicherung, das Feilhalten für jeden Augenblick und in beliebigen Quantitäten — bleiben ja dieselben. Werden aber die Waaren an die Kunden nur zu bestimmten Zeiten und in bestimmten grösseren Quantitäten abgelassen, so liegt hierin eine Beschränkung der Distribution, welcher sich viele Kunden auf die Dauer schwerlich unterwerfen können oder wollen; mindestens wird ein grosser Theil des kaufenden Publikums schliesslich immer vorziehen, seine Waaren etwas theurer zu bezahlen, wenn er sie nur zu jeder Zeit und in beliebig kleinen Quantitäten erhalten kann. Im Uebrigen ist nicht einzusehen, wesshalb die Privateigenthümer von Detailgeschäften die Kosten für Reklamen etc. noch weiter ausgeben sollten, wenn das Geschäftsverfahren der Konsum-Vereine die Nutzlosigkeit derselben beweisen sollte.

Freilich ist es bei den Konsum-Vereinen von Wichtigkeit, dass sie niemals auf Kredit verkaufen. So weit in Privat-Detailgeschäften entgegengesetzte Praxis herrscht, liegt in diesem nothgedrungenen Grundsatz der Konsum-Vereine ein grosser wirthschaftlicher Fortschritt, der aber seiner Natur nach in keinem nothwendigen Zusammenhang mit der Selbstverwaltung steht. Jedenfalls ist es nur Sache des Publikums, sich die Vortheile, welche für die Verzichtleistung auf den Kredit in dem Preise und der Qualität der Waaren gewährt werden können, auch ohne Betheiligung bei einem Konsum-Verein zu verschaffen: nur dass allerdings das Beispiel der Konsum-Vereine jene Vortheile rascher und allgemeiner in die Augen springen lässt.

Weit mehr noch als bei den Konsum-Vereinen häufen sich die Schwierigkeiten bei den Produktiv-Genossenschaften — natürlich um so mehr, je komplizirter das betreffende Geschäft ist. Die gewählten Beamten sollen nicht blos auf den Ein- und Verkauf sich verstehen, sondern auch auf die zweckmässigste Vertheilung der Arbeit; sie sollen nicht nur die aus dem regelmässigen Gange des Geschäftes an ihre Thätigkeit und Einsicht sich ergebenden Anforderungen erfüllen, sondern auch darüber wachen, dass das Unternehmen in Betreff alles technischen Fortschrittes mindestens gleichen Schritt mit dem allgemeinen Fortschritt der konkurrirenden Unternehmen hält. Wie schwierig diese Aufgabe für Beamte, im Vergleich zu selbständigen und selbstverantwortlichen Eigenthümern ist, beweisen alle von Aktiengesellschaften verwalteten Fabriken, welche sicher nur mit vereinzelten Ausnahmen die Konkurrenz mit den Privat-Unternehmern ertragen könnten, wenn sie nicht meist durch das grössere ihnen zu Gebote stehende Kapital einen Ersatz für die weniger tüchtige und energische Leitung fänden. Nun stehen zwar die Produktiv-Genossenschaften insofern auf einem anderen Boden, als die von ihnen beschäftigten Arbeiter in der Betheiligung an dem Reingewinn einen ganz anderen Antrieb zur möglichsten Betheiligung all' ihrer Kräfte haben, als die Arbeiter in allen anderen Geschäften. Auch habe ich schon oben darauf hingewiesen, wie grade hierauf die Möglichkeit ihres Gedeihens in Konkurrenz mit allen anderen gleichartigen Geschäften beruht. Dagegen scheint es mir bei genauerer Betrachtung dieser Genossenschaften einleuchtend zu sein, dass bei ihnen vollends die Selbstverwaltung, soweit sie in etwas mehr als in der Theilnahme an der Wahl der Beamten bestehen soll, nur eine scheinbare ist. Bei den Konsumvereinen können die Mitglieder wenigstens eine wirksame Kontrole über die Qualität der gelieferten Waaren, und bis zu einem gewissen Grade auch vielleicht über die Ehrlichkeit der Beamten ausüben: wie aber soll bei einem einigermassen komplizirten Fabrikunternehmen der einzelne Arbeiter eine ähnliche Kontrole ausüben können? Wie soll er beurtheilen können, ob eine bestimmte geschäftliche Operation verfehlt ist, oder nicht? Jedenfalls kann eine solche Genossenschaft schon von Glück sagen, wenn sie die nöthige Anzahl Mitglieder von der dazu nöthigen Umsicht und geschäftlichen Tüchtigkeit zählt, um nur aus ihnen alle Beamtenstellen genügend besetzen zu können. Unter allen

Umständen setzt eine Produktiv-Genossenschaft für ihr dauerndes Bestehen eine solche Unterordnung des Einzelwillens unter den der Majorität, und ein solches Vorherrschen der richtigen Einsicht innerhalb der Majorität voraus, wie sie sich gegenwärtig ohne Zweifel nur selten finden werden. In welcher Ausdehnung hierin im Laufe der Zeit ein Fortschritt stattfinden wird, lässt sich nicht im voraus berechnen; nur *das* scheint sich allerdings aus der bisherigen Erfahrung zu ergeben, dass die Unterordnung des Einzelwillens unter den der Majorität sich leichter unter den bisher *unselbständigen* Arbeitern findet, als unter den *selbständigen*. Die zahlreichen Assoziationen von Handwerksmeistern, welche sich seit 1848 in den verschiedensten deutschen Städten gebildet haben, sind fast überall nur von verhältnissmässig kurzer Dauer gewesen. Das Streben nach voller Selbständigkeit überwog bei den Mitgliedern in solchem Grade, dass die Assoziationen trotz der ersichtlichen Vortheile, welche sie ihnen gewährten, sich bald wieder auflösten, wenn sie nicht gar an förmlichen Zwistigkeiten oder an Veruntreuungen der Leiter vollständig zu Grunde gingen. Ist doch die krankhafte Sucht nach Selbständigkeit unter unseren Handwerkern einer der wesentlichen Gründe für das Wachsthum des Handwerker-Proletariats: der Geselle welcher als solcher sein gutes Brod hatte, ist meist nur zu sehr geneigt, seine gesicherte, aber abhängige Stellung für die Unabhängigkeit der Stellung als Meister aufzugeben, selbst wenn er dabei alle Aussicht hat, seinen bisherigen sicheren Broderwerb zu verlieren. Anders bei den Fabrikarbeitern oder solchen Handwerksgesellen, von denen nach der Natur des betreffenden Gewerbes nur eine sehr geringe Zahl Gelegenheit haben kann, jemals selbständig zu werden, wie z. B. Zimmerleute und Maurer. *)

Die Arbeiter in solchen Gewerben, wie in den Fabriken, fügen sich leichter dem Zwange, welcher mit einer Genossenschaft nothwendig verbunden ist: ja dieser Zwang ist in ihrem eignen Bewusstsein weniger drückend, als die Abhängigkeit von dem Meister und Fabrikherrn. Dennoch ist es unwahrscheinlich, dass die erforderliche Unterordnung

---

**) Die Maurer-Genossenschaft zu Paris (unter der Firma Bouyer et. Co.) hat unter allen Genossenschaften in Frankreich die grösste Ausdehnung: sie führt die bedeutentsten Bauten aus, und nach Massgabe ihrer bisherigen Erfolge ist anzunehmen, dass im Jahre 1872, wo die Genossenschaft liquidiren soll, jedem Mitgliede mindestens 20,000 Frcs. zufallen werden. Pfeiffer, a. a. O. S. 117 ff.

des Einzelwillens sich in einer grossen Zahl von Arbeiter-Genossenschaften dauernd finden wird. Gehen ihre Geschäfte schlecht, so wird es bald auch zu Zerwürfnissen aller Art kommen. Gehen sie gut, so wird sich entweder unter den befähigteren Mitgliedern, als Leitern oder Beamten, eine Aristokratie gegenüber den andern bilden, welche unter allen Umständen eine stärkere Opposition hervorzurufen vermag, als die Abhängigkeit von dem Einen Unternehmer; oder die befähigteren Mitglieder werden sich in ihrer Gleichgestelltheit mit den weniger befähigten nicht dauernd befriedigt fühlen, und jede Gelegenheit wahrnehmen, um selbständige Unternehmer zu werden.

Trotzdem mag das wirthschaftliche Prinzip der Produktiv-Genossenschaften — die unmittelbare Betheiligung der Arbeiter bei dem Reingewinne des Geschäftes vermittelst der Selbstverwaltung — sich vielfach als wirksam erweisen, so lange diese Betheiligung nicht auf andere Weise durchgeführt ist. Wie aber, wenn die Privatunternehmer einer Fabrik in ähnlicher Weise ihren Arbeitern eine Tantieme gewähren? Welche Vortheile für das Unternehmen hiermit verbunden sind, und in welcher Weise und wie weit dies möglich ist, werden sie am einfachsten an jenen Genossenschaften lernen; und sind die Privatunternehmer überhaupt an ihrer rechten Stelle, so werden sie dabei keineswegs genöthigt sein, ihren Unternehmer-Gewinn so weit herabzusetzen, dass sie sich dabei nicht noch besser stehen sollten, als bei dem gegenwärtigen System des festen Arbeitslohnes. Denn nicht nur werden sie durch Gewährung einer Tantieme dieselben Vortheile für ihr Unternehmen erreichen, wie die Genossenschaft, sondern sie werden dabei vermöge ihrer vollen Selbständigkeit noch einen sicherern und grösseren Reingewinn erzielen, als die von Beamten verwalteten Genossenschaften.

Nach alledem scheint es mir zwar nicht möglich, den Beweis zu führen, dass die Genossenschaften durchweg nur eine vorübergehende Erscheinung der wirthschaftlichen Entwicklung bilden werden, vielmehr halte ich es für nicht unwahrscheinlich, dass sie sich in grösserer oder geringerer Zahl und Ausdehnung neben den Einzel-Unternehmungen und neben den Aktien-Gesellschaften dauernd erhalten werden; wie denn überhaupt nach aller bisherigen Erfahrung anzunehmen ist, dass mit dem Fortschreiten der Kulturentwicklung die Formen des Zusammenlebens und Zusammenwirkens der Menschen immer mannigfaltiger werden. Dagegen nehme ich keinen Anstand, mit Bestimmtheit der Ansicht entgegenzutreten, als ob es denkbar sei, wenn nicht gar unzweifelhaft, dass die Genossenschaften allmälig alle anderen wirthschaftlichen Formen absorbiren und damit die Grundlage der gesammten bisherigen sozialen Entwicklung umgestalten würden.

Noch ist kein Jahrzehnt verflossen, als eine ähnliche Ansicht über die Aktien-Gesellschaften vielfache Verbreitung fand. Der grosse Erfolg einer Anzahl von Aktien-Gesellschaften hatte fast die gesammte Kapitalistenwelt in eine Art Taumel versetzt: selbst hochgebildete und sonst nüchterne Kaufleute sahen die Zeit kommen, wo es kaum noch möglich sein würde, dass das Handelsgeschäft eines Einzelnen, und wenn er noch so befähigt und tüchtig, mit den Aktien-Gesellschaften konkurriren könne. Der Glaube an die Macht der Konzentration des Kapitals hatte die Gemüther in solchem Grade gefangen genommen, dass man von ihr eine vollständige Umgestaltung der sozialen Welt erwartete. Bald indessen erfolgte durch die Handelskrisis des Jahres 1857 und ihre Folgen die Ernüchterung. Man erkannte, dass die Konzentration des Kapitals in den meisten neu entstandenen Aktien-Gesellschaften eine durchaus einseitige war, sowohl in Bezug auf die betreffenden wirthschaftlichen Bedürfnisse, als in Bezug auf das Verhältniss des materiellen zu dem geistigen Kapital. Man erkannte, dass die wirthschaftliche Verwaltung der konzentrirten Kapitalmassen eine in demselben Maasse gesteigerte Intelligenz und Thätigkeit erforderte, während doch in Wirklichkeit bei den meisten Leitern und Beamten der Aktien-Gesellschaften die Intelligenz und die Thätigkeit hinter denen der Eigenthümer von Einzel-Geschäften zurückblieb. Der überwiegende Werth der unmittelbaren Selbstverantwortlichkeit des Einzelnen als Eigenthümers gelangte wieder zur Anerkennung; und der Glaube an die Macht der Konzentration des materiellen Kapitals für sich allein, erwies sich als ein Aberglaube.

Liegt nicht der gegenwärtig sich mehr und mehr geltend machenden Werthschätzung der Genossenschaften gleichfalls eine grosse Uebertreibung zu Grunde, indem man der »wirthschaftlichen Selbstverwaltung« eine ähnliche Zauberkraft zuschreibt, wie früher der Konzentration des materiellen Kapitals?

In dem Werke von *Pfeiffer* »Ueber Genossenschaftswesen« ist dies in der That der Fall. Dasselbe nimmt unter allen mir bekannt gewordenen Schriften über diesen Gegenstand entschieden die erste Stelle ein, und so wenig ich mich auch mit dem Grundgedanken des Verfassers einverstanden erklären kann, so muss ich doch seinem Werke die weiteste Verbreitung wünschen. Nicht nur bietet es die beste Zusammenstellung aller bisher zur öffentlichen Kenntniss gelangten

Erfahrungen auf dem Gebiete des Genossenschaftswesens — zum Theil auf persönlicher Erforschung des Verfassers beruhend — sondern die Darstellung muss im Einzelnen wie im Ganzen ein hohes Interesse erwecken.

Pfeiffer geht aus von einer historischen Betrachtung sowohl der wirthschaftlichen Zustände wie der zu ihrer Verbesserung gemachten Vorschläge. Sowohl den jetzigen Zuständen, wie jenen Vorschlägen gegenüber sucht er dann die umfassende Bedeutung des Genossenschaftswesens, sowohl für die gesammte wirthschaftliche Entwicklung als speziell für die sogenannten arbeitenden Klassen darzustellen. Dabei verfällt er nun freilich von vornherein in den Fehler, theils den Begriff der arbeitenden Klassen zu eng zu fassen, theils das, was er über ihre wirthschaftliche Lage sagt, zu sehr zu generalisiren. »Zur arbeitenden Klasse im strengsten Sinne« sagt er selbst in einer Anmerkung (S. 4) »gehört eigentlich Jeder, der Arbeit verrichtet, also beinahe die ganze Bevölkerung des Staates mit Ausnahme einiger Bevorzugten; allein gewöhnlich wird dies nicht in diesem Sinne genommen, sondern man begreift nur die darunter, die mit roher mechanischer Arbeit sich ihren Lebensunterhalt sichern, also hauptsächlich Handwerker, Gesellen und Lohnarbeiter, sowie auch die kleinsten Grundbesitzer.« Diese ziemlich vage Unterscheidung ist für die allgemeine Anschauung des Verfassers über die verschiedenen Arten von Arbeit, und über ihre Stellung im wirthschaftlichen Getriebe, charakteristisch. Fast durchweg legt er nämlich das Hauptgewicht auf die »rohe, mechanische Arbeit,« so dass er z. B. in seiner Kritik des Fourier'schen Systemes (in welchem die Arbeit um so höher bezahlt wird, je mehr Antrengung sie erfordert, und je unangenehmer d. h. also je mehr sie »roh und mechanisch« ist) gradezu erklärt: »Es ist unbestreitbar, dass durch die von Fourier vorgeschlagene Vortheilung des Gewinnes viel mehr der Gerechtigkeit entsprochen wird, als dies heute der Fall ist, wo eine gefeierte Sängerin z. B. für eine einzige Vorstellung, in der sie, alles zusammengerechnet, vielleicht eine Stunde zu singen hat, oft 1000 Thaler erhält, während ein Mann, der in Regen und Wind den ganzen Tag an der Landstrasse sitzt und zehn Stunden lang Steine klopft, 10 Sgr. erhält. In der Fourier'schen Phalanx erhielte die Sängerin gar keine oder nur geringe Besoldung, der Steinklopfer aber erhält für seine Anstrengung wahrscheinlich den grössten Lohn, der in der Phalanx überhaupt für Arbeit bezahlt würde? Nach solchen und ähnlichen, vielfach wiederkehrenden Aeusserungen werden vielleicht die meisten Leser erwarten, in Pfeiffer den Anhänger irgend einer auf irgend welchen Zwang hinauslaufenden sozialistischen Theorie zu finden. Aber der allgemeine Bankerott, den all diese Theorieen im öffentlichen Bewusstsein erlitten haben, zeigt sich vielleicht durch nichts so schlagend, als gerade dadurch, dass bei Pfeiffer, trotz den Ansprüchen, welche er im Namen der »Gerechtigkeit« an die künftige Gestaltung der wirthschaftlichen Verhältnisse stellt, sich doch nirgends eine Spur von praktischer Hinneigung zu jenen Theorieen findet. Vielmehr ist sein Buch durchweg dem Nachweise gewidmet, dass die »arbeitenden Klassen« nur sich selbst helfen können; und in dieser Beziehung ist er, trotz seiner einseitigen Werthschätzung der »rohen, mechanischen Arbeit,« durch und durch Idealist, mit allen Vorzügen, aber freilich auch mit den meisten Schwächen dieses Standpunktes.

Dazu hilft ihm nun vor Allem sein bereits gerügtes Generalisiren. Er generalisirt die Vorstellungen über die Lage der arbeitenden Klasse, welche er aus einzelnen zu Tage tretenden Erfahrungen geschöpft hat, und schildert danach diese Lage als durchweg so schlecht, dass es kaum begreiflich erscheint, woher er den Muth nimmt, an die Möglichkeit, ja an die Gewissheit einer durchgreifenden Verbesserung zu glauben. Aber diesen Muth schöpft er gleichfalls aus dem Generalisiren, und zwar der bisher bekannt gewordenen glänzenden Resultate des Genossenschaftswesens. In diesen Resultaten sucht er den Beweis, dass die »Selbstverwaltung,« selbst seitens der einfachsten Arbeiter, möglich ist, und dass die Schwierigkeiten sich überall durch allmälige Gewöhnung etc. überwinden lassen werden. Alle die übrigen Fragen. welche ich oben erörtert habe, machen ihm keine Skrupel. Die grosse Kraft des Hebels der Selbstverwaltung hat er aus einzelnen Wirkungen desselben erkannt: und zieht daraus den Schluss, dass dieser Hebel überall und für alle einzelnen wirthschaftlichen Zwecke das geeignete wirthschaftliche Mittel ist, ja dass er, sobald seine Wirksamkeit überhaupt nur genügend bekannt geworden, bald alle anderen bisher wirksamen ausser Thätigkeit setzen wird. Schwerlich ist die weltrestaurirende Kraft des Genossenschaftswesens bisher von einem Anhänger desselben mit solcher Bestimmtheit gepredigt worden.

Gegen eine solche Begeisterung anzukämpfen, ist schwer. Pfeiffer leugnet nicht die Nothwendigkeit der wirthschaftlichen Gesetze, von denen unsere bisherige Kulturentwicklung abhängig gewesen ist; und wenn auch manche seiner volkswirthschaftlichen Deduktionen die Kritik herausfordern, so wird doch seine Grundanschauung davon nicht wesentlich getroffen. Zwar eifert er gegen die »Ungerechtigkeit« in dem bisherigen Verhältniss des Arbeitslohnes zum Unternehmer-Gewinn; indirekt indessen erkennt er wiederholt an, dass dieses Verhältniss kein willkürliches ist, sondern das nothwendige Ergebniss der allgemeinen wirthschaftlichen Entwicklung. Darüber ist er sich ferner vollständig klar, dass die allgemeine wirthschaftliche Entwicklung nur durch die wirthschaftliche Selbsthülfe der Individuen in neue Bahnen zu lenken ist. Aber an diesem Punkte seiner Betrachtung angelangt, verlässt er den Boden der allgemeinen Erfahrung. Statt zu untersuchen, in welcher Weise und bis zu welcher Ausdehnung die wirthschaftliche Thätigkeit der Einzelnen durch die Selbstverwaltung der Genossenschaften gefördert und erleichtert wird, begnügt er sich mit dem Glauben an die allgemeine Wirksamkeit der Selbstverwaltung.

Wenn aber auch Pfeiffer in dieser theoretischen Auffassung des Genossenschaftswesens weiter geht, als die meisten Anhänger desselben, so ist doch nicht zu verkennen, dass seine Theorie in der That nur denjenigen Anschauungen eine bestimmte Form giebt, welche bei der praktischen Entfaltung des Genossenschaftswesens mehr und mehr wirksam sind. Das anfängliche Misstrauen gegen die Möglichkeit dieser neuen wirthschaftlichen Form hat gerade bei den Praktikern einem fast unbedingten Glauben an ihre Wirksamkeit Platz gemacht. An sich ist damit kaum ernstliche Gefahr verbunden, selbst wenn die aus jenem Glauben hervorgehenden Erwartungen sich vielfach als übertrieben erweisen und mehr oder minder schmerzliche Enttäuschungen zur nothwendigen Folge haben sollten. Denn unter allen Umständen werden die Genossenschaften, wenn sie nur einigermassen verständig in Angriff genommen werden, eine Fülle von wirthschaftlichen Kräften, welche bis dahin brach gelegen haben, in Thätigkeit setzen, und zwar um so mehr, je stärker eben der Glaube an die Zauberkraft der Selbstverwaltung auftritt. Der Bauer in der Fabel, welcher Jahre lang seinen Acker durchwühlte, um einen Schatz zu heben, den er darin verborgen wähnte, hätte sich ruinirt, wenn er daneben die Bestellung des Ackers unterlassen hätte; da er aber hierin nicht säumig war, so fand er zwar nicht den gehofften Schatz, wohl aber mehrte sich seine Ernte von Jahr zu Jahr, weil eben der Glaube an den Schatz ihn veranlasst hatte mit grösserem Eifer zu pflügen und zu graben, als zuvor. So mögen auch die Anhänger des Genossenschaftswesens, welche in und mit demselben einen unermesslichen Schatz zu heben hoffen — einen Schatz, durch welchen künftig alles materielle Elend aus der Welt verschwinden werde — sich nicht in dieser Erwartung getäuscht finden. Aber der Glaube an diesen Schatz wird bewirken, dass Tausende von Arbeitern mit vervielfachten Kräften arbeiten — dass sie sparen wo sie früher vergeudet haben, weil sie doch nicht hofften sich dereinst eine sorgenfreie Existenz schaffen zu können — dass sie für die genossenschaftlichen Zwecke Kapital sammeln und damit, ohne es selbst zu bemerken, den vermeintlichen Gegensatz zwischen Kapitalisten und Arbeitern überwinden — dass sie die Gesammtheit der Produktion in ungeahntem Masse steigern und damit die unumgängliche Bedingung zur Linderung des materiellen Elends schaffen. So mag denn die Zauberkraft sich bewähren, wenn auch nur dadurch, dass der Glaube an sie als Sporn dient für die einzelnen wirthschaftlichen Kräfte — nicht aber dadurch, dass die Selbstverwaltung als solche im Stande wäre die Grundlage der wirthschaftlichen Entwicklung umzugestalten.

Nur eine Gefahr sehe ich mit dem Glauben an diese Zauberkraft möglicher Weise verbunden, dass nämlich die Genossenschaftsbewegung doch unter der Hand aufhöre, rein auf dem Wege der Selbsthülfe sich zu entwickeln. Die Versuche, welche im Jahre 1848 gemacht wurden, Genossenschaften mit Hülfe des Staats in's Leben zu rufen, haben schmählich Bankerott gemacht, und eine Wiederholung dieser Versuche wird in Deutschland gegenwärtig nur von Lassalle und seiner kleinen Partei verlangt. Wäre aber der Unterschied so tiefgreifend, wenn übelverstandenes Wohlwollen den Genossenschaften *Privat - Unterstützungen* in grossem Massstabe entgegentrüge, um ihr Entstehen zu fördern, ihre Wirksamkeit zu erweitern? An sich wäre gegen eine solche Humanität, wenn die Unterstützung eine freiwillige, nichts einzuwenden; auch ist zuzugeben, dass diese Art der Humanität eine besser geleitete ist, als diejenige, welche sich auf blosses Almosengeben beschränkt. Aber für den wirthschaftlichen Erfolg der Genossenschaften verschlägt es wenig, ob der Staat auf Kosten der Steuerzahler durch Kapital oder nichtgeschäftlichen Kredit Unterstützung gewährt, oder einzelne Wohlthäter auf eigne Kosten und Gefahr. In keinem Falle wird man von vornherein behaupten können, dass die auf solche Art in's Leben gerufenen oder geförderten Unternehmungen nothwendig fehlschlagen müssen, wie ja auch einige der im Jahre 1848 in Frankreich vom Staate unterstützten Assoziationen dauernden Bestand gehabt haben. Aber im Allgemeinen ist als unzweifelhaft anzunehmen, dass die Genossenschaften um so sicherer gedeihen werden, je ausschliesslicher sie aus den eignen Mitteln ihrer Mitglieder zu wirthschaften genöthigt sind. Je leichter es ihnen gemacht wird, den Kredit, welchen sie sich erst verdienen sollen, zu antezipiren, um so schwerer werden sie auf eignen Füssen zu stehen lernen, um so grösser wird die Gefahr, dass sie, statt die wirthschaftlichen Kräfte aller ihrer Mitglieder zu wecken und zur vollsten Energie anzuspornen, umgekehrt zur Erschlaffung führen und die Sucht nach vorzeitigem Genuss fördern. Ob gegen diese Gefahr selbst die äusserste Vorsicht eines Komité's, welches die Gründung der Genossenschaften überwachen soll, zu schützen im Stande ist, muss ich bezweifeln.

In der Kritik der »Mittel welche zur Verbesserung unserer sozialen Zustände vorgeschlagen wurden,« spricht Pfeiffer mit einigen Worten auch über diejenige Partei, welche, wie ich wohl annehmen darf, in der Hauptsache den von mir eingenommenen Standpunkt theilt. Er bezeichnet sie (S. 36) als die Partei, welche behauptet: »alle Uebel in unseren jetzigen Zuständen stammten daher, dass das System der freien Konkurrenz noch nicht vollständig in allen Theilen durchgeführt sei. Dieses System in seiner Vollendung erkennt Jedem das Recht zu, Vermögen irgend welcher Art zu erwerben und darüber frei zu verfügen ohne Einmischung des Staates, ohne andere Beschränkungen als solche, die gemeinrechtlicher Natur sind. Diese Partei meint dann, durch konsequente Durchführung dieser Grundsätze, durch Aufhebung noch so vieler Ueberreste aus der Zeit der Bevorrechtung, durch Einführung der vollständigsten Gewerbefreiheit und etwa noch (!) des Freihandels, endlich durch Aufhebung der Beschränkungen beim Verkaufe des Grundeigenthums, werde man dahin gelangen, dass das Proletariat nach und nach vollständig verschwinde. Dass dies Alles nicht stichhaltig ist, zeigt uns ein Blick auf England und besonders auf Frankreich, wo das System der freien Konkurrenz am vollständigsten durchgeführt ist, und wir dennoch dieselben sozialen Missstände sehen, wie bei uns, ja selbst in noch höherem Grade. Richtig ist allerdings, dass wir in unseren deutschen Ländern an zwei Uebeln zugleich zu leiden haben, an den Folgen der Beschränkung und gleichzeitig an den Folgen der freien Konkurrenz. Wir dürfen uns aber keinen Illusionen hingeben, dass mit der Beseitigung der einen Reihe dieser Uebel Allen vollständig abgeholfen werden könnte !«

Das klingt nun fast wie eine vollständige Kriegserklärung gegen die Partei »der freien Konkurrenz;« und wenn der Verfasser die Konsequenz daraus gezogen hätte, so wäre es nöthig, seine einzelnen Behauptungen vorher zu prüfen, wo sich dann unter Anderem ergeben würde, dass ihm die wirklichen Zustände nicht genügend bekannt sind: wie könnte er sonst »besonders auf Frankreich, wo das System der freien Konkurrenz am vollständigsten durchgeführt ist« hinweisen, während doch Frankreich erst seit wenigen Jahren von den Fesseln des Prosibitivsystems befreit zu werden beginnt! Doch ein Streit mit dem Verfasser über all' diese Dinge ist für die Hauptfrage seines Werkes überflüssig. Denn die wirthschaftliche Selbstverwaltung ist ja gleichfalls nur eine Aeusserung der »freien Konkurrenz«, und das Genossenschaftswesen, in welchem er die Panacee aller sozialen Leiden erblickt, steht mit dem Prinzip der freien Konkurrenz nicht im geringsten Widerspruch. Deshalb kann ich auch in Pfeiffer nicht einen wirklichen Gegner der von ihm dem Anschein nach bekämpften Richtung erblicken, welche, wenn sie auch von der freien Konkurrenz nicht die Hebung aller sozialen Uebel hofft, so doch keinenfalls die Existenz dieser Uebel der freien Konkurrenz zur Last schreibt. Vielmehr hege ich die Hoffnung, dass die Differenz seiner Ansichten von denen der Partei der freien Konkurrenz von ihm selbst, je mehr er sich dem Studium der konkreten wirthschaftlichen Verhältnisse hingiebt, als unwesentlich und als auf irrthümlichen Anschauungen beruhend erkannt werden wird.

In Betreff eines der wichtigsten Punkte, auf welchen Pfeiffers Auffassung der »sozialen Frage« beruht, können wir ihn am einfachsten auf »die Arbeiterfrage« von *Max Wirth* verweisen. Diese Flugschrift ist veranlasst durch die Agitation *Lassalle's*, und kritisirt speziell die Behauptung desselben, dass die Arbeiter nicht im Stande seien, durch eigne Anstrengung ihre Lage dauernd zu verbessern »weil nach einem ehernen Naturgesetz der *durchschnittliche* Arbeitslohn unter der Herrschaft von *Angebot* und *Nachfrage* immer auf den nothwendigen Lebensunterhalt reduzirt bleibt, der in einem Volke *gewohnheitsmässig* zur Fristung der Existenz und zur Fortpflanzung erforderlich ist.« Wirth führt zunächst den theoretischen Nachweis, dass *der Lohn sich nicht nach dem Bedürfnisse*, sondern umgekehrt *das Mass der Bedürfnisse nach dem Lohn richtet*. (Nur beiläufig will ich erwähnen, dass auch Pfeiffer behauptet, der Lohn der Arbeiter schwanke stets nur um die Summe herum, die gerade zur dürftigsten Existenz einer Familie nothwendig sei; aber er fügt hinzu: »*unter gegenwärtigen Umständen*,« und nur so wird es ihm möglich, im Gegensatz zu Lassalle daran festzuhalten, dass die Arbeiter durch eigne Anstrengung, und nur durch diese, nämlich vermittelst der Genossenschaften, ihre

Lage dauernd verbessern können.) Dann aber geht Wirth — und dies giebt seiner Schrift noch einen besondern Werth — näher auf die gegenwärtige Lage der arbeitenden Klassen in Deutschland ein, wie sie sich in neuester Zeit gestaltet hat. Er sucht den Beweis zu führen:

1. Dass die Löhne in demselben Arbeitszweige um 100 pCt. wechseln, je nach der Tüchtigkeit des Arbeiters, der Ausgiebigkeit seiner Arbeit, ohne dass der Lebensbedarf deshalb verschieden wäre;

2. dass die Löhne seit 12 Jahren, während die Getreidepreise sanken, um 20 bis 100 pCt. gestiegen sind, wo nicht besondere Hindernisse diese Steigerung unterbrochen haben;

3. dass der Verdienst den nothwendigen Lebensbedarf bei fast allen Zweigen in den letzten 12 Jahren konstant überschritten hat;

4. dass der Lohn erwachsener Arbeiter nie (nirgends?) unter 100 Thaler jährlich steht.

Das statistische Material, auf welches Wirth sich beruft, ist nun freilich ein beschränktes (es umfasst die Löhne in Offenbach, in Chemnitz, in der Maschinenfabrik in Gustavsburg, in Elberfeld, ferner für einige Gewerbszweige in Berlin und Frankfurt a. M.), wie denn überhaupt die Statistik der Löhne noch durchaus in der Kindheit begriffen ist. Auch bezweifle ich den letzten der obigen vier Sätze (der auch seinem negativen Inhalt nach am schwersten zu beweisen ist), und verweise in dieser Beziehung nur auf die jammervolle Existenz der sächsischen Strumpfwirker. Indessen, darauf kommt es für die Frage welche uns, sowie Wirth, beschäftigt, im Grunde nicht an; und selbst wenn man auch die drei ersten Sätze Wirths bezweifeln wollte, so hat er doch das Verdienst, einmal gründlich der bei allen gang und gäben Behandlungen der Arbeiter-Frage wiederkehrenden Manier des Generalisirens entgegenzutreten, an welcher auch Pfeiffer, wie schon oben erwähnt, leidet. Solche Untersuchungen wie sie Wirth in seiner Flugschrift aufstellt, und wie er sie wohl künftig noch zu vervollständigen und systematisch durchzuführen Gelegenheit nehmen wird, sind gewiss am besten geeignet, Männer, wie Pfeiffer, von den ihnen noch anklebenden Irrthümern einer abstrakten, generalisirenden Anschauungsweise zu befreien.

Auf die Mittel zur Verbesserung der Lage der Arbeiter und damit auf das Genossenschaftswesen geht Wirth im letzten Abschnitt seiner Flugschrift nur kurz ein, auch hier in der Hauptsache gegen Lassalle's Verlangen, dass der Staat den Arbeitern helfen müsse, po-

Ueber Patente für Erfindungen,

(Vortrag auf dem Kongress deutscher Volkswirthe)

von John Prince-Smith.

Eine Reform der Patentgesetze in Deutschland ist in den letzten Jahren öfters gefordert worden. Man hat nämlich geklagt, dass bei uns das geistige Eigenthum der Erfinder nicht gebührend geschützt sei; — viele deutsche Regierungen seien zu bedenklich in der Ertheilung von Patenten, oder beschränkten zu sehr deren Dauer; die Nothwendigkeit eines besonderen Patents für jeden besonderen deutschen Staat, verursache grosse Mühe und Kosten; und die Schwierigkeit der Verfolgung von Patent-Verletzungen bei der grossen Menge verschiedener Gerichts-Gebiete in Deutschland, mache einen Patentschutz fast illusorisch; daher blieben deutsche Erfinder ohne gerechten Lohn, dem deutschen Erfindungsgeist fehle die nöthige Ermunterung, die deutschen Erfindungen müssten, um verwerthet zu werden, sich in das Ausland flüchten und, was das Schlimmste sei, anstatt unseren einheimischen Gewerbefleiss zu heben, müssten sie das schon drückende Uebergewicht fremder Konkurrenten noch drückender machen; — das deutsche Genie selber müsse die Waffen schmieden, womit der deutschen Arbeit, im Kampfe um den Weltmarkt, die tiefsten Wunden geschlagen werden. Um diesem schreienden Missstande und grossem wirthschaftlichem Nachtheile abzuhelfen, müssten wir ein einheitliches Patentgesetz haben, zum vollsten Schutze deutscher Erfindungen im ganzen deutschen Gebiete.

Diese Forderung ist zwar unerfüllt geblieben, wegen der Hindernisse, welche jedem gemeinsamen Handeln deutscher Regierungen entgegenstehen. Bei dem Publikum indessen stiess sie kaum auf Widerspruch. Nur sehr vereinzelt wurden Bedenken geäussert von dem in volkswirthschaftlichen Dingen aufgeklärteren Theil der Presse, und neuerdings von einigen sächsischen Handelskammern. Das Publikum im Allgemeinen hegte keinen Zweifel an der Berechtigung jener Forderung. Denn im Allgemeinen herrschte der Glaube, dass ein Erfinder an der alleinigen Ausbeutung seiner Erfindung ein ebenso ausschliessliches Recht habe, als es jeder Produzent an der Verwerthung seines Produkts hat. In Bezug auf Rechtsschutz wollte man das sogenannte geistige Eigenthum dem dinglichen Eigenthum ganz gleichgestellt wissen, — man hielt es für eine selbstverständliche Forderung der Gerechtigkeit, ja der natürlichen Billigkeit, dass dem Erfinder der angemessene Lohn seiner geistigen Arbeit gesichert werde, — man nahm auch an, dass derjenige Lohn, welcher dem Erfinder durch ein Patent zufliesst, der angemessene sei. Dies Alles schien dem Publikum unbedenklich.

Dem Volkswirth aber kann dies Alles nicht so unbedenklich scheinen; denn die Ertheilung eines Patents ist die Errichtung eines Monopols durch Gesetzeszwang. Das Patent verbietet Allen, ausser dem Inhaber desselben, eine gewisse produktive Thätigkeit, die sonst Viele ergreifen dürften. Ein Patent ist eine Beschränkung produktiver Thätigkeit durch ein Staatsgesetz. Und da die Wissenschaft der Volkswirthschaft zur Bekämpfung solcher Beschränkung erstanden ist, kann sie nicht zu Gunsten der Erfinder eine Ausnahme gutheissen, ohne erst nach deren gründlicher Rechtfertigung zu fragen; — sie muss erst eine eingehende Erörterung aller einschlägigen, sowohl prinzipiellen als praktischen Gesichtspunkte, die klare Beantwortung mehrer präjudiziellen Fragen verlangen.

Hier erlaube ich mir beiläufig die Bemerkung, dass die Patente ursprünglich nicht zu Gunsten von Erfindern in Gebrauch kamen. Sie waren Anfangs ein reiner Missbrauch der Staatsgewalt zur Bereicherung Einzelner, meistens Günstlinge des Hofes, auf Kosten des konsumirenden Publikums. In England z. B., unter den Stuarts, wurde durch königliche Verordnungen, sogenannte *literas patentes*, der Alleinverkauf bald dieses, bald jenes Gegenstandes, ganz willkührlich verliehen an Einzelne, die mit dem Hofe in Verbindung standen; und eine Geschichte der damaligen englischen Patente wäre nicht viel anders, als eine Geschichte der lüderlichen Händel, welche die Stuarts und ihren Anhang so übelberüchtigt gemacht haben. Solcher Missbrauch hemmte derart den Verkehr, dass eine heftige Bewegung dagegen im Volke entstand, welches aber erst nach langem Kampfe ihn zu beseitigen vermochte. Die Patente für Erfindungen beruhen freilich auf einem anderen Titel; — immerhin aber verbieten sie Produktionen, die sonst stattfänden, und in England z. B. wo Erfindungspatente am leichtesten erlangt und am strengsten geschützt werden, ist ihre beschränkende Wirksamkeit zu einem so fühlbaren Uebel geworden, dass laute Stimmen sich gegen deren Statthaftigkeit erheben. In England sind fast alle vervollkommneten Maschinen, alle verbesserten Werkzeuge patentirt; sie dürfen nur von einzelnen Fabrikanten hergestellt werden, und werden also in beschränkter Menge geliefert zu Monopolpreisen, welche deren allgemeinere Anwendung auf längere Zeit hinaus hemmen. So lange die Patente der verbesserten Maschinen und Werkzeuge dauern, ist die produktive Industrie grossentheils dazu verurtheilt, mit älteren unvollkommneren Hilfsmitteln zu arbeiten. Dies, sagt man, sei allerdings ein Uebel; aber die Erfindung sei doch das rechtmässige geistige Eigenthum des Erfinders, — das Eigenthum sei heilig, — unser Rechtsbewusstsein fordere, dass jedes rechtmässige Eigenthum geschützt werde. Es sei hier freilich zwischen dem Gewinnanspruch des Erfinders und dem Gemeinnutzen ein Konflikt, doch müsse dieser nach strengem Eigenthumsprinzip zum Nachtheil des Gemeinnutzens entschieden werden. Aber gerade auf Grund des strengen Eigenthums-Prinzips muss solcher Entscheidung entgegen getreten werden. Denn der Schutz des Eigenthums hat zum Zweck den Gemeinnutzen und darf nicht gegen diesen seinen Zweck gewendet werden. Der Anspruch des Einzelnen auf Schutz seines ausschliesslichen Eigenthums ist kein unbedingter, sondern, da die Staatsgemeinde ihren Schutz dem Einzeleigenthümer aus Rücksicht für den Gemeinnutzen gewährt, so gewährt sie ihn nur, insofern sich dies mit dem Gemeinnutzen verträgt. Der Gemeinnutzen ist das bestimmende und darum auch das bedingende und beschränkende Prinzip des Einzeleigenthums. Nirgends giebt es ein absolutes Eigenthum. Nirgends gewährt der Staat dem Eigenthum einen unbedingten Schutz. Er behält sich z. B. stets vor, von Jedermanns Eigenthum das Nöthige für den Staatsdienst in der Form von Abgaben vorwegzunehmen. Er behält sich die Expropriation zu Zwecken des Gemeinnutzens vor. Er beschränkt polizeilich die freie Verfügung über Eigenthum aus Rücksicht für die öffentliche Sittlichkeit, Gesundheit und Sicherheit. Das Verbot der Fideikommisse z. B., welches nach den Begriffen eines absoluten Eigenthumsrechts nicht zu begründen wäre, ergiebt sich ganz folgerichtig aus dem Prinzip eines auf dem Gemeinnutzen beruhenden Eigenthums; denn wird die ausschliessliche Verfügung über die sachlichen Güterquellen darum Einzelnen gewährt, weil nur dadurch aus solchen Quellen der höchste Ertrag sich erzielen lässt, und ist auch völlig freie Verfügung seitens des Eigenthümers eine Bedingung des höchsten Ertrags, so verstösst es gegen das Eigenthums-Prinzip wenn dem Eigenthümer die ausschliessliche aber nicht völlig freie Verfügung gewahrt wird.

Hier nun dürfte mir eingewendet werden: „Wenn der Gemeinnutzen das bestimmende Prinzip des Eigenthumsschutzes bildet, so giebt es im Grunde kein Recht des Einzelnen mehr. Die Früchte des Fleisses, in die der Arbeiter seinen Geist und seine Kraft gelegt, gleichsam sein Ich einverleibt hat, sie sind sein Eigenthum nur so lange und insoweit die Gemeinde es in *ihrem* Interesse findet, sie ihm zu belassen. Und wenn man es eines schönen Tages für gemeinnützig erkennen sollte, gewissen Klassen von Eigenthümern den Schutz zu entziehen, ihre durch redlichen Fleiss erworbene Habe zu konfisziren, so wäre dies nicht nur statthaft, sondern durch das angebliche Eigenthums-Prinzip geboten. Wo bliebe da das natürliche Billigkeitsgefühl, ja die Achtung für den Mitmenschen, — wo das Rechtsbewusstsein, — wo das im Menschen so tief wurzelnde Gefühl für die Unverletzlichkeit seines Eigenthums?" — Ja „wenn"! Aber dies „wenn" setzt voraus, dass die Naturgesetze, aus denen das Einzeleigenthum hervorgegangen und auf denen es beruht, sich plötzlich änderten, und das thun Naturgesetze eben nicht. Fände man aber Einrichtungen des Eigenthums, welche zu den wirthschaftlichen Naturgesetzen besser, als die bisherigen passten, dann würden solche verbesserten Einrichtungen unwiderstehlich Platz greifen, trotz alles Widerstrebens der Gefühle und Anschauungen. — Billigkeitsgefühl, Menschenliebe, Rechtsbewusstsein, Heilighaltung des Eigenthums, — diese sind subjektive, und darum wandelbare und unzuverlässige Momente. Nur auf objektiver, ewig fester, also naturgesetzlicher Grundlage konnte sich das Eigenthum erheben, entwickeln und durch alle Lebenskämpfe hindurch behaupten. Jene subjektiven Momente, das Rechtsbewusstsein, die Menschenliebe und das Gefühl für Eigenthum finden wohl, bei klarer Einsicht in das wirthschaftliche Prinzip des entwickelten Eigenthums, ihre Befriedigung, aber sie sind zu dessen Grundlegung und Beschützung unvermögend; — ja, jene subjektiven Gefühle finden es in ihrer Einseitigkeit oft schwer, sich mit den nothwendigen Gestaltungen der Eigenthums-Entwickelung zu befreunden. Dem Gefühl für menschliche Gleichberechtigung z. B. sagt es nicht zu, dass zu Gunsten Weniger die grosse Mehrzahl ausgeschlossen sei von der direkten Benutzung der vorzüglichsten Güterquellen. Die Menschenliebe sträubt sich leicht gegen eine Eigenthums-

Einrichtung, bei welcher den Wenigen Wohlleben, den Vielen Entbehrung zu Theil wird — ja, eine einsichtslose Menschenliebe war es, welche wohlwollende Seelen, die Väter des Kommunismus und Sozialismus, dahin trieb, das Einzeleigenthum ganz zu verdammen. — Das Rechtsbewusstsein, mit seinen syllogistischen Schlüssen aus einem abstrakten obersten Satze, fände sich nimmermehr zurecht mit jenen Beschränkungen des Eigenthums, welche mit dem Eigenthum selber aus seiner konkreten naturgesetzlichen Wurzel erwachsen. Wie unzuverlässig jene subjektiven Momente sind, zeigt sich darin, dass sie sich mit Dingen befreunden konnten, die ihrem innersten Triebe widerstreben sollten. Die ersten Verkünder des Christenthums, die grossen Märtyrer der Religion der Menschenliebe und der menschlichen Gleichberechtigung befreundeten sich mit der Sklaverei, mit dem Eigenthum des Menschen am Menschen; — ὅσοι εἰσὶν ὑπὸ ζυγὸν δοῦλοι, τοὺς ἰδίους δεσπότας πάσης τιμῆς ἀξίους ἡγείσθωσαν schreibt Paulus. Und unter den Sklavenbesitzern habe ich, als ich unter ihnen wohnte, sehr gebildete humane Menschen gekannt, welche der gewissenhaften Ueberzeugung waren, dass die Einrichtung, nach welcher sie ihre Arbeiter stets ernähren mussten, durch alle Handelskrisen hindurch, wie auch in Krankheit und Altersschwäche, viel humaner sei, als unser System freier Arbeit, unter welchem der Mensch bei einer Arbeitsstockung plötzlich brodlos wird, und bei dem Versagen seiner ausgebeuteten Kräfte dem Hungertode verfallen kann. Das Subjektive führt eben so leicht in das eine, wie in das andere Extrem, zum Predigen des Kommunismus, wie zur Beschönigung der Sklaverei. Lassen wir also die subjektiven Momente vorläufig auf sich beruhen, und halten wir uns an die objektive Grundlage des Eigenthums.

Eigenthum setzt eine Menschen-Gesellschaft voraus. Bei einem Robinson ist von Eigenthum keine Rede, denn es ist darüber keine Frage. Er verfügt nach Belieben über Alles, was er in seine Gewalt bringen kann und will. Erst wenn mehre Menschen beisammen sind, die nach der Verfügung über dieselben Befriedigungsmittel trachten, entsteht die Frage, wer darüber verfügen soll. Ist diese Frage entschieden, wird das ausschliessliche Verfügen des Einen anerkannt, dann hat er Eigenthum oder anerkannten Besitz. Zuerst entscheidet der Sieg des Stärkeren im Kampfe. Die Sieger im Kampfe verbinden sich zu einer Herrscherklasse, bilden eine Obergewalt, erzwingen deren Anerkennung, erheben ihre Gewalt zur Macht, bestimmen nach ihrem Willen das Verhalten der Unterworfenen, gründen einen Staatsverband und bilden darin die öffentliche Macht. Die Anordnung der Eigenthumsverhältnisse ist ihr erstes Ziel und dabei ziehen sie lediglich ihr eigenes Interesse zu Rathe. Wo also die öffentliche Macht, wie in den orientalischen Despotieen, in den Händen eines einzigen Führers roher Trabanten liegt, da erklärt sie allen Grund und Boden sammt allen Früchten der Unterthanenarbeit für Eigenthum des Alleinherrschers, welcher den Arbeitenden nur so viel vom Ertrage ihres Fleisses lässt, als sie eben nöthig haben, um leben und für ihn fortarbeiten zu können. Wo die öffentliche Macht nicht so unbedingt bei einem Einzelnen, aber doch in den Händen einer Herrscherklasse liegt, sehen wir diese, andere Menschenklassen für ihr Eigenthum, d. h. für Sklaven erklären, aller persönlichen Rechte berauben und zum dinglichen Gute herabwürdigen. Oder wo die öffentliche Macht, wie in den Feudalstaaten, bei einer Kriegerkaste ruht, da theilt sie alles Land in Domänen für die Kriegshauptleute ein, macht die Ackerbauenden zu Hörigen, nöthigt sie, gegen Ueberlassung eines Bodentheils zum eigenen Unterhalt, zur Versorgung der Feudalherren zu arbeiten, — sie erklärt einen grossen Theil der Arbeitskraft der beherrschten Klasse für Eigenthum der Herrscher. In noch schrofferer Weise geschieht dies bei der Leibeigenschaft, welche wir in nächster Nähe und bis in die jüngste Zeit haben bestehen sehen. Und selbst in vorgeschrittenen, kultivirten Staaten, in Rechtsstaaten, wie dem preussischen, beansprucht die öffentliche Macht im Besteuerungsrecht und in der Militär-Verpflichtung, soweit ihr nothwendiger Bedarf reicht, ein Voreigenthum an aller Habe und sogar an Leib und Leben der Staatsgenossen.

Das Alleineigenthum eines Despoten, die Sklaverei, die Hörigkeit und Leibeigenschaft sind thatsächliche Gestaltungen des Eigenthums; und wo sie bestehen, sind sie Anordnungen einer Obergewalt, die sich Anerkennung erkämpft, sich zur öffentlichen Macht erhoben hat; — sie sind also thatsächliches Recht, so sehr sie auch allen unseren Rechtsbegriffen widerstreiten mögen. Wo aber den Thatsachen Begriffe widerstreiten, verrathen sie dadurch ihre Fehlerhaftigkeit. Hier liegt auch der Fehler darin, dass man nicht richtige Gegensätze hinstellt. Das Recht ist der Gegensatz des Kampfes, und nicht Gegensatz der Macht, vielmehr beruht es auf der Macht. Die Macht unterdrückt den Kampf, schlichtet den Streit indem sie das Verhalten der Betheiligten zu einander anordnet und allemal bereit ist, durch Intervention die Beachtung ihrer Anordnungen zu erzwingen. Die durch solche Anordnungen abgegrenzten und durch solche stets bereite Intervention geschützten Befugnisse sind die respektiven Rechte Derjenigen, welche kampflos die Obergewalt anerkennen, der öffentlichen Macht unterliegen. Erhebt sich, als Revolution oder Krieg, ein Kampf, welcher die Anerkennung der bisherigen öffentlichen Macht in Frage stellt, so ist damit alles Recht so lange in Frage gestellt, bis eine siegende Gewalt sich Anerkennung erzwingt, sich als öffentliche Macht behauptet. Das Recht verschwindet vor dem Kampfe, als seinem Gegensatze; es ersteht mit der öffentlichen Macht, als seinem Träger. Wer sein Recht sucht, sucht die Intervention der öffentlichen Macht nach, und die Rechtsfrage dreht sich darum: ob und wie im vorliegenden Falle Intervention angeordnet ist. Die verkündeten Anordnungen oder Gesetze mögen uns inhuman oder wirthschaftswidrig erscheinen und unserem Rechtsideal widerstreiten; sie sind nichtsdestoweniger die positiven Bestimmungen des bestehenden Rechts, — denn das Rechtsideal ist kein direktes Rechtsmoment, sondern hat nur mittelbare Geltung, insofern nämlich eine öffentliche Macht, deren Anordnungen gegen Dasjenige verstossen, was allgemein für human und wirthschaftlich gilt, Gefahr läuft, die Anerkennung, welche allerdings die Grundlage des Rechts ist, zu verlieren; — je nach der Grösse solcher Gefahr muss sich das positive Recht nach dem idealen richten. Versagt nun die öffentliche Macht eine angeordnete Intervention oder bethätigt sie sich anders als nach den geltenden Anordnungen, so verfährt sie rechtswidrig oder gewaltsam, sie verletzt die Bedingungen unter denen sie anerkannt wurde. Die nicht anerkannte Kraft provozirt durch die Bethätigung den Kampf; eine Gewalthandlung ist ein erster Schlag zum Kampfe, darum steht Gewalt im Gegensatze zum Recht; aber die anerkannte Kraft, vor der aller Kampf aufhört, die öffentliche Macht, sie ist es, die dem Recht Entstehung und Bestand giebt.

Nach der Geschichte nun beruhten stets alle Eigenthumsrechte nur auf Anordnungen der öffentlichen Macht, welche dabei lediglich nach ihrem eigenen Interesse verfuhr. So war es, so ist es. Konnte es anders sein? Oder sollte es etwa anders sein? — Sollten wir etwa die Frage vor ein anderes Forum verweisen, und die öffentliche Macht negiren bei einer Sache, an der sie so grosses Interesse hat? Aber Solches wird sie sich nicht gefallen lassen, denn sie ist ja die öffentliche Macht, weil sie nicht zu negiren ist, vielmehr alles negirt was ihr entgegensteht. — Oder sollen wir der öffentlichen Macht eine andere Entscheidungsregel, als ihr eigenes Interesse auferlegen? Dies wird sie sich ebensowenig gefallen lassen, denn eine jede öffentliche

Macht erwächst aus dem Trieb eines Interesses und herrscht durch die überlegene Energie, womit sie ihr Interesse zu verfolgen weiss.

Nur *Eins* können wir und sollen wir thun, nämlich dahin wirken, dass die öffentliche Macht nicht Einzelne sondern die Gesammtheit vertrete; alsdann ist ihr Interesse nicht mehr ein Klasseninteresse, sondern der Gemeinnutzen. Nur auf diesem Wege wird das Ideal des Rechts verwirklicht, indem man das Ideal einer öffentlichen Macht herstellt.

Mit Bezug auf das Eigenthum oder das Verfügen über Güterquellen, Produktivkräfte und Befriedigungsmittel erheischt nun der Gemeinnutzen die Erzielung des höchsten wirthschaftlichen Ertrages. Das Bestimmungsprinzip für Eigenthumsgesetze liegt also in den der Volkswirthschaft zum Grunde liegenden Naturgesetzen, welche wir als bekannt annehmen dürfen. Bei der vorliegenden Frage kommt es nur darauf an, dass wir folgendes Entscheidungsprinzip klar hingestellt haben:

Jeder Anspruch auf Eigenthums-Schutz ist eine Beanspruchung der Intervention des öffentlichen Macht, welche dabei lediglich das Gebot des Gemeinnutzens zu befolgen hat.

Mit Bezug auf dingliches Eigenthum steht das Gebot des Gemeinnutzens fest. Wie aber verhält es sich mit dem sogenannten geistigen Eigenthum und zunächst mit den Erfindungspatenten?

Wenn Jemand eine Maschine als Ding hergestellt hat, so muss die öffentliche Macht allen Anderen verbieten, über dieses sachliche Gut ohne Entgelt verfügen zu wollen, weil sonst Maschinen nicht hergestellt werden. Muss aber die öffentliche Macht allen Anderen verbieten, *ähnliche* Maschinen herzustellen und zur Vermehrung der Produktion zu gebrauchen? — Eine *Sache* lässt sich nicht von Mehren zugleich benutzen; eine *Idee* lässt sich von Unzähligen zugleich anwenden. Die Wahrung eines ausschliesslichen Eigenthums an der sachlichen Maschine hat die Herstellung von Maschinen zum Zwecke. Die Wahrung eines ausschliesslichen Eigenthums an der *Idee* einer Maschine liefe aber solchem Zwecke zuwider, denn sie bestände in einem Verbote der Herstellung solcher Maschinen. Nachdem wir nun als Entscheidungsprinzip den Gemeinnutzen oder die möglichste Förderung der Produktion im Ganzen festgestellt haben, löst sich die Frage in eine rein faktische auf: »Wird durch Ertheilung von Erfindungs-Patenten die Produktion gefördert oder nicht?« Und da ferner Erfindungen Hauptförderungshebel der Produktion sind, können wir die

Frage dahin stellen: »Werden durch Ertheilung von Patenten die Erfindungen gefördert?«

Diese ist die entscheidende faktische Frage. Nach meinen Beobachtungen und Erfahrungen muss ich sie entschieden verneinen. Eine Erfindung hat zum Keim eine glückliche Idee, welche verfolgt, ausgebildet und praktisch verwirklicht werden muss, was oft erst nach vielen missrathenen Versuchen gelingt. Das Patent aber wird Demjenigen ertheilt, der zuerst die praktisch verwirklichte Erfindung vorlegt, ohne darnach zu fragen, wessen Ideen und Vorarbeiten er dabei benutzt haben möge. Wer also eine Idee hat, wovon er glaubt, dass sie zu einer praktischen Erfindung führen könne, hält sie vor Allen geheim, damit nicht ein Anderer sie rascher verwirkliche. Er schliesst sich ab, scheut die Mittheilung und Berathung mit Anderen, stösst deren Mitwirkung von sich, — und zwar, wie gesagt, eben damit nicht ein Anderer rascher, als er, die Erfindung zu Wege bringe. Es gehört aber zur Verwirklichung einer Erfindung Mancherlei: erstens, eine glückliche Idee; zweitens Kenntniss der Naturgesetze und der vorhandenen Hülfsmittel; drittens praktisches Geschick; viertens Kapital; fünftens Fähigkeit der kaufmännischen Verwerthung. Fehlt eins dieser Erfordernisse so kommt die Erfindung nicht zu Stande, oder sie bringt, trotz alles Patentirens, dem Erfinder keinen Lohn. Es finden sich aber sehr selten alle diese Erfordernisse zusammen und zwar gerade dort, wo die glückliche Idee keimt. Es kann sich zwar der erfinderische Kopf mit einem praktischen Techniker und kaufmännischen Kapitalisten assoziiren; doch macht die Nothwendigkeit der Geheimhaltung dies sehr schwer; er träumt von goldenen Bergen, die ihm sein Patent bringen soll, und mag sie mit Anderen nicht theilen; oder fürchtet, darum ganz betrogen zu werden. In den meisten Fällen arbeitet er allein und im Dunkeln, müht sich vergebens an einer Aufgabe ab, der er allein nicht gewachsen ist; und nur zu oft endet er ein Leben voll Kummer und Täuschungen in dem Armenhospital oder dem Tollhause, trägt — mit sich in das Grab eine Idee, die unter anderen Händen zum grossen allgemeinen Nutzen hätte führen können. Dergleichen traurigen Schicksalen bin ich viel öfters begegnet, als Fällen des Reichwerdens durch Patente. Betrachtet man die ungeheure Zahl der in der Welt jährlich ertheilten Patente, von denen nur ein sehr kleiner Theil rentirend wird, so ist es sehr die Frage, ob im Ganzen der reine Monopolsgewinn patentirter Erfindungen die Summe der im Ganzen gezahlten Patentirungsgebühren deckt. Ich schlage den durch ein Patent dem Erfinder zugewendeten Monopolsgewinn sehr niedrig an, — in den meisten Fällen würde der Erfinder ohne Patent bessere Geschäfte machen. Denn der Alleinverkauf hilft nichts, wo die Nachfrage erst erregt werden muss. Einer neuen Erfindung muss aber erst Eingang verschafft werden. Sie wird, wie alles Neue, mit Misstrauen angesehen. Auf die Anpreisungen des Patentbesitzers giebt man wenig; Jeder möchte erst die Versuche und Erfahrungen Anderer abwarten; und so können lange Jahre darüber hingehen, ehe es den vereinzelten Bemühungen des Patentbesitzers gelingt, den Widerstand zu überwinden und ausgedehnteren Absatz zu erzielen, — denn auch seine hohe Preisforderung, welche Zweck des Patents ist, beschränkt wesentlich den Absatz. Wäre die Erfindung nicht patentirt, stände es jedem Techniker frei, sie auszuführen, so würden ihr die vereinten Bemühungen sehr viel früher allgemeineren Eingang, einen ausgedehnten Absatz verschaffen; und der Erfinder, unter dessen Namen sie ginge, wäre dadurch bei diesem Absatz immer bevorzugt; — anstatt langsam Weniges zu Monopolpreisen zu verkaufen, würde er rasch Vieles zu Konkurrenzpreisen verkaufen, und sich dabei, sowie die Verbraucher, viel besser stehen. Gegen die Behauptung, dass Monopolpreise nöthig sind, um dem Erfinder die Kosten seiner Versuche zu erstatten, lässt sich einwenden, dass solche Versuchskosten meistentheils eben aus der Heimlichkeit entstehen, in welcher, mit Hinblik auf die Patentirung, an der Erfindung gearbeitet wird, und dass sie nicht nöthig sein würden, wenn durch Veröffentlichung der Idee alle Techniker bei der Verwirklichung mit zugezogen würden; wenigstens würden sich die Versuchskosten unter Viele vertheilen. — Die seltenen Fälle, in denen ein grosses Vermögen durch ein Patent erzielt wird, sind meist nicht solche, in denen der Gewinn dem wirklichen Erfinder zu Gute kommt, sondern solche, in denen ein gewandter Geschäftsmann sich einer Erfindung bemächtigt. Der hervorragendste mir bekannte Fall, ist der eines Engländers Macadam, der vor fünfzig Jahren sich ein Patent geben liess für Chausseen und grosse Kontrakte für deren Ausführung abschloss, die ihm mehre Millionen Thaler einbrachten. Er hatte aber diese Art Chausseen nicht erfunden, sondern in Irland gesehen, wo sie aus ältester Zeit her in Gebrauch waren.

Wenn nun alles Patentiren von Erfindungen in der ganzen Welt abgeschafft würde, — glaubt man etwa, dass dann der Menschengeist aufhören würde zu erfinden? Guttenberg arbeitete nicht um ein Patent. David Schwarz arbeitete nicht um ein Patent. Die Nürnberger Uhren, das Fernrohr, die Luftpumpe, die ersten Dampfmaschinen wurden ohne Aussicht auf Patente erfunden. Der Geist der Erfindung schritt Jahrhunderte lang ohne Patente vor, strengte sich eben so an und leistete im Verhältniss zu den vorhandenen Hilfsmitteln eben so viel, wie jetzt. Der Fortschritt der Erfindungen beruht aber auf und hängt ab von dem Fortschritt der Wissenschaft, und für diese giebt es keine Patente. Der Geist hat seinen eigenen Trieb, und ringt nach seinem eigenen Genügen; er steckt zwar in einem Körper, welcher materieller Befriedigung bedarf, aber das Mass geistiger Leistung ist nicht von dem Mass der in Aussicht gestellten materiellen Befriedigung abhängig. Die grössten geistigen Leistungen, die das Menschengeschlecht aufzuweisen hat, geschahen um den kümmerlichsten Lohn: Die Gesänge Homers, die Dramen Shakspeares, die Arbeiten Kepplers, die Tondichtungen Mozarts.

Würde also das Patentiren ganz abgeschafft, so würden sich nach meiner Ueberzeugung die Dinge so gestalten: das heimliche und isolirte Arbeiten an den Erfindungen hörte auf, und an dessen Stelle träte jenes Zusammenwirken aller geeigneten Kräfte, welches der Haupthebel des geistigen wie des materiellen Schaffens ist. Der erfinderische Kopf würde seine glückliche Idee rasch veröffentlichen, um sich den Ruhm der Priorität zu sichern; das rühmliche Bekanntwerden seines Namens würde ihm den Weg eröffnen zu solcher lohnenden Thätigkeit, für die er geeignet wäre. Er würde die Techniker zu interessiren haben für die Verwirklichung seiner Idee; diese aber würden ihm williger Gehör geben, als jetzt, wo sie gewöhnt sind, in jedem Erfindungssüchtigen einen Phantasten zu erblicken, der durch die, hinter dem Patente liegenden Goldberge geblendet ist. Diejenigen Techniker, die in ihrem Fache mit geistigem Interesse arbeiten, würden von der Idee, wenn sie gut wäre, angezogen werden und über deren praktische Ausführbarkeit sinnen; der Fähigste unter ihnen würde am ehesten zu Stande kommen, ohne die vielen misslingenden Versuche, welche bei der Geheimarbeit stattfinden und darum misslingen, weil sie ohne hinlängliche Kenntniss und Geschicklichkeit angestellt werden. Wo aber wirklich kostspielige Vorbereitungsversuche gemacht werden müssten, da wäre es ein Leichtes, mit Hilfe der Oeffentlichkeit, freiwillige Beiträge aus öffentlichem Interesse zu schaffen. Bliebe jede Erfindung Gemeingut so würde ihre praktische Verwirklichung Aufgabe der Gemeinarbeit sein, — und diese würde die Eingebungen des erfinderischen Geistes leichter und rascher verwirklichen, als es jetzt die vereinzelte, im Dunkeln der Verheimlichung tappende Arbeit vermag. Der erfinderische Kopf fände für seinen Antheil an der Gemeinarbeit seinen Lohn wie jeder Andere. Sollte es sich aber ereignen, dass Einer eine Erfindung machte, welche, praktisch verwirklicht und allgemein angewandt, der Wirthschaftgemeinde schon ausserordentliche Früchte trüge, für welche eine ausserordentliche Belohnung schicklich wäre, dann würde es auch nur der schicklichen Anregung bedürfen, um durch freiwillige Beiträge solche Belohnung zu schaffen. — Verlockend ist wohl der Gedanke, dass Einer von der Armuth zum Reichthum solle gelangen können durch einen genialen oder glücklichen Einfall; und vermag er dies auf dem Wege freier Konkurrenz, so ist es ihm herzlich zu gönnen. Der Anspruch auf ein Patent aber geht dahin, dass der Staat interveniren solle, um den Besitzer einer erfinderischen Idee zum Kapitalisten, Fabrikbesitzer und alleinigen Verkäufer eines gewissen Produkts zu machen, — ein Anspruch, der über die Grenzen des wirthschaftlich und rechtlich Zulässigen hinausgeht.

Nach meiner Ueberzeugung sind die Patente, insofern sie Belohnungen für Erfinder sein sollen, die schlechteste und trügerischste Form der Belohnung, bringen selbst den Erfindern öfter Schaden als Gewinn. Sie fördern nicht die Erfindungsarbeit, denn sie lenken dieselbe auf einen unwirthschaftlichen Weg, — sie sind dem Fortschritt der Produktion, dem Gemeinnutzen thatsächlich nachtheilig und darum nach dem Prinzipe des Eigenthumsrechts unstatthaft.

Zum Schlusse muss ich noch einen sehr naheliegenden Einwand berücksichtigen. Es dürfte mir eingewendet werden, dass das von mir aufgestellte Prinzip des Eigenthums ebenso auf das Verlagsrecht für Bücher, wie auf das Patentrecht seine Anwendung finden müsse. Ganz gewiss! Wenn wir veranlasst würden, die Frage des Verlagsrechts vor unser volkswirthschaftliches Forum zu ziehen, so hätten wir zu untersuchen, ob das Verbot des Nachdrucks erforderlich sei für die Erhaltung schriftstellerischer Thätigkeit, und somit für den Fortschritt der Kenntnisse, ob es mithin gemeinnützig sei? Es ist möglich, dass das thatsächliche Wirken des Verlagsrechts sich anders herausstellte, als das des Patents, — dass wir also bei gleichem Entscheidungsprinzip uns gegen Verleihung eines Monopols für Erfindungen und für die Verleihung eines Monopols für Bücher entschieden. Der eine Fall ist für den anderen nicht präjudizirlich.

Goldwährung und deutsche Münzverhältnisse.

Von

Dr. Ad. Soetbeer.

(Erste Hälfte.)

I.

Im Verlauf der Jahre 1849 bis einschliesslich 1862 haben Kalifornien und die britische Kolonie Victoria — zwei Länder, die früher zur Vermehrung des Edelmetallvorraths der handeltreibenden Nationen nichts beigetragen hatten — nach mässiger Schätzung mindestens 3,473,900 Pfund Gold produzirt und in Umlauf gebracht, nämlich Kalifornien 1,873,400 Pfund und Victoria 1,600,500 Pfund. Nach jetzigem Werthverhältniss auf deutsche Thaler berechnet, repräsentirt diese Goldmenge einen Werth von etwa 1600 Millionen Thalern, um welchen enormen Betrag also während der letzten 14 Jahre die Summe des baaren zirkulirenden Mediums in ausserordentlicher und unerwarteter Weise vermehrt worden ist.*)

Vor der Entdeckung und Ausbeutung der kalifornischen und australischen Goldfelder waren bereits zu den älteren regelmässigen Goldgewinnungen neue sehr beträchtliche Goldzuflüsse hinzugekommen, nämlich durch die russischen Goldwäschereien am Ural und Altai, was schon vor dem Jahre 1849 Veranlassung gab, über die Schwankungen der Goldproduktion geschichtliche Untersuchungen anzustellen und eine bevorstehende wesentliche Veränderung in dem gegenseitigen Werthverhältnisse der Edelmetalle als wahrscheinlich zu bezeichnen. In den Jahren 1847 und 1848, also gerade unmittelbar vor der Entdeckung

---

*) Eine Uebersicht der deklarirten Goldausfuhr aus San Francisco und aus Melbourne findet man in der Anlage I. — Wie gewagt und unsicher fast alle Schätzungen über die Edelmetallproduktion auch sein mögen, so sind sie doch unentbehrlich, um über die sogenannte Goldfrage und was damit zusammenhängt, sich ein Urtheil zu bilden.

des Goldreichthums Kaliforniens, scheint die russische Goldgewinnung ihren Höhepunkt erreicht zu haben, indem dieselbe nach offiziellen Angaben in jenen beiden Jahren beziehungsweise 1826 und 1768 Pud (59,840 und 57,939 metrische Pfund) lieferte.

Nach den glänzenden Erfolgen der Goldgräber in Kalifornien und Australien, welche so zu sagen ein allgemeines Goldfieber hervorriefen, hat man noch in vielen anderen Gegenden der Erde neue Goldlager zu entdecken und auszubeuten sich bemüht, unter Anderm in Oregon, im britischen Kolumbien, in Südamerika, in Neuseeland etc. Wie viel Gold auf diesen verschiedenen neuen Goldfeldern wirklich gewonnen ist, darüber liegen uns bisher nicht einmal ungefähre Schätzungen von einiger Zuverlässigkeit vor, allein so viel scheint nach allen Anzeichen gewiss, dass bis jetzt alle diese weiteren Goldzuflüsse noch weit zurückgeblieben sind hinter der fortdauernden Goldproduktion im russischen Asien, in Kalifornien und in Victoria, jede für sich genommen. Man wird desshalb, um sich nicht dem Vorwurf der Uebertreibung auszusetzen (welche Gefahr bei Schätzungen dieser Art meistens sehr nahe liegt), bei einer Veranschlagung der gesammten Goldvermehrung in letzterer Zeit vorsichtiger und richtiger verfahren, wenn für die anderweitige Goldgewinnung, ausser der kalifornischen, australischen und russischen, ein ungefähr gleicher Betrag wie früher vorausgesetzt wird.

Man hat es bekanntlich mehrseitig unternommen über den Umfang der *gesammten* Edelmetallproduktion der Erde seit der Entdeckung Amerika's, so weit der Verkehr der zivilisirten Nationen davon berührt worden ist, annähernde Schätzungen zu versuchen, welche im Ganzen und Grossen zu wesentlich übereinstimmenden Ergebnissen gelangt sind, und eben in diesem Umstande sowie darin, dass ihre Unrichtigkeit oder Unwahrscheinlichkeit nicht nachgewiesen werden kann, ihre Glaubwürdigkeit finden müssen. Hiernach würden die in dem Zeitraum von 1500 bis 1848 in den Welthandel gebrachten gesammten Quantitäten und Werthe an den beiden Edelmetallen zu schätzen sein:

    Gold . . .   8,900,000 Pfund ($2,_0$ pCt.)
    Silber . . . 2,950,000,000 Pfund ($97,_1$ pCt.)

oder dem Werthe nach (das Pfund Gold zu 460 Thaler und das Pfund Silber zu 30 Thaler gerechnet).

    Gold   . . 4094 Millionen Thaler ($31,_6$ pCt.)

Silber . . 8850 Millionen Thaler (68,4 pCt.) *)

Die jährliche Gold- und Silber-Produktion zu Ende des vorigen Jahrhunderts und dann unmittelbar vor der Entdeckung der kalifornischen Goldfelder wird veranschlagt:

	um 1800	um 1846
Gold	48,000 Pfund (2,7 pCt.)	90,000 Pfund (5,7 pCt.)
Silber	1,700,000 Pfund (97,3 pCt,)	1,500,000 Pfund (94,3 pCt.);

und dem Werthe nach

	um 1800	um 1846
Gold	22,000,000 Thaler (30,1 pCt.)	41,000,000 Thaler (47,7 pCt.)
Silber	51,000,000 Thaler (69,0 pCt.)	45,000,000 Thaler (52,3 pCt.)

Wie verhält sich nun gegenüber den vorstehenden Schätzungen über die gesammte Edelmetallproduktion von 1500 bis 1848 und den jährlichen Produktionsverhältnissen vor etwa 63 und vor 15 Jahren die gegenwärtige Gold- und Silber-Gewinnung?

Im Eingange des Aufsatzes ward bemerkt, dass Kalifornien und Victoria für sich allein in den Jahren 1849 bis 1862 an *Gold* nahezu 3¼ Millionen Pfund an Gewicht oder ca. 1600 Millionen Thaler an Werth produzirt hätten. Rechnet man nun die ganze sonstige Goldproduktion, nach dem Massstabe der Goldgewinnung um das Jahr 1846, für diesen Zeitraum hinzu, so erhält man als Resultat der *gesammten* bekannten Goldproduktion der Erde für die letzten 14 Jahre einen Betrag von 4,733,000 Pfund Gold, oder dem Werthe nach ca. 2200 Millionen Thaler — mithin für die letzten 14 Jahre eine Goldproduktion, welche über 50 pCt. dessen beträgt, was in den vorangegangenen 350 Jahren zusammen an Gold überhaupt gewonnen worden!

Nimmt man den Durchschnitt der *Gold*-Gewinnung der letztverflossenen zehn Jahre (1853—1862) und vergleicht denselben mit den früheren jährlichen Produktionsverhältnissen, so zeigt sich folgende Proportion:

um 1800	um 1846	1853—62 durchschnittlich.
48,000 Pfund.	90,000 Pfund.	375,000 Pfund.
(100)	(187,5)	(781,4)

---

*) Den bei weitem grössten Antheil an dieser Gesammtproduktion haben die amerikanischen Bergwerke gehabt, deren Ergebniss für den Zeitraum bis 1848 auf ca. 3000 Millionen Thaler Gold und 7856 Millionen Thaler Silber geschätzt wird, so dass auf Amerika 84 pCt. der oben erwähnten Gesammtproduktion von Edelmetall kommen würden.

so dass die gegenwärtige Goldproduktion fast das Achtfache beträgt von derjenigen zu Ende des vorigen oder Anfang dieses Jahrhunderts, und mehr als das Vierfache der Goldgewinnung vor 1848 mit Einschluss der bedeutenden russischen Zuflüsse.

Die *Silber*-Produktion war zur Zeit der Entdeckung der Goldfelder Kaliforniens, wie die vorstehende Zusammenstellung schon angedeutet hat, im Vergleich mit derjenigen zu Anfang des Jahrhunderts keineswegs in ähnlichem Verhältniss wie die gleichzeitige Goldgewinnung fortgeschritten, zeigte vielmehr im Gegentheil eine merkliche Abnahme. Es hatte dies aber seinen Grund nicht etwa in einer Erschöpfung der mexikanischen und südamerikanischen Silberminen, sondern hauptsächlich in den politischen Zuständen jener Länder, deren fortwährende Wirren auch die Bergwerksindustrie zurückhielten, wozu noch der theure Preis des Quecksilbers kam.*)

Im Verlauf der Jahre 1848 bis 1862 hat sich die Silberproduktion wieder gehoben, vornämlich in Folge der beträchtlichen Quecksilbergewinnung in Kalifornien und der hierdurch bewirkten wesentlichen Verwohlfeilerung dieses für die Bearbeitung der Silbererze bis jetzt wichtigsten Materials, wodurch die Ergiebigkeit der mexikanischen und südamerikanischen Silberminen trotz der fortdauernden Unruhen unmittelbar gesteigert wurde, sowie ferner der Entdeckung reichhaltiger Silbergänge in Kalifornien und eines bedeutenden Aufschwunges des Silberbaues in Spanien. Ein Anzeichen der Zunahme der Silbergewinnung in den letztverflossenen Jahren sehen wir in der steigenden Silbereinfuhr in England aus den hauptsächlichen Produktionsländern. Dieselbe betrug nach den Jahresberichten der Londoner Edelmetall-Makler und den seit 1857 bei den Zollämtern gemachten Deklarationen im Durchschnitt der Jahre 1851—56 dem Werthe nach 26,280,000 Thaler (an Gewicht also 879,300 Pfund) und im Durchschnitt der Jahre 1857—62 dem Werthe nach 29,071,000 Thaler (971,500 Pfund) was eine Steigerung um etwa 10½ pCt. ausmacht.**) Hierzu ist noch

---

*) Der Durchnittspreis des Quecksilbers war per Zentner in preussisch Courant:

1847: 166 Thaler.	1859: 64 Thaler.
1848: 140 „	1860: 74 „
1849: 119 „	1861: 73 „
1850: 132 „	1862: 74 „

**) Ein näherer Nachweis über diese Silbereinfuhr findet sich in der Anlage II.

die neue kalifornische und vermehrte spanische Silberproduktion in Anschlag zu bringen. Man wird dem wirklichen Sachverhalte vermuthlich ziemlich nahe kommen, wenn man als durchschnittliche jährliche Silberproduktion der letzten 14 Jahre etwa 65 Millionen Thaler annimmt. Bei dieser Annahme stellt sich das Verhältniss der letzthin jährlich produzirten Quantitäten und Werthe der Edelmetalle, welches Verhältniss, wie wir gesehen, um das Jahr 1800 dem Werthe nach ca. 30 pCt. für Gold und 70 pCt. für Silber, und um das Jahr 1846 ca. 48 pCt. für Gold und 52 pCt. für Silber war, auf 172,500,000 Thaler Gold gegen 65,000,000 Thaler Silber, — mithin 73 pCt. des Gesammtwerthes der Edelmetallproduktion für Gold und 27 pCt. für Silber.

Wenn man die spezielle Statistik der bisherigen Goldausfuhr aus Kalifornien und Victoria überblickt, so ergiebt sich daraus als eines der wichtigsten Momente der Umstand, dass in diesen beiden Hauptproduktionsländern die Goldgewinnung bereits ihren Höhepunkt hinter sich zu haben scheint, dass keineswegs, wie bei der Entdeckung und beginnenden Ausbeutung jener Goldfelder wiederholt und zuversichtlichst prophezeiet wurde, die dortige Goldproduktion sich Jahr für Jahr progressiv ausgedehnt und noch viel kolossalere Dimensionen als in den ersten Jahren erreicht hat, dass vielmehr schon sehr bald, ungeachtet des zum rohen Gold-Graben und Waschen hinzugekommenen geregelten industriellen Betriebs des Goldbergbaus, ein ziemlich stationärer Zustand und selbst eine gewisse Abnahme in der Goldproduktion stattgefunden hat. Im Jahre 1853 zeigen die Zolllisten von San Francisco und Melbourne einen Goldexport aus diesen beiden Häfen von zusammen 350,000 Pfund (ca. 160 Millionen Thaler); dagegen im Jahre 1862 nur von 225,000 Pfund Gold (ca. 104 Millionen Thaler)! Es wiederholt sich die Erscheinung, welche die Geschichte früherer Entdeckungen neuer ergiebiger Goldfelder konstatirt hat, dass die mehr an der Oberfläche liegende und mit blosser Handarbeit zu gewinnende Goldfülle binnen weniger Jahre ziemlich erschöpft wird und dass für diese Art der Ausbeutung die ersten Jahre auch die ergiebigsten zu sein pflegen. Die mitunter geäusserte Besorgniss, dass die progressive Goldausbeutung künftig vielleicht ein ebenso grosses Quantum Gold jährlich zu Tage fördern würde als die Silberproduktion im Jahre betrage, hat sich bis jetzt als durchaus illusorisch herausgestellt.

II.

Die ausserordentliche, alle früheren Erfahrungen weit überragende Zunahme der Goldproduktion ist es aber nicht allein, was in der Geschichte der Edelmetalle während der beiden letztverflossenen Jahrzehnte als neues wichtiges Moment die allgemeine Aufmerksamkeit mit besonderer Rücksicht auf das Geldwesen in Anspruch nehmen muss; eine zweite fast nicht minder wichtige Erscheinung ist die gewaltige Ausdehnung, welche während dieses nämlichen Zeitraums *die Silberausfuhr nach Ostasien* erfuhr.

Alexander von Humboldt hat über die von 1550 bis 1809 stattgefundenen regelmässigen Silberverschiffungen nach Indien und China sorgfältige Untersuchungen angestellt, weil er erkannte, dass zur Beurtheilung der Verhältnisse des zirkulirenden Mediums dieser Faktor ebenso sehr beachtet werden müsse wie die Edelmetall-Einfuhr aus Amerika und die sonstige Gold- und Silber-Produktion. Während im Durchschnitt der ersten 50 Jahre nach 1550 die jährliche Silbersendung aus Europa nach Indien und China auf etwa $2\frac{1}{4}$ Millionen Piaster angenommen wird, geht die Schätzung des Betrages dieser Silberströmung für den Durchschnitt der Jahre 1716 bis 1790 auf 10 Millionen, und für die Jahre 1791 bis 1809 sogar auf $25\frac{1}{2}$ Millionen Piaster (1,255,000 Pfund Silber) jährlich, welche Steigerung in dem ausserordentlich vermehrten Verbrauch von Thee und ostindischen Erzeugnissen, ohne entsprechende Zunahme des Absatzes europäischer Artikel dahin, ihre Erklärung findet. Die gesammte Silberverschiffung nach Ostasien in dem ganzen Zeitraume von 1550 bis 1809 wird auf nahezu 2000 Millionen Piaster (ca. 100 Millionen Pfund Silber oder 3000 Millionen deutsche Thaler) veranschlagt — mehr als den dritten Theil der gleichzeitigen Silbereinfuhr in Europa aus Amerika, welche auf ungefähr 5300 Millionen Piaster (ca. 265 Millionen Pfund Silber oder 7950 Millionen Thaler) geschätzt wird.

Ueber den Umfang der Silberversendungen aus Europa nach Indien und China in den Jahren 1810 bis 1849 fehlt es bis jetzt an gründlichen Ermittelungen, und dürfte es auch schwer halten das zu einer solchen Untersuchung erforderliche Material herbeizuschaffen. Ganz aufgehört hat die Silberströmung aus Europa nach dem Osten eigentlich nie; allein, da China seit den zwanziger Jahren jährlich beträchtliche Summen Sycee-Silber für Opium an Indien zahlte, die Handelsbilanz Indiens zu Europa aber eine Zeit lang wegen der aus seinen politischen Verhältnissen hervorgehenden Zahlungen an England und wegen nicht sehr fortschreitender Produkten-Ausfuhr nach Europa weniger Kontanten zur Ausgleichung verlangte, verringerten sich für eine Reihe von Jahren die Silberverschiffungen dahin, die deshalb die öffentliche Aufmerksamkeit wenig in Anspruch nahmen und überdies nach Aufhebung des Monopols der Ostindischen Kompagnie und vor der Einrichtung der Ueberlandpost schwer zu schätzen waren.

Seit dem Anfang der fünfziger Jahre ist jedoch plötzlich ein gewaltiger Umschwung in dieser Hinsicht eingetreten. Mit der grossen Zunahme des Absatzes chinesischer und indischer Erzeugnisse nach Europa und Amerika ist auch die Silberverschiffung aus Europa nach Ostasien merklich gestiegen und hat seitdem in mehreren einzelnen Jahren eine Höhe erreicht, gegen welche selbst der als ganz enorm angesehene durchschnittliche Betrag zu Anfang dieses Jahrhunderts (25$\frac{1}{4}$ Millionen Piaster, wie bemerkt) sehr in den Hintergrund tritt, und welche unglaublich erscheinen würde, wenn sie nicht auf die zuverlässigste Weise speziell nachzuweisen wäre, nämlich durch die Register der Ueberlandpost.

Die Silberausfuhr aus England und aus einigen Häfen des Mittelmeers mit der Ueberlandpost über Aegypten nach Indien und China hat nämlich in den zwölf Jahren 1851 bis einschliesslich 1862 den enormen Betrag von 25,104,000 Pfund Silber oder an Werth die Summe von 753 Millionen Thaler erreicht — einen Betrag, welcher ungefähr der gleichzeitigen gesammten Silberproduktion der ganzen Erde gleichkommt, indem diese, wie früher erwähnt, in letzterer Zeit auf jährlich etwa 65 Millionen Thaler zu schätzen ist, was für die genannten 12 Jahre zusammen eine Silberproduktion von 26,000,000 Pfund Silber oder an Werth 780 Millionen Thaler ergeben würde. Die in Rede stehende Silberverschiffung war, wie sich auch bei dem Schwanken der Preise und der Ausfuhr der Hauptartikel von Indien und China der Natur der Sache nach voraussetzen lässt, in den verschiedenen Jahren sehr abweichend, zeigt aber im Ganzen eine steigende Tendenz. Die bisherige stärkste Silberverschiffung nach Ostasien mit der Ueberlandpost fand statt in den Jahren 1857 und 1859, wo sie folgende Dimensionen annahm

  1857: 4,588,000 Pfund Silber oder 137,641,000 Thaler
  1859: 3,894,000 Pfund Silber oder 116,834,000 Thaler
gegen die durchschnittliche Ausfuhr in den Jahren
  1851—56: 1,292,000 Pfund Silber oder 38,774,000 Thaler
  1857—62: 2,092,000 Pfund Silber oder 62,760,000 Thaler*).

---

*) Den Nachweis über die in Rede stehende Silberausfuhr in den einzelnen Jahren, mit Unterscheidung der Versendungen aus England und aus Häfen des Mittelmeers, findet man in der Anlage III.

Hierbei ist aber ferner noch in Betracht zu ziehen, dass die mit der Ueberlandpost beförderten Silberquantitäten keineswegs die Gesammtsumme des Silbers angeben, welches Ostasien Jahr ein Jahr aus an sich gezogen hat. Es muss noch hinzugerechnet werden, was an Silberkontanten in Segelschiffen nach Indien und China aus europäischen Häfen (z. B. in Fünffrankstücken aus Bordeaux etc.) mitgenommen wird, was direkt von Kalifornien und der sonstigen Westküste Amerika's nach Asien verschifft wird, und namentlich noch die Silberausfuhr, meist in Form massiver Silberwaaren, über die russische Landgrenze nach China. Bestimmte Zahlenangaben für diese hinzukommende Silberausfuhr könnten, da jeder Anhalt bis jetzt dazu fehlt, nur willkürlich sein, allein zusammengenommen und in ihrer stetigen Fortdauer müssen die oben statistisch angegebenen Silberabflüsse nach Ostasien durch die zuletzt im Allgemeinen angedeuteten weiteren Beträge noch ansehnlich gesteigert worden sein.

Von selbst drängt sich hier die Frage auf: in welcher Weise haben die seit Jahrhunderten und insbesondere die in so verstärkter Ausdehnung während der letzten 10 Jahre nach Indien und China geflossenen enormen Silbersummen dort Verwendung gefunden, wo ist die grosse Masse derselben geblieben? Vor Allem ist darauf aufmerksam zu machen, dass, namentlich in neuerer Zeit, nicht China, sondern Indien das Land ist, wo sich der Silbervorrath vornämlich ansammeln muss, wie dies sich aus der bedeutenden Silberausfuhr von China nach Indien und aus der allgemeinen Handelsbilanz dieses letzteren Landes abnehmen lässt.

Rechnet man nach den offiziellen Handelsübersichten der Länder der früheren britisch-ostindischen Kompagnie den deklarirten oder ermittelten Werth der dortigen Waaren-Einfuhr und Ausfuhr in den 25 Jahren von 1834/35 bis 1858/59 zusammen, so erhält man dafür (auf deutsche Thaler reduzirt) einen Betrag für

die Waaren-Ausfuhr von: 2,490,400,000 Thaler
die Waaren-Einfuhr von: 1,445,400,000 Thaler
Mehrwerth der Ausfuhr: 1,045,000,000 Thaler.

Dagegen betrug die gleichzeitige Einfuhr und Ausfuhr von Edelmetall (ganz vorwiegend Silber, namentlich bei der Einfuhr) in den erwähnten 25 Jahren

die Edelmetall-Einfuhr: 766,200,000 Thaler
die Edelmetall-Ausfuhr: 103,300,000 Thaler
Mehr-Werth der Einfuhr: 662,900,000 Thaler.

Wie die Edelmetall-Einfuhr in letzterer Zeit gegen früher in Indien zugenommen hat, ersieht man aus einem Vergleich der Handelsbewegung in der ersten und in der letzten fünfjährigen Periode der in Betracht gezogenen 25 Jahre. Es stellte sich nämlich das durchschnittliche Verhältniss:

	Waaren-Einfuhr. Thaler.	Waaren-Ausfuhr. Thaler.	Edelmetall-Einfuhr. Thaler.	Edelmetall-Ausfuhr. Thaler.
1854/55 — 58/59:	98,265,000.	142,372,000.	72,015,000.	5,458,000.
1834/35 — 38/39:	31,895,000.	71,042,000.	15,049,000.	1,611,000.
Zunahme:	66,370,000.	71,330,000.	56,966,000.	3,847,000.

Die indischen Silberausmünzungen der letzten neun Jahre sind uns nicht bekannt, allein nach denen früherer Jahre zu schliessen, in denen die Edelmetall-Einfuhr in Indien noch lange nicht die spätere Ausdehnung erlangt hatte, werden dieselben einen Umfang gehabt haben, welcher der gleichzeitigen Silber-Einfuhr wesentlich entspricht. Denn seit dem Inkrafttreten des noch jetzt gültigen indischen Münzgesetzes von 1835 bis April 1854 sind in den drei Präsidentschaften des britischen Indiens an Silbergeld ausgemünzt worden über 662 Millionen Rupien oder an Werth ca. 441,000,000 Thaler.

Nicht das Bedürfniss des wirklichen Geldumlaufs, in welchem unmöglich auch nur entfernt ein jährlicher Zuwachs, wie die durchschnittliche Mehr-Einfuhr an Edelmetall im britischen Indien aufweiset, dauernd Verwendung finden kann, noch auch die fortgesetzte Vorarbeitung ferneren Silbers zu Schmuckgegenständen, wenn man hierfür auch recht ansehnliche Quantitäten in Anschlag bringt, geben genügenden Aufschluss über das so räthselhafte Verbleiben der enormen Silberzuflüsse in Indien. Nur die im Orient weit verbreitete und tief gewurzelte alte Gewohnheit des unproduktiven Aufspeicherns und Vergrabens des baaren Geldes, welche Sitte in allen Klassen der Gesellschaft verbreitet ist und je nach den einzelnen Fällen die Ersparungen der Ryots und Sepoys in Beträgen bis zu wenigen Rupien herunter wie die angesammelten Schätze der Grossen bis zu Summen von Hunderttausenden und Millionen hinauf begreift, und das damit verknüpfte häufige gänzliche Wiederverlorengehen des Silbers können für jene an sich so räthselhafte Erscheinung eine ausreichende Erklärung an die Hand geben, wie schwer sich auch praktische Geschäftsleute in Europa mit dem Gedanken vertraut machen können, dass es möglich sei, auf solche Weise jährlich den Werth vieler Millionen nutzlos verschwinden zu lassen.

Gerade dieser Umstand aber, dass das Thesauriren, und zwar mit besonderer Vorliebe für Silber und Silbermünzen, im britischen Indien, in Hinterindien und in China mit solcher Intensität betrieben wird und sich natürlich für solche Gewohnheit und Leidenschaft bei den asiatischen Bevölkerungen, wo das Herkommen und Misstrauen so überaus mächtig sind, keine auch nur ungefähre Grenze bestimmen lässt, wie vielleicht beim Geldumlauf oder bei der Verwendung zu Schmucksachen oder Geräthen, — dieser eigenthümliche Umstand lässt erwarten, dass, soweit die dortige Nachfrage nach diesem Metall in Betracht kommt, die Tendenz der Silberströmung nach Ostasien noch längere Zeit anhalten dürfte.

Der Betrag dieser Silberausfuhr wird, wenn auch nicht unmittelbar für jedes einzelne Jahr besonders, doch im Durchschnitt mehrerer Jahre durch die Handelsbilanz zwischen Indien und China einerseits und Europa und Amerika andererseits bestimmt. Da indess Indien an Zinsen der in britischen Händen befindlichen indischen Staatsschuldscheine und Eisenbahn-Obligationen, an Zahlungen für Regierungskosten, Pensionen etc. etc., jährlich bedeutende Summen in England zu zahlen hat, welche durch Wechsel gedeckt werden, wofür indische Ausfuhren valediren, so ist einleuchtend, dass keineswegs der ganze Unterschied zwischen dem Werthe der Exporte und Importe im ostasiatisch-europäischen Verkehr durch Baarsendungen ausgeglichen zu werden braucht, und dass abgesehen hiervon auch die schliesslich erforderlich bleibende Deckung durch Silber, mittelst Wechseltransaktionen und Kredite, von einem Jahre leicht auf das andere übertragen werden kann. — Mitunter wird behauptet, die grossen Silbersendungen nach Indien und China würden nicht durch die Folgen der für Europa ungünstigen Handelsbilanz, sondern nur die durch Steigerung der Wechselkurse in China und Indien herbeigeführt, als wenn diese Kurse in der Hauptsache etwas Weiteres wären, als eben nur Notizen über die Verhältnisse der Handelsbilanz, lediglich durch diese bedingt, und als blosse Verkündiger, nicht entfernt die eigentliche Ursache der bevorstehenden Baarsendungen, ebensowenig wie das Fallen des Barometers die Ursache eines darauf folgenden Sturmes ist. Nicht minder unbegründet ist die Meinung, das Ausströmen des Silbers nach Ostasien sei eigentlich nur die Folge der neuen grossen Goldzuflüsse in Europa; das Silber werde gleichsam gewaltsam verdrängt und fortgeschoben. Allerdings ist, wie wir bald sehen werden, die Möglichkeit der enormen Silberverschiffungen nach dem Osten im letzten Dezennium nur durch die vermöge der Münzverfassung einiger Staaten im grössten Massstabe stattgefundene Substituirung von Goldmünze statt grober Silbermünze gegeben worden, allein es ist doch ein grosser Unterschied zwischen der Gewährung der Mittel zur vollständigen Erreichung eines Zwecks und der wirklichen Ursache eines Vorganges. Wenn der Werth der europäischen Exporte nach Ostasien nebst den von da nach Europa zu leistenden Extra-Zahlungen den Werthbetrag der aus China und Indien nach Europa und Amerika abgesetzten Artikel (Thee, Seide, Indigo, Baumwolle etc. etc.) überstiegen hätte, so wäre sicher trotz aller Goldzuflüsse in Europa von hier kein Silber nach Ostasien abgeflossen; denn in welcher Veranlassung hätte ein solches Geschäft gemacht werden sollen, da vielmehr durch Baarsendung von dort nach Europa für eine Deckung der Differenz hätte gesorgt werden müssen, bis durch die Gestaltung der Preise der beiderseitigen Exportartikel unter solchen Umständen eine Ausgleichung der Handelsbilanz erfolgt wäre.

Wesentliche Momente für die Intensität der ferneren Silberströmung nach Ostasien werden darin bestehen, ob es gelingt, dem Absatz europäischer Fabrikate daselbst einen grösseren nachhaltigen Markt als bisher zu verschaffen, indem die Masse der einheimischen Bevölkerung an den Verbrauch solcher Artikel allmählich gewöhnt wird, oder ob andererseits, ohne dass eine solche Veränderung eintritt, etwa die vermehrte Baumwollkultur in Indien die Handelsbilanz zu Ungunsten Europa's aufrecht zu erhalten beiträgt. So viel darf wohl jedenfalls als ausgemacht gelten, dass, wofern nicht vielleicht die Silberproduktion in nächster Zeit eine unerwartete Progression macht, die Fortdauer einer so beträchtlichen Silberausfuhr aus Europa nach Indien, wie sie in den Jahren 1851—1862 mit mehr als 750 Millionen Thalern stattgefunden hat, wegen Knappheit des dazu disponiblen Silbers kaum möglich sein möchte, und dass schon eine starke Tendenz in dieser Richtung den Silberpreis in London, also den Werth des Silbers auf dem Weltmarkte, ausserordentlich steigern würde. Auf diese wichtige Eventualität und deren Einwirkung auf die deutschen Münzverhältnisse wird unten zurückzukommen sein.

III.

Wenn ganz unerwartete Ereignisse von augenscheinlich grosser und allgemeiner Wichtigkeit eintreten, gehen die Meinungen über den hauptsächlichen Einfluss derselben gewöhnlich weit auseinander. Bei der Kunde von der in Kalifornien und darauf auch in Australien entdeckten überraschenden Goldausbeute schien diese Erfahrung auszubleiben, denn in fast sämmtlichen Büchern, Brochüren und Zeitungen, welche damals dies Thema besprachen, ward übereinstimmend eine rasche progressive Entwerthung des Goldes, namentlich auch im Verhältniss zum Silber, mit grösster Zuversicht angekündigt, und nur darüber schien Meinungsverschiedenheit obzuwalten, wie rasch und bis zu welchem Grade der Depression der Goldwerth fallen werde. Wie aber hat sich nach der Erfahrung der seitdem verflossenen Jahre die Werthrelation der Edelmetalle in Wirklichkeit gestaltet, verglichen mit derjenigen der vorangegangenen Jahrzehnte und einiger noch früheren Perioden?

Die folgenden Zusammenstellungen werden hierüber vollständigen Aufschluss geben.

Durchschnittliches Werthverhältniss des Goldes zum Silber, berechnet nach den Notirungen des Goldpreises im Hamburgischen Kurszettel.

1691—1700: 1 :	$14{,}06$	1741—1750: 1 :	$14{,}03$
1701—1710:	$15{,}7$	1751—1760:	$14{,}50$
1711—1720:	$15{,}13$	1761—1770:	$14{,}76$
1721—1730:	$15{,}00$	1771—1780:	$14{,}64$
1731—1740:	$15{,}07$	1781—1790:	$14{,}76$
1691—1740: 1 :	$15{,}11$	1741—1790: 1 :	$14{,}74$
1691—1790: 1 :	$14{,}92$		
1790—1800:	$15{,}42$		
1801—1810:	$15{,}61$		
1811—1820:	$15{,}51$		
1821—1830:	$15{,}80$		

Hieran reihen wir die seit 1831 stattgehabte Gestaltung der Werthrelation zwischen Gold und Silber, berechnet nach den Londoner Silberpreisen, welche unstreitig, weil sie auf dem Weltmarkt der Edelmetalle und nach der ganz festen Werthnorm der dortigen Goldmünze angegeben werden, den zuverlässigsten und für sich allein genügenden Massstab jener Werthrelation abgeben, wobei neben dem wirklichen Durchschnittsverhältnisse resp. der Jahrzehnte und der einzelnen Jahre die betreffenden höchsten und niedrigsten Silberpreisse mit erwähnt werden mögen.

Jahre.	Silberpreis in London. Pence Sterl. pr. Unze Stand.			Werthrelation des Goldes zum Silber. ? Unzen fein Silber = 1 Unze fein Gold.		
	Niedrigster Preis.	Höchster Preis.	Durchschnitts-Preis	Höchster Goldwerth.	Niedrigster Goldwerth.	Durchschnitts-Goldwerth.
1831—40:	59	$60\frac{3}{8}$	$59\frac{7}{8}$	15.98	15.55	15.75
1841—50:	59	$61\frac{1}{2}$	$59\frac{9}{16}$	15.98	15.33	15.83
1851:	$60\frac{1}{4}$	$61\frac{3}{8}$	61	15.65	15.30	15.46
1852:	$59\frac{7}{8}$	$61\frac{5}{8}$	$60\frac{1}{2}$	15.75	15.30	15.59
1853:	61	$62\frac{3}{8}$	$61\frac{1}{2}$	15.46	15.12	15.33
1854:	$61\frac{1}{8}$	62	$61\frac{1}{2}$	15.43	15.21	15.33
1855:	$60\frac{5}{8}$	$61\frac{3}{4}$	$61\frac{3}{8}$	15.55	15.27	15.36
1856:	$60\frac{7}{8}$	$62\frac{3}{8}$	$61\frac{1}{2}$	15.49	15.12	15.33
1857:	$61\frac{1}{4}$	$62\frac{3}{8}$	$61\frac{11}{16}$	15.39	15.12	15.29
1858:	$60\frac{3}{4}$	$61\frac{7}{8}$	$61\frac{3}{8}$	15.52	15.24	15.36
1859:	61	$62\frac{3}{4}$	62	15.46	15.03	15.21
1860:	61	$62\frac{3}{8}$	$61\frac{3}{8}$	15.46	15.12	15.27
1861:	$60\frac{1}{8}$	$61\frac{3}{4}$	$60\frac{13}{16}$	15.68	15.27	15.50
1862:	61	$62\frac{1}{4}$	$61\frac{7}{16}$	15.46	15.15	15.35

Man ersieht aus vorstehenden Uebersichten, dass der durchschnittliche Werth des Goldes im fünfzigjährigen Zeitraum von 1741 bis 1790 um etwa $2\frac{1}{2}$ pCt. niedriger stand als in den vorhergehenden 50 Jahren, vornämlich wohl in Folge der brasilianischen Goldproduktion, welche um die Mitte des vorigen Jahrhunderts ihren grössten Umfang erreichte. Dagegen bemerkt man seit 1790 einen merklich höheren Stand des Goldwerths im Verhältniss zum Silber, der in seinen jährlichen Durchschnitten seitdem niemals über 1 : $15,_{83}$ sich gehoben, und nie wieder unter 1 : $15,_{21}$ gesunken ist. Irgend eine Einwirkung der hinzugekommenen russischen Goldgewinnung lässt sich in den Schwankungen der Werthrelation nicht erkennen, und wenn in den Jahren 1840 bis 1842 der Geldwerth vorübergehend sich etwas niedriger stellte als vorher, so hatte dies seinen Grund nicht in der Steigerung der Goldproduktion, sondern nur in den damaligen bedeutenden Zahlungen Englands nach dem Kontinent für starke Getreidezufuhren. Und was ferner die Gestaltung der Werthrelation seit der Entdeckung der kalifornischen und australischen Goldfelder betrifft, worauf es für unsere Aufgabe besonders ankommt, so beweisen die Uebersichten, dass die zu Anfang fast allgemein gehegte und in Bezug auf Münzfragen geltend gemachte Besorgniss wegen einer raschen und ausserordentlichen Entwerthung des Goldes nicht in Erfüllung gegangen ist, indem nach den Jahresdurchschnitten genommen die seit 1850 bis 1862 vorgekommene niedrigste Werthrelation, nämlich 1 : 15,$_{21}$ im Jahre 1859, im Vergleich mit dem zwanzigjährigen Durchschnitt von 1831 bis 1850 (1 : 15,$_{79}$), nur eine Werthverminderung um 3,$_{67}$ pCt. aufweist. Stellt man denselben Vergleich an für den Durchschnitt des ganzen Zeitraums von 1851—1862 (1 : 15,$_{36}$), so ergiebt sich eine Verminderung um 2,$_{73}$ Prozent, und jedenfalls fehlt so immer noch viel an einem Zurücksinken des Goldwerthes auf oder gar unter den Stand vor 1790.

Auffallen muss diese Wahrnehmung freilich in hohem Grade, wenn man sich vergegenwärtigt, dass während gleichzeitig die Silbergewinnung bis auf die allerletzten Jahre nur eine wenig beträchtliche Zunahme zeigte, die Goldproduktion sich plötzlich mehr als vervierfacht hatte, dass die neuen Goldzuflüsse für sich allein binnen 14 Jahren einen Werth von ca. 1600 Millionen Thalern in Umlauf brachten und die Gesammt-Produktion der Edelmetalle in den 10 Jahren 1853 bis 1862 nach annähernder Schätzung auf etwa 1720 Millionen Thaler in Gold gegen etwa 650 Millionen Thaler in Silber zu veranschlagen sein möchte. Und noch auffallender muss diese Wahrnehmung erscheinen im Hinblick auf den oben nachgewiesenen ausserordentlichen Silberabfluss nach Ostasien, welcher, abgesehen von der Silberausfuhr dahin über Russland und direkt von der Westküste Amerika's, fast die gesammte gleichzeitige Silbergewinnung in Anspruch nahm, und in einzelnen Jahren (z. B. 1857) selbst mehr als das Doppelte des jährlich neu produzirten Silberquantums betragen hat. Auf der einen Seite also ein kolossales Andringen des Goldes, auf der andern Seite ein ähnlicher Abfluss des Silbers — oder mit anderen Worten, sehr vermehrtes Angebot des Goldes und sehr gesteigerte Nachfrage nach Silber — und doch keine völlige Umgestaltung der bisherigen Werthrelation der beiden Edelmetalle, sondern nur die verhältnissmässig unbedeutende Preissteigerung des Silbers um noch nicht 3 pCt.! Dass man mit besserem Recht diese eingetretene Veränderung eine Werthsteigerung des Silbers und nicht eine Werthverringerung des Goldes (natürlich nur in Rücksicht ihres gegenseitigen Verhältnisses) nennen darf, ergiebt sich aus dem Umstande, dass die erheblicheren Schwankungen der Werthrelation seit 1851, nachdem die einmalige Einwirkung der niederländischen Münzmassregeln (s. in Abschn. IV.) stattgefunden hatte, ersichtlich weit regelmässiger und bemerklicher eintreten, wenn die aus Indien und China gemeldeten Wechselkurse in London starke Ankäufe von Silber zur Verschiffung sogleich zur Folge haben oder doch in Aussicht stellen, als wenn noch so beträchtliche Goldsummen aus Melbourne ankommen.

Bei den Prophezeiungen über die bevorstehende unaufhaltsame Entwerthung des Goldes ist häufig als Grund geltend gemacht worden, dass Gold gefunden, Silber aber verarbeitet werde, bei ersterem also das wichtige Moment der Produktionskosten und Kapitalverwendung nicht, wie beim Silber der Fall sei, eine Schranke gegen progressive Entwerthung bilde.

Diese Behauptung entbehrt aller thatsächlichen Begründung, denn bei näherer Prüfung wird man zugeben müssen, dass die Produktionskosten für den Werth des Goldes im Ganzen und Grossen von gleicher Bedeutung sind wie bei dem Silber und sonstigen Waaren. Wie bekannt, bestimmen die Produktionskosten nicht unmittelbar und für einzelne Fälle den Tauschwerth einer Sache, der vielmehr von dem Verhältnisse zwischen Angebot und Nachfrage abhängt; indem die Produktionskosten jedoch auf die Länge das Angebot reguliren, sind sie indirekt einer der wesentlichsten Faktoren für den Werth einer Sache. So auch beim Golde. Fragt man, warum seit einigen Jahren die Goldproduktion in Kalifornien und Victoria stationär geblieben, ja zurückgegangen ist, trotzdem dass dort noch Gelegenheit genug zur Ausdehnung des Betriebes vorhanden, so liegt der Grund eben in den Produktionskosten, welche eine Ausdehnung der Goldgewinnung, diese geschehe durch einfaches Graben und Waschen oder durch kostspielige Quarzmühlen, nicht rentabel machen. Würde man die Summen, welche die jetzt auf den Goldfeldern beschäftigten Arbeiter in jenen Ländern durch sonstigen Erwerb, bei vermuthlich lange nicht so grosser Anstrengung wie das Goldgraben verlangt, nach den daselbst üblichen Löhnen erwerben könnten, zusammenrechnen, so wären dieselben ohne Zweifel nicht geringer, sondern eher bedeutender als der Werth des gewonnenen Goldes. Die Produktionskosten des Goldes müssen aber nicht nach den Erfolgen einzelner vom Glück besonders begünstigter Finder, sondern nach dem durchschnittlichen Ertrag aller bei diesem Erwerbe Betheiligten bemessen werden. Berücksichtigt man die Kosten, welche die Goldgräber aufwenden, um nach den Goldfeldern und von da wieder in ihre Heimath zu gelangen, sowie die Kosten des theuren Unterhalts während der Zeit der Beschäftigung und nothwendiger

Pausen, das Aufreibende ihrer Arbeit verglichen mit sonstigem Erwerbe, wofür ein gewisser Mehrgewinn nur eine billige Entschädigung bildet, so wird man zu dem Resultate kommen, dass, nachdem die leicht auszubeutenden ersten Reichthümer dicht unter der Oberfläche des Bodens bald erschöpft waren, die Produktion jeder Unze Gold *durchschnittlich* den Goldgräbern nicht viel weniger an Ausgaben gekostet haben wird als eben das Aequivalent einer Unze Gold beträgt, und dass so der Werth des Goldes auf die Dauer von seinen durchschnittlichen Produktionskosten ebenso gut abhängig bleibt wie der Werth sonstiger Waaren. Wenn ein Pfund Gold noch immer einen höheren Werth hat als 15 Pfund Silber, so ist dies wesentlich dadurch bedingt, dass bis jetzt, *durchschnittlich* genommen, die Produktion des Goldes über 15 Mal mehr kostet als die Produktion eines gleichen Gewichtsquantums Silber. Werden die durchschnittlichen Produktionskosten des Goldes geringer, während diejenigen des Silbers die bisherige Höhe behalten, so wird natürlich auf die Dauer auch das Werthverhältniss zum Silber sich vermindern, so wie auch andererseits eine steigende Nachfrage nach Silber den Tauschwerth dieses Metalls speziell erhöht, welche Werthsteigerung dann die Ursache zu einer Ausdehnung der Silberproduktion wird, die ihrerseits sich nur mit durchschnittlicher Vermehrung der Produktionskosten erzielen lässt, und mittelbar ebenfalls ein Sinken des Goldwerths zur Folge haben müsste.

Während also der Belauf der durchschnittlichen Produktionskosten die progressive Vermehrung der regelmässigen Goldgewinnung, nachdem diese einen, den in Betrieb genommenen neuen Distrikten entsprechenden Umfang erreicht hatte, naturgemäss begränzte, ward ausserdem durch die künstlich geregelte Münzverfassung einiger grossen Staaten einem Sinken der Werthrelation der Edelmetalle erheblich unter die Norm von $1 : 15{,}_{50}$ einstweilen ein sicherer Damm gezogen, der erst durchbrochen sein muss, bevor eine fernere Steigerung des Silberpreises vor sich gehen kann. Es ist dies die Doppelwährung des französischen Münzgesetzes von 1803 und die überaus grosse Münzfülle Frankreichs und einiger dem gleichen Münzsystem huldigenden Nachbarländer, wovon im jetzt folgenden Abschnitte zu handeln sein wird.

IV.

Der bisherige Einfluss der ausserordentlich gesteigerten Goldproduktion und des beträchtlichen Silberabflusses nach Ostasien auf die

Münzgesetze und die thatsächlichen Münzverhältnisse mehrerer von uns besonders in Betracht zu ziehender Staaten war im wesentlichen wie folgt:

In *Grossbritannien*, wo bekanntlich seit 1817 die reine Goldwährung gilt und alles Silbergeld nur Scheidemünze ist, welches demgemäss ansehnlich über dem innern Metallwerth ausgemünzt wird, ist das Münzwesen durch jene neueren Vorgänge des Edelmetallmarktes nicht weiter berührt worden. Nur ganz vereinzelte Stimmen sind unter Hinweis auf die drohende Entwerthung des Goldes für Wiedereinführung der Silberwährung laut geworden, ohne irgend Anklang zu finden. Die Bank von England ist befugt, bis zum Viertel ihres zur Deckung der betreffenden Notenemission bestimmten Baarvorraths Silber zu haben; seit etwa zehn Jahren besteht aber, wie die Bankauweise darthun, jener Baarvorrath nur aus Gold oder Goldmünzen. Die seit 1848 stattgefundenen bedeutenden Goldausmünzungen — im Ganzen zum Betrage von 78,268,506 £ — während der gesammte Banknotenumlauf sich verhältnissmässig nur wenig verändert hat*), lassen darauf schliessen, dass der Münzvorrath sich dort ansehnlich vermehrt haben wird. In den letzten fünf Jahren (1858—62) betrug laut der Registrirung der Zollämter die Mehreinfuhr an Gold 16,203,057 £, die Mehrausfuhr an Silber 7,248,280 £**). — Da der Münzfuss, wonach das britische Silbergeld gemünzt wird, 66 s auf das Pfund Troy Stand. ist (was eine Werthrelation von $1:14,_{2678}$ ergiebt), so würde das Bedürfniss einer Münzveränderung erst dann sich fühlbar machen, wenn der Silberpreis noch um etwa 4 d. per Unze über den bis jetzt erreichten höchsten Stand steigen sollte.

Der Plan, das englische Münzsystem auch im grossen *britischen Indien* einzuführen, ist vor einigen Jahren allerdings einmal in ernstliche Anregung gebracht, allein nach näherer Erwägung entschieden abgelehnt worden. Durch Gesetz vom 17. August 1835 war dort die neu angeordnete Silbermünze der Rupien zu 180 Grän Troy-Gewicht

---

*) Gegen Ende des Jahres 1848 war der gesammte Banknotenumlauf im Vereinigten Königreiche 33,672,069 £; gegen Ende des Jahres 1862 aber 37,102,942 £.

**) Die speziellen Angaben über die Ausmünzungen und den Edelmetallverkehr des Vereinigten Königreichs findet man in den Anlagen IV. und V., woselbst auch die gleichen Notizen in Bezug auf Frankreich zusammengestellt sind.

und $\frac{11}{12}$ Feinheit als allgemeines und alleiniges gesetzliches Zahlungsmittel erklärt. Die Ausprägung von Goldmünzen (15-Rupienstücke 180 Grän Troy wiegend und $\frac{11}{12}$ fein) ward zugelassen, indessen mit der ausdrücklichen Bestimmung, dass Goldmünze künftig in keinem Theile der Territorien der ostindischen Kompagnie als gesetzliches Zahlungsmittel zu gelten habe. Thatsächlich bildete sich indess nach der dem Münzfusse zu Grunde gelegten Werthrelation von 1 : 15, obschon diese im Vergleich mit dem im Weltverkehr damals bestehenden Silberpreise dem Golde sehr ungünstig war, in manchen Gegenden Indiens die Doppelwährung, wozu namentlich der Umstand beitrug, dass die öffentlichen Kassen seit 1841 die einheimischen Goldmünzen zum nominellen Werthe in Zahlung annahmen. Als aber im Jahre 1852 bedeutende Quantitäten Gold aus Australien nach Indien zur dortigen Ausmünzung kamen und die Meinung einer progressiven Entwerthung des Goldes vorherrschte, erliess das Indische Gouvernement plötzlich am 22. Dezember 1852 die Verordnung, dass vom 1. Januar 1853 an die öffentlichen Kassen durchaus keine Goldmünzen ferner in Zahlung nehmen dürften. Dies ist die seiner Zeit so vielfach besprochene Demonetisation des Goldes in Indien, welche Massregel jedoch in Wirklichkeit lediglich eine untergeordnete Finanzmassregel war, die Frage der gesetzlichen Währung des Landes nicht weiter berührte und auf die allgemeine Werthrelation der Edelmetalle um so weniger einen wesentlichen Einfluss äussern konnte, als diese damals in Europa noch nicht viel unter $1 : 15{,}_{30}$ gesunken war und also der Natur der Sache nach die Geltung von Goldmünzen in Indien zu einem Nennwerthe, der dem Golde nur den fünfzehnfachen Werth des Silbers beilegte, immer nur eine beschränkte hätte sein können.

Dagegen ward eine wirkliche Demonetisation des Goldes im Jahre 1850 in den *Niederlanden* durchgeführt, wo nach einem Gesetze vom 25. Februar 1825 Doppelwährung, und zwar nach der gesetzlichen Werthrelation von $1 : 15{,}_{873}$ bestanden hatte, in dessen Folge neue und vollwichtige grobe Silbermünzen sich nicht im Umlauf erhalten konnten und neben dem stark abgenutzten älteren Silbergelde Goldmünze die Zirkulation bildete; wobei indess der gewichtige Umstand mit in Betracht kam, dass die Ausmünzung des Goldes nicht wie in den meisten übrigen Staaten für Rechnung von Privaten zulässig war, sondern der Regierung vorbehalten blieb. Die Unzuträglichkeiten der Doppelwährung, welche die zu hohe Valuation des Goldes bei der Ausmünzung noch empfindlicher machte, wurden von der Niederländi-

Regierung schon vor der Entdeckung der neuen Goldfelder anerkannt und der Entschluss zu ihrer Abschaffung gefasst. Längere Zeit ward hartnäckig darüber gestritten, ob man zur alleinigen Goldwährung oder zur alleinigen Silberwährung übergehen solle, und in der zweiten Kammer der General-Staaten wurde nur mit 29 gegen 27 Stimmen die Entscheidung zu Gunsten der Silberwährung getroffen, welche dann durch das neue Münzgesetz vom 26. November 1847 sanktionirt wurde. Die Demonetisation des Goldes in den Niederlanden ist mithin ganz unabhängig gewesen von dem Einflusse der kalifornischen und australischen Goldproduktion und der sich daran knüpfenden Befürchtung progressiver Goldentwerthung, wenn auch die schliessliche Ausführung in die Zeit fällt, wo die Goldfrage die allgemeine Aufmerksamkeit fieberhaft bewegte, und auf die gerade damals im freien Verkehr stattfindende Werthverringerung des Goldes eine nicht unbeträchtliche Wirkung äusserte. Am 23/24. Juni 1850 war nämlich der Termin, wo die Goldmünze ihren Charakter als gesetzliches Zahlungsmittel verlor und bis wohin die Einlösung der Goldmünzen zum Nennwerthe bewilligt war. Zur Einlösung wurden von einem ursprünglich ausgemünzten Betrage zum Werthe von 172,583,955 Gulden 49,790,970 Gulden eingeliefert und belief sich der Verlust der Staatskasse bei dieser Operation auf 1,061,125 Gulden. Indem die Niederländische Regierung im Verlauf der letzten Hälfte von 1850 und zu Anfang des folgenden Jahres das eingezogene Gold zum Betrage von nahezu 50 Millionen Gulden an den Markt brachte und dagegen etwa eine gleiche Summe Silber ankaufte, also in zweifacher Weise, durch Angebot von Gold und gleichzeitige Nachfrage nach Silber die Werthrelation der Edelmetalle affizirte, trat zuerst in merklicher Weise ein Sinken des Goldwerthes, oder was dasselbe, ein Steigen des Silberpreises um mehr als 2 pCt. ein; — im zweiten Quartal 1850 war in London der Durchschnittspreis des Silbers $59\frac{5}{8}$ d. ($1:15_{,77}$) gewesen, im ersten Quartal 1851 stellte sich derselbe auf $61\frac{9}{16}$ d. ($1:15_{,32}$), welcher Preis seitdem, wie aus den Uebersichten des vorigen Abschnitts hervorgeht, keine dauernde weitere Erhöhung erfahren hat.

Die *Vereinigten Staaten von Amerika* befanden sich zur Zeit der Entdeckung der kalifornischen Goldfelder hinsichtlich ihrer Münzzustände in ganz ähnlicher Lage wie die Niederlande vor 1847. Auch hier bestand (nach einem Münzgesetze vom 18. Januar 1837) die Doppelwährung und ebenfalls mit einer dem Golde höchst günstigen gesetzlichen Norm der Werthrelation, nämlich wie $1:15_{,988}$. Die unausbleibliche Folge war, dass nur sehr abgenutztes Silbergeld sich im Umlauf erhalten konnte und mit dem Steigen des Silberpreises seit 1850 das Aussuchen und Einschmelzen selbst abgenutzter Silbermünzen progressiv zunahm.

Die dringend nothwendig gewordene Abhülfe ward durch Kongressakte vom 21. Februar 1853 in der Weise beliebt, dass freilich eine gesetzliche Aufhebung der Doppelwährung nicht stattfand, indess durch veränderten Münzfuss der halben Dollarstücke und kleineren Silbermünzen (nach der Werthrelation von $1:14{,}88$), welche fortan nur die Geltung als Scheidemünzen behielten, unter Einstellung der Ausmünzung grober Silbermünzsorten nach dem dafür gesetzlichen Münzfuss, die alleinige Goldwährung auch von Staatswegen zur thatsächlichen Anwendung kam und für den Bedarf des täglichen Verkehrs an Theilungsmünzen der Goldstücke hinlänglich gesorgt wurde. Die nordamerikanischen Münzstätten haben seit 1848 bis 1862 den Betrag von 657,988,190 Dollars in Gold und von 61,223,650 Dollars in Silber geprägt, von welchen Summen jedoch, namentlich seit dem Zwangskurs von Papiergeld und damit verbundenem grösseren oder geringerem Agio für Gold, ein sehr beträchtlicher Theil exportirt und eingeschmolzen sein dürfte. Das gesetzliche Münzsystem der Vereinigten Staaten unterscheidet sich dadurch von der reinen Goldwährung, dass stillschweigend, aber mit ungeschwächter Kraft, der auf der Doppelwährung beruhende Vorbehalt fortbesteht, dass für den Fall einer dereinstigen möglichen Steigerung des Goldwerths über die Werthrelation von $1:15{,}99$ die Ausmünzung silberner Dollarstücke und deren unbeschränkte Verwendung als eines legalen Zahlungsmittels sofort wieder beginnen kann.

Welche Bedeutung man aber auch der thatsächlichen alleinigen Geltung der Goldwährung in den Vereinigten Staaten für die Aufrechthaltung des Goldwerths beilegen mag — und dass sie sehr gross ist, wird aus der Erwägung klar, welche Folgen für die Werthrelation eingetreten sein würden, wenn der Kongress zu Washington zur Abhülfe gegen die Folgen der Doppelwährung sich zu gleichem Auskunftsmittel wie die Niederlande, zur Annahme der reinen Silberwährung entschlossen hätte — so ist *Frankreich* doch unzweifelhaft dasjenige Land, dessen gesetzliches Münzsystem und thatsächlichen Münzzustände es gewesen sind, welche den wichtigsten und entscheidenden Einfluss auf die Gestaltung der Werthrelation der Edelmetalle seit 1851 bis jetzt ausgeübt haben und dies noch jetzt thun. Das französische

Münzgesetz von 1803 gestattet nämlich, unter Zugrundelegung der festen Werthrelation von $1:15,_{50}$ und mit Freigebung des Ausmünzens von Gold und Silber für Privatrechnung gegen mässige Gebühren, die Verwendung sowohl der Silbermünzen wie der Goldmünzen zu ihrem Nennwerthe als legales Zahlungsmittel, woraus natürlich folgt, dass dasjenige Edelmetall immer vorzugsweise benutzt werden wird, welches nach der Norm der erwähnten festen Werthrelation im freien Verkehr am wenigsten kostet. Muss für das Kilogramm Gold mehr als $15\frac{1}{2}$ Kilogramm Silber bezahlt werden, so wird es, abgesehen von speziellen Veranlassungen, Niemandem einfallen, Gold ausmünzen zu lassen oder wenn goldene Zwanzigfrankenstücke ein Aufgeld bedingen, diese zum Nennwerth als gewöhnliches Zahlungsmittel zu benutzen; und umgekehrt, wenn ein Kilogramm Gold mit weniger als $15\frac{1}{2}$ Kilogramm Silber zu kaufen ist, wird es vortheilhaft, vollhaltiges Silbergeld einzuschmelzen, dafür Gold anzuschaffen und dieses ausmünzen zu lassen. Hiernach ist denn auch im grossartigsten Massstabe in Frankreich verfahren worden. Vor 1851 ward dort verhältnissmässig wenig Gold ausgemünzt*) und für Goldmünzen gewöhnlich ein Agio bezahlt. Die Doppelwährung hatte aber damals keine besondere Unzuträglichkeiten im Gefolge, wie in den Niederlanden und in den Vereinigten Staaten, weil die gesetzliche Werthrelation so hoch bestimmt war, dass dadurch während des ganzen Zeitraums von 1803 bis 1850 niemals eine Verlockung gegeben war, die Landessilbermünze mit Gold aufzukaufen und so den Umlauf vollhaltigen Silbergeldes zu stören. Die Doppelwährung blieb ohne weiteren Einfluss auf den Verkehr und Frankreich ganz und gar in derselben Lage wie die Länder mit gesetzlicher alleiniger Silberwährung und mit Goldmünze nur als subsidiarem Zirkulationsmittel und als Handelsmünze mit schwankendem Kurse.

Eine plötzliche und durchgreifende Veränderung in den französischen Münzzuständen musste von dem Augenblick an eintreten, als auf dem Weltmarkte zuerst wieder seit etwa 60 Jahren die Werthrelation der Edelmetalle unter $1:15,_{50}$ sank, wozu, wie wir vorhin sahen, die niederländischen Münzmassregeln im Jahre 1850 zunächst den Anstoss gaben und dann natürlich die enormen Goldzuflüsse aus Kalifornien und Australien fortdauernd hindrängten. Die Pariser Münzanstalt prägte für Rechnung von Privaten Gold in fabelhaften Summen — in den

---

*) In den Jahren 1803—48 wurden in Frankreich im Ganzen gemünzt, in Gold 1217,031,040 Francs; — in Silber 3989,675,149 Francs.

Jahren 1848 — 1862 über 4748 Millionen Francs! *) — Und in entsprechendem Verhältnisse, wie die neue Goldmünze in Umlauf kam, verringerte sich die Zirkulation des groben Silbergeldes, indem dieses in seinen ganz oder nahezu vollhaltigen Stücken (eingeschmolzen oder als Münze) unaufhaltsam exportirt wurde und die neu ausgemünzten Stücke sofort wieder aus dem Umlauf verschwanden. Wäre die Zirkulation des baaren Geldes in Frankreich von nur mässigem Umfange, so würde die solchergestalt verursachte dortige Substitution des Goldes statt des Silbers nur kurze Zeit die durch sonstige überwiegende Ursachen herbeigeführte und durch vorgefasste Meinung nicht wenig unterstützte Tendenz eines weiteren Sinkens des Goldwerthes haben aufhalten können und eine Abänderung des französischen Münzgesetzes wahrscheinlich bald erfolgt sein; allein Frankreich ist ein Land, welches verhältnissmässig nuter allen Staaten die stärkste Münzzirkulation hat, und Belgien, die Schweiz und theilweise auch Italien stehen in Rücksicht des Münzwesens mit ihm in engster Beziehung. Man schätzte den Münzvorrath in Frankreich um das Jahr 1847 auf etwa 2500 bis 3000 Millionen Francs, grösstentheils in Silber, und hat bei dieser Schätzung vermuthlich noch zu niedrig gegriffen. Es gehörte schon ein sehr ansehnliches Quantum Gold dazu, um auch nur für zwei Drittel dieser Zirkulation Goldmünze anzuschaffen und ausserdem den seit 1848 erforderlich werdenden Mehrbedarf an Münze zu befriedigen. Man darf hiernach zuversichtlich behaupten, dass die Ausmünzung des Goldes in der Pariser Münze bis jetzt die bei weitem wichtigste Verwendung der neuen Goldzuflüsse gebildet hat. Und eben so klar ist es, dass Frankreich es gewesen, welches andererseits vornämlich aus seiner Zirkulation das Silber hergegeben hat, das ausser den direkten Importen aus Mexiko und Südamerika erforderlich war, um in den Jahren 1853 bis 1862 der Nachfrage zur Verschiffung nach Ostasien zu genügen. Die amtliche Handelsstatistik weiset nach, dass nach den bei den Zollämtern gemachten Doklarationen in den Jahren 1848 bis 1861 in Frankreich die Mehr-*Einfuhr* an *Gold* den Werth von 3181,235,000 Francs und die Mehr-*Ausfuhr* an *Silber* den Werth von 1164,582,000 Francs erreicht hat. **) Wie unsicher solche Angaben auch sein mögen, um den wirklichen Edelmetall-Verkehr eines Landes mit dem Auslande kennen zu lernen, so enthalten sie doch einen an-

---

*) Man vgl. die Anlage V.
**) Vgl. Anl. IV., 2.

nähernden Maassstab zur Beurtheilung der Verhältnisse im Ganzen und Grossen.

Darüber ist in Frankreich kein Zweifel mehr, dass der dermalige Zustand der Münzverhältnisse unhaltbar geworden und gesetzliche Abänderungen zur Abhülfe nothwendig zu treffen seien. Keine konkrete volkswirthschaftliche Frage ist denn auch seit 1850 dort eifriger und häufiger erörtert worden, in grösseren und kleineren Schriften, in Zeitungsartikeln, in volkswirthschaftlichen Vereinen, von Kommissionen Sachverständiger, welche die Regierung niedergesetzt hat u. s. w. Allein die Meinungen und Vorschläge sind von Anfang an bis jetzt weit auseinander gegangen und man kann nicht sagen, dass die öffentliche Meinung sich bisher vorwiegend für irgend eine Modalität erklärt hätte. So hat man denn bisher die Sache ohne alle Einmischung der Regierung ruhig sich selbst überlassen, ungeachtet aller damit verknüpften Unzuträglichkeiten und Klagen, die von Jahr zu Jahr zunahmen. Die Einen dringen noch immer entschieden auf die Annahme der reinen Silberwährung, die dem klaren Sinne des Münzgesetzes von 1803 entspreche, und auf demgemässe Demonetisation des Goldes, wie die Niederlande mit Erfolg gethan hätten; Andere verlangen mit nicht geringerer Entschiedenheit die gesetzliche Sanktionirung der reinen Goldwährung und Umwandlung des bisherigen Silber-Kurantgeldes in Scheidemünze nach einem Münzfusse, der das Einschmelzen und Exportiren der nur zur Auseinandersetzung für kleinere Beträge bestimmten künftigen Silbermünze verhindert, nach dem Vorgange Englands. Beide Parteien führen ihre Sache mit grossem Scharfsinn und gründlichen Deduktionen, welche übrigens in Einem Punkte ganz zusammentreffen, nämlich in der Verurtheilung der Doppelwährung und dem Verlangen nach einem diese für immer abschaffenden Gesetze. Dieser Auffassung tritt nun aber eine dritte Ansicht entgegen, welche, so weit uns bekannt, bis jetzt wenig zur öffentlichen Erörterung gekommen ist, allein gerade in massgebenden Regierungskreisen vorzuwalten scheint und schliesslich auch zur praktischen Geltung kommen dürfte. Hiernach würde man in Frankreich einen gleichen Weg einzuschlagen haben, wie die Vereinigten Staaten in ihrem Münzgesetze von 1853 gethan haben: das Prinzip der Doppelwährung, wie es nun einmal seit 1803 gesetzlich feststeht, würde aufrecht erhalten werden, d. h. es würde der Münzfuss der silbernen Fünffrancsstücke, also der bisherigen hauptsächlichen Kurantmünze, unverändert bleiben und nach wie vor Jedem gestattet sein, dieselbe ihrem Nennwerthe nach in Zahlung zu

geben (wenn auch in der Praxis bei einer Werthrelation von unter
1 : 15,50 Niemand sich veranlasst sehen wird, Silber nach dem gesetzlichen Münzfusse auf seine Kosten mit Verlust prägen zu lassen und
also die Zirkulation der groben Silbermünze von selbst aufhören muss).
Dagegen würden für die Ausmünzung der Zwei-, Ein- und Halb-
Frankstücke ein verringerter Münzfuss (etwa bei gleicher Schwere wie
bisher aber zu $\frac{5}{6}$- oder $\frac{835}{1000}$-Feinheit) angeordnet werden, mit der Bestimmung, dass künftig diese Münzen nur bis zu einem gewissen Be-
trage, etwa bis 20 Franks in Zahlung anzunehmen seien, also nur die
Geltung von Scheidemünzen haben, und unter der selbstverständlichen
Bedingung, dass die Ausprägung solcher Münzen nur für Rechnung
der Regierung geschehen dürfe. In dieser Weise würde Frankreich
thatsächlich ein gleiches Münzwesen wie England erhalten, die reine
Goldwährung, — jedoch mit dem Vorbehalt, dass, falls der Werth des
Silbers künftig vielleicht unter die gesetzlich anerkannte Relation von
15,50 : 1 sinken sollte, alsdann von selbst die Befugniss der Zahl-
pflichtigen wieder in Kraft treten würde, ihre Verbindlichkeiten mit
Fünffrankstücken zu 25 Gramm Silber $\frac{9}{10}$ fein zu erfüllen, deren Ausmünzung für Privat-Rechnung in solchem Falle ohne Weiteres wieder
beginnen würde.

Die *Schweiz* ist bereits mit einer Münzregulirung dieser Art vor-
angegangen. Im Bundes-Münzgesetz vom 7. Mai 1850 war das französische Münzsystem, jedoch mit Ausnahme der Bestimmungen wegen
der Goldmünzen, angenommen, also die reine Silberwährung zur Geltung gebracht. Das Gesetz verbot den öffentlichen Kassen der Eidgenossenschaft ausdrücklich, andere als gesetzliche Münzsorten in Zahlung
zu nehmen (ausgenommen in ausserordentlichen Zeiten, wo in Folge
eines hohen Wechselkurses Mangel an gesetzlichen Münzen eintreten
sollte), schloss also die Goldmünze aus. Der Uebergang zum neuen
Münzsystem ging in der Schweiz in ungestörter Weise vor sich und
die französischen silbernen Fünffrancstücke bildeten das hauptsächliche
Umlaufsmittel. Dies war jedoch nicht von langer Dauer, denn so wie
in Frankreich seit 1851 mehr und mehr Goldmünzen geprägt wurden
und in Zirkulation kamen, dagegen die gewichtigen Silbermünzstücke
ausser Landes gingen, erstreckte sich die Operation des Aufkaufens
der gut erhaltenen Silbermünzen mit Gold auch auf den Münzumlauf
in der Schweiz, wo also vor Allem die neuen schweizer Silbermünzen
sehr bald wieder verschwanden. Die Zirkulation der französischen
Goldmünzen im Privatverkehr nahm von Jahr zu Jahr zu und die

schweizer Banken erklärten, ihre regelmässigen Zahlungen künftig in solcher fremden Münze leisten und empfangen zu wollen. Selbst für das Umwechseln entstand durch die Knappheit der Silbermünze öfters Verlegenheit. Eine gesetzliche Tarifirung der Goldmünze ward wiederholt und von mehreren Seiten begehrt, allein die Bundesversammlung beschloss noch im Oktober 1856, an dem bisherigen auf das Silber basirten Münzsystem festzuhalten und in die Goldtarifirung auch dermalen nicht einzutreten. Die Münzverlegenheit wuchs aber und der Bundesrath erklärte im Jahre 1859: »Die Bundes- und Kantonalkassen vermögen dem Drange der Umstände nicht länger zu widerstehen; die Goldwährung ist zur Thatsache geworden, die Silberwährung dagegen auf dem Papier stehen geblieben; man darf ohne Uebertreibung annehmen, neun Zehntel des Geldumsatzes in der Schweiz werden gegenwärtig durch Gold und namentlich durch Zwanzig-Frankenstücke vermittelt.« Die Frage, in welcher Weise am besten Abhülfe zu schaffen, ward hierauf vielseitig geprüft und diskutirt. Obschon es auch hier nicht an Stimmen fehlte, welche die Aufrechthaltung der reinen Silberwährung aus rechtlichen wie aus volkswirthschaftlichen Gründen nachdrücklichst vertheidigten, erklärte sich doch die grosse Mehrzahl der darüber befragten Korporationen und Geschäftsleute für die Zulassung der französischen Goldmünzen zu ihrem Nennwerthe als gesetzliches Zahlungsmittel. Diese Ansicht fand in dem am 31. Januar 1860 erlassenen Bundesgesetz, betreffend theilweise Abänderung des Bundesgesetzes über das eidgenössische Münzwesen, vollständige Anerkennung, indem darin bestimmt wurde:

»Die französischen Goldmünzen, welche im Verhältnisse von einem Pfunde fein Gold zu fünfzehn und einem halben Pfund fein Silber ausgeprägt sind, werden für so lange als sie in Frankreich zu ihrem Nennwerth gesetzlichen Kurs haben, ebenfalls zu ihrem Nennwerth als gesetzliches Zahlungsmittel anerkannt.«

»Die 2-, 1- und $\frac{1}{2}$-Frankenstücke werden fortan als blosse Silberscheidemünzen ausgeprägt; sie erhalten wie die bisherigen Stücke so viel Mal das Gewicht von 5 Grammen, als ihr Nennwerth es ausspricht; dagegen sollen sie nur acht Zehntheile feines Silber enthalten.«

»Niemand ist gehalten mehr als 20 Franken an Werth in Silberscheidemünze anzunehmen.«

Zugleich ward die Einziehung der nach dem Münzgesetz vom 7. Mai 1850 ausgeprägten schweizerischen 2-, 1- und $\frac{1}{2}$-Frankenstücke angeordnet, während dagegen von einer Veränderung oder formellen Aufhebung der silbernen Fünffrankenstücke gar nicht die Rede ist. Diese sind also prinzipiell, wenn auch nicht in der Praxis, noch fortwährend ebenfalls gesetzliches Zahlungsmittel und so besteht dem Gesetze nach noch stillschweigend die Doppelwährung.

In *Belgien*, welches sich hinsichtlich seiner Münzverhältnisse Frankreich gegenüber in gleicher Lage befindet, wie die Schweiz, ist nach langwierigen Verhandlungen schliesslich ebenfalls ein ähnlicher Ausweg gewählt worden. Belgien, welches durch Münzgesetz vom 5. Juni 1832 das französische Münzsystem angenommen hatte, änderte, um den Goldmünzen eine grössere Zirkulation zu verschaffen, den Münzfuss derselben, indem durch Gesetz vom 31. März 1847 festgesetzt wurde, dass aus dem Kilogramm fein Gold künftig, nicht wie im französischen System 3444 Francs 44 Cent., sondern 3515 Francs gemünzt werden sollten, was für Belgien die gesetzliche Werthrelation statt auf $1:15,_{50}$ auf $1:15,_{81}$ stellte und dem damaligen Goldwerthe besser zu entsprechen schien. Belgien traf also um dieselbe Zeit als die Niederlande zur alleinigen Silberwährung übergingen, Massregeln um der gesetzlichen Doppelwährung zu Gunsten des Goldes einen freieren Spielraum zu verschaffen. Dass man indess mit einer gewissen Aengstlichkeit dabei zu Werke ging, liess sich aus der gleichzeitigen Bestimmung abnehmen, dass die Summe der neuen Goldausprägung den Betrag von 20 Millionen Francs vorläufig nicht überschreiten solle. Als freilich sehr bald darauf die ausserordentliche Vermehrung der Goldproduktion und ein Sinken des Goldwerthes um 2 bis 3 pCt. eintrat, ward mit der Ausprägung eigener Goldmünzen, obschon das gestellte Limitum noch keineswegs erreicht war, eingehalten, auch die Einziehung der davon im Umlauf gesetzten verfügt und eine Verordnung erlassen, welche den gesetzlichen Kurs der fremden Goldmünzen aufhob, mithin die reine Silberwährung einführte. Die Bankinstitute nahmen fortan die französischen 20 Franksstücke je nach dem Kurse zu 19 Francs 90 Cent. oder weniger, aber im gewöhnlichen Verkehr und namentlich in den Provinzen an der französischen Grenze war die Zirkulation der französischen Goldmünzen zu ihrem Nennwerthe ebenso wenig, wie dies in der Schweiz möglich gewesen, zu verhindern und das Drängen zur gesetzlichen Anerkennung dieses Zustandes ward immer stärker. Vergebens vertheidigte der Finanzminister (Orban Frère) die Aufrechthaltung der reinen Silberwährung, als durch Gründe der Rechtlichkeit und Zweckmässigkeit geboten, aufs Aeusserste; die Kammern genehmigten mit ansehnlicher Majorität einen Gesetzentwurf, wonach »die in dem Verhältnisse von 1 Kilogramm fein Gold auf 15¼ Kilogramm fein Silber ausgeprägten französischen Goldstücke zu ihrem Nennwerthe als gesetzliche Münze so lange zuzulassen seien, als sie in Frankreich einen ihrem Nennwerth gleichkommenden gesetzlichen Kurs haben«, — und ward ein demgemässes Gesetz am 4. Juni 1861 erlassen. Belgien schloss sich hierdurch vollständig dem französischen System der Doppelwährung und für jetzt der thatsächlichen Goldwährung an. Wegen Ausmünzung von Silberscheidemünzen nach dem Vorgange der Schweiz ward in Belgien noch keine Bestimmung getroffen, sondern man will höchst wahrscheinlich das Vorgehen Frankreichs in dieser Beziehung abwarten und sich dann demselben anschliessen*).

Anlage I.
Deklarirte Goldausfuhr aus Kalifornien und Victoria
in den Jahren 1848 — 1862.

Jahre.	Goldausfuhr aus Kalifornien.		Goldausfuhr aus Victoria.	
	Gewicht. Pfund.	Werth. Thaler.	Gewicht. Pfund.	Werth. Thaler.
1848—50	213,400	98,164,000	—	—
1851	103,800	47,748,000	8,500	3,910,000
1852	137,800	63,388,000	159,000	73,140,000
1853	165,200	75,992,000	184,000	84,640,000
1854	154,800	71,208,000	140,000	64,400,000
1855	134,300	61,778,000	163,000	74,980,000
1856	152,600	70,196,000	175,000	80,500,000
1857	147,100	67,666,000	161,000	74,060,000
1858	143,100	65,826,000	148,000	68,080,000
1859	143,400	65,964,000	133,000	61,180,000
1860	127,400	58,604,000	122,000	56,120,000
1861	122,400	56,304,000	110,000	50,600,000
1862	128,100	58,926,000	97,000	44,620,000
1848—1862:	1,873,400	861,764,000	1,600,500	736,230,000

Goldausfuhr aus Kalifornien und Victoria zusammen in den Jahren 1848—1862: an Gewicht 3,473,900 Pfund; — an Werth 1,597,994,000 Thaler, und im Durchschnitt der 10 Jahre 1853—1862:
an Gewicht 285,140 Pfund; — an Werth 131,164,400 Thaler.

---

*) Wegen Mangels an Raum sehen wir uns leider genöthigt, die zweite Hälfte dieses Aufsatzes, die sich mit der Goldwährung in ihren besonderen Beziehungen zum deutschen Münzwesen beschäftigt, dem nächsten Bande dieser Vierteljahrsschrift vorzubehalten. Anm. des Herausgebers.

In Betreff der vorstehenden Aufstellung möchte zur Erläuterung noch Folgendes zu bemerken sein.

Die Angaben sind auf Grund der auf den Zollämtern in San Francisco und Melbourne deklarirten Summen in runden Zahlen berechnet, wobei 332,308 Dollars und respektive 68,281 £ auf das metrische Pfund fein Gold und dieses wieder zum Werthe von 460 Thaler des Dreissigthaler-Fusses angenommen worden.

Die von Passagieren bei ihrer Abreise ohne Deklaration mitgenommenen Summen sowie die auf anderen Wegen als über San Francisco oder Melbourne aus Kalifornien und Victoria exportirten Quantitäten Gold sind in obigen Angaben nicht mit enthalten. Ausserdem ist die wirkliche Goldgewinnung in den beiden genannten Ländern jedenfalls noch um etwas höher anzunehmen als die stattgehabte Ausfuhr, weil natürlich für den eigenen Geldumlauf ein gewisser Betrag zurückbehalten sein muss, der bedeutender sein wird als die gleichzeitige etwaige Einfuhr an Goldmünzen vom Auslande.

Andererseits ist nicht unerwähnt zu lassen, dass die Ausfuhrangaben für Kalifornien sich nicht ausschliesslich auf Gold beziehen, sondern im allgemeinen Edelmetall umfassen, also auch die exportirten Silber-Kontanten. Bis auf die allerletzten Jahre wird indess der Antheil des Silbers daran nicht relevant gewesen sein. Die Zollregister enthalten keinen Nachweis, um den Betrag des letzteren auszuscheiden.

Im Ganzen und Grossen genommen wird die vorstehende Zusammenstellung der Goldausfuhr aus Kalifornien und Victoria als eine annähernde und für den vorliegenden Zweck genügende Schätzung der durch die Goldproduktion dieser Länder für den Weltverkehr neu hinzugekommenen Goldzuflüsse gelten dürfen.

Anlage II.

Die direkte Silber-Einfuhr aus Mexico und Südamerika in Grossbritannien
während der Jahre 1851—1862.

Jahre.	Deklarirter Werth. £.	Werth in Thaler des 30 ℳ-Fusses	Gewicht. Pfund.
1851	....	22,350,000	745,000
1852	....	26,730,000	891,000
1853	....	26,130,000	871,000
1854	....	27,390,000	913,000
1855	....	23,940,000	798,000
1856	....	31,740,000	1,058,000
1857	....	27,000,000	900,000
1858	2,943,169	19,621,000	664,000
1859	3,363,013	22,420,000	752,000
1860	4,518,097	30,121,000	1,004,000
1861	5,047,612	33,651,000	1,122,000
1862	6,242,068	41,614,000	1,387,000
1851—56 im Ganzen:	....	158,280,000	5,276,000
durchschnittl.:	....	26,380,000	879,300
1857—62 im Ganzen:	....	174,427,000	5,829,000
durchschnittl.:	....	29,071,000	971,500
1851—62 im Ganzen:	....	332,707,000	11,105,000
durchschnittl.:	....	27,726,000	925,400

Die obigen Angaben sind für die Jahre 1858—1862 aus der offiziellen Handelsstatistik des Vereinigten Königreichs entnommen; vor November 1857 wurde die Edelmetall-Einfuhr bei den Zollämtern nicht registrirt. Die entsprechende Einfuhr in den Jahren 1851—1857 ist deshalb nach den halbjährlichen Berichten der Edelmetall-Makler mitgetheilt. — Der bei weitem grösste Theil der in Rede stehenden Silbereinfuhr findet mittelst der aus Westindien in Southampton ankommenden regelmässigen Postdampfer statt. In obiger Aufstellung ist die Einfuhr aus Brasilien, die übrigens nur unbedeutend und zufälliger Art ist, nicht mit einbegriffen; dagegen findet dies hinsichtlich der Einfuhr aus Westindien statt. Mitunter werden auch nicht unbeträchtliche Quantitäten Silber, aus den Vereinigten Staaten importirt, z. B. im Jahre 1859 zum deklarirten Betrage von 1,763,639 £. (11,757,600 Thaler) und 1860 zum Belauf von 874,827 £. (5,832,200 Thaler).

Anlage III.

Silber-Ausfuhr von Europa nach Ost-Asien per Ueberlandpost
in den Jahren 1851—1862.

Jahre.	Ausfuhr aus Southampton. Werth. Thaler.	Ausfuhr aus Häfen des Mittelmeeres. Werth. Thaler.	Gesammt-Ausfuhr per Ueberlandpost. Werth. Thaler.	Gewicht. Pfund.
1851	10,424,000	(600,000)	11,024,000	367,000
1852	19,286,000	(1,000,000)	20,286,000	676,000
1853	30,479,000	5,656,000	36,135,000	1,204,000
1854	21,697,000	9,673,000	31,370,000	1,046,000
1855	37,540,000	10,162,000	47,702,000	1,590,000
1856	72,861,000	13,266,000	86,127,000	2,871,000
1857	115,303,000	22,338,000	137,641,000	4,588,000
1858	33,926,000	6,074,000	40,000,000	1,334,000
1859	106,688,000	10,146,000	116,834,000	3,894,000
1860	54,162,000	18,427,000	72,589,000	2,420,000
1861	48,532,000	13,474,000	62,006,000	2,067,000
1862	71,401,000	(20,000,000)	91,401,000	3,047,000
1851—56 im Ganzen:	192,287,000	40,357,000	232,644,000	7,754,000
1851—56 durchschn.:	32,048,000	6,726,000	38,774,000	1,292,000
1857—62 im Ganzen:	430,012,000	90,459,000	520,471,000	17,350,000
1857—62 durchschn.:	71,669,000	15,076,000	86,745,000	2,892,000
1851—62 im Ganzen:	622,299,000	130,816,000	753,115,000	25,104,000
1851—62 durchschn.:	51,858,000	10,901,000	62,760,000	2,092,000

Anlage IV.
Deklarirte Ein- und Ausfuhr von Edelmetall in Grossbritannien und Frankreich
während der Jahre 1848—1862.

1. Grossbritannien.

Jahre	Gold. Einfuhr. £.	Gold. Ausfuhr. £.	Silber. Einfuhr. £.	Silber. Ausfuhr. £.
1848	Nicht ermittelt	1,555,396	Nicht ermittelt	7,041,594
1849	„ „	1,190,924	„ „	7,721,543
1850	„ „	2,574,568	„ „	4,365,778
1851	„ „	3,975,364	„ „	5,084,187
1852	„ „	4,325,824	„ „	5,969,640
1853	„ „	12,751,778	„ „	6,154,975
1854	„ „	16,552,845	„ „	6,033,723
1855	„ „	11,847,213	„ „	6,980,965
1856	„ „	12,038,299	„ „	12,813,498
1857	„ „	15,061,500	„ „	18,505,468
1858	22,793,126	12,567,040	6,700,064	7,061,836
1859	22,297,698	18,081,139	14,772,458	17,607,064
1860	12,584,684	15,641,578	10,393,512	9,893,190
1861	12,163,937	11,238,372	6,583,108	9,573,276
1862	19,903,704	16,011,963	11,752,772	13,314,228
1858—1862 Mehr-Einfuhr:	16,203,057	—	—	—
Mehr-Ausfuhr:	—	—	—	7,248,280

2. Frankreich.

Jahre	Gold. Einfuhr. Fr.	Gold. Ausfuhr. Fr.	Silber. Einfuhr. Fr.	Silber. Ausfuhr. Fr.
1848	43,762,000	5,882,000	194,505,000	19,396,000
1849	11,882,000	5,645,000	229,113,000	46,847,000
1850	61,035,000	44,046,000	132,800,000	82,309,000
1851	115,826,000	31,224,000	158,649,000	100,681,000
1852	59,181,000	42,272,000	158,747,000	182,575,000
1853	318,787,000	29,728,000	96,096,000	229,453,000
1854	480,694,000	64,573,000	87,757,000	263,542,000
1855	380,910,000	102,667,000	78,106,000	318,051,000
1856	465,001,000	89,747,000	98,718,000	393,519,000
1857	568,692,000	162,870,000	98,270,000	458,089,000
1858	553,563,000	66,459,000	160,635,000	175,575,000
1859	726,810,000	187,467,000	210,538,000	382,060,000
1860	470,606,000	159,199,000	131,350,000	288,207,000
1861	244,592,000	268,327,000	174,590,000	234,152,000
Total:	4,501,341,000	1,320,106,000	2,009,874,000	3,174,456,000
1848—1861 Mehr-Einfuhr:	3,181,235,060	—	—	—
Mehr-Ausfuhr:	—	—	—	1,164,582,000

Anlage V.

Gold- und Silber-Ausmünzungen in Grossbritannien und in Frankreich
seit dem Jahre 1848—1862.

Jahre.	Grossbritannien.		Frankreich.	
	Gold. £.	Silber. £.	Gold. Fr.	Silber. Fr.
1848	2,451,999	35,442	66,807,310	326,279,759
1849	2,177,955	119,592		
1850	1,491,836	129,096	85,192,390	86,458,485
1851	4,400,411	87,868	269,709,570	59,327,309
1852	8,742,270	189,596	27,028,270	71,918,445
1853	11,952,391	701,544	312,964,020	20.099,488
1854	4,152,183	140,480	526,528,200	2,123,887
1855	9,008,663	195,510	447,427,820	25,500,305
1856	6,002,114	462,528	508,281,995	54,422,214
1857	4,859,860	373,230	572,561,225	3,809,611
1858	1,231,023	445,896	488,689,635	8,663,568
1859	2,649,509	647,064	702,697,790	8,401,814
1860	3,121,709	218,403	428,452,425	8,084,199
1861	8,190,170	209,484	98,216,400	2,518,049
1862	7,836,413	148,518	214,241,990	2,519,398
1848—1862:	78,268,506	4,104,251	4,748,799,040	680,126,531
Durchschnittl.:	5,217,900	273,617	316,586,602	45,341,768

Die Ausmünzungen der **Vereinigten Staaten** von 1848 bis 1862 haben betragen:

in Gold 657,988,190 Dollars,
in Silber 61,223,650 „

Die Silber-Ausmünzungen in den **Niederlanden** (mit Ausschluss der Ausprägungen für die Kolonien) haben in den Jahren 1840—1862 im Ganzen betragen 180,628,694 Gulden, von welcher Summe, wie man annimmt, etwa 8 bis 9 Millionen Gulden wieder eingeschmolzen sind. — Gold-Ausmünzungen scheinen in den Niederlanden währene der letzten Jahre ganz aufgehört zu haben.

Korrespondenz.

Aus Süddeutschland, Mitte September.

Es wird nur ein musivisches Bild sein, das ich Ihnen von dem volkswirthschaftlichen Leben Süddeutschlands während des verflossenen Vierteljahres bieten kann. Keine Regierungsmassregel, keine Versammlung, kein Unternehmen von zentraler Bedeutung hat unsere Aufmerksamkeit vorzugsweise in Anspruch genommen; es ist vielmehr Alles so still hergegangen, wie es sich für eine regelrechte Saueregurkenzeit geziemt. Dafür haben aber desto lauter die Büchsen auf den Schützenfesten zu Mannheim, La Chaux de Fonds, Zweibrücken und München geknallt und was diese etwa noch an Sinn für die nächstgelegenen Tagesinteressen übrig liessen, das hat der Fürstentag zu Frankfurt zu guter letzt noch vollständig verschlungen. Hier und da hat die Frage vom Handelsvertrag wohl noch einmal ihr ernstes Gesicht erhoben, aber ich schrieb Ihnen ja schon im letzten Briefe, dass wir uns hier nur noch in zweiter Linie für dies Schmerzenskind interessiren und seit dem kühnen Schachzuge Oesterreichs in der deutschen Frage weiss gar Niemand mehr recht, wie er sich zum Handelsvertrag zu stellen hat. Gleichwohl hat, wie gesagt, diese Frage wenigstens nicht ganz geschlafen. Die kurhessische Kammer hat nicht auseinander gehen mögen, ohne ihrer Regierung nochmals dringend die Annahme des Vertrages zu empfehlen. Der Ausschuss der Darmstädter zweiten Kammer ist ebenfalls zu Gunsten des Vertrags auf denselben zurückgekommen und am Schluss des deutschen Abgeordnetentages ist in Frankfurt, namentlich auf Veranlassung mehrerer Würdenträger, eine kleine Anzahl von Freunden des Vertrages zur gemeinsamen Berathung der Sachlage zusammen getreten. Man konnte sich leider wenig Tröstliches mittheilen: die baierische Kammer hat mit einer Mehrheit von über hundert Stimmen die Ablehnung ihrer Regierung gebilligt und dem gegenüber will es wenig heissen, wenn man in Frankfurt darüber einig war, die Opposition gegen den Vertrag beruhe ausschliesslich auf politischen Gründen und die Nachtheile der Ablehnung würden, im Fall es zur Sprengung des Zollvereins kommen sollte, überwiegend Süddeutschland zufallen. Immerhin hat indess dies Geständniss auch von würtembergischer Seite seinen Werth und es ist nur zu wünschen, dass man daraus auch Veranlassung nehmen möge, in diesem Sinne zugleich die Agitation im Schwabenlande fortzuführen. Dass die baierische Abgeordnetenkammer sich so leichthin über alle Rücksichten für die Erhaltung des Zollvereins hinweggesetzt hat, wird Sie bei der Zusammensetzung derselben schwerlich befremden, es darf Sie aber auch über die Beurtheilung der Folgen einer wirklich eintretenden Zerreissung des Zollvereins in den Volkskreisen nicht irre führen. Ich habe mit eigenen Ohren noch vor wenigen Tagen in den kurhessischen Grenzorten an der baierischen Grenze die bündige Versicherung gehört, es werde kein Schlagbaum über Nacht stehen bleiben, wenn die Regierungen wirklich das Aeusserste wagen sollten, und ich glaube die Stimmung in den baierischen Dörfern ist hiervon schwerlich sehr verschieden. Die baierische Regierung will sich zwar über diese Schattenseiten ihrer Handelspolitik mit einem engeren und weiteren Zollbund hinweghelfen, ich enthalte mich jedoch wohl vorerst noch mit Recht, über dies Projekt etwas Weiteres zu sagen, so lange es nicht aus seiner bisherigen nebelhaften Gestalt herausgetreten ist. Der Ausgang der Zollvereinskrise ist ein Prüfstein für die politische Reife unserer Nation. Wenn wir es uns wirklich gefallen lassen sollten, dass die Herren in Stuttgart und München nur ihrem politischen Krakehl zu lieb den Zollverein vor unserer Nase in die Luft sprengen, so ist uns nichts weiter als unser Recht widerfahren. Ich glaube aber allerdings, dass man es in den Regierungskreisen so weit als nur irgend möglich treiben wird und mache mich auf's Aeusserste gefasst. Was dann von unserer Seite zu geschehen hat, das ist bis jetzt noch nirgend erwogen und es will doch sehr reiflich und mit aller Ueberlegung erwogen sein. Vielleicht bin ich im Stande, Ihnen im nächsten Bericht etwas Positives mitzutheilen. Vorerst bitte ich, keiner Stimme aus Süd-Deutschland Glauben zu schenken, sie mag die Erhaltung oder die Sprengung des Zollvereins, einen entscheidenden Abfall von Oesterreich oder ein Festhalten an dem Handelsvertrag trotz Preussens in Aussicht stellen. Die öffentliche Meinung hat sich eben über den Ausgang der Krisis kaum geregt, geschweige denn festgestellt.

Meinen früheren Vorwurf, dass von Seiten der süddeutschen Regierungen nichts geschehen sei, um die volkswirthschaftliche Bewegung im Fluss zu erhalten, kann ich diesmal nicht so ohne Weiteres wiederholen. Zunächst haben sich die Regierungen von Kurhessen und Darmstadt endlich auch entschlossen, mit der Zunftverfassung zu brechen. Sehr weit sind freilich diese Entschlüsse noch nicht gediehen: die kurhessische Regierung hat vorerst nur eine Kommission niedergesetzt, um einen Gewerbegesetzentwurf ausarbeiten zu lassen und die Regierung in Darmstadt hat einstweilen nur das Zentralbureau des Gewerbevereins veranlasst, an die einzelnen Gewerbevereine sechs Fragen über eine Reform der Gesetzgebung zur Beantwortung zu überweisen. Die Zusammensetzung der kurhessischen Kommission bürgt nun zwar dafür, dass die von ihr zu entwerfende Gesetzvorlage den Prinzipien der Gewerbefreiheit vollständig Rechnung tragen wird, ob aber dann die Regierung und ob gerade der Kurfürst diese Vorlage genehmigen wird, das steht in einem anderen Kapitel. In Darmstadt sind wohl die Aussichten um Vieles besser. Die Fassung der sechs gestellten Fragen lässt wenigstens auf nichts Anderes schliessen, als dass die Regierung fest entschlossen ist, die Gewerbefreiheit ihrerseits einzuführen und da die Antworten, welche von den einzelnen Vereinen einlaufen, bis jetzt durchgängig der Absicht der Regierung entgegenkommen, so ist die Hoffnung wohl begründet, dass schon im nächsten Jahre die rechtsrheinischen Provinzen von Hessen-Darmstadt sich derselben Freiheit der gewerblichen Bewegung erfreuen, wie die hessische Pfalz. Auch in Bezug auf die Vervollständigung des deutschen Eisenbahnnetzes sind im Laufe dieses Vierteljahres mehrere Vorlagen von Seiten der Regierungen erfolgt. Zwar in Kurhessen ist bis jetzt aus den allbekannten Gründen noch immer nichts weiter geschehen, als dass das Eisenbahnanlehen im Betrage von drittehalb Millionen verzinst wird und in Nassau hat das Eisenbahnwesen ebenfalls keine weitere Förderung erfahren, als dass die Verhandlungen mit den Ständen über die Zinsengarantie für den Betrieb der Höchst-Sodener Bahn durch die Taunusbahngesellschaft, nach langen und hartnäckigen Schwierigkeiten innerhalb beider Kammern, schliesslich zur Genehmigung im proponirten Betrage von 1750 Gulden geführt haben. Dagegen ist in Darmstadt die hessische Ludwigsbahn-Gesellschaft mit der Linie Worms-Mensheim-Alzei konzessionirt und in der baierischen Pfalz die Konstituirung der Gesellschaft für den Bau der Bahn von Neustadt nach Dürkheim von der Regierung genehmigt worden. Ferner hat die badische Regierung folgende beide Linien für den Staatsbau bei den Kammern beantragt und auch bereits die Zustimmung der Stände dafür erhalten: 1) eine Bahn im unteren Tauberthal von Wertheim über Tauberbischofsheim nach Giebichsheim; 2) eine Bahn im Kinzigthal von Offenburg bis Hausach — der Anfang der grossen Schwarzwaldbahn, welche das Rheinthal bei Offenburg mit dem Bodensee und mit Oberschwaben verbinden soll. Endlich hat die baierische Regierung folgende neue Linien auf Staatskosten bei den Ständen proponirt: 1) von München über Ingolstadt, Eichstädt, Weissenburg nach Pleinefeld zum Anschluss an die Südnordbahn mit einer Abzweigung von Treuchtlingen nach Gunzenhausen; 2) von München über Erding, Neumarkt durch das Rotthal nach Neuhaus zum Anschluss an die österreichische Bahn bei Schärding. Diese letztere Linie wird auch sehr wahrscheinlich in der vorgeschlagenen Richtung von den Kammern genehmigt werden; ob dagegen auch die erste Linie, ist sehr zweifelhaft, da der betreffende Ausschuss die Führung der Bahn direkt nach Nürnberg beantragt hat und diesen Antrag mit dem sehr gewichtigen Grund unterstützt, dass dadurch die Linie von Nürnberg nach München um 17 Stunden abgekürzt werde.

Von der Thätigkeit der Regierungen im Uebrigen glaube ich anführen zu müssen, dass die Rheinschifffahrts-Kommission einmal wieder zusammengetreten ist und zwar diesmal mit der ernstlichen Absicht der Kommissäre von Baden, Baiern und Preussen, die Rheinzölle entweder ganz abzuschaffen oder sie bis auf die Höhe der Kosten der Unterhaltung des Rheinbetts herabzusetzen. Dieser Vorschlag ist zwar wegen des Widerspruches von Darmstadt und Nassau nicht durchgedrungen, doch drückt die Konkurrenz der Eisenbahnen auf beiden Seiten des Rheines, zumal bei niedrigen Preisen, welche die gegenseitige Konkurrenz dieser Eisenbahnlinien zu beiden Seiten des Stroms diktirt, dermassen auf die Rheinschifffahrt, dass die endliche Abschaffung der Rheinzölle wohl nur noch eine Frage der Zeit sein kann. Ich erwähnte ferner in meiner letzten Korrespondenz das Projekt der Errichtung einer Bank in Mannheim. Dieser Plan hat sich nunmehr dahin fixirt, dass die Hauptbank in Karlsruhe, dagegen in Mannheim und Freiburg Zweigbanken errichtet werden sollen. Das Aktienkapital sollte 5 Millionen Gulden betragen. In dieser Form ist das Projekt der Regierung zur Genehmigung vorgelegt und von dieser der Zweiten Kammer zur Prüfung überwiesen worden. Leider hat die Kammer ihre Zustimmung vorerst versagt, doch ist damit nicht endgültig über das Schicksal einer badischen Bank entschieden, vielmehr wird dem nächsten Landtag wahrscheinlich die Frage, vielleicht mit einigen Abänderungen, abermals vorgelegt werden. Von der Thätigkeit des baierischen Landtages und der baierischen Regierung führe ich an, dass die Zusatzbestimmungen zur deutschen Wechselordnung zur Vorlage gekommen und auch angenommen worden sind. Ferner haben die Abgeordneten Brater und Crämer einen Antrag auf Einführung der Gewerbefreiheit eingebracht, während der Abgeordnete Völk es übernommen hat, einen Antrag auf Erlass eines Gesetzes zu stellen, durch welches die privatrechtliche Stellung der Genossenschaften im Sinne des von Schulze-Delitzsch im preussischen Abgeordnetenhause eingebrachten Gesetzentwurfs geordnet werden soll. Wie die Kammer selbst und die Regierung sich zu diesem letzteren Antrag verhalten wird, ist noch nicht zu erkennen. Die Einführung der Gewerbefreiheit ist in der Thronrede für den nächsten Landtag verheissen und von der Kammer ist diese Zusicherung bestens acceptirt worden. Es ist daher dem gedachten Antrage von Brater und Crämer wohl nur eine agitatorische Bedeutung beizumessen. Die baierische Regierung hat sich ferner veranlasst gesehen, eine Verordnung über den Hausirhandel und den Betrieb der Wandergewerbe zu erlassen. Eine Anerkennung der volkswirthschaftlichen Bedeutung des Hausirhandels ist in dieser Verordnung, in der der leidige polizeiliche Standpunkt nicht ohne Schärfe festgehalten ist, gerade nicht zu erkennen. Doch ist damit wenigstens das Gute erreicht, dass man in Baiern, wo man bisher die mannichfachsten Bestimmungen über den Hausirhandel hatte, nun einmal weiss, woran man ist. Der Hausirhandel aber, der mit noch ganz anderen Schwierigkeiten fertig zu werden weiss, wird es schon verstehen, die ihm in dieser Verordnung gebotenen Vortheile gehörig auszunützen. Ausserdem bleibt die Hoffnung, dass bei dem von der Regierung selbst in Aussicht gestellten allgemeinen Gewerbegesetze sich immer noch einige erleichternde Bestimmungen werden treffen lassen.

Ein erfreuliches Bild von der gewerblichen Thätigkeit in den Privatkreisen gewährten die beiden Ausstellungen, welche in Wiesbaden und Giessen statthatten. In Wiesbaden hatte der Zentral-Gewerbeverein eine Ausstellung der Erzeugnisse der gesammten Industrie und Kunst des ganzen Landes veranlasst, so dass Gelegenheit geboten war, den Stand der gewerblichen Entwickelung des Landes Nassau auf einmal zu übersehen. Der Schwerpunkt lag wohl in den schön geordneten Erzeugnissen des Bergbaues und der damit in Verbindung stehenden Industrie, doch legten auch die übrigen Gegenstände Zeugniss davon ab, dass die gewerbliche Entwickelung des Herzogthums in den letzten Jahrzehnten einen weit bedeutenderen Aufschwung genommen hat, als man bisher angenommen hatte. Jedenfalls ist in den öffentlichen Blättern sehr richtig bemerkt worden, dass das bequeme Schlagwort, welches seither in den Regierungskreisen als Glaubenssatz koursirte, „Nassau ist ein ackerbautreibender Staat" durch den schlagenden Beweis dieser gewerblichen Ausstellung in seiner ganzen Unwahrheit enthüllt worden ist. Die Ausstellung in Giessen betraf nur landwirthschaftliche Erzeugnisse und landwirthschaftliche Geräthschaften und hatte zugleich den Charakter eines bäuerlichen Volksfestes. Auch diese Ausstellung war ebenso zahlreich beschickt als besucht und wenn sie sich auch an Grossartigkeit mit der internationalen Ausstellung in Hamburg weitaus nicht messen konnte, so hat sie doch nicht minder als diese ihren Zweck erfüllt: einen Ueberblick über die Entwickelung der Landwirthschaft im Grossherzogthum und vor Allem in der Provinz Oberhessen zu gewähren, das Streben nach weiterer Vervollkommnung und die Achtung vor dem eignen Stand in den Kreisen der Bauern zu fördern und eine Reihe von wichtigen und sinnreichen Maschinen der Anschauung und Beurtheilung des Landwirths zugänglich zu machen. Eine direkte Folge dieser beiden Ausstellungen ist es denn auch, dass sowohl in Frankfurt als in der Versammlung der kurhessischen Gewerbevereine, auf welche ich unten zurückkommen werde, die Veranstaltung von gewerblichen Ausstellungen in Frankfurt und Kassel angeregt worden ist. Der Plan, in Frankfurt eine gewerbliche Ausstellung von blos Frankfurter Fabrikaten zu arrangiren, hat in dieser Beschränkung wohl kaum Aussicht auf Ausführung, er dürfte aber vielleicht den Keim einer grösseren Ausstellung in sich bergen.

Eine eigenthümliche und für Viele gänzlich fremde Erscheinung war uns hier in Süddeutschland das Pferderennen, welches gelegentlich des Pferdemarktes zu Frankfurt vom dortigen landwirthschaftlichen Verein veranstaltet worden war. Glänzender hätte diese Sitte nicht inaugurirt werden können, denn das Rennen fiel gerade in den Fürstentag hinein und während beider Tage war eine grosse Anzahl der Herren Potentaten beim Rennen anwesend. Ich will mich vorerst noch eines endgültigen Urtheils über die Aufnahme enthalten, welche das Rennen im Publikum gefunden hat. Mir will es bis jetzt nicht so vorkommen, als wenn es gelungen wäre, das allgemeine Interesse für derartige Schauspiele im Volke zu erwecken. Doch kann ich mich täuschen und es ist immerhin möglich, dass im nächsten Jahr, wenn zugleich eine grössere Anzahl von Rennern sich einfinden sollte, das erste verblüffte Erstaunen einer mehr oder weniger enthusiastischen Theilnahme Platz machen wird. Die Arrangeurs des Festes haben sich einstweilen nicht irre machen lassen, es ist ein rheinischer Rennverein unter der hohen Protektion einer Anzahl von deutschen Fürsten gegründet worden und so alle Aussicht da, dass der Sport bei uns in Zug kommt. Das erforderliche Geld wird jedenfalls nicht fehlen, das haben die verlockenden Preise des ersten Rennens hinlänglich bewiesen.

Die Versammlung der kurhessischen Handels- und Gewerbevereine hat am 5. Juli unter ganz erfreulicher Betheiligung fast aller Vereine des Landes stattgefunden und bereits den Erfolg gehabt, dass sich zwei weitere Vereine, in Marburg und in Fulda, gebildet haben. Zur Verhandlung kamen: die Reform der Gewerbegesetzgebung und die Eisenbahntarife in Kurhessen. Zu beiden Fragen wurde beschlossen, eine entsprechende Eingabe an die Regierung zu richten und zwar im Sinne der Gewerbefreiheit und im Sinne einer grösseren Berücksichtigung der kurhessischen Stationen bei den Differential-Tarifsätzen. Die Eingabe in Betreff der Gewerbefreiheit hat durch die oben erwähnte Entschliessung der Regierung inzwischen ihre Bedeutung verloren; was die Eisenbahntarife anbelangt, so werden sich die Vereine auf einen hartnäckigen Kampf gefasst machen müssen. Für den Oktober ist bereits eine zweite Versammlung der Vereine in Aussicht genommen, auf der zugleich die Konstituirung sämmtlicher Einzelvereine als Gesammt-Landesverein erfolgen soll, so dass es endlich einmal den Anschein gewinnt, als würde die volkswirthschaftliche Bewegung auch in Kurhessen nunmehr in Fluss kommen.

Zum Schluss noch einige wenige Worte über die Arbeiterbewegung. Der Vereinstag der deutschen Arbeitervereine hat, wie es scheint, den Sozialismus vollständig bei uns todt gemacht. Man hört und sieht wenigstens nur noch in dem unverbesserlichen kleinen und einflusslosen Arbeiterbildungsverein zu Frankfurt etwas von diesen Theorien. Was etwa noch fehlte, hat wohl Schulze-Delitzsch mit seinem Auftreten in Offenbach und Frankfurt zum Schweigen gebracht. Das Vereinsleben der Arbeiter hat dagegen im Laufe dieses Vierteljahres lustig weiter geblüht, wie die mehr oder weniger zahlreichen Versammlungen zu Osthofen, Weinheim, Bruchsal, Offenbach, Darmstadt und Frankfurt und eine Anzahl neu gegründeter Arbeitervereine beweisen.

Nur über Eins haben wir Ursache gehabt, uns schwer zu beklagen, das ist die Verfügung der baierischen Regierung, durch welche die Arbeitervereine als politische Vereine erklärt und dem in Baiern bekanntlich sehr strengen Vereinsgesetz unterstellt werden. Ich vermuthe, es ist diese Verfügung eine Antwort auf die Versammlung der deutschen Arbeitervereine in Frankfurt, jedenfalls ist es eine Massregel, welche die freie Entfaltung des Arbeiterlebens in Baiern sehr erschwert. Wer Wind säet, wird Sturm ernten; die baierische Regierung mag sich hüten, auf dieser schlüpfrigen Bahn der Repressiv-Massregeln fortzugehen, denn das Polizeiregiment hat noch jedesmal das Vereinsleben vergiftet und die Milch der freien Denkungsart auch des unschuldigsten Vereins in gährend Drachengift verwandelt.

Bücherschau.

Die Apotheke. Schutz oder Freiheit? Von Dr. Franz Brefeld, Königl. Geh. Medizinal- und Regierungsrathe etc. in Breslau. Breslau, Verlag von Eduard Trewendt. 1863.

Unsere Literatur ist nicht reich an so vortrefflichen Abhandlungen über Spezialfragen, wie das vorliegende Büchlein sie bietet. Dem Verfasser stehen vermöge seiner Stellung Erfahrungen und Anschauungen zu Gebote, die dem privaten Volkswirthe in der Regel unzugänglich sind, und da er zugleich die volkswirthschaftliche Bildung und wissenschaftliche Unparteilichkeit besitzt, um seine Erfahrungen zu sichten, seinen statistischen Angaben die Sprache der Wahrheit zu entlocken, so bietet er eine werthvolle Bereicherung der volkswirthschaftlichen Literatur, indem die logischen Schlussfolgerungen durch Thatsachen Körper und Ueberzeugungskraft gewinnen. Dass die das gegenwärtige System büreaukratischer Reglementirung des Apothekengewerbes verurtheilende Schrift von einem in der Handhabung der Gesetzgebung betheiligten Beamten ausgeht, gibt ihr ein neues Gewicht und dem Verfasser neue Ehre; denn nur zu oft sehen wir aus solcher Quelle den Nachweis fliessen, wie doch Alles so schön geordnet sei, und wie die büreaukratische Thätigkeit so treffliche Erfolge erziele. „Noch vor wenigen Dezennien", sagt der Verfasser, „war jene Unzufriedenheit, welche sich jetzt aller Orten mit dem Zustande des Apothekenwesens in Deutschland und vor Allem in unserm Vaterlande Preussen ausspricht, gänzlich unbekannt. Wir schwelgten in einem ganz genüglichen Optimismus, hielten unsere Einrichtungen für das Urbild aller Vollkommenheit und schauten auf unsere französischen, belgischen, holländischen Nachbarn mit ihrer freien Konkurrenz stolz und selbstzufrieden von hoher Zinne herab. Erst nach und nach hat sich das Blättchen in's Gegentheil umgewandt; Niemand ist mehr zufrieden, das Bedürfniss nach Aenderung und Besserung wird tief empfunden und kommt in seinen einzelnen Bestandtheilen gelegentlich zum Ausdruck. Dass die Unbehaglichkeit und die Unzufriedenheit der *jungen Apotheker* ihre volle Berechtigung haben, wer möchte es bezweifeln? .... Der eine oder andere macht mitunter sein Glück durch eine Heirath, sei es einer Apothekenbesitzerin oder einer Frau von reichen Mitteln, die den Erwerb einer Apotheke ermöglichen; — die grosse Mehrzahl aber ist verurtheilt, ad dies vitae trotz enormen Wissens und Approbation gegen ein Salair von 1—200 Thlr. und freier Station den Gehülfen zu spielen; — allerdings ein nicht sehr beneidenswerthes Loos! Hiernach sollte man nun meinen, *die Besitzenden*, das seien die Glücklichen und sonach mit ihrem Loose vollkommen Zufriedenen! Gott behüte! Diese klagen erst recht, und abermals nicht ohne Grund. Nur wenige Apotheken sind noch in erster Hand, oder im Wege der Erbfolge auf Kinder und Kindeskinder übergegangen. Die meisten sind im Kaufwege überkommen und mit schweren Hypotheken belastet. Was hilft mir, so klagt die grosse Mehrzahl, der ausdauerndste Fleiss, was nützt mir die gute Taxe? Den reinsten und schönsten Theil meines Einkommens muss ich zu Johanni und Weihnachten an meine Hypothekengläubiger abtragen, und mir bleibt nach Abgang aller Geschäftsunkosten kaum das liebe Brod. Für das mit einem so gewagten Geschäfte verbundene enorme Risiko habe ich gar kein Aequivalent; ich stehe alle Tage in Gefahr, dass mir eine neue Apotheke auf die Nase gepflanzt wird, welche mir einen Theil meines Einkommens entzieht, mich an meinem Kapitale beschädigt und leicht insolvent macht. Dazu die Anforderungen der Aufsichtsbehörde, die Homöopathie und Hydropathie, die Bäder und Reisen.... Ist denn vielleicht aber das *Publikum* mit der jetzigen Lage der Dinge zufrieden? Noch viel weniger! Es ist nur Eine Klage über die Höhe der Apothekerrechnungen. Die Apothekertaxe vom Jahre 1815, an sich schon sehr hoch, ist im Laufe der Zeit immer mehr hinaufgegangen, so dass das Publikum beinahe 2 Mill. Thlr. ganz über die Gebühr an die Apotheker zu zahlen hat .... Hat nun aber der *Staat* in Bezug auf die sanitätspolizeilichen Interessen Grund zur vollen Zufriedenheit? Auch diese Frage muss entschiedenst verneint werden. Wir haben allerdings sehr schöne, wahre Musterapotheken, wir haben aber auch eine Menge von Apotheken, besonders in kleinen Orten und auf dem Lande — und leider sind dieses die grosse Mehrzahl — welche in jeder Richtung sehr viel zu wünschen übrig lassen .... Wenn nun aber Niemand Grund zur Zufriedenheit hat, dann muss doch wohl etwas im Staate Dänemark faul sein! Ganz gewiss. Ich habe einzelne Hauptpunkte bereits obenhin angedeutet, — der Hauptfehler aber ist ein Erbfehler. Wie Adam, als er von der verbotenen Frucht naschte und die Erbsünde beging, den Urgrund zu allem Unheil in der Welt legte, so war jener Fürst, welcher, den einfachen Weg der Natur verlassend, das erste Apothekenprivilegium ausgab, der Urheber aller jetzigen Apotheken- und Apotheker-Kalamitäten."

Allerdings, eine Klasse ist mit dem gegenwärtigen Zustande zufrieden — der Verfasser berichtigt das später — das ist die Klasse der *rentenirenden Apotheker.* „Dieses Sortiment", sagt der Verfasser, „war in alten Zeiten unbekannt. Es ist ein ganz modernes Produkt. Die Preise der Apotheken nahmen seit 1815 in riesigem Masse zu, in den ersten Jahren weniger, von 1820 bis zu Anfang der fünfziger Jahre am meisten. Ungeheure Werthe wuchsen wie Pilze aus dem Boden (der Taxen und des Monopols) hervor. Nicht selten waren dieselben so gross, dass ihre Realisirung ein ganz gemächliches, von Arbeit und Sorgen freies Leben bot. Dazu kam, dass diese Werthe von ganz prekären Bedingungen abhingen. Der Staat hatte es in der Hand, sie durch Einführung freier Konkurrenz, durch Herabsetzung der Taxe völlig schwinden zu machen, oder durch Ausgabe von Konkurrenz-Konzessionen bedeutend herabzusetzen. Grunds genug, um sein Schäfchen möglichst bald in's Trockne zu bringen. Hatte man ja doch die Aussicht, als Nichtbesitzer nochmals, wie es vorgekommen, eine Konzession als don gratuit zu bekommen, um sie recht bald ebenfalls wieder zu verwerthen, oder seine noch übrige Kasse einem anderen Lohn versprechenden Erwerbszweige zuzuwenden. Hierin sind die Ur- und Grundbedingungen dieser Standesfraktion gegeben, welche schon jetzt numerisch gar nicht unbedeutend ist und mit jeder neu ausgegebenen Konzession zu wachsen pflegt."

Der Verfasser hat hiermit die Vollziehung eines grossen wirthschaftlichen Gesetzes konstatirt, des Gesetzes nämlich, dass das Monopol auf die eine oder andere Weise sich selbst verzehrt, hier dadurch, dass es einen Preis erhält und nach dem ersten Umsatze für den zweiten Besitzer nicht mehr einen Vortheil, sondern nur ein Mittel bildet, um den Zins nothdürftig auf die Kunden abzuwälzen. Auf dem ersten Konzessionair sind die Vortheile des Monopols und der Taxe, kapitalisirt, niedergeschlagen, er schwelgt als Drohne, und sein Besitznachfolger ist in nicht besserer, ja meist in schlimmerer Lage, als wenn er als Mitbewerber in freier Konkurrenz aufgetreten wäre. Nun aber ist der offizielle und gesetzliche Zweck des Konzessionsmonopols, die Apotheker in reichlich nahrungsfähigen Zustand zu setzen und darin zu erhalten, damit nicht die Noth der Konkurrenz sie zu Fälschern und Sündern mache. Die reichliche Nahrungsfähigkeit bleibt auf dem ersten Konzessionair sitzen, der zweite Erwerber muss mit Sorge und Noth die Zinsen für das Ankaufskapital aufbringen und ist den Verführungen des Mangels mehr ausgesetzt, als der von der freien Konkurrenz bedrängte, weil er eine grosse Hypothek zu verzinsen hat, von der er unter freier Konkurrenz frei sein würde. Der Verfasser führt den Nachweis, dass die besten Apotheken die sind, welche sich in der Hand des ersten Konzessionairs befinden und darin nach der Neigung des Inhabers zu bleiben bestimmt sind, dass dagegen in mangelhaftem und schlechtem Zustande sich die grosse Zahl derjenigen befindet, welche gekauft sind und bei erster Gelegenheit wieder verkauft werden sollen.

Das Konzessionsmonopol bewirkt also das Gegentheil seines gesetzlichen Zwecks, eine gedrückte Lage der besitzenden Apotheker und eine Reihe von Sinekuren für die rentenirenden Apotheker. Die Wirkung des Monopols besteht in einem künstlichen Kapitalwerthe der Apotheken, welcher durch monopolistische Besteuerung des Publikums zu Gunsten der rentenirenden Apotheker verzinst werden muss. Die 88 Apotheken des Regierungsbezirks Breslau haben, wie der Verfasser feststellt, einen Werth von 2,791,227 Thlr.; davon entfallen auf die Grundstücke 566,870 Thlr., auf die übrigen Realien (Inventar etc.) 241,200 Thlr., zusammen 808,070 Thlr., der Rest von 1,983,157 Thlr. oder 71,05 pCt. bildet den grösstentheils durch das Konzessionsmonopol geschaffenen Werth der Privilegien und Konzessionen. Generalisirt man diese Verhältnisse für den ganzen preussischen Staat, so beträgt der Gesammtwerth seiner ca. 1580 Apotheken 50,115,212 Thlr., und davon fallen 35,606,682 Thlr. an den durch das Konzessionsmonopol geschaffenen Monopolwerth; diesen Monopolwerth muss das arzneiverbrauchende Publikum mit mindestens 5 pCt. verzinsen, d. h. es muss jährlich für die Monopolisten 1,780,334 Thlr. aufbringen, ca. 3 Sgr. pro Kopf oder 15 Sgr. pro Familie — eine hübsche Zuschlagsteuer für Nichts und wieder Nichts. Von den 88 Apotheken des Reg.-Bez. Breslau blieben seit 1815 nur 9 unverkauft, von diesen waren 3 Institutsapotheken, also unverkäuflich, 6 blieben in der Hand des ersten Konzessionairs; 3 sind im Erbwege übergegangen, 5 sind als Filiale nicht selbständig verkäuflich, 72 sind verkauft worden, und zwar seit 1815 in 241 Verkäufen, also durchschnittlich jede $3\frac{1}{4}$ mal! Vor 1815 hatten die Privilegien und Konzessionen durchweg noch gar keinen Werth, zu Anfang dieses Jahrhunderts mussten sogar besondere Benefizien gewährt werden, um nur die Gründung neuer Apotheken zu veranlassen. Die Verkaufsperiode fängt erst nach

1815 piano an und steigert sich im Laufe der Zeit immer höher, als die zu machenden Gewinne höhere Gradationen beschreiten. Der Verfasser berechnet sehr sorgfältig den seit 1815 in den Verkäufen realisirten Gewinn und stellt ihn für die Apotheken des Regierungsbezirks Breslau auf 1,602,071 Thlr. fest, wonach sich für den ganzen preussischen Staat (1580 Apotheken) unter Annahme gleicher Verhältnisse an realisirten Gewinnen die Summe von 28,764,456 Thlr. berechnet, während noch 6,842,226 Thlr. unrealisirt sind. Dieses Kapital von $28\frac{3}{4}$ Millionen ist zum grössten Theil in die Taschen der rentenirenden Apotheker geflossen und erfordert zu seiner vom Publikum durch Vermittelung der besitzenden Apotheker aufzubringenden Verzinsung zu 5 pCt. jährlich 1,438,222 Thlr.! Die bei den Verkäufen im Regierungsbezirk Breslau gemachten Gewinne berechnen sich 1815—1824 auf 3870 Thlr. bei jedem Verkauf, für 1825—1834 auf 6499 Thlr., für 1835—1844 auf 6194 Thlr., für 1845—1854 auf 6075 Thlr., für 1855—1862 auf 6970 Thlr. für jeden Verkauf.

Endlich unterwirft der Verfasser noch die Arzneitaxe einer genauen Kritik und findet sie um etwa 40 pCt. zu hoch. Er glaubt, dass lediglich durch sie die fabelhaften Werthe der Konzessionen und der Apothekenhandel veranlasst seien. Da die durch die Verkäufe realisirten Gewinne von fast 29 Millionen Thlrn. zum grössten Theil als verzinsliches Kapital auf den Apotheken lasten, so tritt als Folge ein bleibend schlechter Zustand der Apotheken wegen Mangels an Mitteln auf. Der Apothekenhandel und das daran geknüpfte ewige Wandern aus der einen Hand in die andere macht die Apotheken temporär schlecht, weil sie gegen den Handel zu immer ausgelaugt zu werden pflegen. Die Benutzung der Apotheken durch das Publikum, welches fast 2 Millionen Zinsen für den Monopolwerth aufbringen muss, wird hierdurch sehr erschwert. Die besitzenden Apotheker befinden sich grösstentheils in sehr gedrückter Lage, der Staat ist in Rücksicht hierauf in Ausgabe neuer Konzessionen über alles Mass behindert, und die jungen Apotheker können nicht zum Besitze gelangen.

„Angesichts dieser grossen Uebelstände, welche aus dem Monopole mit seiner selbstgeschaffenen Taxe im Laufe der Zeiten hervorgegangen sind, kann es kaum einer Frage unterliegen, dass es in der bisherigen Weise nicht fortgehen kann. Das preussische Volk kann nicht für ewige Zeiten die hohe Arzneitaxe entrichten, um den rentenirenden Ex-Apothekern ihre hohen Revenüen zu zahlen. Der Steigerung der Preise und Werthe der Privilegien und Konzessionen muss nothwendig ein Ziel gesetzt werden, damit nicht noch weiteres Kapital in nichtsthuende Hände abfliesst. Das Dahingeschwundene ist allerdings unwiederbringlich verloren, aber der Schlund, welcher so Vieles verschlungen hat, muss verschlossen werden. Der Apothekenschacher muss aufhören, damit die preussischen Apotheken wieder ihren alten Flor und ihren alten Ruf erlangen, und nicht immerfort, bis auf's Aeusserste spoliirt, auf dem Verkaufssprunge stehen. Der Stand der besitzenden und aktiven Apotheker muss von seiner Kapitallast befreit werden, damit er wieder freien Athem schöpfe, die Fähigkeit erlange, die erforderlichen Mittel auf sein Institut zu verwenden, und damit er ihm, wenn seine Verbindung nicht so oft durch Scheidung mehr gelöst wird, in ehelicher Liebe und Treue wieder anhänge. — Die Hindernisse, welche, aus dem Monopol hervorgegangen, der Vermehrung der Apotheken im Wege stehen, müssen weggeräumt werden, damit das Volk mit Leichtigkeit, zu billigen Preisen und in gehöriger Güte sein arzneiliches Bedürfniss befriedigen und — auch der junge Pharmazeut zur Selbständigkeit gelangen könne. — In der That, in wenigen Sätzen eine höchst umfangreiche und nicht wenig schwierige Aufgabe! — Die Antwort scheint mir indess wenig zweifelhaft; man muss den Weg rückwärts gehen, auf welchem das historisch Gewordene eben das geworden ist, was es zur Stunde ist. *Das Monopol mit seiner Taxe hat alle Schäden geschaffen; nur sein Gegensatz, die freie Konkurrenz, kann sie heilen.*" Der Verfasser vertheidigt diesen seinen Satz gegen alle Einwürfe, welche gegen die freie Konkurrenz erhoben zu werden pflegen. Wir verweisen deshalb auf das sehr lesenswerthe Buch selber. Der Verfasser lässt nur einen Einwand gelten, dass durch plötzliche Einführung der freien Konkurrenz mit einem Schlage alle Werthe der Privilegien und Konzessionen vernichtet und der Kredit der Apotheker schwer gekränkt werde. Aus diesem Grunde schlägt er vor, dass durch das Gesetz, welches das Apothekenwesen reformirt, der Eintritt der freien Konkurrenz nach zehnjähriger Frist festgestellt werde. Im Uebrigen will er neben der freien Konkurrenz in der Gründung von Apotheken die Nothwendigkeit der Prüfungen, die staatliche Aufsicht, und besonders gemessene Vorschriften über die Anlage — am liebsten in einem von dem Apotheker zu Eigenthume besessenen Hause — und Ausstattung der Apotheken beibehalten. Das Nähere möge man in dem sehr zu empfehlenden Schriftchen nachlesen. (2)

Jahrbuch für die amtliche Statistik des preussischen Staats, herausgegeben vom Königl. statistischen Bureau. I. Jahrg. Th. 1 und 2. (616 S. 8.) Berlin bei Decker.

Dies Jahrbuch beabsichtigt „hauptsächlich die Veröffentlichung des neuesten auf das abgelaufene Jahr oder doch die neueste Zeit bezüglichen statistischen Stoffs aus dem preussischen Staate in einer systematischen Reihenfolge, so dass ein Jahrgang immer ein thunlichst vollständiges Repertorium über den Stand und die Bewegung der statistisch erfassbaren Zustände des Staates darbiete." Begreiflicher Weise liegt für dieses höchst dankenswerthe Unternehmen die hauptsächlichste Schwierigkeit im Anfange, und diese ist in der That sehr bedeutend. Es gilt nämlich für die ferneren laufenden Mittheilungen eine Grundlage zu legen, und das ist bei der grossen Masse des Stoffes und der Schwierigkeit der Auswahl und Gruppirung nicht so leicht. Aus dem ersten Jahrgange des „Jahrbuches" droht unter den Händen ein Handbuch zu werden. Mit diesen Schwierigkeiten hat das statistische Bureau schwer zu kämpfen gehabt, und in Folge dessen treten drei wesentliche Mängel in dem ersten Jahrgange auf; einmal sind von den dreissig Abschnitten, in welche der Stoff vertheilt werden sollte, nur dreizehn, welche so ziemlich die gesammten materiellen Grundlagen des Lebens umfassen, überhaupt ausgearbeitet. Ferner ist die Bearbeitung der verschiedenen Abschnitte eine ungleichmässige geblieben; während einzelne — z, B. die Bevölkerung, die Landwirthschaft — ein sehr reiches und vollständiges Material sorgfältig bearbeitet und gruppirt darbieten, sind andere etwas unvollständig und skizzenhaft geblieben. Endlich drittens hat die Fertigstellung des ersten Jahrganges so viel Zeit in Anspruch genommen, dass die erste (Mai 1862 erschienene) Hälfte auf der Zählung von 1858 beruht, die zweite, welche soeben die Presse verlassen hat, schon hauptsächlich die Zählung von 1861 berücksichtigen, und die Ergänzung des ersten Theiles aus dieser in einen Nachtrag verweisen musste. Die Vorrede entwaffnet die Kritik durch eine ausführliche Darstellung dieser Schwierigkeiten und Mängel, und wir wollen den Unternehmern die besten Glückwünsche mit auf den Weg geben. Nach dem Plane gleichmässig und mit gleichem Fleisse, wie der erste Jahrgang fortgeführt, wird es ein sehr werthvolles Repertorium der preussischen Statistik werden. (2)

Les finances de la France depuis 1815, exposé raisonné des recettes et des dépenses ainsi que du montant de la dette à diverses époques, suivi d'un essai sur les ressources agricoles, industrielles et commerciales de la France, par M. Maurice Bloch. Paris 1863, O. Lorenz libraire-éditeur. 28 Seiten 8.

Eine gedrängte und sorgfältige Darstellung der verschiedenen Zweige des französischen Budgets in Einnahmen und Ausgaben, in ihrer Entwicklung im Grossen seit 1815, im dètail seit 1830. Die preussischen Finanzen warten noch einer solchen präzisen und kompendiösen Darstellung. Natürlich konnten auf dem engen Raume nicht die Détails der Finanzgesetzgebung und ihrer Aenderungen, sondern nur die Umrisse der finanziellen Resultate Platz finden. Immerhin wird das Büchlein, welches sich durchweg auf offizielle Daten gründet, auf eine grosse Zahl von Fragen, die dem Volkswirth oder Staatsmann von Interesse sind, Auskunft geben. Wir bemerken, dass die Schrift einen Separatabdruck des betr. Artikels in dem von dem Verfasser in Verbindung mit Anderen herausgegebenen Staatslexikon *(Dictionnaire général de la politique)* bildet. (2.)

Historische Zeitschrift, herausgegeben von Heinrich von Sybel. Fünfter Jahrgang 1863, zweites Heft. München, literarisch-artistische Anstalt der J. G. Cotta'schen Buchhandlung.

Das vorliegende Heft der von dem verdienten Historiker geleiteten Zeitschrift enthält ausser einer Uebersicht der historischen Literatur des Jahres 1862, vier Aufsätze: — über den Werth der Politik des Epaminondas für Griechenland, von Ad. du Mesnil; der Rücktritt des Ministeriums Pitt im Jahre 1801 von Karl v. Noorden; die Germanisirung der östlichen Grenzmarken des deutschen Reiches von Wilh. Wattenbach; die Assassinen von G. Weil. Wir heben den dritten hervor, weil er in einem, wenn auch skizzenhaften, doch wohl abgerundeten und lebendigen Bilde eine Darstellung deutscher Kolonisation in den slavischen Gebieten giebt, die, soweit es die Städtegründung angeht, gewissermassen eine Ergänzung zu der Skizze bildet, die wir im 2. Bande dieser Vierteljahrsschrift, Seite 239 ff., aus Maurer's Geschichte der Fronhöfe mittheilten. Dort sahen wir die Städte um den Hof des Grundherrn herum entstehen, Handwerker und selbst Kaufleute traten als Hofbediente auf, und die Naturalwirthschaft begründete ein Abhängigkeitsverhältniss, welches erst gelöst werden konnte, als das Geld allgemein den Vermittler der Täusche bildete. Hier sehen wir die Städtegründung auch von Kaufleuten ausgehen, und da der Handel schon auf Geldwirthschaft beruhte, gestalteten sich die Verhältnisse anders. „Der Kaufmann folgt bald dem Handwerker; auch von diesen mögen schon früh einzelne unternehmende und gewinnlustige Männer im fremden Lande reicheren Lohn ihrer Arbeit gesucht haben; sobald nur ein fester Kern deutscher Bürger sich irgendwo sesshaft gemacht und politische Vorrechte erworben hat, sammeln sich rasch die Handwerker in grosser Zahl; sie bereiten dem Kaufmann nicht nur — wie am Fronhofe dem Grundherrn — was er selbst zum Leben bedarf, sondern auch Gegenstände zum Handel. Doch ziehen sie am liebsten selbst mit auf die Märkte und nehmen an dem Wanderleben des Kaufmanns theil, oder bieten doch zur Marktzeit in der Stadt, welche sie bewohnen, den Ertrag ihres Kunstfleisses in grösserer Menge feil. Von dem gebundenen Zustande, von den Lasten des Hofrechts, dem Herrendienst, wovon am Rhein und an der Donau, besonders in den alten bischöflichen Städten sich Kaufleute und Handwerker erst durch langen Kampf unter mancherlei Wechselfällen befreien mussten, davon ist in diesem ganzen östlichen Gebiete nicht die Rede, Buteil und Besthaupt sind unbekannte Worte. Persönliche Freiheit besassen, so weit unsere Kunde reicht, die Handwerker so gut, wie die Kaufleute, in ihren Gilden, welche sie zu gemeinschaftlichen Rechten so wie in gleicher Zucht und Aufsicht vereinigten, aber noch von allem Zunftzwang frei waren. Auch waren hier die Bürger völlig unter sich, nicht wie in den älteren deutschen Städten mit Ministerialen und anderen vom Adel gemischt, und die Verfassung deshalb viel einfacher." (S. 393) Wir sehen also mit dem Handel und dem Geldverkehr zugleich die Freiheit auftreten. Wie anderwärts die Höfe, so bilden hier die Jahrmärkte die Zentralpunkte des wirthschaftlichen und öffentlichen Lebens. „Nur die nothwendigsten Lebensbedürfnisse konnte man sich damals ausserhalb der grössten Städte zu aller Zeit verschaffen. Und wie schwer war es, diese Städte zu erreichen. Kam auch der Edelmann dann und wann in weitere Entfernung, seine Familie, die Frauen und Kinder, überschritten fast nie den Kreis ihrer nächsten Umgebung. Der Jahrmarkt der Kreisstadt war deshalb für sie der Glanzpunkt des ganzen Jahres. Alle Wünsche und Hoffnungen mussten auf diese Zeit verschoben werden. Wenn sie nun endlich herankam, so füllte der weite Platz (der „Ring") sich mit den Buden der Kaufleute, der Krämer und Handwerker. Eine kleine Stadt erhob sich da und von nah und fern strömte Alles zusammen. Gaukler und Possenreisser erschienen wie noch heut zu Tage, aber auch die vornehme Gesellschaft benutzte mit Freuden die seltene Gelegenheit einer ungewöhnlichen Unterhaltung. Zum Einkauf der fremden Waaren kam der Verkauf der eigenen Produkte, der ganze Adel des Weichbildes oder Komitats vereinigte sich in diesen Tagen in festlicher Lust, aber auch zu Landtagen, Kreistagen und Gerichtssitzungen; alle wichtigeren Geschäfte wurden bei dieser Gelegenheit abgemacht." (S. 397.) — Auch die kirchliche und bäuerliche Kolonisation ist in dem sehr lesenswerthen Aufsatze lebensvoll dargestellt. (2)

Die wirthschaftlichen Verhältnisse des Zollvereins. Insbesondere in Beziehung auf die Leinen-, Baumwollen- und Wollen-Industrie. Von Gustav Hansemann.

Herr Gustav Hansemann ist der Sohn seines Vaters David. Der allgemein gehaltene, unschuldig klingende Titel des Schriftchens deckt eine bissige Polemik gegen den deutsch-französischen Handelsvertrag, bei der keine Waffe verschmäht ist, wenn sie nur Erfolg verspricht. Hat der Leser, begierig, sich mit den „wirthschaftlichen Verhältnissen des Zollvereins" vertraut zu machen, Titel und Vorrede hinter sich; so kommt er gleich an ein Kapitel, überschrieben „die wirthschaftliche Forderung Frankreichs", in welchem Herr G. Hansemann nachzuweisen versucht, dass die vom Zollverein Frankreich zugestandenen Ermässigungen des zollvereinischen Tarifs meist gar nicht nöthig gewesen seien, um die Gleichstellung zollvereinischer Waare mit englischer oder sonst wie begünstigter auf dem französischen Markte zu erlangen. Denn Frankreich habe ja *Anfangs* seine Gegenforderung nur so formulirt, dass der Zollverein sich, neben gegenseitiger Behandlung auf dem Fusse der meistbegünstigten Nation, zu einer *Ausgleichung* der beiderseitigen Zolltarife verstehen solle, welche letztere in einzelnen Fällen sogar zu *Erhöhungen* des Zollvereinstarifs, vor Allem aber zur Einführung des *Werthzollsystems* geführt hätte. Auch als die preussischen Unterhändler die Erhöhung einzelner Zollsätze für unzulässig und das Werthzollsystem für unausführbar im Zollvereine erklärt hätten, wären die modifizirten französischen Bedingungen immer noch nur darauf hinausgelaufen, dass die Sätze des Zollvereins, *so weit sie die französischen überstiegen*, und namentlich so weit sie Stapel-Artikel der französischen Ausfuhr zum Gegenstande hätten, auf das *Niveau* der Eingangszollsätze in Frankreich ermässigt würden. Eine hierauf begründete Berechnung zeige aber, dass Frankreich nur eine Herabsetzung der Zölle auf durchschnittlich 8,4 Prozent gefordert, während Preussen thatsächlich nun weit mehr, nämlich eine Herabsetzung bis auf durchschnittlich 8,5 ⅔ gewährt habe, und zwar, seinen Zollverbündeten gegenüber stets unter dem Vorwande, dass die Eröffnung des französischen Marktes nur so zu haben sei. Angenommen, dass der Vorwand mehr als Vorwand, dass er thatsächlich begründet, entstehe die Frage, was Frankreich zu einer Steigerung seiner anfänglich so viel bescheideneren Ansprüche veranlasst habe. Darauf antwortet Herr G. Hansemann:

„Ich kenne nur zwei Möglichkeiten: *entweder wurden von französischer Seite im Laufe der Verhandlungen anderweite Gegendienste zugesagt*, oder die Bevollmächtigten Frankreichs sind im Laufe der Verhandlungen zu der Erkenntniss gelangt, dass in Preussen ganz andere Ansichten, als sie sich vorgestellt hatten, massgebend sind, insbesondere über Freihandel und Schutzzölle, über die Anwendung der letztern auf die Beförderung von Industrie und Arbeit, und über die Nichtbefähigung der, sonst durch ihre Tüchtigkeit und Bildung rühmlichst bekannten deutschen Beamten zur Anordnung und Erhebung von Werthzöllen, und dass sie aus dieser Erkenntniss Nutzen ziehen könnten. Vielleicht haben sie auch diese Tendenz um so entschiedener eingeschlagen und verfolgt, als ihnen schwerlich entgangen ist, welchen ausserordentlichen Werth Preussen auf den Abschluss des Vertrages legte."

Der preussische Staatsbürger und Sohn eines gewesenen Rathes der preussischen Krone scheut sich also nicht, unter dem Schutze eines „Entweder — oder" der Insinuation geheimer Verabredungen zwischen Preussen und Frankreich, mit welcher die fremdländische Diplomatie Preussen's Stellung in Deutschland zu untergraben sucht, Nahrung zu geben, obgleich er, wie die Folge seiner Polemik zeigt, recht gut weiss, dass keine anderen, als streng volkswirthschaftliche Rücksichten die preussischen Unterhändler veranlasst haben, die für den Abschluss des Vertrages nöthig gewordene Tarif-Reform, bei welcher stets eine Position von der anderen abhängt — z. B. der Garnzoll vom Gewebezoll — bei der es also unvermeidlich ist, dass freiwillige Reduktionen neben den speziell geforderten einherlaufen, so zu normiren, als geschehen ist.

Herr G. Hansemann mag das vor seinem Gewissen verantworten. Für den Rest haben wir es mit seinem Kopfe zu thun, und da ist vor Allem zu bemerken, dass ein Kopf, der es unternimmt, sich an die Beurtheilung volkswirthschaftlicher Fragen zu machen, fest und geübt im Gebrauche seines Einmaleins sein muss. Wenn man z. B. die Ausdehnung des Schutzes, den ein Zollsatz einem Industriezweige gewährt, in Prozenten auszurechnen übernimmt, so darf man diese Prozente nicht ohne Weiteres vom Werthe der Waare berechnen, wie Herr G. Hansemann in glücklicher Naivetät durchweg thut, sondern von dem Werthe, den der geschützte Industriezweig dem Werthe des etwa übernommenen Halbfabrikats oder Rohstoffes hinzufügt. Vom Werthe des Gewebes ist zuerst der Werth des darin enthaltenen Garnes, vom Werthe des Garnes der Werth des versponnenen Stoffes abzuziehen. Thut man das nicht, so laufen einem alsbald ganz bedeutungslose Zahlen, die in ihrem Verhältniss zu einander ein halbverrücktes Aussehen gewähren, vor den Augen umher, und zieht man dann aus diesen Zahlen gar Schlüsse, so werden die Schlüsse so verrückt, wie die Zahlen. Ferner aber muss man sich auch nicht einbilden, dass man selbst durch den *richtig* berechneten Prozentsatz des Zollschutzes zum Werthe der geschützten Arbeit Material gewinne, welches für die Beurtheilung des verschiedenen Nutzens oder Schadens, welcher für die verschiedenen Gewerbe aus einem bestimmten Zolltarif erwächst, ohne Weiteres brauchbar sei. Ebenso wie vom *Werthe* der zollbelasteten Waare der Werth des Rohstoffes oder Halbfabrikats abzuziehen ist, der mit der Wirkung des Zollschutzes nichts zu thun hat, ist auch auf der anderen Seite vom *Zolle* die etwaige Zollbelastung des Rohstoffes oder Halbfabrikats abzuziehen und dann hängt es immer noch von der Natur des Artikels ab, ob der Quotient aus dem so reduzirten Zoll, dividirt durch den so reduzirten Werth, grösseren oder geringeren thatsächlichen Schutz des betreffenden Industriezweiges vertrete.

Mit einer Rechnenkunst nun, die so schon über das Einmaleins der Schutzberechnung stolpert, macht sich Herr G. Hansemann an die waghalsige Aufgabe, die freihändlerischen Urheber des deutsch-französischen Handelsvertrags zur Abwechselung einmal mit ihren eigenen Waffen bekämpfen zu wollen, Er giebt den Hauptlehrsatz der Freihandelsschule, „dass der Zollschutz eine künstliche Einwirkung auf die Vertheilung und Verwendung der vorhandenen, in ihrer Ausdehnung beschränkten, Kapitalien übe und dieselbe von den ächt nationalen Gewerbszweigen ab und andern Gewerbszweigen zuleite, auf welche die Natur der Verhältnisse uns weniger hingewiesen hat", mit einer Bereitwilligkeit zu, welche, vom Gegner kommend, einer der Beweise für die Vollständigkeit des Triumphes ist, den *diese* Wahrheit wenigstens auf dem Felde der öffentlichen Meinung jetzt gefeiert hat. Dann aber greift er, gerade von diesem Lehrsatze aus, die Zollherabsetzungen auf deutscher Seite des deutsch-französischen Handelvertrages mit einem Argumente an, welches wir dem Leser nicht vorenthalten wollen, weil sich der Verfasser augenscheinlich hierauf hauptsächlich etwas zu Gute thut. Es lautet:

„Ein Gewerbe, das *ohne* Zollschutz seiner Erzeugnisse dem Unternehmer einen Gewinn von beispielsweise 6 Prozent gewährt, ist gewiss naturgemäss; ein anderes, dessen Erzeugnisse nicht mehr und nicht weniger dem Unternehmer selbst kosten, als dieselben Erzeugnisse, vom Auslande bezogen *exclusive Zollschutz*, zu stehen kommen, und mithin ohne denselben keinen Gewinn bringen, wird dagegen als nicht naturgemäss zu betrachten sein. Wird nun das naturgemässe Produkt mit einem Zolle von 10 Prozent, das nicht naturgemässe mit 50 Prozent beschützt, so beträgt der mögliche Gewinn bei dem ersteren 16, bei dem letzteren 50 Prozent. Das Kapital, den höchsten Gewinn aufsuchend, müsste daher in diesem Falle das naturwidrige unterstützen, das naturgemässe vernachlässigen. Eine so falsche Leitung des Kapitals könnte aber nicht von langer Dauer sein; nach und nach würde die entstehende innere Konkurrenz den Zollschutz von 50 Prozent zum Theil illusorisch machen und den Ertrag des nicht nationalen Gewerbszweiges reduziren. Sobald der Gewinn von 50 Prozent auf 16 Prozent, also auf das Mass des, aus dem naturgemässen Produkte zu erzielenden Nutzens gesunken sein würde, wäre die Anziehungskraft beider Gewerbszweige für das Kapital gleich gross, und die, durch das Zollsystem geschaffene ungerechte und verkehrte Kapitals-Leitung aufgehoben.

„Was ist aber die Folge, wenn, *nachdem* dies durch die innere Konkurrenz bewirkt worden, beide Zollsätze nach einem und demselben arithmetischen Verhältniss herabgesetzt werden, der Schutz von 50 Prozent auf 25, und der von 10 Prozent auf 5 Prozent? — Die Produzenten des „nicht nationalen" Produktes verdienen nach wie vor 16 Prozent, während der Nutzen bei dem „nationalen" Erzeugniss auf 11 Prozent reduzirt wird; das Gleichgewicht der Anziehung des Kapitals wird wieder aufgehoben, die falsche Leitung desselben wiederum hergestellt, und der naturgemässe Erwerbszweig aufs Neue vernachlässigt, der andere begünstigt so lange, bis das sich selbst bildende Heilmittel der inneren Konkurrenz das Uebel noch einmal verkleinert oder aufhebt.

„Es kann also, wie das gegebene Beispiel zur Genüge beweist, durch Ermässigung der Zölle die im Berichte hervorgehobene schlechte Einwirkung des Schutzzollsystems *verschlimmert* werden, und nur die genaueste Kenntniss der nationalen und „nicht nationalen Gewerbszweige" vermag den Zoll-Reformator in den Stand zu setzen, eine solche Eventualität zu vermeiden."

Der Leser wird sich lächeld schon selbst gesagt haben, dass der *Prozentgewinn an der Waare*, und die *Verzinsung des Anlage- und Betriebskapitals*, die hier durcheinander geworfen werden, durchaus nicht dasselbe sind, und dass, wenn die letztere, mit der der Verfasser doch eigentlich rechnen will, bei einem naturgemässen Gewerbe ohne Zollschutz 6 pCt. beträgt, sie darum noch lange nicht auf 16 pCt. steigt', wenn das Gewerbe unnöthigerweise mit 10 pCt. des Werthes der Waare geschützt wird. Bei einem naturgemässen Gewerbe, bei dem die einheimische Produktion mindestens die einheimische Nachfrage deckt, gewöhnlich aber noch darüber hinaus für ausländische Nachfrage arbeitet, hat der unnöthige Zollschutz, den es selber geniesst, *gar keine* Veränderung in der möglichen Verzinsung des Anlage- und Betriebskapitals zur Folge. Wird ihm durch künstlich erhöhte Verzinsung des Kapitals in anderen nicht naturgemässen, Gewerbszweigen, d. h. in solchen, in welchen die einheimische Produktion, sich selbst überlassen, die einheimische Nachfrage *nicht* deckt, so dass sie, beim Ausschluss der die Lücke füllenden ausländischen Produktion, dieser Nachfrage mit einem „la bourse ou la vie" gegenübersteht, Kapital entzogen, so muss er dies wehrlos über sich ergehen lassen. Denn er vermag, trotz des Schutzes von 10 pCt., auch nicht die geringste Erhöhung der Verzinsung des in ihm thätigen Kapitals eintreten zu lassen. Er, der keine Nachfrage sich gegenüberstehen hat, welche ihm, da sie das Angebot übersteigt, kommen *muss*, sondern nur eine solche, die er durch billigen Preis zu gewinnen hat, kann den Waarenpreis nicht erhöhen, ohne die Nachfrage zusammenschrumpfen zu sehen, und bei einem solchen Verfahren kann niemals höhere Kapitalsverzinsung für ihn herauskommen. Der Waarenpreis, für den der naturgemässe Gewerbszweig arbeitet, *ist* eben derjenige, bei welchem die für ihn höchst mögliche Verzinsung herauskömmt. Wird der überflüssige Schutz, den er selbst genoss, und der effektive Schutz, welchen das andere nicht naturgemässe Gewerbe im Exempel des Herrn Hansemann genoss, sei es nun um gleiche oder auch um ungleiche Prozente herabgesetzt, so ist daher nur die Herabsetzung des effektiven Schutzes für das nicht naturgemässe Gewerbe wirksam und zwar in dem Sinne, dass es ihm *erschwert* wird, das Kapital dem naturgemässen zu entziehen. Also stimmen Zollherabsetzungen zu dem herangezogenen grossen Lehrsatz, wie, wo und wann sie auch immer vorgenommen werden.

Natürlich hat Herr G. Hansemann sein Exempel nur aufgestellt, um, im Nachfolgenden, des Breitern und Langen, seine „genaueste Kenntniss der nationalen und nicht nationalen Gewerbszweige für den Zollverein" zu entwickeln, und dabei das von ihm selbst zur Vorderthüre hinausgeworfene Schutzzollsystem zur Hinterthüre wieder einzuführen. Hauptsächlich beschäftigt ihn dabei ein Windmühlengefecht mit den subjektiven Meinungen einzelner freihändlerischer Schriftsteller über diejenigen Industriezweige, für welche Deutschland und das deutsche Volk sich vorzugsweise eignen. Ueberflüssige Mühe! Möglicherweise hat er Recht, und die, die er angreift, Unrecht; möglicherweise liegt es auch umgekehrt. Keiner aber von Beiden hat ein Recht, auf solche subjektive Meinungen hin die Belastung der Mitbürger durch neu auferlegte oder beibehaltne Zölle zu fordern, von denen der Finanzminister seinerseits nichts wissen will. Die Freihändler thun das aber eben auch nicht, sondern fordern nichts weiter, als dass die *Probe* gemacht werden solle, welches denn die wirklich nationale Gliederung der Industrie sei, ihre subjektiven Meinungen gern dahin gebend. Es ist der Schutzzöllner allein, der es absolut zu wissen behauptet, ehe die Probe gemacht ist. Es ist ihm nur zu sagen, dass, wenn er es weiss, er für sich selbst daraus solchen Vortheil ziehen möge, als er kann, indem er sein eignes Kapital in den allernationalsten Industriezweig steckt, nämlich in denjenigen, der ohne Zuschuss am meisten einbringt, im Uebrigen aber den Gesetzgeber ungeschoren lasse. Und mit diesem guten Rath wollen wir Herrn G. Hansemann jetzt entlassen, der in seiner volkswirthschaftlichen Schriftstellerei jedenfalls keinen naturwüchsigen Industriezweig treibt, sondern einen, den in *dieser* Form, mit vollständiger Abwesenheit aller Vertrautheit mit den Elementarsätzen der Wissenschaft auf die es ankömmt, in unserm Vaterlande nur das leidige Schutzzollsystem grossgezogen hat, als hinzugefügtes intellektuelles Uebel neben dem materiellen, das es angerichtet. (1.)

Bericht über die Verhandlungen des sechsten Kongresses deutscher Volkswirthe

zu Dresden am 14., 15., 16. und 17. September

im Auftrage der ständigen Deputation erstattet

durch

W. Jungermann.

Tagesordnung: Patentgesetzgebung, Bankgesetzgebung, Freizügigkeit, Zollvereinskrisis.

Erste Sitzung am 14. September.

Der Vorsitzende der ständigen Deputation, Präsident Dr. *Lette* aus Berlin, eröffnet die Versammlung, indem er sie im Namen der Deputation begrüsst und sodann Herrn Oberbürgermeister *Pfotenhauer* aus Dresden das Wort ertheilt. Letzterer heisst in einer kurzen Ansprache den Kongress deutscher Volkswirthe im Auftrage des Lokal-Komité's und der Stadt Dresden willkommen und spricht dabei den Wunsch aus, dass der Geist der Einigung, der weisen Mässigung und der Liebe zum gemeinsamen Vaterland, wie früher, so auch diesmal, die von allen Seiten mit gespanntester Aufmerksamkeit erwarteten Beschlüsse des Kongresses kennzeichnen möge. (Beifall.)

Präsident Dr. *Lette*: Dem geehrten Herrn Vorredner spreche ich zunächst im Namen der ständigen Deputation unseren wärmsten Dank aus für die herzliche, freundliche Aufnahme, die uns hier bereitet worden ist. Sodann erlaube ich mir Ihre Aufmerksamkeit für einige wenige einleitende Worte in Anspruch zu nehmen. Meine Herren! Wir eröffnen den sechsten Kongress deutscher Volkswirthe nicht unter heiteren Aussichten in die Zukunft. Die Fortdauer des deutschen Zollvereins steht in Frage, einer Institution, an der deutsche Industrie, Arbeit und Wohlstand so glücklich gereift sind, und mit Recht haben wir daher, gegenüber der Aussicht, dass inmitten der Nation die hemmenden Zollschranken wieder aufgerichtet werden sollen, die „Zollvereinskrisis" auf unsere Tagesordnung gesetzt. Meine Herren! Auch unser Kongress ist ein Ergebniss jener immer mächtiger hervortretenden Bewegung, deren Ausgangs- und Zielpunkt nichts Anderes ist, als das tiefe Bedürfniss und unaufhaltsame Streben der deutschen Nation nach Einheit und rechtmässiger Freiheit, das auf andern Gebieten in jüngeren Schöpfungen: in dem Handelstag, dem Juristentag und in den uns vor Allen am nächsten stehenden Handwerker- und Arbeitervereinen seinen Ausdruck gefunden hat. Unter den beiden grossen Geistesrichtungen, von denen das Interesse der deutschen Gegenwart bestimmt wird — der politischen und der volkswirthschaftlichen — hat unser Kongress zwar die Verfolgung dieser letzteren zu seiner Aufgabe, ich darf es jedoch wohl getrost aussprechen, dass unsere Arbeiten auch den höchsten Zielen der Nation, ihrer Einheit und Freiheit, nicht weniger dienen. Bei der ernsten Lage unserer vaterländischen Zustände darf ich wohl an die hohen Aufgaben der Volkswirthschaft erinnern. Niemals sind erschütternde und umgestaltende Revolutionen eingetreten, ohne dass schon lange Zeit vorher die wirthschaftlichen Zustände der Völker und ihre sozialen Verhältnisse tief zerrüttet und in der Fäulniss begriffen gewesen sind. Ich gedenke hierbei nur der heillosen agrarischen, gewerblichen und sozialen Zustände Frankreichs in den letzten zwei Jahrhunderten vor der Revolution von 1789. Niemals ist andererseits auch eine nur kurz vorübergehende politische Bewegung eingetreten, ohne dass sie wenigstens in der einen oder anderen Beziehung der bürgerlichen und wirthschaftlichen Befreiung zu gut gekommen ist. Ich verweise hierbei beispielsweise auf Kurhessen, wo nach dem Jahre 1830 wenigstens einzelne Reformen in der Agrarverfassung bewirkt worden sind, ich verweise auf die Gesetze neuesten Datums in vielen deutschen Staaten, welche, trotz der Aufhebung der deutschen Grundrechte durch den Bundestag, zum Zweck der Befreiung der Landwirthschaft und der Gewerbsthätigkeit erlassen wurden, ich verweise endlich auf die ruhmreiche preussische Gesetzgebung Stein's und Hardenberg's aus den Jahren 1807 bis 1812, welche durch die Aufhebung aller von Alters hergebrachten Fesseln der persönlichen, gewerblichen und wirthschaftlichen Freiheit in dem damaligen preussischen Staat eine Volks- und Wehrkraft ohne Gleichen ins Leben rief und ihn zur Befreiung Deutschlands vom auswärtigen Feind befähigte. Noch heute dürfen die Grundprinzipien der Stein'schen Organisationsverordnungen dem gewissenhaften Studium unserer Staatsmänner und Landesvertretungen empfohlen werden. Andererseits suchen aber auch heute noch hunderttausende von Deutschen in Frankreich, in England oder weit über dem Meere eine Stätte für die ihnen daheim versagte bürgerliche und wirthschaftliche Freiheit und zwar nicht bloss aus Mecklenburg, diesem Lande des verrotteten Feudalitäts- und Polizeiregiments, sondern auch aus noch manchen anderen deutschen Staaten. So zehrt noch immer das Ausland einen guten Theil der Arbeitskräfte unseres Vaterlandes auf. Ich enthalte mich weiterer Betrachtungen. Die unleugbare Wechselwirkung zwischen Politik und Volkswirthschaft erhöht nur die Bedeutung dieser letzteren für die glückliche Entwickelung der Staatsgesellschaft, wie die Würde unserer Aufgabe: „an der Hand der Wissenschaft zu einer friedlichen Lösung der grossen nationalen Probleme der Gegenwart mitzuwirken." Welch' würdigeres Ziel kann eine Vereinigung deutscher Männer sich stellen? Unsere Stellung aber zum Staat und zur Staatsgesetzgebung fixirt sich dahin: wie alle sittlichen Lebenskreise, wie die Kirche, die Schule, die Gemeinde, unbeschadet der gesetzlichen Oberaufsichtsrechte des Staates, Befreiung fordern von der lähmenden polizeilichen Einmischung und Bevormundung, so fordert die Volkswirthschaft die Freiheit für die wirthschaftlich wirkenden und schaffenden Kräfte im Gebiete der geistigen wie der körperlichen Arbeit und Erwerbsthätigkeit — nichts Anderes also, als was der grösste Staatsmann des Jahrhunderts, was der Freiherr von Stein als die Grundbedingung der Volksfreiheit und allgemeinen Wohlfahrt in der preussischen Gesetzgebung niederlegte. Wir verlangen dagegen keinerlei Unterstützung oder Begünstigung seitens des Staates und seiner Regierung, weder der Arbeitgeber noch der Arbeitnehmer. Vielmehr verwirft die Volkswirthschaft jeden Anspruch dieser Art als eine gemeingefährliche Nachgeburt des Sozialismus und Kommunismus. Noch aber entbehren in den meisten deutschen Staaten gerade die vermögenslosen Volksklassen des Rechtes der vollen persönlichen, wirthschaftlichen und bürgerlichen Freiheit, vor Allem auch des werthvollsten aller Grundrechte, der Freizügigkeit. Welchen Werth aber kann für die grosse kapitallose Masse des Volkes die konstitutionelle Staatsform haben, wenn ihr die allgemeinen menschlichen Rechte auf Leben und Erwerb, wenn ihr das sittliche Verhältniss der Ehe gesetzlich und durch mancherlei Polizeivexationen verschränkt oder durch Finanzsysteme verkümmert wird! Die Verwirklichung der vollkommenen volkswirthschaftlichen Freiheit hat eben die Einheit des deutschen Vaterlandes zur nothwendigen Voraussetzung, denn das Gebiet keines deutschen Staates ist gross genug, um der Uebung dieser vollen Freiheit den berechtigten Raum zu gewähren. Man spreche nicht von einem einigen deutschen Vaterland, so lange sich noch Staat gegen Staat, ja Gemeinde gegen Gemeinde abschliesst, so lange noch ein arbeitsfähiger deutscher Mann, der sich ausserhalb seines Geburtsortes redlich ernähren will, von Land zu Land ausgetrieben und von seiner Familie getrennt werden darf. So stehen, meine Herren, die Aufgaben unseres Kongresses in der engsten Verwandtschaft mit den Bestrebungen, welche die ganze Nation ergriffen haben und welche die Nation nicht ruhen lassen werden, bis das Ziel erreicht ist. Ich nehme nicht Anstand, es auszusprechen, dass die, denen es Ernst ist mit diesen höchsten Zielen unserer Nation, auch mit uns sein und unseren Arbeiten einen praktischen Erfolg wünschen müssen.

Daran mag man die Wahrhaftigkeit auch der deutschen Politik erkennen, daran wird man sie unterscheiden von fremdartiger Tendenz, von Schein und von Unwahrheit. Der Kongress hat keine andere Macht und Waffe als das Wort und die Ueberzeugung; unsere Bundesgenossen sind Wahrheit und Wissenschaft. Wohlan, vertrauen wir diesen und gehen wir, erfüllt vom erhebenden Bewusstsein einer ruhmwürdigen Aufgabe an unsere Arbeit! (Beifall.)

Dem Vorschlag der ständigen Deputation gemäss wurden hierauf die Herren: Dr. *Braun* aus Wiesbaden zum Präsidenten, Oberbürgermeister *Pfotenhauer* und Präsident Dr. *Lette* zu Vicepräsidenten gewählt und die Herren: Advokat *Judeich*, Dr. *Wolf* und Rathsaktuar *Goldfriedrich* aus Dresden, *Jungermann* aus Bockenheim und *Brämer* aus Berlin zu Sekretären bestellt.

Präsident Dr. *Braun*, nachdem er seinen Dank für die auf ihn gefallene Wahl ausgesprochen: die Zerfahrenheit unserer politischen Zustände beginnt in diesem Augenblick, wie auch schon der Herr Vorredner hervorgehoben, düstere Schlagschatten auch auf unsere Bestrebungen zu werfen. Ich möchte indess den in dieser Beziehung geäusserten Bedenken wegen der Zerreissung des Zollvereins nicht allzu bereitwillig nachgeben. Mag auch der Boden zittern unter dem Getreibe der Parteien, ich glaube nicht, dass man es zum Bruche bringen wird und ich hege die feste Ueberzeugung, dass, wenn man es wirklich wagen sollte, der Zollverein nur desto jugendkräftiger und entwickelungsfähiger aus den Flammen der Zwietracht sich erheben wird. (Beifall.) Ich vertraue nach wie vor auf unsere gute Sache, die die grosse Macht der realen Interessen für sich hat und den Kampf wahrlich nicht zu scheuen braucht, und ich halte dafür, die gegenwärtige Konstellation unterscheidet sich nur dadurch von der bisherigen, dass sie die auch früher schon vorhandenen faulen Säfte an die Oberfläche getrieben und offen gelegt hat. (Beifall.) Das aber, meine Herren, ist der Anfang der Heilung, und deshalb lassen Sie uns mit dem alten getrosten Muth und im Vertrauen auf die Macht der Wahrheit an unsere Arbeit gehen. (Beifall.)

Der *Präsident* macht hierauf einige geschäftliche Mittheilungen über den Gang der Verhandlungen und theilt sodann mit, dass die Jahresrechnung von den Herren Max Wirth aus Frankfurt, Müller aus Stuttgart und Quandt aus Berlin geprüft und in Ordnung befunden, auch hier zur Einsicht offen gelegt sei. Ferner sei von zwei Seiten her der Kongress mit Delegirten beschickt worden: einmal von dem internationalen Kongress für den Fortschritt der sozialen Wissenschaften in der Person des Herrn Macfie, Präsident der Handelskammer zu Liverpool, und sodann von dem Verein deutscher Ingenieure, in der Person der Herren: Maschinenfabrikant Philippson von Berlin, Direktor Schiele von Frankfurt und Eisen-

Fabrikant Gärtner von Buckau bei Magdeburg. Der Präsident heisst beide Delegationen willkommen.

Nach weiterer Mittheilung von den dem diesjährigen Kongress zugegangenen Aufträgen, gedruckten Berichten, Abhandlungen und Zeitschriften wird sodann in die Tagesordnung eingetreten und erhält zunächst *Schulze-Delitzsch* aus Potsdam das Wort zur Berichterstattung über das *Genossenschaftswesen*.

Schulze-Delitzsch: Meine Herren! Das Wesentliche über den jetzigen Stand und die Fortschritte des Genossenschaftswesens finden Sie in dem Jahresberichte für 1862, der in Ihren Händen ist. Ich werde nichts, was dort gesagt ist, wiederholen; auch auf etwaige Ergänzungen kommt es mir weniger an, als darauf, offenbare Missstände und die berechtigten Forderungen, die sich daran knüpfen, öffentlich zur Sprache zu bringen und die ganze moralische Macht dieses Kongresses für die Beseitigung der einen, wie für Erfüllung der andern in Anspruch zu nehmen.

Um auf das Einzelne einzugehen, habe ich gleich im Anfang des Berichts bemerkt, dass die statistischen Zusammenstellungen den Anforderungen einer wissenschaftlichen Statistik noch nicht genügen; indessen hat der statistische Kongress in dieser Beziehung zu weiteren Fortschritten Anregung gegeben: es sind neue, genauere Formulare für die Tabellen angefertigt worden, so dass ich hoffen darf, Ihnen mit Hülfe der Leiter der verschiedenen Vereine, deren Geschick in der Zusammenstellung ihrer Geschäftsresultate erfreulich zunimmt, das nächste Jahr schon viel gründlichere Zahlenreihen vorlegen zu können.

Die Wahrscheinlichkeitszahlen in Bezug auf die Zahl der in Deutschland überhaupt bestehenden Genossenschaften und in Bezug auf den Umfang ihrer Geschäfte im Ganzen sind in dem Bericht, wie einige erst nach dem Druck mir zugegangene Mittheilungen erweisen, noch zu niedrig gegriffen. So hat sich seit Abschluss des Berichts herausgestellt, dass allein in den Thüringischen Staaten 15 Vorschussvereine mehr bestehen, als in demselben angegeben sind. Ferner habe ich von der höchst interessanten Maschinenbauer-Genossenschaft in Chemnitz erst neuesterdings Kenntniss erhalten, es ist dies eine Produktiv-Assoziation mit einem ausschliesslich fabrikmässigen Geschäftsbetriebe. Auch die Konsumvereine, welche besonders von den *Arbeitern*, weniger von den eigentlichen *Handwerkern*, gepflegt werden, entwickeln eine ausserordentliche Thätigkeit, so dass sich jedenfalls hier bald die eigne Produktion der Haupt-Konsumartikel anbahnen lassen wird.

Ein Hauptpunkt aber ist die gesetzliche Regelung der privatrechtlichen Stellung der Genossenschaften hinsichtlich ihrer Vermögensfähigkeit und Rechtsverfolgung. Seit dem Erscheinen des Allgemeinen deutschen Handelsgesetzbuchs ist es nothwendig geworden, den Genossenschaften durch eine Kombination der verschiedenen Erfordernisse der „offenen Handelsgesellschaft" und der „Aktiengesellschaft" die Vortheile dieses Gesetzes zuzuwenden, um den gerechten Ansprüchen der Vereine auf Rechtssicherheit zu genügen. Schon in den beiden vorigen Berichten ist diese Frage ausführlich erörtert, in dem gegenwärtigen liegt der bezügliche von mir eingebrachte Gesetzentwurf, wie er von der Kommission des Preussischen Abgeordnetenhauses angenommen worden ist, gedruckt vor, und ist es deshalb nicht nöthig, nochmals die Nothwendigkeit einer gesetzlichen Regelung darzuthun; nur *ein* Beispiel will ich anführen und zwar aus einem Staate, dessen Regierung den Genossenschaften seither stets freundlich entgegengekommen ist. Es hat sich in Chemnitz in Sachsen, wie ich schon erwähnte, eine Assoziation von Maschinenbauern zum gemeinsamen Betrieb einer Fabrik gebildet, es sind durch Aktien zu 25 Thlrn. mehrere Tausend Thaler zusammengebracht, es ist der nöthige Grund und Boden beschafft, die Fabrikgebäude und Maschinen mit der erforderlichen Dampfkraft, das Geschäft kann beginnen, — da wird die Eintragung in das Handelsregister verweigert, weil die rechtliche *Form* nicht zu finden ist, unter der sie erfolgen könnte — und Alles stockt. Dies geschieht in Sachsen, in einem Lande, von dessen Regierung man nicht annehmen kann, dass sie diese Schwierigkeiten künstlich erzeuge: die Schwierigkeiten liegen in den Gesetzen. Wie steht also die Sache? Eine Elite von Arbeitern, die unter schweren Entsagungen gespart, alle sittlichen und wirthschaftlichen Bedingungen erfüllt haben, um sich zur gewerblichen Selbstständigkeit aufzuschwingen, — da kommt das Gesetz und macht einen Strich durch und sagt: Ihr könnt keinen Theil haben, Euch fehlt die rechtliche *Form*. Es ist daran gelegen, die Gesetzgebung nicht zu einem Prokrustes-Bett zu machen, in welches man die wirthschaftlichen Verhältnisse einzwängt oder nach Belieben ausrenkt; denn die Gesetzgebung soll sich richten nach dem Leben, nicht das Leben nach der Gesetzgebung. (Beifall.) Dann bedenken Sie die Bestrebungen, die sich auf entgegengesetzter Seite geltend machen, und die Lockworte, die man an den Arbeiter richtet. Die arbeitenden Klassen fordern kein Vorrecht für sich, sondern sie fordern nur gleiches Recht mit den Wohlhabenden; wenn man ihnen dies aber verweigert, dann fördert man den sozialistischen Unfug, der neuerdings am Feudalismus einen unerwarteten Bundesgenossen gefunden hat. Man hemmt nur zum Schaden der arbeitenden Klassen, zum Schaden des Ganzen, und es ist Zeit, von diesem falschen Wege einzulenken. Vielleicht ergreift die Sächsische Regierung, die schon durch Verleihung von Korporationsrechten an die Vereine und sonst vielfach das Genossenschaftswesen gefördert hat, die Initiative, um gründlich Hülfe zu schaffen; jede Regierung aber, die hier auf dem Wege der Reform vorangeht, wird sich die Sympathien des deutschen Volkes erwerben und zwar auf soliderem Boden, als es kürzlich die Bestrebungen der Fürsten vermocht haben.

Ich will hier noch Einiges bemerken über den im Preussischen Abgeordnetenhause von mir eingebrachten Gesetzentwurf. In Uebereinstimmung mit sämmtlichen Leitern von Genossenschaften, welche der Vorberathungskommission angehört haben, ist für alle Genossenschaften die *Solidarhaft*, als die unerlässliche Kreditbasis, als Requisit aufgestellt worden. Manche missbilligen das und wollen, wie die Englische Parlaments-Akte vom 7. August 1862, die Haft auf die Einlagen beschränkt wissen, um die Kapitalisten zur Theilnahme heranzuziehen. Dem liegt aber ein schwerer Irrthum zu Grunde. Die Kapitalisten können sich nur bei unsern Vereinen betheiligen, entweder als Mitglieder, d. h. als Unternehmer, oder als Gläubiger; im ersten Falle theilen sie Risiko und Gewinn des Geschäfts und werden natürlich nicht auf die Solidarhaft eingehen; im zweiten Falle erhalten sie nur die landesüblichen Zinsen, und dann werden sie die Solidarhaft verlangen. Es ist die Frage: Wie können wir die Kapitalisten heranziehen? Gewiss nur als Gläubiger. (Hört! Hört!) Den Unternehmer zu spielen in unsern Vereinen wird der Kapitalist nicht versucht sein, weil bei Stammantheilen von 40, 50, höchstens 100 Thlrn. der Gewinn, den er als Dividende ziehen kann, viel zu unbedeutend ist, um ihn anzulocken. Damit fällt der Grund für die beschränkte Haft, und es kommt noch hinzu, dass wir auch die Betheiligung der Kapitalisten als Mitglieder gar nicht wünschen können, weil sie durch ihre grossen Einlagen den Gewinn des kleinen Mannes, der seine Einlagen nur allmälig machen kann, verkürzen, ihn selbst hinausdrängen würden. Als Gläubiger aber bedarf der Kapitalist der solidarischen Haft, durch welche Verluste gegenseitig übertragen werden, und welche deshalb die einzig sichere Kreditbasis bildet. Wenn man aber sagt, es gebe unter unsern Genossenschaften solche, die die Bedeutung von Aktiengesellschaften haben, und für welche darum die Solidarhaft nicht passe; so sind dies nur einzelne Vereine, auf die um so weniger Rücksicht zu nehmen ist, als die jetzige Gesetzgebung ihnen kein Hinderniss in den Weg legt, sich als Aktien-Gesellschaften zu konstituiren.

Weiter gehe ich auf einen Abweg ein, den man einzuschlagen hier und da geneigt ist. Es sind der Genossenschaftsbewegung durch den Anschluss des Mittelstandes in materieller wie geistiger Beziehung bedeutende Kräfte zugewachsen, wir verdanken ihm zum grossen Theil die tüchtige Leitung und die erhöhte Sicherheit unserer Vereine, aber man lasse sich durch eine starke Betheiligung des Mittelstandes nicht dahin drängen, den Arbeitern den Beitritt zu erschweren. Es ist dies höchst falsch und verwerflich: die Bestrebungen beider Klassen stehen in vollem Einklange; ja es haben sogar die Mittelklassen das grösste Interesse, sich die Sympathien der Arbeiter zu erhalten. Ich sehe dabei ganz ab von den grossen politischen Krisen und will nur die wirthschaftliche Bedeutung hervorheben. Es ist eine allgemeine Erfahrung, dass bei Kreditkrisen, wie eine solche jetzt jeden Tag eintreten kann, die Geldinstitute, die auf den Sympathien der kleinen Leute beruhen, viel sicherer stehen, als die grossen Banken, dass die letzteren viel eher in die Lage kommen, sich von Zahlungsmitteln entblösst zu sehen, als die ersteren.

Ich komme hier auf eins der eklatantesten Beispiele, wo sich ein solches Herauswerfen der Unbemittelten geltend gemacht hat, auf einen Vorgang, der nicht offen genug an den Pranger gestellt werden kann. Der Darlehnsverein in München, gegründet auf die gewöhnlichen Grundlagen unserer Vereine, hat ein Jahr lang nicht ungünstig operirt, da dringt der Antrag durch: alle nichtansässigen Mitglieder, also wer nicht Bürger und Hausbesitzer in München ist, sollen ihr Stimmrecht verlieren! (Allgemeine Sensation.) Aber nicht genug hiermit. Als die nichtansässigen Mitglieder in Folge dieses Beschlusses natürlich austreten, und ihre Einlagen zurückverlangen, die sie unter ganz andern Voraussetzungen eingezahlt haben, verweigert man ihnen die sofortige Auszahlung derselben und nicht aus Gründen der Gerechtigkeit und Ehrenhaftigkeit entschloss man sich endlich, sie zu verabfolgen, sondern weil die Ausgeschiedenen bei Gericht eine Klage einreichten und auf Liquidation antrugen.

Schliesslich will ich noch, indem ich Ihnen die Förderung des Genossenschaftswesens dringend ans Herz lege, einen nationalen Gesichtspunkt hervorheben. Es ist das Genossenschaftswesen eng verwachsen mit unserm nationalen Charakter. Zum ersten Male hat es im Mittelalter die Einführung der freien Arbeit durch Gründung der Zünfte bewirkt. Aber die Zünfte fanden den Ständestaat vor und mussten, sich anschliessend an die bestehenden Verhältnisse, ihr Recht als Vorrecht geniessen; mit der Erstarrung des Ständestaats und der Umgestaltung des modernen Staatswesens verloren die Zünfte die Grundlage, auf der sie beruhten; sie konnten nicht das grosse Ziel erreichen, zu welchem jetzt die freien Genossenschaften einen grossartigen *Anlauf* genommen haben, — das Ziel, die Unterschiede der gesonderten Klassen zu verwischen, den Uebergang aus dem Ständestaat in den Rechtsstaat, die grosse wirthschaftliche und politische Aufgabe der Zeit, mit erfüllen zu helfen.

Helfen Sie den arbeitenden Klassen zur Erringung eines bescheidenen Wohlstands, machen Sie Allen zugänglich die sittlichen und wirthschaftlichen Bedingungen zu politischer Betheiligung, — und wir werden in den bewussten Massen eine Phalanx haben, bestimmt, eine Gasse zu brechen in die politischen und wirthschaftlichen Missstände unserer Zeit! (Lebhafter Beifall.)

Max Wirth aus Frankfurt: Ich glaube, eine Art von Genossenschaften, nämlich die Produktiv-Genossenschaften, werden ihrer Wirksamkeit und Bedeutung nach überschätzt und zwar auch von Schulze-Delitzsch überschätzt. Man sieht dabei nicht so, wie man sollte, auf die Gefahren, welche diese Genossenschaften in sich schliessen. Die Schwierigkeiten bei ihrer Leitung sind, glaub' ich, in vielen Fällen zu gross und die Möglichkeit, dass Verluste eintreten, liegt in Folge dessen zu nahe, als dass wir uns nicht sollten angelegen sein lassen, in den uns zugänglichen Arbeiterkreisen eintretenden Falls auch recht nachdrücklich auf diese Schwierigkeiten und den hohen Grad von Selbstüberwindung aufmerksam zu machen, welche bei einer Produktiv-Genossenschaft bestanden und bethätigt werden müssen. Es giebt jedoch eine neue Art von Genossenschaften, welche vielfach die Produktiv-Genossenschaft ersetzen, oder doch die Brücke zu ihr bilden kann, die ich Ihrer Aufmerksamkeit empfehlen möchte; das ist die Genossenschaft zur gemeinsamen Anschaffung von Maschinen und Werkstätten. Der Vortheil der grossen Industrie, dem Handwerker gegenüber, besteht hauptsächlich in dem Besitz grösserer kostspieliger Maschinen. Den kleineren Handwerker in den Stand setzen, ebenfalls alle solche Maschinen anwenden zu können, heisst in den meisten Fällen ihn konkurrenzfähig mit der grossen Industrie machen. Es giebt auch bereits einzelne schöne Anfänge in dieser Beziehung. So in Nürnberg, wo die Stadt in der sogenannten Schwabenmühle 46 Werkstätten mit Wasserkraft hergerichtet hat, ferner in Berlin, wo Besitzer von Dampfmaschinen überschüssige Kraft an Handwerker vermittelst Transmissionen vermiethen, so endlich in Offenbach, wo augenblicklich eine Genossenschaft sich bildet allein zu dem Zweck, gemeinsam zu benutzende Maschinen und Werkstätten sich anzuschaffen.

Es wird hierauf zum zweiten Gegenstand der Tagesordnung, zur *Patentgesetzgebung* übergegangen.

Prince-Smith aus Berlin als Berichterstatter der Mehrheit des Ausschusses begründet in einem Vortrage, der oben, Seite 150 bis 161 abgedruckt ist*) folgenden Antrag:

„In Erwägung, dass Patente den Fortschritt der Erfindung nicht begünstigen, vielmehr deren Zustandekommen erschweren, dass sie die rasche allgemeine Anwendung nützlicher Erfindungen hemmen, dass sie den Erfindern selbst im Ganzen mehr Nachtheil als Vortheil bringen und daher eine höchst trügliche Form der Belohnung sind, beschliesst der Kongress deutscher Volkswirthe zu erklären: dass Erfindungspatente dem Gemeinwohl schädlich sind."

Max Wirth als Berichterstatter der Minderheit des Ausschusses: Im Prinzip bin ich mit dem Herrn Vorredner vollständig einverstanden, nicht

---

*) Den besonderen Abdrücken dieses Berichts ist derselbe in der Anlage beigefügt.

aber mit seinen Schlussfolgerungen. Wenn der Mensch ein Recht hat auf die Früchte seiner Arbeit — und dies dürfte doch wohl als feststehend angenommen werden — so ist er auch in diesem seinem Rechte zu schützen. Streng genommen macht es nun hierbei keinen Unterschied, ob die Früchte der menschlichen Arbeit, um deren Schutz es sich handelt, geistiger oder materieller Art sind, denn es giebt keine rein geistige und keine rein materielle Arbeit, da eine jede menschliche Arbeit sowohl eine Anstrengung des Geistes als des Körpers voraussetzt. Die Feststellung des Eigenthumsrechtes ist vielmehr Sache des Staates und richtet sich nach dem jeweiligen Stande seines Bedürfnisses und wie daher das römische Recht schon eine doppelte Art des Eigenthums kannte und das Mittelalter im Lehenseigenthum noch eine dritte Art hinzufügte, so lässt sich gegen die weitere neue Art des Eigenthums, welche seit Erfindung der Buchdruckerkunst entstanden ist, gegen das geistige Eigenthum, gewiss nicht geltend machen: es gebe kein geistiges Eigenthum, weil im Corpus juris nichts davon geschrieben stehe. Es giebt allerdings ein geistiges Eigenthum und den Anspruch desselben, z. B. auf das Verbot des Nachdrucks halte ich für naturrechtlich vollständig begründet. So lange also der Staat die alten Formen des Eigenthums schützt, muss auch das geistige Eigenthumsrecht von ihm geschützt werden. Die Erfindungen aber gehören nicht unter die Kategorie des geistigen Eigenthums, denn die Erfindungen sind ein Ausfluss des augenblicklichen Standes der Civilisation und deshalb Gemeingut. Bei künstlerischen und geistigen Arbeiten steht zwar der Künstler oder der Verfasser auch auf den Schultern des augenblicklichen allgemeinen Kulturgrades, allein das, was der Künstler oder der Dichter schafft, ist doch immer etwas ganz Individuelles und lässt sich zu gleicher Zeit nicht vollkommen ebenso von einem Anderen schaffen. Bei den Erfindungen dagegen ist dies sehr wohl möglich und die Erfahrung hat gelehrt, dass eine und dieselbe Erfindung zu gleicher Zeit von zwei verschiedenen Personen gemacht worden ist — Erfindungen sind eben nur Blüthen am Baume der Civilisation. Was nun die Anwendung dieser Grundsätze auf die Frage wegen des Patentschutzes anbelangt, so bin ich zunächst mit dem Herrn Vorredner darin nicht einverstanden, wenn er sagt, der Erfindungsgeist werde durch die Patente nicht geweckt. Die Erfahrung spricht jedenfalls hiergegen. Fast alle Neuerungen und Verbesserungen in der grossen Industrie, namentlich im Maschinenbau, sind von Nordamerika, England und Frankreich, also von Ländern ausgegangen, in denen Patentschutz besteht. Von der Schweiz dagegen, wo Patente nicht ertheilt werden, oder von Deutschland, wo gegen 25 Patentgesetze bestehen, jedoch eben ihrer Vielfältigkeit wegen so gut wie gar keinen Patentschutz gewähren, sind fast gar keine nennenswerthen Erfindungen ausgegangen. Es liegt dies gewiss nicht in einem Mangel an Ursprünglichkeit und Erfindungsgabe auf Seiten der Deutschen, denn das deutsche Kontingent der Denker, welche grosse wissenschaftliche Entdeckungen gemacht, steht mit dem der anderen Kulturnationen in erster Reihe. Im Gegentheil ist auch die Zahl der deutschen Erfinder eine überaus grosse; allein viele der allerbedeutendsten Erfindungen blieben aus Mangel an Mitteln der Erfinder liegen oder wurden von ihnen nach England verkauft. Es gehen jährlich hunderte von deutschen Erfindern nach England, die zuletzt aus Mangel an Mitteln und Erfahrung englischen Spekulanten in die Hände fallen und ausgebeutet werden, oder auch freiwillig ihre Erfindung Fabrikanten ablassen, bei denen sie dann als Werkführer bleiben, oder die auch gänzlich zu Grunde gehen. Alle diese Früchte deutscher Geistesarbeit gehen also zunächst unserem Volkswohlstand verloren, denn bei uns wagt es gar kein Kapitalist und kann es nicht wagen, einem Erfinder etwas für seine Versuchskosten herzugeben. Der Herr Vorredner hat ferner gesagt, das Patentwesen befördere die Geheimhaltung der Erfindungen. Ich möchte hiergegen einwenden, dass beim Mangel eines Patentschutzes die Erfindungen erst recht geheim gehalten werden. In England werden schon nach wenigen Monaten alle ertheilten Patente mit genauer Beschreibung und Zeichnung der Erfindung veröffentlicht. Ein Jeder kann diese Beschreibung für ein Paar Groschen haben und alle Techniker sind also in den Stand gesetzt, der neuen Erfindung ihre Aufmerksamkeit zu widmen. Dadurch, dass auf diese Weise alle Produkte des Erfindungsgeistes allgemein zugänglich gemacht werden, wird aber doch ganz gewiss der Erfindungsgeist im Allgemeinen bei einer Nation geweckt. Wie verhält es sich dagegen in der Schweiz? Mir haben schweizerische Uhrenfabrikanten selbst gesagt, die bewährte Uhrenindustrie in La Chaux de Fonds stehe im Begriff, von der Konkurrenz in England und Frankreich überflügelt zu werden, weil ein jeder Fabrikant in La Chaux de Fonds seine Instrumente streng geheim halte und auf diese Weise Keiner von den etwa von Anderen gemachten Fortschritten etwas gewahr werde. Das Patentwesen in England hat allerdings einen Nachtheil: es ist zu theuer. Ich möchte daher dem billigen amerikanischen Patentsystem den Vorzug geben und zwar schon deshalb, weil gerade aus Amerika eine solche Menge von Erfindungen kommen, dass man darüber erstaunen muss. Wenn dagegen ein Patent einmal 5 Jahre lang ertheilt war, so kann man es dann mit einer Progressivsteuer belegen, denn es ist billig, dass der Erfinder, nachdem er bereits einen Gewinn gezogen und Zeit gehabt hat, seine Erfindung in jeder Beziehung vollständig zu vollenden, dann auch einen höheren Preis für den ihm gewährten Schutz zahle. Zum Schlusse möchte ich sodann noch ein Paar Worte über den von Herrn Macfie gemachten Vorschlag sagen: Statt des Patentschutzes dem Erfinder eine Belohnung von Staatswegen zu Theil werden zu lassen.

Der diesem Vorschlag zu Grunde liegende Gedanke ist wohl ganz gut, allein es ist doch wohl zu schwer, die Grenze zu ziehen, wo eine Erfindung anfängt der Nationalbelohnung würdig zu werden; auch ist es oft nicht möglich zu entscheiden, wer eigentlich die Belohnung verdient, ferner ist man nicht sicher, dass nicht die Belohnung aus persönlichen Gründen nach Gunst und Gesinnung ertheilt wird und endlich dürfte dieser Vorschlag die Staatskassen zu sehr belasten. Ich empfehle Ihnen deshalb den folgenden Antrag, der ausserdem den Vorzug hat, dass er mit dem von dem Verein deutscher Ingenieure gefassten Beschlusse übereinstimmt;

„In Erwägung, dass eine möglichst rasche Veröffentlichung von Erfindungen zur Belebung des Erfindungsgeistes erspriesslich ist, dass die ca. 25 deutschen Patentgesetze diesem Zwecke eher hinderlich als förderlich sind und deshalb sobald als möglich abgeschafft werden sollten, in Erwägung aber, dass zur Ausführung von Erfindungen, welche viele Versuchskosten verursachen, wenn eine jede Erfindung, sobald sie auf den Markt gebracht wird, von Jedermann nachgemacht werden könnte, entweder Kapital nicht disponibel wäre oder eine der Entwickelung der Industrie nachtheilige Geheimhaltung aller neuen Erfindungen eintreten würde, erklärt der Kongress deutscher Volkswirthe: Die vielen Patentgesetze sind abzuschaffen und an ihre Stelle ein einziges, mit einem einzigen Patent-Amt für ganz Deutschland zu setzen."

Dr. *Rentzsch* aus Dresden: Der juristische Gesichtspunkt entscheidet bei der vorliegenden Frage nicht, sondern nur der der volkswirthschaftlichen Zweckmässigkeit; ich will daher dem Herrn Vorredner nicht auf das Gebiet des geistigen Eigenthumsrechtes folgen, sondern sofort ad rem schreiten. Die Vorzüge, welche der Herr Vorredner dem Patentwesen nachrühmt, mögen in einzelnen Fällen wohl vorhanden sein, allein der Kongress hat bei seinen Beschlüssen nicht das Wohl Einzelner, sondern die Interessen der Gesammtheit in's Auge zu fassen und im Interesse der Gesammtheit muss ich mich gegen den Patentschutz erklären. Für die Zünfte, für die Beschränkung der Freizügigkeit, für den Schutzzoll lässt sich vom Standpunkt des Einzelnen oft auch sehr viel sagen und doch haben wir uns im Prinzip anders entschieden. Wenn sodann gesagt worden ist, die Rentabilität einer Erfindung sei in Frage gestellt, wenn man sie nicht durch ein Patent schütze, so mag dies für eine frühere Zeit wohl zutreffen, für die heutige Entwickelung unseres Verkehrslebens ist es gewiss nicht richtig. Die Priorität sichert dem eigentlichen Erfinder immer auch höhere Preise und ausserdem erfordern sehr viele Erfindungen gar keine Kosten, weil sie das Werk eines augenblicklichen Einfalles sind. Allerdings besteht die Gefahr, dass die Erfindung nachgemacht wird; allein mit dieser Gefahr ist es auch nicht so arg. Der Konkurrent kann das Fabrikat wohl um die Kosten der ersten Versuche billiger herstellen, er wird jedoch dem ersten Erfinder schwerlich seine Kundschaft abwendig machen, so lange dieser gleiche Preise und gleiche Güte der Waare bietet. Auch eine grössere Geheimhaltung der Erfindungen fürchte ich nicht vom Wegfall des Patentschutzes. Es wird im Wesentlichen bleiben wie es jetzt ist, es wird eine Erfindung so lange geheim bleiben, als sie der Erfinder geheim halten kann, und das ist bekanntlich bei den wenigsten Erfindungen der Fall. Auch mit der Behauptung des Herrn Vorredners bin ich nicht ganz einverstanden, dass in Folge der Patente im Auslande mehr Erfindungen gemacht worden seien, als bei uns. Diese grössere Zahl der ausländischen Erfindungen halte ich für illusorisch, denn nicht jedes Patent repräsentirt auch eine neue Erfindung. Die Patentnehmer haben nur den guten Glauben, sie hätten eine neue Erfindung gemacht, und von den Wirkungen und dem Werth ihres Patentes eine viel zu hohe Idee. Wenn die süddeutschen Staaten den jetzigen Zustand für einen gänzlich ungenügenden erklären und deshalb auf ein einheitliches deutsches Patentgesetz dringen, so haben sie in ihrer Voraussetzung Recht, nicht aber in ihrer Folgerung: Auch ein einheitliches Patentgesetz ist etwas Ueberflüssiges und Unzeitgemässes, denn in 15 Jahren würde auch dies Gesetz ganz antiquirt sein.

Fabrikant *Philippson* aus Berlin: Als Delegirter des Ingenieurvereins fühle ich mich veranlasst, zunächst über die Stellung dieses Vereins zur vorliegenden Frage Einiges zu sagen. Der Ingenieurverein besteht aus Ingenieuren, Fabrikanten und Eisenbahn-Direktoren, also aus Produzenten und Konsumenten, und vertritt folglich ebenso sehr das Interesse von Personen, welche ihrem Erwerbszweig nach für den Patentschutz gestimmt sein müssten, als das Interesse solcher Personen, welche aus demselben Grunde gegen den Patentschutz sich erklären könnten. Trotzdem hat der Verein den Erlass eines einheitlichen deutschen Patentgesetzes für eine absolute Nothwendigkeit erklärt. Was die Sache selbst anbelangt, so will ich als Techniker dem Herrn Prince-Smith auf den von ihm eingeschlagenen juristischen Weg nicht folgen. Soll ich Ihnen jedoch kurz meine Ansicht über das juristische Verhältniss sagen, so ist dieselbe folgende: Die Verleihung eines Patents sehe ich einfach als den Abschluss einer Konvention mit dem Staate an. Ich verkaufe dem Staat das Geheimniss meiner Erfindung, und zwar dafür, dass er mir das Recht zugesteht, eine Zeit lang meine Erfindung allein auszunutzen. Also ein Vertragsabschluss mit Leistung und Gegenleistung von beiden Seiten, nicht aber eine Belohnung des Erfinders durch die Staatsgewalt — das ist nach meiner Ansicht das richtige Verhältniss zwischen dem Staat und dem Erfinder. Eine Erfindung braucht nicht noch besonders vom Staat belohnt zu werden, sie trägt ihren Lohn in sich selbst, man soll ihr nur Zeit lassen, sich vollständig auszubilden. Gegen eine Belohnung durch den Staat möchte ich mich auch schon aus den von Herrn Max Wirth angeführten Gründen aussprechen: man zieht dadurch die Bürcaukratie herein, und diese wird, schon weil sie nicht anders kann, einseitig und unzuverlässig urtheilen. Die Hauptfrage scheint mir im vorliegenden Falle die zu sein: wie werden die Erfindungen gemacht? Die Geschichte der Erfindungen beweist aber, dass die Erfindungen nicht aus dem Stegreif gemacht werden, sondern dass sie jahrelanger Mühe bedürfen, bis sie praktisch anwendbar zu Stande gebracht werden. Es ist ein Irrthum, wenn man glaubt, die Erfindungen würden aus dem Aermel geschüttelt. Es ist nun gesagt worden, die Patente seien dem freien Verkehr schädlich. Ich kann dies nicht zugeben. Wenn ich einen Gegenstand erfinde, so erweitere ich dadurch den Markt; ich sage also: hier ist eine neue Waare, auf die ich ein Patent genommen habe: und der Käufer wird darauf gerade so gut, als wenn ich kein Patent hätte, einfach prüfen, ob meine neue Waare gut und ob sie preiswürdig ist. Allerdings kann man sagen, die neue Waare würde billiger sein, wenn ich nicht in Folge meines Patentes allein das Recht hätte, diese Waare zu fabriziren. Das mag sein, aber wenn dies nicht der Fall wäre, wer würde sich dann damit abgeben wollen, sich Monate lang abzumühen, um etwas Neues zu produziren, damit schliesslich ein Jeder das Recht hätte, die neue Waare alsbald nachzumachen? Mit den Grundsätzen dieser letzteren Art kämen wir ja alsbald in das Gebiet des Kommunismus hinein. Man hat ferner gesagt, kleine Erfindungen erforderten oft grössere Mühe als grosse. Auch das kann im einzelnen Falle richtig sein, allein die Patente sollen ja auch keine Belohnung des Erfinders sein, sondern sie sind, wie ich schon ausgeführt, nichts Anderes als ein Tauschgeschäft zwischen dem Erfinder und dem Staat. Es ist übrigens eine Thatsache, dass einzelne Erfindungen dem Erfinder grosse Vortheile eingebracht und zugleich der Gesammtheit genützt haben. Ich erinnere hierbei an Arkwright, den Erfinder des Spinnrahmens, ferner an den Erfinder des Dampfhammers, welcher letztere geradezu eine Revolution im Gebiete der Technik hervorgebracht hat. Die Kosten, welche in beiden Fällen auf die Erfindung verwendet werden mussten, waren jedoch sehr bedeutend, und beide Erfinder wären nicht im Stande gewesen, ihre Erfindung so billig abzugeben, wie ein Anderer, der diese Kosten nicht hatte. Herr Max Wirth hat zwar die Anwendung des geistigen Eigenthumsrechtes auf die Erfindungen bestritten und gesagt, die Erfindungen seien nur die Blüthen am Baume der Civilisation, an der die ganze Nation ihren Theil hat. Auch hierbei ist so viel richtig, dass die Wissenschaft im Allgemeinen auch dem Erfinder erst das Material zu seiner Erfindung abgiebt. Aber es ist ja auch nicht das allgemeine wissenschaftliche Prinzip, welches durch das Patent geschützt werden soll, sondern die Ausbeutung dieses Prinzips in seiner Einzelanwendung. Ein Beispiel hierfür giebt Watt's

Erfindung der Dampfmaschine. Das Prinzip der bewegenden Kraft des Dampfes war schon lange vor Watt bekannt. Es handelte sich aber eben nur um die praktische Verwerthung dieses Prinzips und diese Aufgabe hat Watt gelöst. Man hat endlich auch aus der Anhäufung der Patente einen Grund gegen dieselben entnommen, indem man ausgeführt hat, durch die übergrosse Menge von Patenten werde eine Störung des Verkehrs bewirkt. Nun es ist richtig, dass in den letzten 9 Jahren in England 32,259 Anmeldungen auf Patente gemacht worden sind. Hiervon sind indess nur 20,087 Anmeldungen, also etwa 60 pCt. wirklich ausgeführt worden, d. h. nur 66 pCt. der Anmelder haben wirklich die 30 £ gezahlt, welche sie auf 3 Jahre berechtigten, ihre Erfindung praktisch zu verwerthen. Nach Ablauf dieser 3 Jahre musste nun ein Jeder wieder weitere 50 £ einzahlen, um das Recht zu erlangen, in den nächsten Jahren wieder durch das Patent geschützt zu sein. Diese 50 £ haben aber nur 4240 Anmelder, also nur 7 pCt. gezahlt. Die 100 £ aber, welche nach weiteren 7 Jahren für das Patent gezahlt werden mussten, haben gar nur 6 pCt. von der ursprünglichen Zahl der Anmelder gezahlt. Hieraus ergiebt sich demnach: es giebt zwar eine grosse Menge von Technikern, welche das Erfindungsfieber haben, aber die grosse Mehrzahl derselben wird im Laufe der Zeit sehr bald ernüchtert. Eine wirkliche Verkehrsstörung ist also in Wahrheit nicht vorhanden. Man kann nun zwar sagen, schon die einmalige Ertheilung ganz nutzloser Patente sei eine Verkehrsstörung; allein darauf erwiedere ich: wenn eine grosse Menge von solchen Patenten regelmässig genommen wird, so hat dies gerade die Folge, dass sich Niemand darum bekümmert. Immerhin aber bleibt die Veröffentlichung der genommenen Patente von grossem Nutzen für die Technik. Ich möchte Sie hiernach bitten, dem Antrage des Herrn Max Wirth, der auch dem Beschlusse des Ingenieurvereins entspricht, Folge zu geben. Es ist von grosser Wichtigkeit, dass ein einheitliches Patentgesetz zu Stande kommt, denn der gegenwärtige Zustand der reinen Willkür enthält sehr grosse Missstände und diese können allein durch ein einheitliches Gesetz beseitigt werden.

Otto Michaelis aus Berlin: Die Patentfrage ist keine einfache Frage und es besteht für uns das regste Interesse, dass alle Ansichten sich in dieser Frage hören lassen. Ich glaube daher, wir sind dem Vereine der deutschen Ingenieure zu Dank verpflichtet, wenn er von seinen Beschlüssen uns durch so beredten Mund hier hat Mittheilung machen lassen. Als ich indess von dem Herrn Vorredner hörte, eine wie grosse Zahl von Patenten alljährlich in England gelöst wird, und wie gering die Zahl derer ist, die schliesslich auf die Dauer wirklichen Gebrauch von ihren Patenten machen, da wurde ich sehr lebhaft an unsere Lotterien erinnert. Wir sehen da eine grosse Menge von Erfindern, welche, um ein Patent zu gewinnen, Vermögen, Gesundheit, Lebenskraft einsetzen, aber nur wenige sind es, denen ein Zufall zuletzt einen Gewinn verschafft. Und wenn wir dabei die Bilanz ziehen, so finden wir, dass die Ausgaben die Einnahmen übersteigen. Die grossen Erfindungen der früheren Zeit, die der Taschen-Uhren, des Schiesspulvers, der Buchdruckerkunst, sind nicht durch ein Patent hervorgelockt worden, sondern den Erfinder bedrohten wohl gar Rad und Scheiterhaufen — und wir sollten den Muth verlieren, meine Herren, wenn nicht ein lumpiges Monopol unseren Erfindungen zur Seite gestellt wird! (Beifall.) Die ersten Patente hatten allerdings nicht den Charakter eines Monopols, sondern sie sollten umgekehrt Schutz gewähren gegen das Monopol des Zunftwesens in Frankreich. Als aber später das Zunftwesen aufgehoben wurde, da drehte man die Sache um und glaubte nun dem Geiste das Monopol geben zu können und geben zu müssen. Man errichtete damit aber nichts weiter, als ein neues Bannrecht. Ich will nicht sagen, dass dies neue Bannrecht ganz so unmotivirt ist, wie wir die alten Bannrechte zu betrachten gewohnt sind, denn es erscheint natürlich und billig, dass man in Zeiten unentwickelten Verkehrs den Menschen, welche ihre Kräfte angewandt haben im Interesse der Förderung der allgemeinen Wohlfahrt, eine weitere Belohnung zuzugestehen geneigt ist, als sie in solchen Zeiten der knappe Gewinn des Marktes gewährt; allein wenn man sagt, die Erfindungen Englands seien eine Wirkung der Patente, so kann man mit demselben Rechte sagen, die Mühlen seien durch die Bannrechte, die Brennereien durch die Schankgerechtigkeiten, die Industrie Englands durch den Schutzzoll gross geworden. Anfangs erschienen solche Privilegien Einzelner allerdings unschädlich, nämlich so lange die Verkehrsverhältnisse unentwickelt, der Unternehmungsgeist schwach und das Capital gering waren. Es würden ja doch keine zwei Brennereien, keine zwei Apotheken haben bestehen können — kann man sagen — denn es fehlte das Capital dazu. Aber wenn die Zeit kommt, wo das Capital vorhanden ist und nach Beschäftigung drängt, dann tritt die Kehrseite überwältigend hervor, und die Beschränkungen müssen im Interesse Aller der Freiheit Raum geben. Als Symptom dieses Umschwungs tritt in der Regel ein Zustand ein, wo man mit der Handhabung der beschränkenden Gesetzgebung nicht mehr aus noch ein weiss, wie wir es an der Zunftgesetzgebung erfahren. Ich betrachte es daher als ein Symptom der Ueberlebtheit des Patentwesens, dass man jetzt mit der Patent-Gesetzgebung auch nicht mehr aus noch ein weiss. In England, wo das System der Anmeldungen besteht, sehnt man sich nach den Zuständen bei uns, und bei uns, wo das System der Vorprüfung besteht, will man von der Patent-Gesetzgebung nichts mehr wissen, wenn sie nicht auf das Anmeldungsverfahren basirt ist. Vor 10 Jahren schon hat man in Preussen Klage darüber geführt, dass es bei den Vorprüfungen für die Behörde vollkommen unmöglich sei, die Neuheit festzustellen, und in England bei dem Anmeldungsverfahren ist es, so klagt man, ein riskantes Ding, eine zweckmässige neue Sache auf den Markt zu bringen, weil man nicht weiss, ob nicht ein Patent für ein solches oder ähnliches Ding schon angemeldet ist, und der Unternehmungsgeist wird durch den Patentschutz gefesselt. So schiebt die Bureaukratie der Industrie und die Industrie der Bureaukratie die Lösung eines unlösbaren Problems, der Festtellung der Neuheit, zu. Diese Verlegenheit ist das hippokratische Gesicht des Patentwesens. Wenn man gesagt hat, der Erfindungsgeist bedürfe der Patente, um durch sie etwa wie durch ein Zugpflaster herausgezogen zu werden, so will ich zur besseren Illustrirung dieser Behauptung eine höchst merkwürdige Thatsache anführen, die im Jahre 1851 in England vor einem Comité der Lords durch Ricardo constatirt worden ist. Es ist damals nämlich festgestellt worden, dass, sobald eine neue wichtige Erfindung patentirt worden ist, auch alsbald ein ganzes Heer von Patentjägern sich aufmacht, welche kleine Verbesserungen erfunden zu haben vorgeben und Patente dafür nachsuchen. Die Folge davon ist, dass sehr bald Prozesse zwischen den Inhabern der Verbesserungspatente und dem Inhaber des Hauptpatentes drohen Prozesse aber sind theuer in England und man sucht ihnen gern aus dem Wege zu gehen. Man kann dies aber im vorliegenden Falle nur dadurch, dass man den Inhabern der Verbesserungspatente ihre Patente abkauft, und darauf eben haben es denn auch diese Letzteren eigentlich nur abgesehen. So ist es denn z. B. bei der englischen Telegraphen-Kompagnie so gekommen, dass diese ausser den 140,000 £, welche sie für ihr eigentliches Patent gezahlt hat, noch 200,000 £ für den Ankauf von Verbesserungspatenten hat zahlen müssen, die ihr wenig nutzten. (Grosse Sensation.) Das ist die Folge des Patentschutzes. Das Monopol hat eben stets die Neigung, sich selbst aufzufressen. Unsere Apotheker werden auch ruinirt durch die hohen Summen, welche sie für ihr Monopol zahlen müssen. Und so ist es auch hier: es enstehen Ausgaben und immer wieder Ausgaben, um nur das Monopol als Monopol zu erhalten. (Grosser Beifall.) Man muss übrigens bei Beurtheilung des Nutzens der Patente fragen, welche Erfindungen nur in Folge des Schutzes der Patente gemacht worden sind, man muss also abziehen alle Erfindungen, welche durch Zufall, durch die Noth, durch die Concurrenz veranlasst wurden, denn diese letztgenannten Erfindungen würden auch ohne Patent gemacht worden sein. Wenn nun aber wirklich eine Erfindung patentirt worden ist, die nur vermöge des Patentschutzes gemacht wurde, wer steht dann dafür, dass sie nun nicht von Einem angekauft wird, der durchaus nicht die Absicht hat, sie in Anwendung zu bringen, sondern im Gegentheil, ihre Anwendung zu verhindern, damit nicht seine durch die Erfindung antiquirte Fabrikeinrichtung entwerthet werde? Im Uebrigen ist zu bedenken: die Hauptquelle des Erfindungsgeistes ist die Wissenschaft und wissenschaftliche Lehrsätze können nicht patentirt werden. Ich erinnere hierbei an den Chemiker Graham und seine Entdeckung des Verfahrens, aus Flüssigkeiten die krystallisirbaren Salze durch Endosmose zu entfernen. Graham hatte dies Verfahren bei seinen Experimenten entdeckt, er konnte aber auf dieses Naturgesetz im Allgemeinen kein Patent nehmen, sondern nur auf die technische Anwendung desselben, z. B. etwa auf die Entfernung der Syrup-Salze. Nun gut, Graham hatte die Entdeckung gemacht, und nun kommt das Heer der Erfinder und löst Patente auf solche einzelne Anwendungen. Der Mann der Wissenschaft hat den Ruhm, nichts weiter, und der Andere, der blos eine höchst einfache Anwendung der an sich sehr sinnreichen wissenschaftlichen Entdeckung macht, hat die Thaler, Groschen und Pfennige, er hat die Entdeckung der Wissenschaft auf 15 Jahre in Beschlag genommen, blos deshalb, weil er einen Apparat konstruirt hat, wo man etwa eine Blase über einen Kessel bindet u. s. w. (Lebhafter Beifall.) Man hat gefragt, was würde geschehen, wenn es keine Patente gäbe und dabei durchblicken lassen, es würde das den Erfindungsgeist lähmen. Allein es besteht doch in diesem Falle sicher dasselbe Interesse an neuen Erfindungen, wie jetzt auch, und es würden sich auch ohne Zweifel neue Formen zur Entschädigung oder Belohnung des Erfinders herausbilden. So haben die deutschen Eisenbahn-Verwaltugen, mit Ausnahme von zweien, beschlossen, einen Fonds zu gründen, aus welchem technische Verbesserungen im Eisenbahnwesen belohnt werden sollen. Hier ist also z. B. schon ein Fall, wo dem Erfinder eine Entschädigung für seine Mühen freiwillig geboten wird. Man hat das Patent als ein Tauschgeschäft zwischen dem Erfinder und dem Staat bezeichnet, bei dem der Erstere dem Staat sein Geheimniss gegen den Schutz für sein Patent überlässt. Allein diese Anschauung geht von einer falschen Grundlage aus, denn man sucht Patente nur für solche Erfindungen, die man im Falle der Ausführung nicht geheim halten kann. Der Erfinder, der seine Erfindung ausbeuten und sie zugleich geheim halten kann, der ist ein Narr, wenn er noch ein Patent für seine Erfindung bezahlt. Meine Herren, es sollte bei unserer Frage nichts weiter zur Debatte stehen, als die Alternative: sind die Patente nützlich oder sind sie schädlich, und ich bitte Sie, dass Sie sich dabei gegen die Patente entscheiden. (Lebhafter Beifall.)

Professor *Schröder* aus Mannheim: Ich bin nach wie vor der Ansicht, dass die Patente ein unbedingtes Erforderniss im Interesse des Erfindungsgeistes und der Industrie sind. Die Kernfrage ist jedoch noch nicht zur Sprache gekommen und die ist die: Es fehlt etwas in Deutschland, die deutschen Erfinder sind Hungerleider, und unsere Fabrikanten sagen mit Recht, ein deutscher Erfinder muss entweder verhungern oder es muss auswandern.

Eine jede Erfindung erfordert Zeit zu ihrer Reife und diese Zeit zur Reife ist es, die das Patent gewähren soll, nichts weiter, nicht etwa ein Monopol. Dass eine solche Zeit zur Reife für die Erfindungen erforderlich ist, lässt sich unzweideutig aus der Geschichte der technischen Erfindungen erkennen und gestützt hierauf, sage ich Ihnen: Watt und Arkwright wären als arme Leute gestorben, wenn sie nicht Zeit gehabt hätten, ihre Erfindungen auszunutzen. Man sagt zwar, es giebt kein Eigenthum an Erfindungen; aber Niemand hat doch noch geleugnet, dass es einen Diebstahl an Erfindungen giebt, also muss es doch auch wohl ein Eigenthum an ihnen geben. Man gesteht zu, der Erfinder habe ein Recht, seine Erfindungen geheim zu halten, aber in Deutschland werden die Erfinder um ihr Geheimniss betrogen. Man besticht die Arbeiter und scheut kein Mittel, sich in den Besitz der Erfindung eines Anderen zu setzen, der Erfinder aber, der Mühe und Zeit aufgewandt, geht leer aus, wenn man ihn nicht gar noch an seiner Ehre angreift. Hierüber kommen wir nicht hinaus: dem deutschen Erfindungsgeist ist nur zu helfen durch eine Verbesserung unserer Patentgesetzgebung. Ich verstehe auch nicht, wie man sagen kann, die Patente seien überflüssig, gegenüber der Thatsache, dass die meisten Erfindungen gerade aus den Ländern kommen, wo die Patente am Leichtesten zu haben sind, und dass die wichtigsten derselben nicht zu Stande gekommen wären ohne Patent.

Dr. *Emminghaus* aus Bremen: In den Ausführungen der Freunde des Patentschutzes finde ich eine Lücke. Sie sagen zwar, es giebt kein Recht des Erfinders an seiner Erfindung und es handelt sich beim Patent nicht darum, den Erfindern eine Belohnung zu geben, sondern es handelt sich nur darum, dass der Erfinder die nöthigen Mittel bekomme zur Ausführung seiner Erfindung; in Wahrheit aber gehen ihre Ausführungen immer davon aus, dass allerdings der Erfinder ein Recht an seiner Erfindung haben und für dieselbe belohnt werden muss. Es giebt aber in der That kein Recht des Erfinders, denn wenn es existirte, so brauchte er dafür eben so wenig noch ein besonderes Dokument, als wir ein solches für unser Recht an unseren Häusern und Gärten brauchen. Dass aber die Patente, auch wenn man sie unter dem Gesichtspunkt der Belohnung für den Erfinder auffasst, diesen Zweck nicht erreichen, hat schon Michaelis schlagend nachgewiesen. Ich verweise hierbei nur noch auf die zahlreichen Fälle, wo der eigentliche Erfinder, z. B. der Fabrikarbeiter, das Patent gar nicht gelöst, die Belohnung also nicht erhalten hat. Auf die Frage, wie es mit den Verbesserungspatenten zu halten sei, sind die Freunde des Patentschutzes auch noch nicht eingegangen. Es ist doch nicht zu leugnen, dass auch Verbesserungspatente zugelassen werden müssen. Wie aber, im Falle ein solches ertheilt wird, der ursprüngliche Erfinder geschützt werden soll, ist nicht abzusehen. Auch darüber müssten uns die Freunde des Patentschutzes wohl Aufschluss geben, für welches der beiden allein möglichen Patentsysteme der Kongress sich entscheiden soll, ob für das Anmeldeverfahren, oder für die Vorprüfung. Gegen beide Systeme lässt sich bekanntlich gleich viel vorbringen. Ich glaube ferner darauf aufmerksam machen zu müssen, dass in dem bekannten Gutachten der Direktion des schweizerischen Polytechnikums sich nicht blos gegen die Patente ausgesprochen, sondern geradezu erklärt wird, die hohe Blüthe der Industrie der Schweiz beruhe hauptsächlich auf dem Nichtvorhandensein der Patente. Es ist zwar gesagt worden, es gäbe in Deutschland keine Erfinder, wenn dies aber wahr sein sollte, so kann der Grund davon unmöglich darin liegen, dass es keine Patente giebt, denn deren giebt es bei uns bekanntlich genug. Es ist auch gesagt worden, wenn man den Patentschutz abschafft, so würden die Erfindungen weit schwerer veröffentlicht werden, und zugleich ist uns versichert worden, wenn es keinen Patentschutz gäbe, so würde sich kein Kapital finden für die Ausführung neuer Erfindungen, weil diese eben alsbald veröffentlicht werden würden. Darin liegt aber doch wohl ein Widerspruch. Der Vorschlag, den Herr Max Wirth macht, ist im Wesentlichen schon von der Bundestags-Kommission gemacht worden. Es ist aber wohl als sicher anzunehmen, dass die preussische Regierung sich nicht darauf einlassen wird. Ich schliesse mich dem Antrage von Prince-Smith vollständig an, möchte jedoch den Wunsch aussprechen, dass darin auf die Mängel der administrativen Handhabung der Patentgesetzgebung noch etwas mehr Gewicht gelegt würde.

Director *Lehmann* aus Glogau: Die Frage über den Patentschutz ist bei uns angeregt worden, nicht weil es uns überhaupt an einem Schutz für unsere Erfindungen fehlt, sondern weil es uns an einem einheitlichen Schutz fehlt. Ich bin aber überzeugt, dass, wie auf dem politischen, so auch auf diesem Gebiete die Einheit auch die Freiheit im Gefolge hat. In Amerika ist auch die Befreiung von den Monopolen durch die Einheit der Patent-Gesetzgebung erzielt worden. Die dortige Patent-Gesetzgebung giebt kein Monopol, denn das Register des Patentamtes enthält ein ganzes Lexikon von Patenten, darunter allein ein ganzes Dutzend von Patenten für Nähmaschinen. Es wird vielmehr dadurch nur erreicht, dass alsbald über das ganze Land eine jede neue Erfindung bekannt gemacht wird. Das Patentwesen ist dort zentralisirt wie das Heer und die Flotte, und das „patent office" zu Washington veröffentlicht als solches alle Erfindungen und macht sie dadurch zum Gemeingut der ganzen Nation. Diese Einheit der Gesetzgebung müssen wir in Deutschland auch erstreben, dann erlangen wir auch die Freiheit. Gegen die Misbräuche des Patentwesens müssen wir uns erklären, nicht gegen die Patent-Gesetzgebung als solche.

Dr. *Meyer* aus Berlin: In juristischer Beziehung liegen uns hier zwei

Fragen vor, einmal die: hat der Erfinder ein Recht an seiner Erfindung, und zweitens die: ist das etwaige Recht des Erfinders dem Verlagsrecht gleich zu stellen? Die erste Frage gehört vor den Juristentag, die zweite Frage will ich, da sie hier doch schon mehrfach berührt worden ist, einmal versuchen festzustellen. Ich verwerfe zunächst den Begriff des geistigen Eigenthums, denn es giebt nur ein Eigenthum an körperlichen Dingen, ich verwerfe aber nicht das Verlagsrecht, wenigstens nicht ganz. Es lässt sich nicht leugnen, dass mit der Erfindung der Buchdruckerkunst das Bedürfniss sich herausstellte, den Schriftsteller vor der mechanischen Vervielfältigung seiner Schriften sicher zu stellen. In früherer Zeit, wo die Vervielfältigung nur durch Handschrift möglich war, hatte sich dies Bedürfniss nicht ergeben, weil das Abschreiben eine viel längere Zeit in Anspruch nahm und das Recht des Schriftstellers also einer solchen Ausbeutung wie durch den Buchdruck nicht ausgesetzt war. Hierbei ging nun die Sprachentwickelung mit der Rechtsentwickelung nicht Hand in Hand, denn man nannte das Recht des Schriftstellers geistiges Eigenthum, obwohl vom Eigenthum hierbei doch nicht die Rede sein konnte. Indess, wie dem auch sei, wenn man sich nur nicht verleiten lässt, anzunehmen, es sei nun wirklich eine neue Art von Eigenthum aufgestellt worden, so hat es am Ende wenig auf sich, dass man das Verlagsrecht auch dann und wann geistiges Eigenthum nennt. Nun fragt es sich, ob mit der Erfindung der Dampfmaschinen abermals unsere Rechtsentwickelung um eine neue Art von Rechten bereichert worden ist, wie dies der Fall war bei der Erfindung der Buchdruckerkunst mit dem Verlagsrecht. Ich leugne hierbei zunächst, dass das etwaige Recht des Erfinders mit dem Verlagsrecht gleich zu stellen ist, weil einmal Derjenige, welcher eine neue Erfindung nachmacht, dem Erfinder selbst an geistiger Ausbildung viel näher stehen muss, als der Setzer dem Schriftsteller. Zweitens weil, wenn der Autor ein Werk herausgiebt, er sich auf das Gesetz einfach verlassen kann, da eben im Falle eines Nachdrucks ein Irrthum über das Werk nicht möglich ist, während bei der Nachahmung einer Erfindung die Frage, ob eine Nachahmung oder eine Verbesserung vorliegt, sehr zweifelhaft sein und die Einmischung der Staatsbehörden erforderlich machen kann. Drittens weil, wenn ein Werk herausgegeben wird, Niemand dadurch an weiterer Forschung auf dem betreffenden Gebiet gehindert wird, während das Patentwesen jeden Anderen an weiterer Forschung hindert. Viertens endlich, weil das Verlagsrecht es sogar befördert, dass der Inhalt neuer Forschungen einem Jeden zugänglich wird, während das Patentwesen nur zur Verheimlichung beiträgt. Es finden sich also zwischem dem Verlagsrecht und dem Recht des Erfinders so viele durchgreifende Unterschiede, dass beide unmöglich gleich gestellt werden können.

Fabrikant *Wichmann* aus Hamburg: Von Herrn Michaelis ist gezeigt worden, dass das Patentwesen nichts weiter ist, als eine Lotterie und ich muss gestehen, eine der schlechtesten Lotterien, die je existirt haben; denn wenn von 100 Patentnachsuchern schliesslich nur 6 trotz aller Patente fortkommen, so lässt sich wohl annehmen, dass diese 6 auch ohne Patentschutz fortgekommen wären. Dass sich trotzdem immer noch Leute finden, welche Patente nachsuchen, kann hierbei nichts entscheiden, denn es wird immer Leute geben, welche schnell und auf Kosten Anderer reich werden wollen. Wir aber können desshalb doch, und obwohl auch die Fachmänner sich für den Patentschutz ausgesprochen haben, immerhin uns gegen denselben, wie gegen alle Monopole erklären.

Von Schröder aus Mannheim ist inzwischen folgender Antrag eingebracht worden:

„In Erwägung, dass das gegenwärtige deutsche Patentwesen seinem Zwecke nicht entspricht, beschliesst der Kongress deutscher Volkswirthe: einen Ausschuss niederzusetzen, welcher nach nochmaliger Prüfung des vorliegenden Materials der nächsten Versammlung entweder einen Reformplan vorzulegen oder die Abschaffung des Patentwesens vorzuschlagen und zu begründen hat."

Philippson aus Berlin: Das von Herrn Michaelis in die Debatte geworfene Gleichniss mit der Lotterie ist zwar ein Schlagwort, das im Anfang blendet, indess es ist doch auch nur ein Gleichniss, welches hinkt. Jedenfalls muss ich, was das Unmoralische des Lotteriewesens betrifft, den Vergleich mit dem Patentschutz zurückweisen. Im Uebrigen komme ich immer wieder darauf zurück, dass es dem Erfinder sehr häufig nicht gelingt, Nutzen von seiner Erfindung zu ziehen. Wenn dies aber wirklich der Fall, nun dann ist doch jetzt beim Patentschutz noch immer wenigstens einige Möglichkeit vorhanden, Kapital zu finden, während beim Hinwegfallen des Patentschutzes der Erfinder ganz und gar verloren gehen muss. Man hat nun zwar gesagt, in den meisten Erfindern liege nun einmal der Erfindungsgeist und der werde sich auch ohne Patentschutz äussern. Dem. ist aber nicht so. Es gibt Schwärmer in jeder Richtung und so auch hier bei den Erfindungen. Aber ohne Patent kommen auch sie nicht zum Ziel. Ich erinnere an das Beispiel Crompton's, des Erfinders der Mule, Crompton war zu arm, um ein Patent aufnehmen zu können, seine Erfindung wurde von Andern ausgebeutet und er selbst nur dadurch vom Hungertod errettet, dass das englische Parlament ihm einen Jahresgehalt von 50 £ aussetzte. Man hat darauf hingewiesen, der Zufall begünstige vielfach die Erfindungen; allein ich habe nicht behauptet, dass in jedem Fall das Resultat ein gerechtes sei. Dies ist aber auch nicht beim Eigenthum der Fall, es gibt kein rechtliches Verhältniss, das nicht missbraucht werden könnte. Wenn man ferner auf die Resultate der englischen und französischen Patentgesetzgebung verweist und versichert, diese Resultate seien misslich, so kann ich dem gegenüber auch versichern, dass trotzdem Niemand weder in England noch in Frankreich daran denkt, die Patente abzuschaffen. Jedenfalls sind auch hier bei uns die Ansichten über die Patentfrage sehr getheilt und ich glaube nicht, dass dieselbe für diesen Kongress schon spruchreif ist. Ich bin daher dafür, dass wir unser Votum aussetzen sollen. Das preussische Ministerium hat vor Kurzem den Handelskammern die Patentfrage auch vorgelegt und zwar mit der stillschweigenden Insinuation, dass sie sich gegen den Patentschutz aussprechen sollen. Den Handelskammern aber ist fast durchgängig diese Frage ziemlich ungeläufig und es ist daher sehr wahrscheinlich, dass sie durch das Votum des Kongresses bestimmt werden. Wir haben also eine nicht so ganz zu unterschätzende Verantwortung auf uns, und ich möchte daher gerade mit Bezug auf den Charakter des Kongresses als einer Wanderversammlung den aufschiebenden Antrag Schröders dringend empfehlen.

Dr. *Faucher* aus Berlin: Man hat uns gesagt, die vorliegende Frage sei noch nicht spruchreif, ich bin aber der Ansicht, diese Frage wird immer dieselbe bleiben; sie wird also weder reifer noch unreifer. Lassen Sie uns also unsere Resolution nicht aussetzen, sondern ruhig das sagen, was uns als Wahrheit erscheint, ohne uns im Mindesten zu geniren. Was noch am meisten für die Patente einnimmt, das ist das Gerechtigkeitsgefühl gegenüber dem Erfinder, der Mühe, Zeit und Kosten auf seine Erfindung verwandt hat, und dem schliesslich ein Anderer den Vortheil soll wegschnappen können. Es entsteht also die Frage: hat der Erfinder Mühe und Kosten? Dies ist nun gewiss nicht der Fall bei allen den Erfindungen, die durch einen glücklichen Zufall gemacht werden. Mühe und Kosten sind vielmehr nur bei den Erfindungen denkbar, welche der Erfinder mit bewusster Absicht sucht; es sind aber gerade das die Erfindungen, die in der Luft liegen, die vom wissenschaftlichen Fortschritt bereits vollständig vorbereitet sind, so dass es sich schon gar nicht mehr fragt, ob sie überhaupt gemacht werden, sondern nur, wann sie gemacht werden, und wer sie macht. An allen diesen Erfindungen arbeitet nun aber nicht etwa bloss Einer, sondern 25, ja 100 zu gleicher Zeit. Und nun sollen wir Dem, der zufälligerweise 5 Minuten früher als die andern 24, seine Erfindung fertig gekriegt hat, ausschliesslich das Recht einräumen, seine Erfindung auszunutzen, während die Andern leer ausgehen? (Heiterkeit.) Glauben Sie, Sie belohnten auf diese Weise die aufgewandte Mühe? Nein, Sie vernichten den Lohn für ungeheure Mühen. Entspricht das Ihrem Gerechtigkeitsgefühl, dass wenn 25 zu gleicher Zeit gleiche Mühe und Kosten aufwenden, schliesslich Einer nur den Vortheil ziehen soll, Einer nur, der überdies schon dadurch genug bevortheilt ist, dass er der Erste ist? Es ist wahr, das Patentwesen ist eine Lotterie, freilich eine Lotterie nur für Diejenigen, welche Nützliches schaffen, aber doch eine Lotterie im schlimmsten Sinne, denn es *verstärkt* den Zufall.

Man sagt uns zwar, das Patent beziehe sich nicht auf die Produktion, sondern auf den Verkauf des Artikels. Nun ja, das ist eben so die Praxis. Der Zweck des ganzen Patentes ist, einen höheren Preis für seine Waare zu erzielen, als man an sich bekommen würde. Es ist das eben der Edukationsschutzzoll, nichts Anderes. Was aber sind die Folgen von dieser Art von Schutzzoll für den volkswirthschaftlichen Zustand des betreffenden Landes? In England können Sie oft genug hören, dass sie in dem und dem Artikel nicht mit uns in Deutschland konkurriren könnten, weil sie die Erfinder mit schwerem Geld bezahlen müssen, wir dagegen nicht. So kommt es denn auch, dass die Stadt Berlin in galvanoplastischen Arbeiten die Stadt Birmingham auf dem nordamerikanischen Markte vollständig geschlagen hat. Das Patentwesen ist also nicht blos eine Bestrafung für die 24, die zufälligerweise mit ihrer Erfindung um 5 Minuten zu spät kamen, sondern auch für das ganze Land, welches ein solches ungerechtes System angenommen hat. Das sind denn doch wohl auch praktische Gründe gegen das Patentwesen. Man sagt uns nun, wenn wir die Patente abschafften, so würde Niemand mehr etwas erfinden wollen. Nun gut, dann setzen wir Preise aus, das ist denn doch immer noch viel besser, als die Belohnung durch ein Monopol, wie die Patente es sind. Aber vergessen Sie nicht, dass in des Menschenbrust nicht blos Eigennutz, sondern auch Eitelkeit und Ehrgeiz als treibende Kräfte wohnen. Wer hat den Engländern ihre Pferdezucht auf die jetzige Höhe gebracht? Die Aristokratie hat es gethan, ohne dass Preise ausgesetzt wären, aus purem Ehrgeiz und Eitelkeit. Und glauben Sie, dass nicht blos in diesem Falle, nein, dass überhaupt die Eitelkeit ein wichtiger Sporn im volkswirthschaftlichen Leben ist und bleiben wird. Wenn wir es aber erst einmal dahin gebracht haben, dass, wie die Italiener ihren Leonardo da Vinci, so wir den Erfinder der Mule oder irgend einer anderen grossen technischen Erfindung belohnen, dann stehen wir in der Volkswirthschaft nicht mehr auf dem Boden des blossen persönlichen Eigennutzes, nein, dann stehen wir auf religiösem, auf dem breiten Boden der Volksmoral, und diesen Zustand herbeizuführen, das ist die wahre Aufgabe des Individuums. (Lebhafter Beifall).

Dr. *Rentzsch*: Man spricht so viel vom armen Erfinder. Es ist richtig, der erste hohe Verkaufspreis wird für die Erfinder wegfallen, wenn das Monopol des Patentes wegfällt, und das wird für den grössten Theil der heutigen Erfindungen empfindlich sein. Aber das sind auch eben nur Patent-Erfindungen. Die wirklich werthvollen Erfindungen werden auch ohne Patente immer lohnend sein. Ich glaube im Gegentheil, der wirklich arme Erfinder gewinnt nur durch die Abschaffung der Patente.

Hargreaves aus Hamburg: Ich will nur in einer sehr persönlichen Angelegenheit das Wort ergreifen. Es ist hier immer von Arkwright als dem Erfinder des Spinnrahmens die Rede. Der wirkliche Erfinder ist aber nicht Arkwright, sondern es war mein Grossvater, ein armer Arbeiter in der Fabrik von Arkwright. Mein Grossvater aber hat Nichts von seiner Erfindung gehabt, er ist arm gestorben, nur sein Fabrikherr, Arkwright, der sich selbst patentiren liess, ist ein reicher Mann geworden. Ich würde diesen Punkt hier nicht berührt haben, wenn nicht dies wirkliche Sachverhältniss auch in Büchern zu lesen wäre.

Wichmann aus Hamburg: Das von Herrn Philippson uns mitgetheilte Schicksal Crompton's spricht ja grade für uns, d. h. gegen die Patente. Im Bremer Handelsblatt ist ja nachzulesen, dass Crompton's Erfindung der mule-jenny zehn Jahre lang nicht patentirt werden konnte, weil Arkwright's Spinnrahmen noch patentirt war.

Philippson aus Berlin: Ich muss die Richtigkeit dieser Angaben des Bremer Handelsblattes bestreiten und werde dem Herrn Vorsitzenden die Beweise für meine Behauptung beibringen.

Schröder aus Mannheim: Bei den Erfindungen, welche so zu sagen in der Luft liegen, sollen nach meiner Ansicht die 24, welche zu spät kommen, nicht ausgeschlossen sein, sondern auch ihr Patent erhalten. Alle Systeme des elektrischen Telegraphen sind patentirt, aber nur der Morse'sche ist der wirklich praktische. Ich wiederhole, es ist der Diebstahl, gegen den die Patente schützen sollen, nicht aber sollen sie ein Monopol gewähren. In Deutschland aber ist dieser Diebstahl abscheulich, und darauf ist mir bis jetzt nicht geantwortet worden. Es ist ferner unrichtig, wenn man sagt, die Patente bewirkten die Geheimhaltung der Erfindungen. Im Gegentheil, ihr grösster Vorzug besteht gerade darin, dass sie die Erfindungen veröffentlichen, denn wenn es keine Patente giebt, so erfährt kein Mensch, was erfunden ist, und wenn Einer etwas erfunden hat, so geht er fort und sagt kein Wort, damit ihm sein Geheimniss nicht gestohlen wird. Eine Erfindung machen und sie geschäftsmässig ausbeuten, das sind zwei ganz verschiedene Fähigkeiten und dass dem Erfinder, der in der Regel die letztere Fähigkeit nicht hat, die Möglichkeit der eigenen Ausnutzung seiner Erfindung gesichert wird, das ist auch ein Vorzug des englischen Patentwesens, wie ich deren schon mehr hervorgehoben habe.

Dr. *Emminghaens* aus Bremen: Dem Diebstahl einer Erfindung kann man auf gesetzlichem Wege nicht vorbeugen. Es ist Sache des Einzelnen, wie er sich dagegen schützt, das Gesetz kann hier nicht helfen, so wenig, wie es verhindern kann und gehindert hat, dass nicht ein Anderer als der wirkliche Erfinder patentirt wird. Was sodann meine Angaben im Bremer Handelsblatt über das Schicksal von Crompton angeht, so muss ich auch meinerseits deren Richtigkeit aufrecht erhalten. Das Citat ist gerade einem Werke entnommen, das im Uebrigen sich für die Patente ausspricht.

Es wird hierauf die Debatte geschlossen und bei der Abstimmung der Antrag von Schröder verworfen, der von Prince-Smith mit grosser

Mehrheit angenommen. Der Antrag von Max Wirth erledigt sich dadurch von selbst. Schluss der Sitzung.

Zweite Sitzung am 15. September.

Nach Eröffnung der Sitzung macht zunächst der Präsident Mittheilung von einigen weiterhin eingegangenen Schriftstücken und ertheilt sodann das Wort zur Berichterstattung über den *augenblicklichen Stand der deutschen Gewerbegesetzgebung.*

Syndikus Dr. *Böhmert* aus Bremen: Herr Schulze-Delitzsch hat Ihnen gestern ein Bild von der aufbauenden Thätigkeit des Kongresses entworfen; ich will Ihnen heute über die Resultate der niederreissenden Thätigkeit des Kongresses berichten, nämlich über die Beseitigung des Zunftwesens, des Konzessionswesens und der künstlichen bureaukratischen Bevormundung. Sie Alle wissen, dass der Kongress sich durch seine Agitation für die Gewerbefreiheit zuerst in's öffentliche Leben eingeführt hat. In Gotha wurden nur Klagen laut über den heillosen Zustand unserer Gewerbegesetzgebungen und den Widerspruch, in dem sie standen mit dem heutigen Verkehrsleben und den Anforderungen der neueren Industrie. Der Kongress gelobte sich damals, gegen diesen Zustand aufzutreten und er hat treulich Wort gehalten. Auf dem vorjährigen Kongress zu Weimar konnte Ihnen schon mitgetheilt werden, dass in 6 deutschen Staaten inzwischen Gewerbefreiheit eingeführt sei, nämlich in Oesterreich, Nassau, Bremen, Oldenburg, Königreich Sachsen und Würtemberg. Heute nach fünfjähriger Wirksamkeit des Kongresses ist die Gewerbefreiheit bereits in 14 deutschen Staaten eingeführt, nämlich ausser den oben genannten noch in Baden, Weimar, Meiningen, Waldeck, Gotha, Koburg, Altenburg und Reuss jüngere Linie. Schon vor der Gründung des Kongresses bestand aber die Gewerbefreiheit in der Pfalz und in Luxemburg, im letztgenannten Lande namentlich in der wünschenswerthesten freien Entwickelung. Immerhin freilich bleibt noch eine grosse Anzahl deutscher Staaten übrig, in denen die Reform der Gewerbegesetzgebung im Sinne der Gewerbefreiheit noch auszuführen ist. Indess in einer grossen Anzahl derselben ist die Agitation ebenfalls bereits so weit durchgedrungen, dass alle Faktoren der Gesetzgebung über die Einführung der nöthigen Reformen einverstanden sind. So in Hamburg und Frankfurt, ferner in Kurhessen, Hessen-Darmstadt, in Braunschweig und in Schwarzburg-Rudolstadt. Es bleiben mithin für die Agitation nur noch übrig: Preussen, Baiern, Hannover, beide Mecklenburg, Lübeck, Anhalt, beide Lippe und Hessen-Homburg. Bei aller Hoffnungslosigkeit indess, die wir in Betreff der preussischen Regierung haben müssen, wissen wir doch, dass wenigstens das preussische Volk in seiner überwiegenden Mehrzahl erkannt hat, dass die Wiedereinführung der vollen Gewerbefreiheit eine Lebensfrage für seinen Wohlstand ist. Im Abgeordnetenhause ist denn auch in seinen beiden letzten Sessionen ein entsprechender Gesetzentwurf ausgearbeitet und von 75 Mitgliedern unterstützt, eingebracht worden. Ferner ist in öffentlichen Versammlungen und in der preussischen Presse die Ueberzeugung vielfach zum Ausdruck gelangt, dass die Gewerbefreiheit wieder eingeführt werden müsse. Ich glaube ferner namentlich den letzten Jahresbericht der Handelskammer für den Kreis Mühlhausen hervorheben zu sollen, in welchem von dem dortigen Gewerbeverein erwähnt wird, dass derselbe sich mehrfach in seinen Beschlüssen für die Nothwendigkeit der Einführung der Gewerbefreiheit ausgesprochen hat und dass insbesondere die älteren Handwerksmeister, welche noch unter der Stein-Hardenberg'schen Gesetzgebung das geworden sind', was sie heute sind, offen erklärt haben, sie könnten ihre Privilegien und Meistervorrechte gründlich entbehren und würden auch ohne gesetzliche Vorschriften künftig ebenso geschickte und fleissige Gesellen und Lehrlinge haben, als bisher. Auch Baiern ist in neuester Zeit mächtig in die Gewerbefreiheit hineingetrieben worden und zwar durch die Nothwendigkeit, mittelst der Konzessionen die gewerblichen Realrechte durchbrechen zu müssen. Es hat sich aber in Folge dieses Vorgehens der Regierung auch in den zünftlerischen Kreisen die Ueberzeugung herausgestellt, dass auf diesem Wege ihre Gerechtsame doch ebenso entwerthet werden würden, als durch die volle Gewerbefreiheit, dass es schlimmer als jetzt auch dann nicht werden könne, sondern nur besser. Die Regierung hat denn auch in der letzten Thronrede bereits eine Reform der Gesetzgebung in nächste Aussicht gestellt und die Nichtvorlage eines entsprechenden Gesetzentwurfs nur dadurch motivirt, dass die Ausarbeitung der Bestimmungen über die gleichzeitig nothwendig werdende Regelung des Heimathsrechtes noch nicht habe bewirkt werden können. Auch hat die baierische Abgeordnetenkammer hierauf in ihrer Adresse auf die Thronrede sich für die Einführung der Gewerbefreiheit ausgesprochen. Noch immer indess bleibt uns ein hübsches Stück Arbeit übrig, denn in keinem deutschen Lande ist bis jetzt die Gewerbefreiheit so recht vollständig eingeführt worden. Die gelehrten Berufsstände sind noch überall der Bevormundung unterworfen; man hat vielfach versucht, den Innungen wenigstens eine Scheinexistenz zu bewahren, man hat eine künstliche Regulirung der Rechtsverhältnisse zwischen Arbeitgeber und Arbeitnehmer vorgenommen, man hat die Ausübung des Gewerbebetriebes von der vorherigen Erwerbung des Gemeindebürgerrechtes abhängig gemacht. Der Kongress hat also alle Ursache, auf die weitere Fortentwickelung der Grundsätze der Gewerbefreiheit nach wie vor sein Augenmerk zu richten. Namentlich sind mir in dieser Beziehung vielfache Klagen aus Sachsen mitgetheilt worden. Man vermisst dort jede freie Entwicklung der noch immer aufrecht erhaltenen Innungsverbände, man beklagt, dass das 24. Lebensjahr als Bedingung des selbstständigen Gewerbebetriebes festgehalten wird, dass die Baugewerbe nicht frei gegeben sind, dass das Konzessionswesen sich noch so breit mache und nur den Verwaltungsbehörden unterstellt sei, dass der Gewerbtreibende an demselben Orte ausser seiner Werkstätte nur ein Verkaufsgewölbe halten dürfe. Ich glaube indess, wir dürfen uns der beruhigenden Ueberzeugung hingeben, dass die zwingende Macht der Verhältnisse die Regierungen schon weiter treiben werde. Hierfür bietet mir namentlich das erfreuliche Beispiel Bremens einen Beleg. Das Konzessionswesen ist nach meiner Ansicht der Punkt, auf den wir vor Allem jetzt unsere Angriffe richten müssen. Es kommt uns dabei zu statten, dass auch in den Kreisen der Gewerbtreibenden die Beschränkungen der gewerblichen Entwicklung durch die Konzessionen nur noch mit Unmuth ertragen werden. In Bremen nun hat die Regierung, wenigstens was die Wirthschaftskonzessionen anbelangt, sich selbst überzeugt, dass ein längeres Festhalten dieser Konzessionen weder im Interesse des Verkehrs noch im eigenen Interesse der Regierung thunlich sei. Es sind desshalb auch die Schankwirthschaftskonzessionen in Bremen aufgehoben worden. Es ist interessant aus dem Bericht der von Senat und Bürgerschaft für die Untersuchung dieser Frage niedergesetzten Kommission zu ersehen, dass die Polizeidirektion in Bremen selbst offen erklärt hat, dass einmal durch die Konzession der Schankwirthschaften die verbotwidrigen und nicht zu unterdrückenden Schenken in keiner Weise beseitigt würden, und dass zweitens es für die Behörden geradezu unmöglich sei, in genügender Weise über die Vorbedingungen der Konzessionsertheilung, über das Bedürfniss und über die persönliche Würdigkeit des Nachsuchenden eine sichere Entscheidung zu treffen, dass es sonach bei aller Lauterkeit der Beweggründe der Behörden doch unvermeidlich sei, dass der Schein gehässiger Parteilichkeit auf die Behörden und die Regierung überhaupt zurückfalle. Der Senat zu Bremen hat es demgemäss offen erklärt, er empfinde es als eine besonders drückende Last, über Konzessionsgesuche für Schankwirthschaften zu entscheiden. Ich möchte wohl, dass alle deutschen Regierungen diesen Ausspruch der Regierung von Bremen sich zu Herzen nähmen und das Konzessionswesen überhaupt als eine drückende, nur Unzufriedenheit erregende Last beseitigten. Eine weitere Aufgabe für den Kongress wird es sein, den Bestimmungen der neueren Gewerbegesetzgebungen entgegegen zu treten, welche darauf berechnet sind, den alten Innungen auch fernerhin noch eine Scheinexistenz zu sichern. Alle mir zugegangenen Berichte aus den einzelnen deutschen Staaten stimmen darin überein, dass die Zünfte sich als vollständig unfähig erwiesen haben, sich nach den Grundsätzen der neuen Gesetzgebung mit einem neuen Inhalt zu erfüllen. Die Innung der Gegenwart ist die Genossenschaft, diese aber ist gegründet auf die volle Freiheit.

Die Zünfte dagegen beruhen auf dem Zwang und werden nie über diesen Charakter hinauskommen. Ein weiterer Nachtheil der bestehen gelassenen Zünfte besteht aber darin, dass sie auch unter den Hülfsarbeitern einen schlechten Geist erhalten. Die Gesellen wollen, so lange man Zünfte bestehen lässt, nicht zu unzünftigen Meistern, weil sie wegen ihrer Wanderbücher sonst Schwierigkeiten bekommen. Eine letzte Aufgabe für den Kongres swird sein, den Gewerbebetrieb loszulösen von dem städtischen und Gemeindebürgerrecht. Oldenburg ist in dieser Beziehung voran gegangen und im Badischen Gewerbegesetz ist dieser Gesichtspunkt sehr scharf und treffend durch den Satz hervorgehoben, dass das Recht zum Gewerbebetrieb kein Ausfluss des Gemeindebürgerrechts sei. Es gilt indess, den wichtigen Grundsatz überall zur Anerkennung zu bringen, dass die freie Bewegung für den Gewerbebetrieb nicht blos im einzelnen Orte selbst, sondern von Ort zu Ort gestattet sein müsse. Erst wenn wir dies Ziel erreicht haben, werden wir die Früchte der Gewerbefreiheit vollständig pflücken, erst wenn wir nicht blos innerhalb der einzelnen Staaten, sondern innerhalb ganz Deutschlands volle Freizügigkeit haben, wenn ganz Deutschland ein Arbeitsmarkt für unsere Gewerbetreibenden sein wird, wird auch die Vaterlandsliebe in uns voll sich entfalten, werden die Stammesunterschiede zwischen Nord- und Süddeutschland sich ausgleichen. Freuen wir uns der seither errungenen Erfolge, aber vergessen wir zugleich nicht, dass uns noch viel zu thun übrig bleibt. (Beifall.)

Es wird hierauf zum zweiten Gegenstand der Tagesordnung, die *Bankfrage* betreffend, übergegangen.

Banquier *Sonnemann* aus Frankfurt als Besichterstatter: Es ist dies der dritte volkswirthschaftliche Kongress, der sich mit der Bankfrage beschäftigt. Verhältnissmässig spät; denn es ist dies eine der wichtigsten, wo nicht die wichtigste volkswirthschaftliche Frage. Die Kommission hat, um sich über die Ansichten der Praktiker möglichst genau zu unterrichten, bei den Handelskammern und grössern Bankinstituten Umfrage gehalten. Die ersteren haben sich grösstentheils gegen Staatsbanken erklärt, die letzteren haben vielleicht unser Schreiben nicht erhalten, jedenfalls auf die bezüglichen Anfragen nicht geantwortet; es muss daher anerkannt werden, dass wenigstens heute mehrere Bankdirektoren den Verhandlungen beiwohnen.

Der volkswirthschaftliche Kongress in Stuttgart nahm in Folge des von der Preussischen Regierung vorgeschlagenen Entwurfs zur Regelung des Bankwesens Veranlassung, sich gegen diesen Entwurf auszusprechen; auch der Kongress in Weimar begnügte sich damit die *Aufgabe* festzustellen, ohne selbst an die Lösung zu gehen. Ihre Kommission hat nun diesmal wenigstens 4 bestimmte Anträge gestellt, und sich dabei über den Grundsatz geeinigt, dass der Bankbetrieb bei unbeschränkter Haftbarkeit der Theilhaber freizugeben sei, und nur im Falle der beschränkten Haftbarkeit der Theilhaber gewisse gesetzliche Bedingungen zu erfüllen habe. Ueber die Frage nun, *welche* Bedingungen hierbei erforderlich sein sollen, hat sich die Kommission nicht einigen können, und sich desshalb darauf beschränkt, einzelne der gangbarsten Bestimmungen in Frageform hervorzuheben und sie so der Erörterung in der Debatte zu unterbreiten. Die Anträge der Kommission lauten nämlich, wie folgt:

I.

Zur Förderung der materiellen Wohlfahrt eines Kulturvolks ist ein ausgedehntes und regelmässig wirkendes Bankwesen unerlässlich.

II.

Monopole und Konzessionen, welche an Staatsinstitute oder an Privat-Gesellschaften zur Ausgabe von Banknoten ertheilt werden, verringern, wie erfahrungsmässig feststeht, die Sicherheit des Geldumlaufs, verkümmern die Entwickelung des Bankwesens und tragen zur Ausbeutung des ganzen Volkes durch Einzelne bei.

III.

Die Bankthätigkeit mit oder ohne Notenemission ist, falls die Haftbarkeit aller Theilhaber eine unbeschränkte ist, wie jedes andere Gewerbe, der freien Konkurrenz zu überlassen.

IV.

Wenn die Theilhaber einer Noten emittirenden Bank Anspruch auf das Vorrecht der beschränkten Haftbarkeit machen wollen, so haben sie bestimmte, gesetzlich festgestellte Bedingungen zu erfüllen.

Diese Bedingungen sind:

1) Soll die Notenemmission fixirt werden?
2) Soll ein Minimalsatz für die Grösse der Noten-Abschnitte erforderlich sein?
3) Soll eine periodische Veröffentlichung des Status stattfinden?
4) Soll die Bank bei Vermeidung des Konkurses verpflichtet sein, die täglich präsentirten Noten sofort gegen Baargeld einzulösen?
5) Soll Deckung des Betrages der umlaufenden Noten durch Baarbestände verlangt werden, und in welchem Verhältnisse?
6) Soll der Gesammtbetrag der Emission durch Metall und bankmässige Wechsel gedeckt werden?
7) Sind mindestens 2 Wechselverpflichtete für bankmässige Wechsel nothwendig?
8) Sind Lombardforderungen als Notendeckung zulässig?
9) Sind Staats- und andere Werthpapiere als Notendeckung zu gestatten?
10) Sollen die Notenbesitzer bei der Liquidation einer **Bank** mit einem besonderen Vorzugsrechte ausgestattet werden?

11) Ist, abgesehen vom Notenumlauf, die Geschäftsbefugniss der Zettel-Bank zu beschränken und in welcher Weise?

12) Ist der Ankauf von Werthpapieren und Waaren zum Zwecke der Spekulation zu verbieten?

13) Ist der Ankauf oder Beleihung von Bankaktien ausgeschlossen?

14) Ist die gesetzliche Vorschrift besonderer Deckungsmittel für die Depositen wünschenswerth?

15) Soll die Annahme von Depositen auf eine bestimmte Summe beschränkt sein?

16) Sollen für die Depositen bestimmte Kündigungsfristen festgesetzt werden?

Das Weitere, was ich über diesen Gegenstand hier ausspreche, ist daher auch nicht die Ansicht der Kommission, sondern meine Privatansicht. Kein deutscher Staat hat bis jetzt von der Befugniss des Handelsgesetzbuchs Gebrauch gemacht und bei der Gründung von Banken von dem Erforderniss einer Konzession abgesehen. Auch in Baden, wo doch die Bildung von Aktiengesellschaften im Allgemeinen freigegeben worden ist, hat man für die Bank- und Versicherungsgesellschaften die Bedingung der Konzession festgehalten. In Preussen schmachten die Banken noch immer in der Zwangsjacke der Normativbestimmungen und in anderen Staaten, wie z. B. in Würtemberg ist man noch nicht einmal dahin gelangt, überhaupt eine Bank gegründet zu haben. Dies beweist, dass bei uns im Volke selbst die Ansichten über das Bankwesen noch sehr verwirrt sind, und ist es desshalb Aufgabe des Kongresses, auf die Aufklärung des Volks hinzuwirken.

Aber nicht blos im Volke, nein, auch unter den Volkswirthen sind die Ansichten noch sehr verwirrt und wenn man nicht in der Praxis einige feste Anhaltspunkte fände, aus den Büchern würde man sich wenig Trost erholen können. Man kann zehn Schriftsteller über die Banken nachlesen, und jeder von ihnen hat eine andere Ansicht. Nach dem Einen haben die Banken alles Mögliche gethan, nach dem Anderen nichts; nach dem Einen haben die Banken die Krisen hervorgerufen und die Preise gesteigert, nach dem Andern sind die Banken an allem diesem ganz unschuldig. Ja sogar die einfachsten Begriffe über Kredit und Kapital mit Bezug auf das Bankwesen sind noch streitig. Nach meiner Ansicht nun ist Kapital die *angesammelte* Arbeit, Kredit dagegen die *zukünftige* Arbeit, die man verspricht. Aus diesen beiden Faktoren entwickeln sich die *Umlaufsmittel*, die also sowohl ersparte, als versprochene Arbeit sein können, und diese in ein richtiges Verhältniss zu einander zu bringen, das ist das Geheimniss aller Geldwirthschaft. Wenn Keiner mehr Arbeit verspricht, als er leisten kann, so wird auch nie eine Handelskrisis entstehen, denn diese beruhen eben darauf, dass das Verhältniss zwischen versprochener und leistbarer

Arbeit gestört ist. Kapital aber und Kredit geben dem Menschen die Kaufkraft, d. h. die Kraft, sich andere Dinge anzuschaffen, und desshalb ist es wichtig, beide im richtigen Verhältniss zu erhalten. Umlaufsmittel aber ist nach meiner Ansicht alles das, womit ich einen geleisteten Dienst ausgleichen kann, oder mit anderen Worten Alles, was eine klagbare Schuld vertritt. Das passendste Umlaufsmittel ist das Geld, das edle Metall, denn dessen Werth steht fest. Alle anderen Umlaufsmittel müssen also versprochene Leistungen in edlem Metalle sein, und wenn sie das nicht sind, so taugen sie nichts als Umlaufsmittel. Bei der Gesammtheit ist es nun in dieser Beziehung gerade so, wie beim Einzelnen, und es ist ein Fehler fast aller unserer Schriftsteller, dass sie die Verhältnisse in der Wirthschaft des Staates und der Gesellschaft nicht auf die Grundsätze zurückführen, welche für die Einzelwirthschaft massgebend sind. Abgesehen nun von den Metallen haben sich mit der Zeit sehr verschiedene Umlaufsmittel gebildet.

Ich erwähne zunächst die *Bankscheine*, d. h. die Zahlungsversprechen einer Bank, welche vielfach in Form eines eigenen Wechsels ausgestellt sind. Ein anderes Mittel sind die in einer Bank liegenden *Depositen*, denn auch sie können jeden Augenblick herausgezogen werden. So einfach dieses Verhältniss erscheint, so sind doch viele Jahre vergangen, ehe man sich auch nur in England darüber klar wurde. Von dem Parlament sind endlose Debatten darüber geführt worden, und noch im Jahre 1840 ist es den Depositen abgestritten worden, dass sie Umlaufsmittel seien. Mit noch viel grösserer Energie ist sodann dem *Wechsel* die Eigenschaft des Umlaufsmittels abgesprochen worden. Allein die Bankscheine sind doch, wie wir gesehen, auch vielfach nichts Anderes, als Wechsel der Banken auf sich selbst, wesshalb soll also nicht auch der Wechsel eines Dritten ein Umlaufmittel sein? In der Praxis macht sich dies von selbst klar. Wenn ich mit einem Portefeuille guter Wechsel nach Leipzig reise um Einkäufe auf der Messe zu machen, so wird mir Niemand Schwierigkeiten machen, auch wenn ich meinen Verkäufern vollständig unbekannt bin. In gewisser Beziehung sind sodann endlich auch die *Buchschulden* Umlaufsmittel, also z. B. wenn ich an der Börse Waaren oder Werthpapiere verkaufe und mein Käufer verkauft sie weiter und so fort und es wird nun schliesslich die Schuld von Einem auf den Andern und so weiter bis auf den Letzten übertragen. Umlaufsmittel ist sonach, um es in anderer Form noch einmal zu sagen, alles das, womit ein geleisteter Dienst bezahlt werden kann. Es verhält sich dabei ganz ähnlich, wie mit der Elektrizität. Früher unterschied man dabei schlechthin Leiter und Nichtleiter. Seit Faraday weiss man, dass alle Dinge Leiter sind, die einen nur in schwächerem, die anderen in stärkerem Grade. Alle die genannten Umlaufsmittel zirkuliren im Verkehr in ungeheueren Summen, während die Banknoten selbst nur einen verhältnissmässig kleinen Bruchtheil derselben ausmachen.

Während aber z. B. in England 500 Millionen £ in Depositen und Wechseln, und etwa 100 Millionen in Gold zirkuliren, dagegen nur 35 Millionen in Banknoten vorhanden sind, hat man doch diese 35 Millionen Banknoten allein zum Sündenbock für alle Krisen gemacht. Wie irrig dies ist, hat sich in eklatanter Weise bei der Handelskrise im Jahre 1857 in Hamburg gezeigt, denn dort, wo ausschliesslich Geldumlauf besteht, und keine Noten-Banken existirten, denen man die Schuld zuschieben konnte, sind doch Bankerotte bis zum Betrag von 100 Millionen Mark Banko entstanden.

Ein anderer Vorwurf, den man vielfach den Banknoten macht, ist der, dass sie die Preise steigern. Ich leugne dies entschieden, so lange die Banknoten jederzeit einlösbar sind. Allerdings können auch die Banknoten auf die Preise einwirken, wie alle Erscheinungen der Kreditwirthschaft, aber dass gerade blos die Banknoten diese Folgen haben sollten und ihnen alle Schuld beizumessen wäre, das ist lächerlich. Ein richtig organisirtes Kreditsystem wird freilich die überhaupt vorhandenen Kapitalien flüssig machen, dadurch wird dann der Unternehmungsgeist geweckt, der Wohlstand gehoben und eine Preissteigerung bewirkt, aber ich denke, hieraus kann man den Grund zu einem Vorwurf nicht entnehmen. Eine wirthschaftlich schädliche Preissteigerung tritt dagegen allerdings ein, wenn die Banknoten nicht mehr einlössbar sind. In diesem Falle sind ja auch die Banknoten nicht mehr Umlaufsmittel, sondern protestirte Wechsel und äussern demgemäss auch ihre Wirkungen. Welcher Art diese sind, haben wir an den Preisschwankungen in Oesterreich gesehen. Die Industrie ist dort vielfach gelähmt und die Konkurrenz mit dem Ausland unmöglich gemacht worden, weil Niemand mehr wusste, mit welchem Massstab die Preise zu messen waren. Gerade dieser Nachtheil aber tritt vor Allem ein bei den *konzessionirten* Banken, denn deren Hauptaufgabe besteht nicht sowohl darin, dass sie ihren Verpflichtungen nachkommen, sondern darin, dass sie den Buchstaben der Statuten erfüllen. Es ist aber sehr schwierig, ja geradezu unmöglich, in letzterer Beziehung genügende Bestimmungen darüber zu treffen, welche Geschäfte eine Bank machen darf und welche nicht, weil je nach der leitenden Persönlichkeit der Massstab ein anderer werden muss. Um den eingebildeten Misständen der Banknoten zu begegnen, ist es nun schon lange das Bestreben der Staaten gewesen, den Notenumlauf zu sichern und festzustellen. Ich will auf die frühesten Versuche dieser Art hier nicht eingehen, sie sind ja bekannt. Interessant ist schon der im Jahre 1811 erstattete Bericht der betreffenden Kommission des englischen Unterhauses, der s. g. ballion report. Es ist derselbe vielleicht das Beste, was über die Banknoten geschrieben worden ist. Indess der Beschluss des Parlaments fiel gerade gegen die Anträge der Kommission aus und bestimmte, dass ein £ nicht mehr und nicht weniger Werth haben solle, als ihm das Parlament beilege. Die Folge hiervon war denn aber gerade eine übermässige Notenausgabe. Von den neueren Irrthümern ist vor Allem zu erwähnen die Bestimmung, dass die Notenemission durch Staatsfonds zu decken sei. Es war dies aber genau dasselbe, was Law seiner Zeit auch durch seine Noten bezwecken wollte. Es heisst dies mit anderen Worten so viel als: für eine bestimmte Summe etwas kaufen und dieselbe Summe noch einmal ausgeben. Dieser Grundsatz hat ausser in England hauptsächlich auch in Amerika Anwendung gefunden und dort freilich auch seine Früchte getragen. Ein anderer Irrthum ist der in der Peelschen Bankakte von 1844 enthaltene, nämlich: dass nicht über eine bestimmte Summe hinaus mehr Papiergeld von den Banken ausgegeben werden dürfe, als durch Metallgeld gedeckt sei, das s. g. currency principle. Allein in den beiden grossen Krisen von 1847 und 1857 ist man in England gezwungen gewesen, diese Bestimmung gerade zu suspendiren. Es hat dies currency principle aber noch einen anderen weit grösseren Nachtheil in England gehabt. Indem es nämlich die Notenausgabe für die Bank von England monopolisirte, entwickelten sich bei den anderen Banken, welche in grosser Anzahl entstanden, die anderen Zweige des Bankgeschäfts, namentlich das Depositengeschäft zu stark. Die übrigen Banken verliessen sich aber bei ihrem Depositengeschäft zu viel auf die Bank von England und gingen zu unvorsichtig bei der Gewährung von Kredit aus Depositen zu Werke.

Zwei Krisen dienen hierfür zum Beweis, bei der dritten wird man wohl das Prinzip selbst fallen lassen. Die einzige wohlthätige Folge des Englischen Systems ist die gewesen, dass der Notenbetrag immer gedeckt war; aber auch hierin wird sich die Bankakte als unhaltbar erweisen, sobald einmal eine politische und eine Verkehrskrisis zusammentreffen.

In *Frankreich* hat sich das Monopol der Bank von Frankreich erhalten und alle Nachtheile eines Monopols zur Folge gehabt. Die Aktionäre erhalten 26 bis 27 pCt. Dividende, und das Volk wird ausgebeutet durch das Verbot, ein Institut derselben Art zu gründen. Auch in politischer Beziehung giebt das Monopol der Regierung eine zu grosse Macht; der Staatsstreich wäre ohne Mithülfe der Bank von Frankreich nicht möglich gewesen.

Noch mehr haben in *Russland* und *Oesterreich* die Staatsbanken zur Verwirrung des Umlaufs und zur Ausbeutung des Publikums beigetragen.

Als Hauptbeweismittel gegen die Bankfreiheit wird in der Regel *Amerika* aufgeführt. Dort hat sich aber gezeigt, dass das System der monopolisirten Banken noch grössere Nachtheile bringt. Es ist dies letztere System ja versucht worden, aber auch hier hatten die monopolisirten Banken die Folge, dass sich die kleineren Banken bei ihren Operationen zu sehr auf sie stützten. Es ist eine weit verbreitete Ansicht, dass die amerikanischen Banken wegen Ausgabe zu vieler *kleiner* Noten zahlungsunfähig geworden seien. Man behauptet nämlich, von den grossen Noten könnten nicht mehr in den Verkehr geworfen werden, als Bedürfniss danach vorhanden sei, während dies bei den kleinen Noten eine Zeit lang allerdings gehe. In Oesterreich hat sich allerdings dieselbe schlechte Erfahrung mit den kleinen Noten herausgestellt und es lässt sich nicht leugnen, dass durch die kleinen Noten leicht Begriffsverwirrungen entstehen. Vor der Wissenschaft hat indess dieser Vorwurf keinen Bestand. Diese kleinen Noten tragen eben so viel zur Hebung der Industrie bei, als die grossen, und dass das Vorurtheil gegen die ersteren ein Irrthum ist, beweisen die Banken von *Schottland*, wo seit 150 Jahren ohne Schwierigkeiten Ein-Pfund-Noten zirkuliren. Aber allerdings wird es zweckmässig sein, dem gegen kleine Noten herrschenden Vorurtheil entgegenzukommen und als Uebergangsstadium etwa zu bestimmen, dass der Minimalsatz der Notenabschnitte gleich der höchsten Landesmünze sein soll.

In der *Schweiz* besteht kein besonderes Gesetz, welches die Errichtung von Banken beschränkte und nur insofern sie durch Aktiengesellschaften mit beschränkter Haftbarkeit gegründet werden, unterliegen sie den für diese geltenden gesetzlichen Bestimmungen. Dies macht sich indessen als kein Uebelstand fühlbar, weil Regierung und Volk dasselbe Interesse haben. Nur in Zürich und Graubünden ist die Notenemission noch von einer besonderen Konzession der Regierung abhängig.

Die Verhältnisse in Deutschland sind Ihnen Allen bekannt. Das Einzige, was uns noch gerettet hat, das ist die deutsche Kleinstaaterei; sie brachte wenigstens den Vortheil, dass unsere Privatbanken nicht sämmtlich von einer einzigen Regierung niedergedrückt worden sind. Die Errichtung einer Bank unterliegt aber bei uns der Bedingung einer Konzession, und für die Ausgabe von Noten sind dann noch besondere beschränkende Vorschriften vorhanden. Noch keine Regierung hat sich zu rationellen Anschauungen erheben können, sondern alle behandeln die Noten als etwas ganz Besonderes und zeigen im Uebrigen laxe Grundsätze. Was selbst von neuen Gesetzen zu hoffen ist, das haben wir uns schon in Stuttgart am preussischen Entwurf klar gemacht. Hiernach durften die Privatbanken Depositen nicht über eine gewisse Summe hinaus annehmen. Man beschränkt also das Depositengeschäft, obwohl es eins der wichtigsten Bankgeschäfte ist. Nebenbei haben wir in Deutschland gesehen, dass diese monopolisirten Institute nicht einmal gut rentiren, so die Preussische Bank, die rein büreaukratisch organisirt ist, und trotz ihres ungeheuren Monopols nicht viel abwirft. Auf der einen Seite also verbietet man, Privatbanken zu errichten und auf der andern Seite erreicht man nicht einmal, was man durch dies Verbot erreichen wollte. Welche Anschauungen aber in den betreffenden Kreisen herrschen, das beweist das Eine, dass Herr v. d. Heydt in dem preussischen Entwurf selbst gesagt hat, dass Banken eigentlich nur von Staatsbeamten geleitet werden könnten und sollten. Das Bestreben des Kongresses muss also darauf gerichtet sein, eine möglichst freie Bewegung für das Kreditwesen herzustellen: diesen Sinn haben die vorliegenden Anträge. Ich bin überzeugt, der Kongress wird sich wie für die Freiheit des Handels und der Gewerbe, so auch im Sinne der Freiheit des Kredits und der Banken aussprechen.

Rechtsanwalt *Roepell* (Danzig) erklärt, dass den preussischen Privatbanken das vom Referenten erwähnte Schreiben nicht zugegangen sei.

Otto Michaelis: Es ist ein Unglück für die Entwickelung des Bankwesens, dass man die Notenausgabe für die Hauptsache hält und in ihr ein Mittel sieht, auf mühelose Weise Geld zu verdienen. Die eigentliche Aufgabe des Bankwesens besteht vielmehr darin, dass es durch *Kassenführung* für das Publikum und *Depositenannahme* die Geldzahlungen erleichtere und die disponiblen Kapitalien ansammle, durch *Kredittertheilung* die angesammelten Kapitalien der produktiven Verwendung zuführe. Gerade diese Seite des Bankwesens, die in England und Schottland den Mittelpunkt bildet, ist in Deutschland noch wenig entwickelt; das Publikum kennt noch gar nicht die Gewohnheit, die Banken zu seinen Kassenführerinnen zu machen, ein Chequessystem ist kaum in seinen Anfängen vorhanden. Es ist deshalb die Aufgabe der volkswirthschaftlichen Agitation, nicht ausschliesslich die Reform der Gesetzgebung in's Auge zu fassen, sondern auch durch Berichtigung der herrschenden Anschauungsweise über das Bankwesen auf die Sitte des Publikums und die Geschäftsgewohnheit der Banken einzuwirken, und dadurch die praktische Entwickelung des Bankgeschäfts und Bankwesens zu fördern. Das wäre eine unmittelbar produktive Wirkung der volkswirthschaftlichen Agitation. (Bravo!) Der Notenaberglaube, den wir bekämpfen müssen, leitet seinen Ursprung aus dem Law'schen Schwindel her, und wird erhalten dadurch, dass der Staat das Recht zur Notenausgabe als besonderes Privileg monopolisirend ertheilt. Das veranlasst die Banken, in der Notenemission gewissermassen ein zweites Kapital zu sehen, ihren Gewinn in Ausbeutung des ihnen zur Ausbeutung überwiesenen Notenmarktes, statt in der Erfüllung der wirthschaftlichen Aufgabe des Bankwesens, zu suchen; das veranlasst das Publikum, die Notenausgabe als ein ganz besonderes und gefährliches Ding anzusehen. Deshalb ist es wichtig, dass sich der Kongress nach II. der Kommissionsanträge gegen das Notenmonopol ausspricht. Die freie Konkurrenz im Bankwesen wird als einzig verlässlicher wirthschaftlicher Regulator die Notenausgabe zur Nebensache, die eigentlichen Bankgeschäfte zur Hauptsache machen. Wollen wir die Bankfreiheit, so müssen wir zunächst die an die Notenausgabe geknüpften Besorgnisse bekämpfen. Diese beruhen im Wesentlichen darauf, dass durch ein Umsatzmittel, wie die Banknote es ist, eine neue Nachfrage willkürlich geschaffen werde, dass hieraus eine künstliche Steigerung der Preise und schliesslich eine Handelskrise hervorgehe. Diese Befürchtungen würden begründet sein, wenn die Banken unter der Herrschaft freier Konkurrenz und voller Selbstverantwortlichkeit dies Umsatzmittel in beliebiger Menge schaffen könnten. Dies ist aber nicht der Fall. Eine Bank, die in's Blaue hinein ihre Noten ausgeben wollte, würde sehr bald und unrettbar dem Bankrott verfallen. Eine durch die Konkurrenz geschulte, unter voller Selbstverantwortlichkeit stehende Bank, *ersetzt* durch ihre Noten nur solche Umsatzmittel, welche der Verkehr bereits auf die legitimste Weise geschaffen hat, nämlich Geschäftswechsel. Ein Geschäftswechsel entsteht aus einem Umsatze auf Kredit, dem nothwendig ein Kreislauf von Umsätzen folgt, welche dem Wechsel als dem durch den ersten Umsatz geschaffenen Umsatzmittel Beschäftigung garantiren. In seiner Entstehung liegt also die Garantie, dass für das neue Umsatzmittel auch ein neuer Bedarf nach Umsatzmitteln vorhanden sei. Nun hat der Wechsel als Umsatzmittel die Last an sich, dass nach Art. 89 der Wechselordnung Alle, die sich seiner bedienen, durch ihr Giro wechselmässig verhaftet werden, wodurch die Gefahr des ansteckenden Bankrotts entsteht. Durch Diskontirung nimmt die Bank diese Gefahr hinweg, indem sie den Wechsel in ihr Portefeuille legt und dafür Noten in Umlauf setzt. Sie substituirt also nur ein Umsatzmittel einem andern und nimmt die Gefahr des neu in Umlauf gesetzten, die tägliche Kündbarkeit, auf ihre Schultern. Dafür, dass eine Bank nur Geschäftswechsel diskontire und nicht die Wechselreiterei unterstütze, sorgt zunächst ihr eigenes Interesse, denn Reitwechsel führen zu gehäuften Verlusten. Ferner führt epidemische Wechselreiterei — und nur diese ist für den Notenumlauf gefährlich, die sporadische nur für die Bank — zu sich häufender Produktion von Wechseln. Ohne Diskontirung durch Noten bleibt diese Gefahr unbeachtet, während die regelmässigen Veröffentlichungen des Bankstatus die Wechselerzeugung unter öffentliche Kontrole stellen. Die erkannte Gefahr wird vermieden. Bei sich häufenden Angeboten von Diskontowechseln hat die Bank das Interesse, statt durch gesteigerten Umfang der Diskontirungen, durch gesteigerten Diskontosatz zu verdienen, weil mit dem Umfang der Notenemission die Gefahr derselben in geometrischer Progression wächst. Sie wirkt also beschränkend auf die Wechselproduktion und den Spekulationsgeist zurück. Endlich ist es bei wirklich freiem Bankwesen gar nicht möglich, dass eine Bank so viel Noten im Umlauf erhalten kann, als sie Wechsel im Portefeuille hat. Denn die Noten der einen Bank, welche in die Kassen der andern kommen, werden durch Abrechnung oder Baarzahlung an die Emittentin zurückgebracht; mit steigender Konkurrenz verkürzt sich also die Umlaufszeit der Noten, während die Verfallzeit der Wechsel dieselbe bleibt. Ueberdies ist eine übertriebene Notenemission eine gefährliche Waffe in den Händen der Konkurrenten, welche durch Präsentirung aufgesammelter Noten den Bankrott herbeiführen kann. Diese Betrachtung beweist zugleich, dass die Bankfreiheit das Notengeschäft in bescheidene Grenzen zurückdrängt und es zur Nebensache macht. Freilich habe ich hier überall vorausgesetzt, dass die Bankunternehmer die volle Gefahr der Notenausgabe mit voller Selbstverantwortlichkeit tragen. Dies ist nur der Fall bei voller Haftbarkeit der Banktheilhaber mit ihrem ganzen Vermögen. *Volle Haftbarkeit aller Banktheilhaber — volle Bankfreiheit.* Diesen von der Kommission aufgestellten Grundsatz sprechen Sie nur mit voller Zuversicht aus. Bei Aktienbanken dagegen ist das Risiko der Banktheilhaber auf eine bestimmte Summe beschränkt. Das beschränkte Risiko steigert die Lust, durch riskirte Geschäfte, so lange es geht, viel zu verdienen. Für die Errichtung von Aktienbanken ist daher zwar nicht die Bedingung einer Konzession von Seiten des Staats, wohl aber die Erfüllung gewisser sichernder Bedingungen, die im Bankgesetze festzustellen sind, als Gegenleistung gegen die Anerkennung eines von den Konkursgesetzen eximirenden Vertrages, zu rechtfertigen. Solcher Bedingungen ist durchaus nicht eine so grosse Anzahl nöthig; es handelt sich nur um wenige, von solchen, die nicht betrügen wollen, leicht zu erfüllende Bedingungen, wie bei allen andern Aktiengesellschaften solche vorgeschrieben sind. Die Kommission hat die landläufigen Bedingungen dieser Art zusammengestellt, damit wir prüfen, welche wir etwa für gerechtfertigt halten, welche nicht. Um hierüber ein sicheres Urtheil zu gewinnen, haben wir uns die Frage vorzulegen: welche Art der Geschäftsführung ist für eine Bank dadurch geboten, dass sie Noten in Umlauf setzt, und wovon hängt die Sicherheit ab, dass die Bank ihre Noten jederzeit wird einlösen können? Es handelt sich also um die Natur des Notenumlaufs. Weshalb nehmen Sie eine Note statt baaren Geldes an? Nicht, weil die Bank Ihnen Silber verspricht; denn wie sollten Sie dazu kommen, die Mühwaltung der Einlösung kostenfrei zu übernehmen? Sie thun es, weil Sie voraussetzen, dass Sie leicht einen Andern finden, der die Note wieder in Zahlung nimmt. Dies hängt aber davon ab, dass sehr Viele da sind, welche, wenn sie das Zahlungsversprechen, welches wir Note nennen, realisiren wollen, nicht extra zur Bank zu laufen brauchen, um Silber zu holen, sondern welche mit dem Zahlungsversprechen der Bank kompensirend schuldige oder freiwillige Zahlungen an dieselbe leisten. Mit andern Worten, die Leichtigkeit und Sicherheit des Notenumlaufs hängt von dem Umfange ab, in welchem geschäftsmässige Zahlungen täglich an die Bank zu leisten sind, von der Leichtigkeit der Rückkehr der Noten zur Bank. Die Noten können aber auf verschiedenen Wegen zur Bank zurückkommen. Am angenehmsten ist es, wenn sie als Zahlung für eine fällige Forderung der Bank kommen, bequem ist es noch, wenn sie als Girodepositen eingezahlt werden. Unbequemer ist es schon und deutet auf eine Ueberemission, wenn sie als verzinsliche Depositen sich in verzinsliche Forderungen umwandeln wollen. Gefürchtet sind die Noten, wenn sie baares Geld fordern, denn massenhaft Silber fordernde Noten drohen Bankrott. Die Furcht vor dieser Gefahr ist die sicherste Garantie der Solidität, ist zugleich das Motiv, welches die Banken dahin drängt, ihre Kassen für die ungefährliche Rückkehr der Noten möglichst offen zu halten, d. h. sich als allgemeine Kassenführerinnen, als Sammlerinnen disponibler Kapitalien mit allen Kanälen des Verkehrs in Verbindung zu setzen. Und gerade dies ist ihre wirthschaftliche Aufgabe.

Hiernach mögen Sie nur die Bedingungen beurtheilen, welche man gewöhnlich zu stellen pflegt. In Preussen verbietet man den Privatbanken, mehr als 1 Million verzinsliche Depositen anzunehmen und setzt ihnen für diese eine Minimalkündigungsfrist, d. h. man verhindert sie, ihre wichtigste wirthschaftliche Aufgabe zu erfüllen. Man verlangt die Dritteldeckung der Noten mit baarem Gelde. Aber wenn die Dritteldeckung heute da ist, und es kommt eine Zehnthalernote und holt 10 Thaler Silber, so ist die Dritteldeckung nicht mehr da, d. h. die gesetzlich geforderte Sicherung hört auf, sobald man von ihr Gebrauch macht. Ist denn überhaupt die Deckung eines Drittels, oder der Hälfte der Notenschuld mit Silber eine Sicherung für mehr als das Drittel oder die Hälfte? Solche Vorschriften für Sicherungsmittel auszugeben, das ist Kinderei! (Lebhafter Beifall.) Das einzige reelle Sicherungsmittel ist das bei der Bank stets wache Gefühl der Notengefahr. Man sage daher, so viel Noten, als einer Bank jeden Tag zur Einlösung präsentirt werden, so viel muss sie *an dem Tage der Präsentirung* unter allen Umständen einlösen, und wenn sie das nicht thut, *so ist sie bankrott*, keine Chikanen, kein Auszahlen in Viergroschenstücken, keine Beschränkung der Zahlungen auf einen Beamten oder einen Tisch sind für die Bank zulässig, um sich der sofortigen Erfüllung der Zahlungspflicht zu entziehen.

Sehr lax ist man dagegen in der Zulassung von Lombardforderungen als Notendeckung. Die Diskontirung des Geschäftswechsels ist eine Belohnung dafür, das verkauft ist, die Beleihung der Waare dafür, dass der Inhaber nicht verkaufen will. (Hört! Hört!) Die diskontirende Note ersetzt ein bereits geschaffenes Umsatzmittel, die eine Waare beleihende Note ist ein neugeschaffenes Umsatzmittel, welchem die neue Gelegenheit zur Beschäftigung vorenthalten wird, weil die beliehene Waare eben nicht weiter umgesetzt werden soll. Also nicht Lombardbestände, sondern nur Diskontowechsel bilden eine solide, der Natur der Noten entsprechende

Unterlage. Ebenso lässt man Staatspapiere als Notendeckung zu, ja in Newyork verlangt man sogar, dass die Bank ihr Kapital, statt in Bankgeschäfte, in Staatspapiere stecke, um mit den dafür geschaffenen Noten Geschäfte zu machen: das heisst den Noten eine gute Grundlage entziehen, um ihnen eine schlechte zu geben. In Oesterreich lässt man Pfandbriefe als Notenunterlage zu: das heisst, um Staatsdomainen zu verkaufen, einen Theil ihres Werths, wie es der Konvent that, in Assignaten ausgeben. Den Werth nicht veräusserbarer Dinge in Noten umsetzen, heisst um jeden Preis liquidiren. Endlich, den Notengläubigern ein Vorzugsrecht vor den andern Bankgläubigern einräumen, das heisst die Entwickelung des wahren Bankgeschäfts durch Benachtheiligung der aus demselben entstehenden Verpflichtungen hindern und zugleich den Notenumlauf gefährlicher machen; denn je sicherer die Noteninhaber sich dünken, um so sicherer dünkt sich die Bank, um so leichtsinniger verfährt sie mit der Notenausgabe. Gerade die Aengstlichkeit der Noteninhaber ist die beste Garantie. Also, meine Herren! Kein Monopol, kein Konzessionswesen! Volle Haftbarkeit der Banktheilhaber — volle Bankfreiheit. Beschränkte Haftbarkeit — einfache gesetzliche Bedingungen für die Gründung! Das sei unser Votum! (Lebhafter Beifall.)

Dr. *Faucher*: Nach dem erschöpfenden Vortrage des Herrn Vorredners will ich nur noch auf einen Punkt in der Generaldiskussion eingehen. Es ist das die übertriebene Meinung von der Wirkung der Banknoten, ruhendes Kapital in flüssiges umzuwandeln. Der Grund davon ist einmal der umfangreiche Gebrauch des *Staatspapiergeldes* mit Zwangskurs. Dieser hat veranlasst, dass man auf dem Kontinent mit viel zu viel Leichtsinn Papier statt Geld annimmt. Die Folge hiervon ist gewesen, dass nicht blos die Banken das Bestreben haben, möglichst viel Banknoten auszugeben, sondern auch, dass das Papiergeld eines Staates in einen anderen Staat eingeführt wird, wo es keinen berechtigten Kreis von Abnehmern mehr hat. Wenn nur ein Wappen darauf steht, so wird es schon genommen, aus Gewohnheit genommen. Es hat diese Unsitte auch schon zu Verlusten geführt, wenn auch diese Verluste nicht so gross sind, als das Uebel selbst. Jedenfalls aber hat dies zur Folge gehabt, dass es bei uns mehr Banknoten giebt, als ein gesunder Bankverkehr nöthig machen würde. Ein zweiter Grund der oben erwähnten falschen Vorstellung liegt darin, dass bei unseren Banken das *Girogeschäft* in Form von *Cheques* fast vollständig mangelt. In Frankreich werden jetzt grosse Anstrengungen gemacht, die Sitte der Cheques zu verbreiten und zwar, wie es scheint, mit grossem Erfolg. Ist aber erst einmal eine solche Sitte eingeführt, so fällt dadurch eine grosse Menge von Gründen weg, welche zur Annahme von Banknoten geführt haben. Mir haben zwar Direktoren von preussischen Provinzialbanken versichert, es sei unmöglich, das Chequessystem bei uns einzuführen, denn die Gewerbtreibenden wollten keine Kasse bei der Bank anlegen, sondern sie wollten blos den Kredit bei der Bank. Das ist nun allerdings das Uebel in der konzentrirtesten Form und es beweist dies, dass es noch einer langen Erziehung der deutschen Gewerbtreibenden bedarf, ehe sie sich an das Chequessystem gewöhnen werden, weil sie nicht gewöhnt sind, Kasse zu halten. Der Grund davon schneidet tief in die Natur unseres deutschen gewerblichen Verkehrs ein. Unsere deutschen Gewerbtreibenden suchen nämlich ihren Vortheil mehr im vortheilhaften Verkauf, als im vortheilhaften Ankauf. Die Folge hiervon ist aber auch, dass die Geschäfte unserer Gewerbtreibenden durchweg auf kleinerer Grundlage ruhen als in England. Allerdings ist es leichter, beim Verkauf dem gedankenlosen Konsumenten gegenüber einen Vortheil zu erzielen, als im Ankauf der Rohstoffe dem gewiegten Grossisten gegenüber. Aber die Vortheile beim Ankauf sind weit dauerhafterer Art, denn wenn ich billiger und besser einkaufe, so kann ich dadurch meine Konkurrenten schlagen und meinem Geschäfte selbst eine grössere Ausdehnung geben. Die Nation aber, welche am vortheilhaftesten einzukaufen versteht, wird auch zuletzt die siegreichste auf dem Weltmarkt bleiben und es ist nicht zu leugnen, dass die englische Nation bis jetzt beim Einkauf die allerschärfste ist. Bei den englischen Gewerbtreibenden nun ist es Sitte geworden, ihr Rohmaterial nur auf grossen Auktionen zu kaufen. Auf diese Weise erzielt also der englische Geschäftsmann schon einmal den ganzen Profit, den der Deutsche dem Grossisten zahlen muss. Bei den Auktionen nun aber ist Baarzahlung die nothwendige Bedingung. Der Gewerbtreibende also muss stets baares Geld vorräthig liegen haben und er kann sehr wohl den Zinsenverlust dabei verschmerzen, weil er ihn im Falle eines guten Einkaufs doppelt wieder einbringt. Sobald aber erst einmal die Sitte des Kassehaltens sich gebildet hat, führt sich die Sitte, die Kasse nicht bei sich zu Hause zu halten, mit Rücksicht auf die grössere Sicherheit von selbst ein. Es entsteht also das Bedürfniss, die Kasse bei der Bank zu haben. Das Kassehalten hat ferner den Erfolg, dass das Aufheben von Quittungen, die jetzt bei uns so gut wie baares Geld sind, nicht mehr nöthig ist, denn die Eintragung der Zahlungsanweisung bei der Bank macht alle Quittungen überflüssig. Drittens endlich giebt die blosse Thatsache, bei der Bank Kasse zu haben, für die reinen Konsumtionskäufe denjenigen Kredit, der im Interesse der Arbeitersparniss, des Unterbleibens der häufigen kleinen Zahlungen zu wünschen ist. Ein solcher Terminkredit ist *ein sicherer Ausdruck* des steigenden Wohlstandes und der steigenden Kultur.

Hier steht also eine Ausdehnung unseres Bankverkehrs noch in Aussicht, wie sie weder die Notenausgabe noch das Depositengeschäft eröffnen. Da leidet keine Bank durch die Konkurrenz, sondern eine jede hat nur den reinen Profit. Wenn wir also erst einmal das Girogeschäft mit Cheques unseren Banken gesichert haben, so werden diese nicht mehr genöthigt sein, auf die Notenausgabe alles Gewicht zu legen und durch Noten ihre Kassen zu füllen. Es werden dann also auch die runs auf die Banken fortfallen und deshalb ist es unser Aller Aufgabe, wie jetzt in Frankreich geschieht, so auch bei uns auf das Chequessystem hinzuwirken. (Lebhafter Beifall.)

Dr. *Wolff* aus Stettin: Das Ergebniss der bisherigen Debatte, über das wir alle einig zu sein scheinen, ist meiner Ansicht nach Folgendes: eine irgend welche äusserliche Fixirung des Notenumlaufs ist nicht möglich, sie bietet keine Garantie. Diese besteht vielmehr darin, dass die Banken den Umlauf nicht über den Bedarf ihres Geschäfts ausdehnen, und hierfür ist die freie Konkurrenz der beste Regulator. Die Frage ist aber die: wird die freie Konkurrenz nicht beschränkt durch solche Bestimmungen, wie sie unter Nro. IV. aufgeführt sind? Ist es also nicht anzuempfehlen, überhaupt *nur* Banken mit unbeschränkter Haft zu gestatten? Auf die Feststellung der Beschränkungen für Banken mit beschränkter Haft ist kein wissenschaftliches Gewicht zu legen, sondern nur für den Augenblick ein praktisches. Die viel wichtigere Frage aber, die an uns herantritt, ist die: Sollen wir die Entwickelung fördern, die darauf hinausläuft, die Banken mit beschränkter Haftbarkeit mehr und mehr in Aufnahme zu bringen? Es wäre wünschenswerth, dass sich die anwesenden Bankdirektoren über diese Frage aussprächen.

Banquier *Samter* aus Königsberg: Die beschränkte Haftbarkeit muss zugelassen werden; nur mit gewissen Bedingungen; denn es wird jedenfalls noch sehr lange dauern, ehe die Banken mit unbeschränkter Haft in Aufnahme kommen. — Fünf Punkte kommen hier hauptsächlich in Betracht. Zunächst: Soll die Geschäftsthätigkeit der Bank gesetzlich beschränkt werden? Ich antworte darauf kurz: *nein.* Denn es sind nur zwei Möglichkeiten: ist die Bank solid, so beschränkt sie sich selbst; ist sie unsolid, so helfen gesetzliche Beschränkungen nichts. Ferner: eine Fixirung der Notenausgabe ist nicht zulässig; denn die Notenausgabe muss sich nach den Verhältnissen richten. Drittes: die Deckungsmittel (Frage 5 bis 9) sind nicht gesetzlich vorzuschreiben, sondern den Anordnungen der Bank zu überlassen. Die Deckung durch $\frac{1}{3}$ des Betrags der Noten in Metall ist je nach den Verhältnissen bald ungenügend, bald stärker als zur Sicherheit erforderlich ist. Viertens: Die Frage 2 ist allerdings zu bejahen; denn von der Ausgabe kleiner Noten ist abzurathen, wenn auch nicht aus wissenschaftlichen Gründen. Endlich handelt es sich um Sicherungsmassregeln für das Publikum: dahin gehört Frage 4, die nur zu scharf gefasst ist, obgleich die Einlösung der Noten zu jeder Zeit natürlich Pflicht der Bank sein muss. Ebenso ist auch die Frage 3 im Interesse des Publikums zu bejahen.

Max Wirth: Den Masstab für die Beurtheilung der vorliegenden Fragen giebt das gewöhnliche Geschäft, dessen Träger für alle seine Handlungen verantwortlich ist. Die Befreiung von dieser Verantwortlichkeit führt zu Gefahren. Durch die Auferlegung von Bedingungen wird dem Publikum ein Urtheil präjudizirt, und die Bank zum Leichtsinn verleitet. Daher hat die Erfahrung gezeigt, dass die konzessionirten Banken das Publikum ausgebeutet haben: man denke nur an die Amerikanischen Schwindeleien. Je mehr ich die Banken auf ihre eigne Verantwortlichkeit anweise, desto besser. Daher ist Frage 1 zu verneinen. In Betreff der Frage 2 liegt es allerdings im Interesse der Bank keine zu kleinen Beträge auszugeben. Punkt 3 ist eine sehr wichtige Bedingung und neben 4 am meisten geeignet, die Sicherheit der Bank festzustellen, es ist der Barometer für herannahende Gefahren. Beide Fragen sind daher zu bejahen. Frage 5 dagegen verneine ich. Frage 6, 7 und 8 ist meiner Ansicht nach zu bejahen; dagegen erkläre ich mich gegen die Bejahung der Frage 9, weil diese Papiere in ihrem Werthe sehr stark schwanken. Ebenso beantworte ich 10 bis 14 mit nein. Die unbeschränkte Annahme von Depositen (Frage 15) hat in Amerika zu schlimmen Resultaten geführt. Doch ich will mich desshalb nicht für eine Beschränkung aussprechen. Zu Frage 16 bemerke ich: es ist ein sehr einfaches Gebot der Vorsicht für die Banken selbst, dass sie bei verzinslichen Depositen sich eine Kündigungsfrist ausbedingen. Bei unverzinslichen Depositen wird dagegen regelmässig keine Kündigungsfrist ausbedungen. Ich verneine also die Frage. Schliesslich will ich mich nur noch dafür aussprechen, dass in die Resolution ein Passus aufgenommen wird, welcher den Wunsch ausspricht, die deutschen Bundesstaaten möchten sich über eine einheitliche deutsche Bankgesetzgebung vereinigen und dabei die in den vorliegenden Anträgen niedergelegten Grundsätze verwirklichen.

Dr. *Wolff*: Die Ansicht, des Herrn Samter läuft darauf hinaus, dass die einzige Beschränkung darin bestehen solle, einen Minimalsatz für die Grösse der Notenabschnitte zu bestimmen. Herr Wirth hat gezeigt, dass die einzelnen Punkte der Beschränkungen nicht in nothwendigem Zusammenhange mit einander stehen. Ich sehe nicht ein, weshalb nur für Banken mit beschränkter Haftbarkeit die Notenabschnitte bestimmt werden sollen. Danach scheint mir, dass man den ursprünglichen Satz umstossen muss, wonach den Banken mit beschränkter Haft gewisse Bedingungen aufzulegen sind, oder man muss Punkt IV. in die Kommission zurückweisen, damit uns die Kommission etwas Greifbares liefert. (Beifall.)

Bankdirektor *Schottler* aus Danzig: Es kommt bei allen Banken darauf an, welches Vertrauen die Unternehmer einflössen, ob sie ausreichendes

Kapital repräsentiren u. dergl. Eine Bank, die von gänzlich unbekannten Leuten gegründet wäre, ist ein Unding. Sie würde keine Geschäfte machen können. Bezüglich der einzelnen Fragen ist es ad 1 nicht möglich, die Notenausgabe zu fixiren, weil es auf die Nachfrage ankommt. Ad 2 ist bei uns der Minimalsatz 10 Thlr. Die Frage ist aber von wenig Gewicht; erfahrungsmässig bleiben die 100 und 500 Thalernoten am längsten im Verkehr, während die 20 und 25 Thalernoten am raschesten zurückströmen, rascher noch als die 10 Thalernoten. Die Frage 3 ist selbstverständlich im Interesse der Bank selbst zu bejahen, ebenso 4, und es ist nöthig, diese Bedingung gesetzlich auszusprechen. Zu Frage 5 kann das Verhältniss erfahrungsmässig gar nicht festgestellt werden. Im Jahre 1857 hat sich das ⅓ zur Deckung als unzureichend erwiesen; ich habe damals Tage gehabt, wo ich 150,000 Thlr. ausgezahlt habe. Aber solche Krisen kommen nicht über Nacht, es gehen ihnen bestimmte Anzeichen vorher, und dann lässt sich vorbeugen. Unter gewöhnlichen Verhältnissen aber ist selbst eine Deckung von 20 pCt. noch zu hoch. Zu 6 bemerke ich: eine Deckung müssen die Noten immer haben und eine metallische Deckung. Ein Theil kann jedoch auch durch Wechsel gedeckt sein. Aber es ist hier von Wechselreiterei gesprochen: das ist ein sehr zweifelhaftes Wort. Wenn ich den Wechsel nehme, nehme ich ihn nicht, weil er ein Geschäft abschliesst, eine bestimmte Waare bezahlt; sondern aus persönlichem Kredit, weil mir der Mann, der ihn unterschrieben, sicher ist; die Auswahl der Wechsel müssen wir frei lassen. Zu 7: es sind manchmal sieben Unterschriften schlechter als zwei. Es kommt in der Praxis vor, dass man sich durch mehrere Unterschriften sicher stellen lässt, aber darüber kann mann keine allgemeine Bedingung aufstellen. Die Lombardforderungen (zu Frage 8) als Notendeckung sind zu verwerfen, nicht desshalb, weil beim Lombard kein Verkauf, kein Geschäftsabschluss vorliegt — denn es dient dieser Kredit dem Importeur, und der muss in der Lage sein, den rechten Zeitpunkt abwarten zu können, wo er seine Waaren versilbern kann — sondern weil sie nicht sicher umsetzbar sind. Ebendesshalb ist auch Frage 9 zu verneinen. Frage 10 ist schon durch das Handelsgesetzbuch mit nein beantwortet. Zu 11 bis 13 bemerke ich, dass bei beschränkter Haft auch die Geschäftsbefugnisse beschränkt werden müssen, Spekulationen sind auszuschliessen, wie die in Amerika gemachten Erfahrungen mit Baumwolle-Spekulationen beweisen; ebenso die Beleihung von Bankaktien im Allgemeinen; denn es ist vorgekommen, dass Banken beim Verbot der Beleihung nur der eigenen Aktien durch gegenseitige Beleihung ihrer Aktien sich zu helfen versucht haben; und das ist ein Unrecht gegen die Noteninhaber. Frage 14 beantwortet sich dadurch, dass bestimmte Deckungsmittel für die Depositen nicht festsetzbar sind. Ein vorsichtiger Bankdirektor wird leicht beobachten, wann Depositen in grösserem Maasse zurückgefordert werden.

Frage 15 ist zu verneinen; die Preussische Regierung legt kein Gewicht auf die Höhe der Depositen, sondern will nur gefragt werden. Es hat Zeiten gegeben, wo mir über eine Million Depositen angeboten wurden und ich sie angenommen habe. Regelmässig aber steht die Summe der Depositen unter einer Million. Der Staat wird übrigens die Summe der Depositen nicht freigeben, doch wird sich im Verkehr die Summe selbst bestimmen. **Frage 16** lässt sich nicht entscheiden, es kommt darauf an, ob die Zeitverhältnisse normal sind, oder ob eine Krisis da ist. Ein totaler Unsinn aber ist es, zu sagen, du darfst nicht Gelder gegen Kündigungsfrist von einem Jahr annehmen.

Dr. *Meyer* aus Berlin: Aus dem Vortrage des Herrn Michaelis ist mir nicht ganz klar geworden, ob die Notenausgabe ein nothwendiges Erforderniss ist. Die Wechsel, welche die Note im Verkehr ersetzt, bringen nicht immer für Alle, durch deren Hand sie gehen, die wechselmässige Haftung hervor. Man kennt z. B. Blanko-Giro's. Ferner hat der Wechsel neben dem Nachtheil, dass man gegen die Hintermänner in die Haftung mit eintritt, doch auch den Vortheil, dass man auf alle Vordermänner als Haftungspflichtige zurückgehen kann. Derjenige, dem die Bank den Wechsel diskontirt, bleibt allen seinen Hintermännern nach wie vor verhaftet. Worin besteht also eigentlich der grosse Dienst, welchen die Bank ihm leistet?

O. Michaelis: Die Note leistet dem, der ohne ihre Dazwischenkunft den Wechsel weiter begeben müsste, den Dienst, dass sie an Stelle des Wechsels ein Umsatzmittel abgiebt, welches einen grösseren Umlaufskreis und eine grössere Zirkulationsfähigkeit hat. Dem Gemeinwesen leistet die Bank den Dienst, dass sie die in den Giro's liegende Gefahr des ansteckenden Bankrotts hinwegnimmt und durch Veröffentlichung ihres Wechselbestandes und Notenumlaufs die Wechselerzeugung in ihren Schwankungen unter eine, sonst fehlende, öffentliche Kontrole stellt. Dass die Banknoten-Ausgabe nicht die Hauptsache beim Bankgeschäft bildet, ist zugegeben, aber sie ist bei freier Konkurrenz ein Agens, welches die Banken in die Kultivirung derjenigen Geschäfte drängt, für welche sie da sind. Endlich liegt in der Konkurrenz ein Mittel zur Beschränkung des Notenumlaufs und in den Gefahren des Notenumlaufs ein Motiv zur Beschränkung übermässigen Spekulationsgeistes mittelst Erhöhung des Diskontosatzes.

Präsident Dr. *Braun*: Es sind mehrere Anträge eingelaufen. Zunächst einer von Herrn Max Wirth: „Den vom Ausschuss beantragten Resolutionen folgenden Eingang voran zu stellen: Der Kongress stellt als Grundsätze zu einer deutschen Bankgesetzgebung, möge sie nun im Wege der Vereinbarung der einzelnen Staaten, oder in dem der Einzelgesetzgebung zu Stande kommen, folgende Grundsätze auf:"

2. Von Herrn Dr. Wolff aus Stettin: „Statt Artikel IV des Ausschuss-Antrags Folgendes zu beschliessen: Eine Kommission wird beauftragt, bis zur nächstjährigen Versammlung des Kongresses auf Grund der heutigen Debatte die Bedingungen zusammen zu stellen, unter denen Banken mit beschränkter Haftbarkeit zu gestatten sind."

3. Von Herrn Sonnemann: „Artikel IV des Ausschussantrages in folgender Fassung anzunehmen: Wenn die Theilhaber einer, Noten emittirenden, Bank Anspruch auf das Vorrecht der beschränkten Haftbarkeit machen wollen, so haben sie bestimmte, gesetzlich festgestellte Bedingungen zu erfüllen.

Diese Bedingungen sind:

1) Für die Grösse der einzelnen Notenabschnitte ist ein Minimalsatz festzusetzen, der grösser ist, als die grössten umlaufenden Metallmünzen der Landeswährung.

2) Es hat eine periodische Veröffentlichung des Status stattzufinden.

3) Jede Bank soll gezwungen sein, die ihr täglich präsentirten Noten bei Vermeidung des Konkurses sofort einzulösen.

4) Ankauf und Beleihung von Bankaktien ist nicht zu gestatten; und sodann als Artikel V zu sagen:

„Bis zu dem Zeitpunkte, wo die Grundsätze eines rationellen Bankwesens zu allgemeiner Geltung kommen, ist die Errichtung von Diskonto- und Depositenbanken ohne Notenemission zu empfehlen, mit welchen sich fast alle wirthschaftlichen Vortheile erreichen lassen, wie mit Zettelbanken."

Generalagent *Bansi* aus Bielefeld: Ich schliesse mich dem Antrage des Herrn Dr. Wolff an, die Anträge unter IV an die Kommission zurückzuweisen. Die Kommission erklärt, die 16 Fragen nicht beantworten zu können, das Plenum wird dazu noch weniger geschickt sein. Es enthalten die 16 Fragen das System einer vollständigen Bankordnung; und darüber können wir hier nicht entscheiden, sondern müssen uns als Kongress damit begnügen, allgemeine Gesichtspunkte aufzustellen. Meiner Ansicht nach wären es folgende: 1) Präventivmassregeln haben keinen Nutzen. 2) Korrektivmassregeln sind nothwendig und zwar möglichst harte und rasch wirkende. 3) Die Erkennbarkeit der Vertrauenswürdigkeit einer Bank muss durch die Gesetzgebung dem Publikum möglichst erleichtert werden.

Rechtsanwalt *Röpell* aus Danzig: Der Vorredner hat behauptet, dass die Kommission die vorgelegten Fragen nicht zu lösen verstanden habe. Das ist unrichtig. Die Kommission hat nicht bestimmte Regeln oktroyiren wollen, sondern als Grundlage der Debatte die gang und gäben Ansichten in Frageform aufgestellt. Herr Dr. Wolff zielt auf eine Vertagung der Sache; er hat die einzelnen Punkte kritisirt und behauptet einen innern Widerspruch zwischen III und IV. Ein solcher Widerspruch existirt aber nicht; denn es bestehen Gesellschaften mit beiderlei Haftbarkeit, das ist und wird Thatsache bleiben. Es mag wünschenswerth sein, nur Banken mit unbeschränkter Haftbarkeit zu haben; indessen sehen Sie, dass die Bewegung rückläufig sich gerade der beschränkten Haft zuwendet, wie dies das Beispiel Englands beweist. Es ist auf Jahre hinaus nicht zu erwarten, dass die unbeschränkte Haftbarkeit zu allgemeiner Geltung kommt; sollen wir nun über alle Banken mit beschränkter Haft das Todesurtheil sprechen? Wir wollen uns also die Frage überlegen, wie sind diese Banken zu behandeln. Sie erhalten vom Staat das Recht einer juristischen Person und haften nur mit einer bestimmten Summe; davon ist die natürliche Konsequenz, dass der Staat für diese Ausnahme eine gewisse Gegenleistung fordert. Ich streiche nun von den hierauf bezüglichen Fragen 10 und beantworte mit ja nur die dritte, wegen der durchaus nothwendigen Publizität, die vierte, wenn auch nicht in so rigoroser Form, wie vorgeschlagen ist, sondern einfach mit Beibehaltung der Bestimmungen des Handelsrechts und ebenso die 6., 7., 12. und 13. Vertagen wir übrigens die Sache nicht, nachdem sie schon zum dritten Mal auf der Tagesordnung steht. Bedenken wir auch, dass es eine der brennendsten Fragen ist.

Sonnemann: Dass die Kommission die einzelnen Punkte in Form von Fragen aufgestellt hat, ist kein Fehler; denn dadurch ist über alle wichtigen Punkte eine Debatte herbeigeführt worden. Wir sind schon einem Resultate nahe, da nur 4—6 Punkte übrig bleiben. Gegen Hrn. Dr. Wolff bemerke ich, dass das Verbot der beschränkten Haftbarkeit ein grösseres Hinderniss wäre für die Entwicklung des Bankwesens, als die jetzt bestehenden. In England, wie schon bemerkt, kommt die beschränkte Haft immer mehr in Aufnahme, und den Unterschied dieser Haftbarkeit von der unbeschränkten deutlich zu bezeichnen, genügt es zu sagen, dass der Staat gewisse Gegenleistungen fordert für das Recht, das er gewährt. In *einem* Punkte nur bin ich mit den Herren Michaelis und Röpell nicht einverstanden, nämlich in Betreff der Sicherheit bankmässiger Wechsel. Herr Michaelis hat es richtig als den Zweck der Banknote angegeben, ein weniger gangbares Umlaufsmittel durch ein gangbareres zu ersetzen; aber nicht richtig ist es, wenn er sagt, der solide Wechsel entstehe aus einem Geschäft, aus einem Kauf; denn die Bank kann ja gar nicht untersuchen, wie der Wechsel entstanden ist. Man hat sich mit Recht gegen die Deckung durch Lombards erklärt, aber ein grosser Theil der Wechsel ist doch nur eine andere Form des Lombards; Blanko-Kredite sind auch noch keine Geschäftswechsel, aber doch auch keine Wechselreiterei. Für die Bank kommt es eben nicht auf die Entstehung des Wechsels an, sondern darauf, was der Mann mit dem Gelde thut, der es von der Bank bekommt und ob die Unterschriften gut sind. Die Bank muss also nachforschen, was er mit dem Gelde macht, nicht aber, woraus das Geschäft, für welches der Wechsel hinterlegt wird, entstanden ist. Bedenken Sie, dass, wenn Sie nur Geschäftswechsel als solid und sicher anerkennen, Sie das ganze Werk von Schulze-Delitzsch damit in Frage stellen; denn wenn die Leute von einem Vorschussverein ein Darlehn entnehmen und darüber einen Wechsel ausstellen, so ist das auch nichts als ein Reitwechsel. Andererseits hat die Erfahrung gezeigt, dass auch Geschäftswechsel schlecht sein können; so erwähnt Asher, dass Geschäftswechsel im Betrage von mehreren hunderttausenden während der Hamburger Handelskrise schlecht geworden sind. Deshalb kann man gesetzlich nicht aussprechen, dass wechselmässige Deckung genüge und zwar schon deshalb nicht, weil wir ja gar nicht wissen, was die Bankdirektoren unter bankmässigen Wechseln verstehen. Die Begriffe sind sehr verschieden und eine Unterscheidung im Gesetz ist nicht zu machen. Es ist eben hier Alles Vertrauenssache. Ebenso kann man nicht den Banken verbieten, Staatspapiere anzukaufen; denn diese können zu Zeiten das sicherste Deckungsmittel sein. Auch muss man es den Banken selbst überlassen, ob sie in Waaren spekuliren wollen; dergleichen Spekulationen werden aus den Publikationen klar hervorgehen, und solche Banken, die sich damit befassen, werden dann das Vertrauen verlieren, darin liegt die beste Regelung. Bezüglich der einzelnen Fragen sub Nr. IV sind alle einig, die Frage 1 zu verneinen; Frage 2 ist wissenschaftlich zu rechtfertigen, aber erfahrungsmässig zu wünschen; Frage 3 ist entschieden zu bejahen und ist eine möglichst häufige Publikation empfehlenswerth; in Frage 4 ist statt „Konkurs" vielleicht besser „Liquidation" zu setzen; Frage 5 ist allgemein verneint worden; auch die Fragen 6—8 würde ich verneinen, nur ist bezüglich der Frage 8 einer Bank nicht zu verbieten, ihre Kapitalien in Lombards anzulegen; denn es kann dies unter Umständen die beste Art der Verwerthung sein, nur als Notendeckung sind sie unzulässig. Frage 9 beantworte ich mit ja; Frage 10 ist allgemein verneint worden; zu Frage 11 sage ich, durch das Gesetz ist keine Beschränkung in den Geschäftsbefugnissen der Bank aufzuerlegen; Frage 12 und 14—16 verneine ich; Frage 13 dagegen beantworte ich mit ja.

Gegen Herrn Max Wirth bemerke ich, dass, wenn die Regierungen eine Vereinbarung über die Bankgesetzgebung für wünschenswerth halten, sie selbst kommen werden, dagegen wäre es allerdings zweckmässig, den Wunsch auszusprechen, dass die Bankdirektoren zu gemeinsamem Wirken zusammentreten mögen.

Dr. *Wolff*: Ich bin durch die Vorredner in meiner Ansicht keineswegs erschüttert worden; im Gegentheil sind eine Menge neuer und wichtiger Fragen zur Sprache gekommen, so dass ich die Vertagung nur für um so nöthiger halte. Herr Röpell hat gesagt, dass wir hinsichtlich der beschränkten Haftbarkeit dieselbe rückläufige Bewegung einschlügen, wie England. Aber es ist doch die Frage, ob wir diese Bewegung fördern sollen. Die Sache liegt immer so, dass wir durch die Abstimmung ein Präjudiz über viele andere Punkte fällen. Und führen wir denn gewiss einen Fortschritt herbei, wenn wir solche Normativbestimmungen, wie Herr

Sonnemann sie beantragt, aufstellen? Ich glaube nicht, dass irgend eine Regierung darauf hin eine Konzession ertheilen wird. Die Frage ist brennend, sagen Sie; alle unsere volkswirthschaftlichen Fragen sind sehr brennend, aber es ist viel bedenklicher, übereilt zu entscheiden, als die Entscheidung hinauszuschieben.

Otto Michaelis: Es sind in der Debatte oft zwei Fragen verwechselt worden, ob etwas als guter Rath für eine Bank empfohlen werden soll, oder ob etwas gesetzlich als *Bedingung* aufzustellen ist. Was sodann die von Herrn Sonnemann angeregte Frage über die Reitwechsel betrifft, so meine ich, dass die Banken nicht immer die Reitwechsel erkennen können, wohl aber die Wechselreiter, und wenn sie diesen den Diskonto-Kredit entziehen, so bin ich zufrieden. Gegen Dr. Wolff bemerke ich, dass bei Banken mit unbeschränkter Haftbarkeit das Verbot des Ankaufs ihrer eignen Aktien gar nicht in Frage kommen kann, wogegen dasselbe sogar nothwendig ist gegenüber den Banken mit beschränkter Haftbarkeit, weil sonst das Kapital der Bank, welches für das Publikum das Sicherungsmittel bildet, unter der Hand aus dem Geschäft herausgezogen werden kann. In Betreff der Deckung der Noten durch *bankmässige* Wechsel bin ich der Ansicht, dass das ein sehr solider Rath, aber nicht eine nothwendige gesetzliche Bedingung ist. Dagegen sind die vier Punkte, die Herr Sonnemann aufgestellt hat, durch die Natur der Sache gerechtfertigt. Den Befürchtungen von Dr. Wolff gegenüber bemerke ich, dass die Bedingungen, die der Kongress aufstellt, noch lange nicht in einem deutschen Bankgesetze stehen werden. Bis die Einsicht von der Richtigkeit unserer Forderungen bis in die Ministerien herabgeflossen ist, wird es noch einige Zeit dauern, denn es ist bei uns dafür gesorgt, dass die Bäume nicht in den Himmel wachsen.

Schottler aus Danzig: Ich will in Bezug auf Punkt 12 bemerken, dass wenn man Spekulationen nicht ausdrücklich verbietet, sondern es dem Publikum überlässt, selbst die Kontrole auszuüben, ein einmaliger guter Erfolg einer solchen Spekulation das Publikum sicher machen und zu Täuschungen führen wird. Endlich erwähne ich noch zu Frage 4, dass der *Konkurs* keine Strafe ist; der Konkurs ist ein Unglück. (Heiterkeit.) Es muss statt dessen heissen „bei Strafe der Liquidation."

Dr. Faucher: Bei Frage 13 bewegen wir uns auf dem Gebiete praktischer Gesetzgebung und das ist etwas Anderes als die blosse Theorie. Hier müssen wir also unsern Beschluss so fassen, dass es auch möglich ist, ihn zu befolgen. Der Zweck dieses Punktes ist sehr deutlich der, dass die Banken verhindert werden sollen, durch gegenseitige Beleihung ihrer Aktien ihr Kapital aus dem Geschäft herauszuziehen. Gut. Wie ist es nun aber, wenn die Bank, natürlich im Geheimen, eine Aktien-Gesellschaft, so eine Art Kreditmobilier, welcher eine Spekulation etwa in Oel machen soll, gründet und nur diese Aktien beleiht, während diese Oelaktiengesellschaft umgekehrt die Aktien der Bank beleiht? Das ist nicht verboten, aber da sind wir auf dem alten Flecke. Es ist eben ganz unmöglich, eine Gesellschaft mit beschränkter Haftbarkeit zu zwingen, ihr Kapital in dem Geschäft zu belassen. Das Kapital gewährt nun einmal keine Sicherheit, die einzige Sicherheit liegt in der Ehrlichkeit. Im Gegentheil, wenn ich ein Millionair bin und *will* nicht bezahlen, so bezahle ich erst recht nicht. (Heiterkeit.) Es kommt also allein darauf an, dass ein Interesse vorhanden ist, ehrlich zu sein. Bei der unbeschränkten Haftbarkeit haben wir ein Interesse, nämlich in letzter Instanz das an — der persönlichen Freiheit; bei der beschränkten Haftbarkeit, wo die Person nicht zu fassen ist, vielleicht das Interesse der Ehre, der Autorität, des guten Namens, der langsam für das Geschäft erworben ist. Aber eben weil keine andere Sicherheit existirt, darf das Gesetz keine Sicherheitsmassregeln treffen wollen. Je weniger das Gesetz es thut, um so mehr

Vorsichtsmassregeln wird das Publikum treffen und deshalb bin ich dafür, Frage 13 zu verneinen. (Beifall.)

Es wird hierauf zur Abstimmung geschritten.

Der Einleitungsantrag von Wirth fällt, da sich herausstellt, dass er zu 1 nicht passt. Art. I des Ausschussantrags wird angenommen. Art. II desgleichen und zwar einstimmig; Art. III und der positive Theil des Art. IV desgleichen, mit grosser Mehrheit. Der Antrag von Dr. Wolff auf Vertagung wird abgelehnt. Dagegen werden die Anträge von Sonnemann zu den Fragen 2, 3, 4 und 13 angenommen, ferner wird die Frage 6 mit 39 gegen 35 Stimmen bejaht und Frage 7 und Frage 12 verneint. Endlich wird noch Artikel V, die Errichtung von Depositen- und Diskonto-Banken betreffend, nach dem Antrage von Sonnemann angenommen.

Es wird zum dritten Gegenstand der Tagesordnung, zur Debatte über die *Freizügigkeit* übergegangen. Berichterstatter sind die Herren Präsident Dr. Lette und Präsident Dr. Braun. Dieselben haben gemeinschaftlich mit dem Herrn Ober-Regierungsrath Bitzer aus Stuttgart im Namen der niedergesetzten Kommission folgenden Antrag eingebracht:

Anknüpfend an den in seiner dritten Versammlung (1860 in Köln) gefassten Beschluss über Einführung der Freizügigkeit in Deutschland und in weiterer Vertretung der richtigen volkswirthschaftlichen Grundsätze, erklärt der sechste Kongress deutscher Volkswirthe:

1. Es soll Jedermann, welcher Gemeinde, welchem Lande oder welcher Nation er auch angehören mag, gestattet sein: an jedem Orte, wo er will, seinen Aufenthalt und Wohnsitz zu nehmen, auch jeden an sich erlaubten Nahrungszweig zu betreiben, sich zu verheirathen und eine Familie zu gründen, desgleichen Grundeigenthum zu erwerben.

2. Dieses Recht soll nicht auf Inländer beschränkt, auch weder von dem Erforderniss der Gegenseitigkeit, noch von Einzugsgeldern, oder von sonstigen lästigen und beschränkenden Bedingungen abhängig gemacht werden.

3. Die *Befugniss zum Aufenthalt und Wohnsitz* verleiht an und für sich weder *Heimaths-* noch *Gemeindebürgerrecht*. Jedoch soll das *Heimathsrecht* dadurch erworben werden *können*, dass Jemand ohne Unterbrechung während drei Jahren in einer Gemeinde Aufenthalt und Wohnsitz genommen hat, ohne der öffentlichen Armenpflege zu verfallen.

4. Diese Einrichtung (Erwerbung des Heimathsrechts durch Zeitablauf) ist unter sämmtlichen deutschen Bundesstaaten auf dem Wege entweder des Vertrages, oder der übereinstimmenden Gesetzgebung einzuführen; die einzelnen Regierungen haben jedoch die Pflicht, eine derartige Reform dadurch vorzubereiten, dass sie, ohne eine solche gemeinsame Massregel abzuwarten, bereits jetzt ohne Verzug, eine jede für sich, vollständige Freizügigkeit einführen.

5. In dem Rechte zum Aufenthalt und Wohnsitz ist zugleich das Recht zum Geschäfts- und Gewerbebetriebe (s. Nr. 1) mit einbegriffen, so dass letzteres nicht abhängig gemacht werden darf von dem vorherigen Erwerbe des Staats-, Gemeindebürger- oder Heimathsrechtes an dem Orte oder in dem Lande des Geschäftsbetriebes.

6. Die Erlaubniss zur Verheirathung darf nur von den allgemeinen zivilrechtlichen Voraussetzungen des Eherechts, dagegen weder von der Zustimmung der Heimaths- oder Niederlassungsgemeinde, noch von einer Vorprüfung und Bewilligung einer Staats- oder andern Polizeibehörde, noch von dem Nachweise eines Nahrungsstandes, noch von dem vorherigen Erwerbe des Staats- oder Gemeindebürgerrechts, noch von sonstigen lästigen und einschränkenden Bedingungen abhängig gemacht werden.

7. Die Erwerbung des Staats- und Gemeindebürgerrechts ist möglichst zu erleichtern; es kann jedoch, wenn der Eintritt in die Gemeinde auch vermögensrechtliche Ansprüche in sich schliesst, ein diesen letztern entsprechendes Aufnahmegeld erhoben werden.

Präsident Dr. *Lette*: Von allen Fragen, welche der Wissenschaft der Volkswirthschaft zur Lösung gestellt sind, glaube ich die der Freizügigkeit für die wichtigste erklären zu müssen, weil es sich bei ihr um die freie Anwendung des allerwerthvollsten Kapitals von allen, nämlich der persönlichen Arbeitskräfte handelt. Aber auch schon desshalb werden wir dieser Frage eine sorgfältige Behandlung zu Theil werden lassen müssen, weil sie es vorzugsweise ist, welche die Beziehungen des Kongresses zu den Arbeitervereinen und deren Bestrebungen am unmittelbarsten vermittelt. Die Freizügigkeit berührt vorzugsweise zwei Gebiete: einmal die Gewerbthätigkeit in ihrem Verhältniss zu den Rechten der alten Gemeindegenossen und sodann die Armenpflege. Wir haben in der Ihnen vorgeschlagenen Resolution die Armenpflege nur leise berührt. Wir glaubten wohl mit Recht die wirthschaftliche, gewerbliche Seite der Frage in den Vordergrund stellen zu sollen, weil wir in dem, einem Jeden zustehenden Recht, überall seinem Erwerb nachgehen zu dürfen, eins der wirksamsten Mittel erblicken, sich vor Armuth zu schützen. In der That aber wäre die Freizügigkeit blos ein Recht auf freie Vagabundage, wenn nicht mit ihr zugleich untrennbar die Befugniss verbunden ist, überall zugleich ein Gewerbe zu treiben, Grundstücke zu kaufen und sich zu verheirathen. Insbesondere aber möchte ich hierbei das Recht auf die Verehelichung vorzugsweise betonen. Ich kann kaum die Worte dafür finden, um die Unsittlichkeit der Polizeimassregeln zu bezeichnen, welche ersonnen worden sind, um dies sittlichste aller menschlichen Bedürfnisse zu verkümmern. Ja ich kann nicht begreifen, wie die deutschen Staaten sich rühmen können, ein konstitutionelles System zu befolgen, so lange sie die Freiheit ihrer Bürger so sehr noch beschränken, dass sie nicht einmal die Eingehung des sittlichen Verhältnisses frei gestatten, welches den Menschen zu einer höheren Würde emporheben soll und das desshalb von der katholischen Kirche zu einem Sakrament erhoben worden ist. Ich habe aber leider hierbei nicht blos die Verhältnisse in Mecklenburg im Auge, wo an vielen Orten mehr uneheliche als eheliche Kinder geboren werden, wo, Dank dem dort herrschenden krystallisirten Feudalstaat, in des Grundbesitzers Hand das Schicksal von Hunderten von Staatsangehörigen gegeben ist, nein ich habe die Gesetzgebung aller deutschen Staaten im Auge. — Es besteht ein inniger Zusammenhang zwischen der Freizügigkeit und der Gewerbefreiheit und erst wenn wir zu der Gewerbefreiheit auch die Freizügigkeit, die volle Freizügigkeit errungen haben, werden wir wahrhaft freie Menschen und Bürger sein.

Präsident Dr. *Braun:* Es ist eigentlich ein überflüssiges Stück Arbeit die Freizügigkeit zu vertheidigen, denn ich bin der Ansicht, wer mit seinen Augen sehen und mit seinen Beinen gehen kann, muss auch von seinem Recht auf Freizügigkeit überzeugt sein. Wenn wir uns hier dennoch dieser Aufgabe unterziehen, so liegt der Grund davon in dem Umstande, dass zwar die Beschlüsse des Kongresses über die Gewerbefreiheit in der Mehrzahl der deutschen Staaten ihre Ausführung gefunden haben, ein früherer Beschluss über die Freizügigkeit dagegen nur hier und da berücksichtigt worden ist und auch dann nur verkümmert. Mit der Freizügigkeit innerhalb eines einzelnen Staates — und weiter ist fast nirgends die Gesetzgebung gegangen — kann uns aber nicht gedient sein; denn Dank der deutschen Kleinstaaterei sind manche deutschen Staaten nicht grösser als ein Verwaltungsgebiet eines grösseren Staates oder wohl gar kaum so gross wie eine europäische Hauptstadt. Wie kommt es nun aber, dass wir in Deutschland keine Freizügigkeit haben und dass dieselbe, ungeachtet des

Beschlusses des Kongresses, noch keine grösseren Fortschritte gemacht hat? Bei der Beantwortung dieser Frage werden wir uns zu vergegenwärtigen haben, dass die Freizügigkeit drei verschiedene Seiten hat: eine wirthschaftliche, eine kommunale und eine politische. Diese letztere Seite der Frage ist es aber gerade, welche bei der Durchführung der Freizügigkeit in Deutschland eine der Hauptschwierigkeiten bildet. Die Realisirung der Freizügigkeit ist leicht im Einheitsstaat, schwer im Bundesstaat, am schwersten im Staatenbund. Eine Freizügigkeit welche nur innerhalb eines jeden einzelnen der deutschen Bundesstaaten den Verkehr frei gibt, hat keinen Werth. Sie hindert uns, den Aenderungen und Strömungen zu folgen, welche durch die neuen Verkehrseinrichtungen (wie die Eisenbahnen u. dergl.) hervorgerufen sind und die Landesgrenzen überspringen. Sie schliesst die einzelnen Staaten gegen einander ab, während die französische Grenze stets offen ist. In dem Bundesstaat von *Nordamerika* ist die Freizügigkeit so alt, wie die Verfassung, welche von 1787 datirt. Sie schreibt vor, dass die Bürger eines jeden der vereinigten Staaten in allen anderen Staaten dieselben Rechte und Befugnisse haben sollen, wie die Angehörigen dieses anderen Staates. Sie behält dem Kongress die Befugniss vor, eine für alle Staaten gleichförmige Verordnung über Einbürgerung oder Naturalisation von Fremden zu erlassen. Diese Verordnung ist in der That erlassen worden. Nach ihr erwirbt man das Gesammtstaatsbürgerrecht oder Unionsstaatsbürgerrecht in fünf Jahren. Der Ausländer, welcher Bürger der Vereinigten Staaten werden will, hat innerhalb der ersten drei Jahre seines Aufenthaltes sich anzumelden und sein bisheriges Unterthanenverhältniss abzuschwören. Hat er sich von da ab gerechnet, weitere zwei Jahre in der Union aufgehalten, so kann er das Unionsbürgerrecht dadurch erwerben, dass er, unter Vorlage der über die erste Anmeldung ihm ertheilten Papiere, in öffentlicher Gerichtssitzung dies erklärt und zwei Zeugen beibringt, welche bestätigen, dass er nunmehr fünf Jahre in der Union lebe und einen guten Ruf geniesse. Die Naturalisationsfristen, welche die Gesetzgebungen der Einzelstaaten vorschreiben, bewegen sich zwischen *einem* Jahr und *fünf* Jahren. Im Wesentlichen handelt es sich bei allem Dem nur um die *politischen* Rechte. Die wirthschaftliche Freizügigkeit ist eine ganz unumschränkte. Man fragt gar nicht, wo der Zuziehende herkommt; und da auch die Armenpflege besser als bei uns organisirt ist, so bleibt das Heimathsrecht meistens ganz ausser Erörterung. So war es wenigstens bisher. In neuester Zeit hat die Einführung der Konskription eine Aenderung bewirkt. Viele weigern sich, zu dienen, weil sie nicht heimathberechtigt seien. Dies führt zu einer Untersuchung, welche sich jedoch darauf beschränkt, ob der Betreffende sich zur Naturalisation angemeldet oder ob er schon einmal bei einer Wahl mitgestimmt hat, in welchem Falle er der Konskription unterworfen wird. In der *schweizerischen Eidgenossenschaft* ist die Freizügigkeit weniger vollständig, als in Nord-Amerika, aber besser, als in Deutschland, durchgeführt. Jeder Kantonbürger ist auch Schweizerbürger. Der Kantonalgesetzgebung ist verboten, einen Unterschied zu machen zwischen ihren eigenen Angehörigen und den übrigen Schweizern. Es herrscht das Prinzip freier Niederlassung für alle Schweizer; der Zuziehende geniesst alle Rechte eines Kantonbürgers, mit Ausnahme der Nutzungen an den Gemeinde- und Korporationsgütern; namentlich soll er hinsichtlich des Rechts zum Gewerbebetrieb, zum Erwerb von Grundeigenthum u. s. w. den Eingeborenen gleichgehalten werden. Er kann nur wegen erlittener Strafen, verübter Verbrechen, Unsittlichkeit, und wenn er verarmt ist und dadurch der Gemeinde oder dem Kanton zur Last fällt, in seine Heimath zurückverwiesen werden. Für die Angehörigen auswärtiger Staaten (für Nichtschweizer) besteht die Freizügigkeit nur unter dem Vorbehalte der Reziprozität; und auch das den Schweizerbürgern gewährleistete verfassungsmässige Grundrecht der freien Niederlassung ist an das Erforderniss geknüpft, dass man „einer der christlichen Konfessionen angehört." Sie sehen also, die Schweiz ist noch nicht so weit gegangen, als wir Ihnen gegenwärtig vorschlagen, aber gegenüber der faktisch bei uns noch bestehenden Einrichtungen ist sie uns ausserordentlich weit voraus, ohne dass darunter die Kantonal-Autonomie zu leiden hätte. In *Deutschland* hatten wir von Haus aus eine sehr ausgedehnte Freizügigkeit, wie dies unter Anderem schon die Völkerwanderung beweist. Die Reichstage waren Wanderversammlungen wie unsere heutigen Kongresse, und die deutschen Könige hatten nicht einmal feste Residenzen. Dieser Zustand der unbeschränktesten Freizügigkeit ging erst unter durch den Feudalismus. Später freilich, als die Städte in die Höhe kamen, zeigte sich auch die Freizügigkeit wenigstens einigermassen wieder im Schwange, denn die Städte öffneten ihre Thore Allen Denen, die mühselig und beladen waren und namentlich die Leibeigenen und die Hörigen waren es, welche dort einwanderten und Freiheit des Erwerbs und des Grundeigenthums fanden. Aber die Städter wurden mit der Zeit schwach und unterlagen im Kampf gegen die Territorialherren und nach dem dreissigjährigen Kriege waren diese es, welche alle Gewalt in die Hand bekamen. Die kirchlichen Güter, welche nach kanonischem Recht zum Theil für die Unterhaltung der Armee bestimmt waren, wurden von den protestantischen Fürsten eingezogen, die Macht der Städte war erschlafft und es trat überall eine entsetzliche Verarmung ein. Da sah sich denn die Gesetzgebung veranlasst, den Grundsatz der obligatorischen Staatsarmenpflege zu proklamiren und nun wurde man ängstlich in Bezug auf die Freizügigkeit. Der Gespensterglaube kam auf, der in jedem neu Ankommenden einen Armenhauskandidaten sieht und man ersann Beschränkungen der Freizügigkeit auf Beschränkungen. Dieser Grundsatz der obligatorischen Staatsarmenpflege war auch so ein Ausfluss des Begriffs der Omnipotenz der Staatsgewalt. Aber wie es zu gehen pflegt: erst lud man sich die Armenpflege auf und dann wusste man nicht, wie damit fertig werden. Ein Missgriff erzeugt aber immer den anderen. Da erfand man denn die Heimathsbeschränkungen, man erliess eine Menge ganz verzwickter Bestimmungen über das Heimathsrecht, man gab drakonische Gesetze gegen die sogenannten Vagabunden. Es ist das mit diesen Vagabunden eine gar seltsame und zwar eine traurige Geschichte. Erst jagte man die armen Leute da auf, wo sie sich niedergelassen hatten, ohne heimathsberechtigt zu sein, und strafte sie, und wenn sie ihre Strafe verbüsst hatten, dann konfinirte man sie an ihrem Heimathsort, und wenn sie nun da, wie dies sehr natürlich war, eben weil man sie für Vagabunden erklärt hatte, keine Arbeit und keinen Lebensunterhalt fanden und ohne Pass aufs Neue fortgingen, um nicht zu verhungern, dann waren sie wieder Vagabunden und wurden wieder bestraft und wieder konfinirt und so fort. (Beifall.) Wer aber erst einmal in dies Triebrad von Bestrafungen und Konfinirungen hinein verflochten war, der kam sein Leben lang nicht wieder heraus. Diese gesetzlichen Bestimmungen aber haben wir noch. Freilich, man wendet diese Bestimmungen nur gegen solche Leute an, welche schlecht gekleidet sind und blos einen Kittel oder ein schlechtes Kamisol anhaben, und während man in den Bädern Leute, die hundertmal mehr verbrochen haben, die eigentlich ihr ganzes Leben eingesteckt werden sollten, unbelästigt sich herumtreiben lässt, hält man sich blos an die armen Leute, die nur desshalb arm sind, weil man ihnen nicht gestattet, sich niederzulassen. (Lebhafter Beifall.) Man verfiel ferner darauf, das Heirathen zu erschweren. Die Folge war, dass nun die Leute ohne verheirathet zu sein, zusammenlebten. Da erfand man denn nun aber eine Menge neuer Klagen, die Stuprumsklage, die Alimentenklage, von denen weder das römische noch das deutsche Recht etwas weiss. Das sollten Schutzmittel sein gegen das selbst verschuldete Uebel. Aber statt Schutzmittel der Sittlichkeit, sind diese Klagen nur eine fruchtbare Quelle von falschen Eiden und ganz unbeschreiblichem Skandal geworden. So zog man einen grossen Giftbaum über das ganze deutsche Vaterland und wahrlich es ist Zeit, dass wir diesem Giftbaum endlich die Axt an die Wurzel legen und ihn mit Stumpf und Stiel ausrotten. (Beifall.) Ich komme nun zu den Versuchen der Gesetzgebung, eine Besserung herbeizuführen. Die Bundesakte ist es, welche zuerst von der Freizügigkeit spricht, aber sie versteht darunter nur das Recht, dass uns nichts abgenommen werden soll, wenn wir mit unserem Vermögen aus einen Bundesstaat in einen anderen ziehen. Das ist die Freizügigkeit der Bundesakte. Etwas besser waren schon die Bestimmungen, welche in der preussischen Städteordnung vom Jahre 1808 und in dem preussischen Gesetz vom 31. Dezember 1842 getroffen wurden. Zum ersten Male offiziell wurde die volle Freizügigkeit in den deutschen Grundrechten anerkannt. Leider aber fügen die Grundrechte den betreffenden Grundsatz bei, dass die Bedingungen für den Aufenthalt und Wohnsitz durch ein Heimathsgesetz und die für den Gewerbebetrieb durch eine Gewerbeordnung noch geregelt werden sollten, und da wir allen Grund haben anzunehmen, dass nach den damals herrschenden Ansichten weder das Heimathsgesetz noch die Gewerbeordnung in wünschenswerther Weise ausgefallen sein würden, so brauchen wir, was diesen Punkt anbelangt, gerade nicht in sehr elegische Stimmung darüber zu kommen, dass die Grundrechte nicht zur Durchführung gekommen sind. Heute würden wir es wohl schon etwas besser machen. Ganz korrekt durchzuführen wäre freilich die Freizügigkeit auch heute nicht, denn die Freizügigkeit setzt eben einen einheitlichen Staat voraus. Wir können kein deutsches Reichsbürgerrecht statuiren, weil wir wohl deutsche Staaten, aber keinen deutschen Staat, kein deutsches Reich haben. Das ist zwar traurig, aber es ist wahr und vor Wahrheiten soll man die Augen nicht verschliessen. Das Einzige, was wir unter diesen Umständen erreichen können, das ist meiner Ansicht nach das: wir können in Deutschland die Freizügigkeit nur auf dem Wege der Naturalisation einführen. Ich wenigstens weiss keinen anderen Weg. Denn wenn ein jeder einzelne deutsche Staat mit der Durchführung der Freizügigkeit vorschreitet, ohne dass gleichzeitig bestimmt wird, dass nach Ablauf einer gewissen Zeit das wirthschaftliche Domizil zugleich das politische nach sich zieht, so entstehen nothwendig Konflikte zwischen den verschiedenen Staaten, weil in sehr vielen deutschen Staaten die Bestimmung gilt, dass durch die Abwesenheit während einer Reihe von Jahren das Heimathsrecht verloren wird. In diesem Falle also verliert der Wegziehende sein politisches Heimathsrecht im Geburtsstaat ohne dasselbe in dem Staat, wo er sich niedergelassen hat, zu erwerben. Das wird nun freilich ganz gut gehen, so lange der betreffende heimathlose deutsche Bürger sich selbst in guten Verhältnissen befindet, denn dann wird höchstens der für ihn freilich ziemlich fatale Umstand eintreten, dass in Bezug auf alle Vortheile des Staates, wie z. B. die Steuerzahlung oder die Konskriptionspflichtigkeit der Kinder, zwei Staaten zugleich Ansprüche an ihn erheben. Sobald aber etwa der heimathlos Gewordene verarmt, wird keiner der beiden Staaten etwas von ihm wissen wollen, sondern sowohl der Geburtsstaat wie der Niederlassungsstaat ihn einer dem Andern zuschicken wollen, und am Ende gäbe es ja wohl Krieg. Diese an sich schon widernatürliche Zerreissung des Individuums nach seiner politischen und seiner wirthschaftlichen Seite hat jedoch auch dann noch ihre Schattenseiten, wenn die Gesetzgebung in dem betreffenden Heimathsstaat einen Verlust der Staatsangehörigkeit durch Abwesenheit *nicht* kennt, denn auch in diesem Falle ist es etwas sehr Störendes, wenn es so kommen kann, dass man in Sachsen z. B. Jahrzehnte lang wohnt und sein Geschäft betreibt, und man ist nach wie vor sammt seinen Kindern und Enkeln baierischer Unterthan. Es giebt also kein anderes Mittel, um die Freizügigkeit in Deutschland gründlich durchzuführen, als etwa in der Art, dass zwischen den einzelnen deutschen Staaten entweder ein Vertrag oder ein Gesetz vereinbart wird, worin bestimmt wird, dass, wer so und so lange, seien es nun 3 oder 5 Jahre, an einem bestimmten ausländischen Orte wohnt ohne während dieser Zeit der öffentlichen Armenunterstützung anheim zu fallen, dass der dadurch eo ipso auch Angehöriger des betreffenden Staates wird. Auf diesem Wege liesse sich die ganze Angelegenheit am Ende auch ganz leicht regeln, vorausgesetzt, dass auf allen Seiten Einsicht und guter Wille vorhanden ist. Ich glaube jedoch, wenn sich auch auf diese Weise allein die Sache gründlich regeln lässt, dass wir desshalb nicht darauf verzichten sollen, dass die einzelnen Staaten einstweilen schon selbstständig vorwärts marschiren. Wenn es dabei auch Konflikte giebt, diese Konflikte sind recht gut, denn sie stossen die Regierungen mit der Nase auf die Nothwendigkeit, durch einen gemeinsamen Vertrag oder ein Gesetz die Sache zu erledigen. Desshalb haben wir dies auch in Artikel 4. unserer Resolution ausdrücklich gesagt. Wenn wir nun erst einmal auf diese Weise ein Heimathsrecht für unsere Heimathlosen gefunden haben, so findet sich das förmliche Staatsbürgerrecht wohl auch dazu und das Gemeindebürgerrecht am Ende auch. Das Gemeindebürgerrecht ist freilich an sich wieder ein besonderes Ding, denn die Gemeinden sind nicht blos ein politischer, sondern auch ein vermögensrechtlicher Verband. An diesem letzteren Gesichtspunkt müssen wir aber streng festhalten, wenn wir auch bei dem Kommunismus, den der Polizeistaat in unseren Gemeinden vielfach noch verschuldet, gewohnt geworden sind, dass die vermögensrechtlichen Interessen innerhalb der Gemeinden so ziemlich über einen Kamm geschoren werden. (Bleibt der Zustand auch ferner so, wie er ist, dann geben die Regierungen geradezu ein Recht darauf, dass kommunistische und sozialistische Ansprüche erhoben werden, und keine von ihnen darf sich dann darüber wundern, wenn das Proletariat zu ihr sagt: Du hinderst mich daran, mich ehrlich zu ernähren, du machst mich zum Sklaven, daraus folgt, dass du auch deinen Sklaven füttern musst. Denn das steht nun einmal für uns fest: Nur der Polizeistaat giebt Anspruch auf die Staatshilfe, nur giebt er ihn nicht blos für die Arbeiter, sondern für Alle, er konstituirt also am Ende das Recht, wonach wir Alle Einer bei dem Andern betteln gehen dürfen und das wäre am Ende die Geschichte vom seligen Münchhausen, als er sich bei seinem Zopf aus dem Schlamme zog. (Lebhafter, allgemeiner Beifall.)

Präsident Dr. *Lette:* Die Ausführungen des Herrn Vorredners veranlassen mich noch zu einigen Mittheilungen über die Gemeindeverhältnisse in Preussen. Es besteht ein Unterschied zwischen den Gemeinden in Süddeutschland und den altpreussischen Gemeinden. Die Ersteren haben fast alle Gemeindevermögen, die preussischen Gemeinden dagegen — da Preussen zum grössten Theil Kolonisationsland ist — haben kein Vermögen. Aus diesem Grunde ist es denn aber, mit Rücksicht auf die Zustände in Süddeutschland, allerdings nöthig, dass die Bestimmung ausdrücklich getroffen wird, dass die Gemeindeangehörigkeit nicht eine Folge der Freizügigkeit sei. Die Verheirathung ist übrigens in Preussen niemals vom Staate beschränkt worden, wohl aber haben die Gutsherren Einfluss darauf erlangt und seit dem dreissigjährigen Kriege namentlich in den östlichen Provinzen ihre Polizeigewalt straff angezogen. Was endlich den Gewerbebetrieb anbelangt, so kann nach dem neuesten Gesetz vom Jahre 1861 zwar jeder Ausländer in Preussen ein stehendes Gewerbe betreiben, und insofern besteht Freizügigkeit in Preussen, leider aber ist nun wieder bei uns durch das Gesetz von 1849 die Gewerbefreiheit beschränkt worden. Die wahre volle Freizügigkeit und Gewerbefreiheit werden wir aber nur erhalten, wenn wir ein einiges deutsches Vaterland haben.

Dr. *Faucher:* Wenn man ein illustres Beispiel der wohlthätigen Folgen der Freizügigkeit haben will, so braucht man nur auf die Stadt Berlin und die französische Gemeinde in der Stadt Berlin zu verweisen. Im Jahre 1689 kam der erste Transport Hugenotten nach Berlin. Sie siedelten sich an auf den Brandstätten der Häuser, die im dreissigjährigen Kriege zerstört worden waren und erhielten die Vergünstigung, dass für sie keine Zunftgesetze galten, und dass sie 20 Jahre lang keine Kommunalabgaben zahlen sollten. Dagegen hatten sie aber die Verpflichtung, dass sie für ihre Armen selbst sorgen mussten. Wir haben also an dieser französischen Gemeinde ein Beispiel sowohl von Freizügigkeit als von Gewerbefreiheit, ja wir finden auch bereits in ihr die richtigen Bestimmungen über die Armenpflege. Und wie ist nun diese französische Gemeinde gediehen? Sie besteht heute noch, wenn sie auch nur etwa 4000 Köpfe zählt, denn sie wächst nicht, weil die Kinder eines französischen Mädchens, das einen deutschen Mann heirathet, aus der Gemeinde ausscheiden. Aber Arme hat diese Gemeinde fast gar nicht, wohl aber bringt sie alljährlich die Zinsen von 200,000 Thlr. und 500 Wagen Holz auf, für die Armen der anderen Gemeinden. Der Geist aber der mit dieser französischen Gemeinde in Berlin einzog, dieser Geist der Freizügigkeit, der hat Berlin gross gemacht, der gab dem preussischen Staate eine kräftige Residenz und befähigte ihn dadurch zur Führung der Kriege, welche Preussen in die Reihe der Grossmächte heraufhoben. Ich frage: giebt es noch etwas Werthvolleres als der Mensch? Auch wenn er von schwarzer Hautfarbe ist und einen Wollkopf trägt und die Zähne fletscht, ist er noch immer 2000 Thlr. werth. Wer also die Freizügigkeit ausschliesst, der verhindert das freie Hineinströmen des allerwerthvollsten Kapitals. Und weshalb beschränkt man denn eigentlich die Freizügigkeit? Nicht aus Furcht vor der Konkurrenz, sondern weil man glaubte, dass dies nützlichste und werthvollste aller Geschöpfe nicht im Stande sein werde, sich zu ernähren. Als ob durch die Tausende von arbeitstüchtigen und arbeitslustigen Menschen, welche in Folge der Freizügigkeit kommen, nicht so viel Kapital neu geschaffen würde, dass auch im schlimmsten Falle der kleine Prozentsatz derer mit durchgebracht werden könnte, die etwa wirklich nicht im Stande sein sollten, ihr Brod zu finden! In England fürchtet man sich wahrhaftig auch vor der Nichtselbsternährung derer, welche neu zuziehen, aber deshalb giebt man doch in dem ganzen Königreiche die Bewegung der Menschen vollständig frei und beginnt erst dann mit der Ausschliessung der Armen, *nachdem* sie der Armenunterstützung anheim gefallen sind. Wir aber schliessen die Zuzügler aus, *bevor* sie noch die öffentliche Mildthätigkeit in Anspruch genommen haben. Ich will Ihnen ein Beispiel aus dem Leben mittheilen, das Ihnen zeigen soll, welche grauenhafte Folgen diese Unvernunft und Inhumanität unserer Heimathsgesetzgebung haben kann. (Redner erzählt nun die bekannte Geschichte der Wittwe von Oels, die ihr Kind umbrachte, als dasselbe aus der Gemeinde, wo sie es in Pflege gegeben, ausgewiesen worden war.) Sehen Sie, so etwas kann in England nicht vorkommen, weil man dort erst dann den Neuangekommenen in die Heimathsgemeinde zurückweist, nachdem er der Armenunterstützung verfallen. Wären wir in Deutschland auch erst so weit, dann hätten wir auch, wenigstens praktisch, die Freizügigkeit. In England geht man aber noch weiter und verpflichtet nach dem Ablauf von 5 Jahren sogar die neue Gemeinde dazu, den Neuzugezogenen im Falle seiner Verarmung selbst zu unterstützen. So weit geht man dagegen nicht, dass nach 5 Jahren der Neuzugezogene auch wirklicher Gemeindeangehöriger wird. Das ist aber auch gar nicht nöthig, mit diesen beiden Prinzipien reicht man schon vollständig aus. Unter ihrem Schutz bewegt sich das lebendige Kapital von Stadt zu Stadt, von Dorf zu Dorf und dadurch bildet sich die neue Gliederung der Gesellschaft, der wir entgegen gehen, ja die zum Theil schon da ist. Die Eisenbahnen sind es, die verwandeln ganz Europa und in ganz Europa die Lage und Bedeutung der einzelnen Städte. Sie organisiren ein ganzes Land, wie sich früher eine einzelne Stadt organisirte. Wir finden in den alten Städten noch heute hier eine Gerberstrasse, wo alle Gerber wohnen, dort eine Färberstrasse, wo alle Färber wohnen. Nun wohl, so finden wir heute ein Sheffield, ein Birmingham, ein Leeds, ein Wolverhampton wo dieser und jener Industriezweig ganz allein im ganzen Land betrieben wird. Diese Städte sind wie die Strassen einer einzigen grossen Stadt, die durch die Eisenbahnen in Verbindung getreten sind und diese einzige grosse Stadt ist eben das ganze Land, und die kleinen Städte, die dazwischen liegen, die sind nichts, als die Wohnungen der Häuslinge, wie wir sie früher auch innerhalb der alten Städte fanden. Wie aber sind solche Veränderungen möglich, ausser wenn man es der Arbeitskraft und dem Kapital frei ermöglicht dahin zu gehen, wo sie die beste Belohnung zu finden glauben? Die Armuth wird doch sicher da am schwersten kurirt, wo sie entstanden ist. Solche Veränderungen, wie jetzt, sind wohl auch früher schon da gewesen. Ich erinnere an die rotten boroughs in England, denen die Peel'sche Reformakte das Wahlrecht entzogen. Ja diese ehemals bedeutenden Flecken sind verödet, weil ihnen vielleicht das Wasser mangelte; deshalb wanderten die Einwohner aus. Heutzutage wandert man nun, nicht wegen Mangels an Wasser, sondern wegen Mangels an Eisenbahnen, an Steinkohlen, und nun will noch so eine elende Armengesetzgebung kommen und zu einem Menschen sagen, der zwei gesunde Arme hat: Ich fürchte mich, dass du dich nicht ernähren könntest! Ich sage Ihnen, eine Nation, welche die Freizügigkeit verhindert, die verhindert sich selbst aus einer Raupe ein Schmetterling zu werden, eine solche Nation ist ein Narr! (Lebhafter Beifall.)

Advokat *Wachenhusen* aus Boitzenburg: Ich möchte mich dahin aussprechen, dass der letzte Absatz der Position 3 und ebenso die Positionen 4 und 7 der Resolution wegfallen sollten. Ich finde es für genügend, wenn wir uns dafür aussprechen, dass es einem Jeden freistehen soll, sein Gewerbe zu treiben, wo er will. Es ist aber nicht nöthig, dass wir zugleich bestimmen, dass der Betreffende nach einer Reihe von Jahren an dem neuen Wohnorte das Heimathsrecht erwerben soll.

Präsident Dr. *Braun:* Dieser Einwand scheint mir auf einer Verwechslung des Heimathsrechtes mit dem Bürgerrecht zu beruhen. Das erste bestimmt, dass man nicht aus einer Gemeinde hinausgejagt werden kann, das Bürgerrecht in dieser Gemeinde ist dagegen ganz unabhängig hiervon und wird nur nach dem freien Ermessen der Gemeinde dem verliehen, den sie für würdig hält. Die Erlangung des Heimathsrechtes aber müssen wir festhalten, wenn wir anders den praktischen Schwierigkeiten unserer Vielstaaterei begegnen wollen. Gerade weil die früheren Beschlüsse des Kongresses diese Bedingungen des realen Lebens nicht berücksichtigt haben, dürfen wir uns jetzt nicht abermals von ihnen fernhalten.

Dr. *Rentzsch:* Es kann recht wohl mit der Freizügigkeit in kleineren Kreisen der Anfang gemacht werden. Ich verweise hier auf das Beispiel von etwa 250 Ortschaften im Amtsbezirk Meissen, welche sich zu einem gemeinsamen Amtsbezirk verbunden haben, d. h. ihre Armen gemeinsam unterstützen. Diese Vereinbarung ist insofern auch der Freizügigkeit zu Gute gekommen, als die einzelnen Gemeinden nicht in jedem Falle die Armen aus einem fremden Ort an den Heimathsort zurück verweisen. Die Erfolge dieser Vereinbarung sind aber bis jetzt sehr günstig gewesen, und wenn dies Beispiel Nachahmung fände, so würden allmälig die Grundsätze einer rationellen Armenpflege und damit die Vorbedingungen der Freizügigkeit sich über ganz Deutschland verbreiten.

Es wird hierauf zur Abstimmung geschritten und der Antrag der Kommission mit grosser Mehrheit unverändert angenommen.

Dritte Sitzung am 16. September.

Bevor zur Tagesordnung übergegangen wird, eröffnet der Präsident die Diskussion über einen Antrag der *ständigen Deputation*, welcher dahin lautet: „Die Bestimmung des Statuts des Kongresses, welche die Zahl der gewählten Mitglieder der ständigen Deputation auf 6 festsetzt, dahin abzuändern, dass künftighin alsbald 9 Mitglieder der Deputation gewählt werden, und es derselben überlassen bleiben soll, sich um weitere 9 Mitglieder und nach Umständen um eine noch grössere Zahl durch Beiwahl zu verstärken." Dieser Antrag wird, nachdem ihn Präsident Dr. Lette kurz motivirt, ohne Diskussion einstimmig angenommen.

Hierauf wird in die Tagesordnung: *die Zollvereinskrisis*, eingetreten.[1]

Otto Michaelis als Berichterstatter: Mit der Zollvereinsfrage treten wir hinüber in die Kreise der politischen Agitation. Der volkswirthschaftliche Kongress ist ein Träger des Friedens wie die Wissenschaft der Volkswirthschaft auch, aber der Kongress hat es sich auch zur Aufgabe gestellt, praktisch zu wirken, und deshalb können wir mit Rücksicht auf die Bedeutung des Zollvereins für unsere materielle Wohlfahrt uns auch dieser brennenden Frage der Tagespolitik nicht entziehen. Wir müssen aber unsere Augen fest auf diese Frage selbst richten und ich zweifle nicht, dass wir dann auch als Sieger aus dem Kampfe hervorgehen. Gestatten Sie mir zunächst einen Rückblick auf die Behandlung, welche seither die Tariffrage auf dem Kongress gefunden hat. Schon in Gotha 1858 wurde die Tarifreform in's Auge gefasst und, weil der Fortschritt in Kompromissen vor sich geht, beschlossen, ein Bild des nächsten Schrittes der Tarifreform im Zollverein in Gestalt eines auf einem Kompromiss zwischen Schutzzöllnern und Freihändlern beruhenden reformirten Tarifs, in den Grundsätzen wenigstens, aufzustellen. Die Hauptgesichtspunkte waren: Vereinfachung des Tarifs durch Aufhebung der finanziell unerheblichen Zölle, ferner Ermässigung der Schutzzölle. In Ausführung dieser Grundsätze sprach der zweite Kongress, in Frankfurt, sich für Aufhebung des Prinzips der allgemeinen Eingangsabgabe, Aufhebung der Zölle auf die nothwendigsten Lebensmittel und die sonstigen landwirthschaftlichen Produkte, so wie der Zölle auf die Roh- und Hülfsstoffe der Handwerker und Fabriken aus. Gleichzeitig wurde schon ein Antrag auf Herabsetzung der Eisenzölle eingebracht, jedoch nur eine sehr allgemeine Resolution darüber gefasst. Auf dem dritten Kongress in Köln kamen sodann die Eisenzölle direkt auf die Tagesordnung und dabei entbrannte zuerst der prinzipielle Kampf zwischen den Schutzzöllnern und den Freihändlern, ein Kampf, in dem freilich die Ersteren unterlagen. In demselben Jahre war es, wo der Handelsvertrag zwischen Frankreich und England abgeschlossen worden war, und der Kongress, der in den Bestimmungen dieses Vertrags ein wichtiges neues Element der handelspolitischen Entwicklung erblickte, nahm daraus Veranlassung, es als Grundsatz auszusprechen, dass wenn auch der Zollverein einen Handelsvertrag mit Frankreich abschliessen sollte, die in diesem Vertrage Frankreich zugestandenen Tarifermässigungen allen übrigen Nationen ebenfalls zu Gute kommen müssten. Dieser Grundsatz, der dem Differentialzollsystem und damit dem Einfluss der Kabinetspolitik in handelspolitischen Angelegenheiten prinzipiell entgegen trat, ist seitdem Eigenthum der Nation geworden und von Niemand bis jetzt bekämpft worden. Seit Abschluss des Handelsvertrags mit Frankreich wurde nun dieser Vertrag der Mittelpunkt der handelspolitischen Agitation und der vorjährige Kongress zu Weimar war, nachdem Preussen unter dem 2. August den Vertrag gezeichnet hatte, zuerst in der Lage, sich über denselben auszusprechen. Der Kongress fasste damals einstimmig, indem sich die Gegner der Abstimmung enthielten, folgenden Beschluss:

„Der Kongress erklärt:
1) Dass der Handelsvertrag zwischen Frankreich und dem Zollverein einen ersten und wesentlichen Schritt zur Durchführung der Tarifreform im Zollverein bildet, welche für eine gesunde wirthschaftliche Entwicklung des deutschen Volkes nothwendig ist;
2) dass er durch Gleichstellung der französischen Zollsätze für die zollvereinsländischen Produkte mit denen für die Produkte Englands und Belgiens die Ausschliessung unseres Gewerbfleisses von dem französischen Markte verhindert und dem deutschen Export ein neues werthvolles Gebiet eröffnet;
3) dass es demnach die wirthschaftlichen Interessen des deutschen Volkes auf das Schwerste verletzt, wenn der von politischen Tendenzen und monopolistischen Interessen getragene Widerstand einzelner Zollvereinsregierungen die Durchführung des Vertrages noch länger hinzögert."

Mit diesem Beschluss hat der Kongress seine Stellung zu dem Handelsvertrag genau präzisirt, aber ich glaube, wir haben auch heute noch alle Ursache, uns mit dem Vertrage zu beschäftigen und gegenüber den vielen entgegenstrebenden Tendenzen seine Bedeutung auf's Neue festzustellen. Der Handelsvertrag mit Frankreich bot die Möglichkeit, schon vor dem Ablauf der Zollvereinsverträge zu einer durchgreifenden Tarifreform zu gelangen. Diese Reform aber ist nicht blos etwas Wünschenswerthes, sondern sie ist eine absolute Nothwendigkeit für unsere gewerbliche Entwicklung und den Bestand des Zollvereins überhaupt. Es ist nothwendig, dass der Zollverein in seiner Tarifgesetzgebung den Fortschritten der materiellen Entwicklung und der wissenschaftlichen Erkenntniss folge; denn die Entwicklungsfähigkeit ist die Voraussetzung der Lebensfähigkeit, Stillstand ist Tod. Unser Schutzzolltarif besteht seit fast 30 Jahren im Wesentlichen unverändert, während der Werth der Fabrikate wesentlich herabgegangen ist. Die Schutzzölle sind also, auch abgesehen von mehreren wesentlichen Erhöhungen der Tarifsätze, im Verhältniss zum Werth der Waaren gestiegen. Das übrige Europa, England voran, hat unterdess beträchtliche Fortschritte gemacht, und unsern, ursprünglich freisinnig gemeinten Tarif an eine der letzten Stellen geschoben. Nun traten die den ganzen Schutzzolltarif umfassenden Handelsverträge als neues Element grossartigen Fortschritts auf. Die Völker Westeuropa's schlossen sich durch diese zu lebhafterem Verkehr ausgebildeter internationaler Theilung der Arbeit zusammen. Es wächst dadurch ringsherum die Wohlfeilheit, die Konkurrenz, die Konzentration und Konkurrenzkraft der Industrie, während wir auf dem alten Flecke bleiben und von einem unmittelbar benachbarten Markte durch Differenzialzölle ausgeschlossen werden. Können wir diesem grossen Umschwunge, diesem handelspolitischen Zusammenschluss der Völker Westeuropa's für alle Zeit fern bleiben? Nein! Aber wenn wir dies verneinen müssen, so sollten wir auch bedenken, welche unwiederbringlichen Verluste uns ein jedes Jahr bringt, das wir länger in dem alten Zustand verharren. Je länger wir warten, desto grössere Opfer wird unsere jetzt geschützte Industrie zu bringen haben, desto grösser werden die nothwendigen und kostspieligen Umwandlungen in unserer industriellen Verfassung, in unserem wirthschaftlichen Zusammenleben, der Vertheilung von Kapital und Arbeitskräften sein. Aber noch etwas bedeuten diese internationalen Verträge. Sie sichern die Bedingungen, unter welchen der Austausch der Arbeitsprodukte zwischen den Völkern stattfindet, durch feste Verträge zwischen den Völkern selbst, sie emanzipiren die Handelspolitik von der Diplomatie und Kabinetspolitik und schliessen die Tarifkriege der Nationen durch einen völkerrechtlich gesicherten Frieden. Die Abhängigkeit der Tarifpolitik, d. h. der Bedingungen der Ernährung und Kulturentwicklung der Nation, von den Tagesbedürfnissen zänkischer Diplomaten und eifersüchtiger Kabinette ist der schroffste Ausdruck des Prinzips, das sich in dem Sprüchwort ausdrückt: wenn sich die Könige raufen, müssen die Völker die Haare lassen. Dieses Prinzip wird durch jene Verträge für die Handelspolitik bei den Völkern West-Europa's ausgeschlossen, für Deutschland gilt es noch in voller Schärfe. Soll unsere Industrie und unser Handel derselben Sicherheit gegen die Launen der Kabinetspolitik geniessen, wie die Konkurrenten, soll er hierdurch dieselbe Kraft, dieselbe Konkurrenzfähigkeit gewinnen, so muss auch der Zollverein in das System jener Verträge eintreten, sonst werden wir uns bald auf allen Märkten geschlagen sehen.

Zu diesem System des Emanzipation der Handelspolitik von der Kabinetspolitik ist aber der vielbestrittene Artikel 31 des Handelsvertrages absolut nothwendig; denn da die differenzielle Begünstigung der Konkurrenten die benachtheiligte Industrie noch wirksamer ausschliesst, als blos hohe Zollsätze, so würde die Zulässigkeit differenzieller Begünstigung das Loch sein, durch welches die Herrschaft der Kabinetspolitik wirksam wieder eindränge. Der Artikel 31 ist der Schlussstein des Systems, ohne ihn sind diese Handelsverträge halt- und werthlos. Der Handelsvertrag ist in Sachsen einstimmig, in Preussen fast einstimmig von der Volksvertretung genehmigt, in anderen Staaten, wie in Kurhessen, Nassau, Darmstadt, haben sich die Kammern freiwillig für ihn ausgesprochen, die legalen Vertretungen von mehr als zwei Drittheilen der Bevölkerung des Zollvereins sind für den Vertrag und nur drei Regierungen, die etwa ⅛ der Zollvereinsbevölkerung vertreten, haben, die eine im offenen Widerspruch mit ihrer Bevölkerung, sich gegen die Annahme des Vertrags erklärt. Die überwiegende Mehrheit ist sonach dafür und nur eine kleine Minderheit dagegen. Aber wenn eine Minderheit ihren Willen gegen den der Mehrheit durchsetzen will, so setzt sie natürlich alle Mittel in Bewegung. Deshalb hat man denn hier die Frage vom handelspolitischen auf das politische Gebiet gespielt und sucht in dem ungleichen Kampfe an den politischen Antipathieen der Bevölkerung gegen Preussen eine Stütze. Die Regierung Preussens hat freilich auf diesem Gebiete nichts gethan, um sich ihre früheren Sympathieen wach zu erhalten, und das ist leider die schlimmste Lage, in die die Sache gebracht werden konnte. Sie kennen die Verfassung des Zollvereins hinlänglich und wissen, dass immer nur erst beim Ablauf des Zollvereins-Verträge die Möglichkeit gegeben ist, eine Aenderung des Tarifs durchzubringen. Eben desshalb aber können wir hier nicht einfach wiederholen, was wir im vorigen Jahre beschlossen haben. Wenn wir wirklich wollen, dass beim Ablauf der Verträge der Wille der grossen Majorität durchgesetzt werden soll, so müssen wir es aussprechen, dass die zu kündigenden Zollvereinsverträge nur mit Durchführung des Handelsvertrags vom 2. August v. J. erneuert werden dürfen. Dem gegenüber ist es aber auch nothwendig, dass die Ueberzeugung überall lebendig bleibe, dass der Zollverein bis jetzt das werthvollste Stück deutscher Einheit ist und dass wir im Interesse unserer materiellen Entwickelung, im Interesse der Einheit und nationalen Autonomie unserer Handelspolitik an ihm festhalten müssen. Damit aber solche Krisen, wie wir jetzt eine zu bestehen haben, künftig vermieden werden, ist es weiter nöthig, dass auch seine bisherige Organisation verändert werde. Wir müssen durch unsere Beschlüsse den Schleier zerreissen, der durch die politische Agitation über die ganze Sachlage gefahrdrohend und verwirrend gebreitet ist. Das deutsche Volk darf es nicht zugeben, dass man die Adern seines Verkehrs unterbinde, blos desshalb, weil Herr von Bismarck im übrigen Deutschland gerade so wenig beliebt ist, wie in Preussen. Die Frage aber, wer Sieger bleiben wird in dem heissen Kampf, der jetzt bevorsteht, ob die Volkswirthschaft, ob die Kabinetspolitik, die wird allein entschieden werden durch das Verhalten des deutschen Volkes selbst. (Beifall.) V diesen Erwägungen ausgehend, empfehle ich Ihnen im Namen des Ausschusses die folgenden Anträge:

Der Kongress deutscher Volkswirthe erklärt im Anschlusse an seine früher in der Zollfrage gefassten Beschlüsse:

1) Die materielle und Kulturentwickelung des deutschen Volkes, sowie die Erhaltung der Lebensfähigkeit des Zollvereins fordern, dass der Zeitpunkt des Ablaufs der Vereinsverträge nicht vorübergehe, ohne dass der Zollverein, entsprechend dem durch die legalen Vertreter ausgesprochenen Willen der grossen Majorität seiner Bevölkerung, mittelst Durchführung des Handelsvertrages vom 2. August v. J. seinen Tarif zu reformiren beginne und in das System der westeuropäischen Handelsverträge eintrete.

2) In den politischen Wirren der Gegenwart ist es für das deutsche Volk eine Nothwendigkeit, festzuhalten an dem Bestande des so zu reformirenden Zollvereins, als wohl erworbenen Gutes materieller Einheit, und die Fortbildung der Verfassung desselben als Organes seiner handelspolitischen Selbstbestimmung zu fordern.

Sonnemann aus Frankfurt: Ich habe mich veranlasst gesehen, folgende Unteranträge zu den Anträgen des Ausschusses zu stellen:

Als Zusatz zu dem ersten Antrage:

„Um den Zollverein, wenn nur irgend möglich, in seiner jetzigen Ausdehnung zu erhalten, soll an Oesterreich das Zugeständniss vollständiger Verkehrsfreiheit für die beiderseitigen Produkte des Bodens und der Industrie gemacht und ein entsprechender Zusatz zu Art. 31 des Handelsvertrages vereinbart werden."

Als dritten Antrag:

„Sollte bei der Erneuerung des Zollvereins das liberum veto unveränderlich beibehalten werden, so ist demgemäss die Forderung zu stellen, dass weitere Herabsetzungen des Tarifs für nicht allzusehr entfernte Termine schon bei dem Abschlusse der Verträge vereinbart werden, damit nicht wiederum die Tarifpolitik des Zollvereins zu einer zwölfjährigen Stagnation verurtheilt werde."

Ich bin mir sehr wohl bewusst, dass ich mit diesen Anträgen wahrscheinlich nicht durchdringen werde, allein ich habe es für meine Pflicht gehalten, sie zu stellen. Ich habe von Anfang an für den Handelsvertrag gewirkt und Dank unseren Agitationen sind wir in Süddeutschland nahe daran gewesen, die schutzzöllnerischen Gegner ganz niederzuschlagen. Es sieht in dieser Beziehung überhaupt bei uns besser aus, als im Norden bekannt zu sein scheint. Auch die Agitation für die Hineinziehung Oesterreichs in den Zollverein hat bei uns keinen Boden fassen können, man betrachtet dies Projekt in Süddeutschland als nichts Anderes, als den Versuch, unsere Handelspolitik in die Hände des Bundestages zu legen. Aber ein anderes Schlagwort ist mit der Zeit in die Debatte geworfen worden und dies Schlagwort hat allerdings in Süddeutschland gezündet. Es heisst: für Oesterreich einen Uebergangszustand zu erhalten, der eine nachträgliche Zoll-Einigung desselben mit Deutschland ermöglicht. Ausgegangen ist dieser Gedanke von dem Handelstag in München, wo gerade die Freunde des Handelsvertrags die Mehrheit hatten. Mit Rücksicht nun auf den Anklang, welchen diese Idee in Süddeutschland gefunden, halte ich es für nothwendig, dass ein entsprechender Zusatz zu Artikel 31 des Handelsvertrags gemacht wird. Wenn wir dies thun, so geschieht es ja nicht um des Auslandes, sondern um Deutschlands selbst willen; denn Oesterreich ist doch nun einmal ein deutscher Staat, das lässt sich nicht wegleugnen, und der Anlauf, den es gemacht, beweist auch, dass es entschlossen ist, für seine Stellung in Deutschland Boden zu gewinnen. Gegen diese Erweiterung des Artikel 31 wendet man nun zwar ein, Oesterreich könne ja ganz in den Zollverein eintreten, das wehre ihm ja Niemand, und mehr könne es sicher nicht verlangen, als von unserer Seite die Bereitwilligkeit, ihm dies zuzugestehen; allein abgesehen davon, ob Oesterreich seiner eigenen Interessen halber in den Zollverein eintreten kann, wollen wir selbst Oesterreich gar nicht im Zollverein haben, auch wir in Süddeutschland nicht. Es ist ja allerdings richtig, das Differenzialsystem entspricht nicht den volkswirthschaftlichen Prinzipien, allein im vorliegenden Fall sich für ein Differenzialsystem entscheiden, heisst immer noch dem Prinzip des Freihandels dienen und ist jedenfalls einer vollständigen Auflösung des Zollvereins vorzuziehen. Belgien hat sich ja auch in dem Handelsvertrag mit Preussen bis zum Jahr 1865 einen Differenzialzoll zu Gunsten Frankreichs ausbedungen und wird wahrscheinlich auch später noch daran festhalten, wesshalb sollen wir es nicht auch können. Es ist denn doch auffallend, dass sich bei der Adressdebatte in der baierischen Kammer auch nicht ein einziger Antrag zu Gunsten der unbedingten Annahme des Handelsvertrags hat finden lassen wollen, nicht einmal von Seiten der Pfälzer. Es ist ferner nicht zu übersehen, dass doch auch die darmstädtische zweite Kammer in ihrem Beschluss über den Handelsvertrag eine grössere Anlehnung an Oesterreich empfohlen hat. Ich verweise endlich darauf, dass auf der Frühjahrsversammlung der volkswirthschaftlichen Gesellschaft für Südwestdeutschland in Ulm, wo ich ganz denselben Antrag eingebracht habe, keine einzige Stimme aus Württemberg gegen denselben erhoben hat, obwohl dort im Uebrigen nur Freunde des Vertrages versammelt waren. Es muss also doch wohl etwas daran sein, dass der Inhalt des Artikels 31 etwas zu schroff die Rücksichten gegen unsere Beziehungen zu Oesterreich ausser Augen gelassen hat. Man sagt nun wohl, Frankreich werde nicht auf eine Abänderung des Artikel 31 eingehen. Aber welche Beweise hat man dafür? Mir hat noch vor kurzem ein französischer Beamter versichert, man habe sich in Paris geradezu darüber gewundert, dass nicht wenigstens zu Gunsten der deutschen Staaten eine Ausnahme bei dem Art. 31 vorbehalten worden sei. Hiervon abgesehen aber bin ich auch ohnediess überzeugt, Frankreich wird eine Abänderung des Art. 31 jedenfalls dem Nichtzustandekommen des Vertrages vorziehen, denn Frankreich kann ja dadurch nur den österreichischen Markt gewinnen. Belgien, das selbst zu Gunsten Frankreichs einen Differenzialzoll hat, wird ebenfalls keine Schwierigkeiten machen und mit England, Holland und der Schweiz bedürfen wir bei den niedrigen Zollsätzen dieser Staaten eines Handelsvertrages überhaupt nicht. Wesshalb also sollen wir nicht eine solche Uebergangsbestimmung treffen, da doch nun einmal die Industrie Oesterreichs hauptsächlich in den deutschen Provinzen Oesterreichs ihren Sitz hat. Es entsteht die Frage, wie wird es werden, wenn wir an dem Vertrage, so wie er geschlossen wurde, pure festhalten? Man hat darauf geantwortet: Oesterreich wird seine Zölle in seiner jetzigen Höhe behalten und wird im Stillen grollen, dabei wird es bleiben. Aber täusche man sich doch nicht: der Vertrag wird eben nicht durchgehen, darauf können Sie sich verlassen. Seit dem Reformantrag sind die Aussichten wieder viel düsterer geworden. Ich bin aus guten Gründen der Ansicht, der ganze Reformplan Oesterreichs ist nur um der Zollfrage willen entworfen worden und es droht uns ein österreichisch-süddeutsches Zollbündniss, und dagegen gilt es sich zu wehren. In dem Kommissionsantrage heisst es freilich vom Zollverein, er sei ein „wohlerworbenes Gut materieller Einheit"; aber ich fürchte, wir werden den Zollverein bald eben so wenig besitzen, wie der Papst seine Provinzen in den Marken und in Umbrien noch besitzt. Wie es dann werden wird in Süddeutschland, brauche ich Ihnen wohl kaum noch zu sagen. Die Schutzzöllner werden wieder das Oberwasser gewinnen und alle Positionen, die wir dem Freihandelsprinzip errungen, werden wir wieder verlieren, die Hoffnungen auf den österreichischen Markt werden sich nicht erfüllen, denn unsere Industrie ist auf den Norden angewiesen, und so schwer es auch dem Norden werden wird, den Schlag zu verwinden, wir im Süden werden jedenfalls den meisten Schaden haben. Man weiss das auch bereits bei uns, aber man wird dennoch den Zollverein auseinander fallen lassen, weil man glaubt, es sei uns Unrechtes zugemuthet. Der Herr Präsident hat in seiner Eröffnungsrede gesagt, der Zollverein werde verjüngt aus seiner Asche wieder heraussteigen, aber wäre es nicht besser, wir verhüteten zu allererst überhaupt seinen Zerfall? Auf einem anderen Wege aber, als dem, den ich angedeutet, wird der Zollverein nicht erhalten werden. Bestärken wir also die Kabinette nicht in ihren Bestrebungen durch starres Festhalten am Buchstaben des Vertrags. Es ist ja doch sogar einem Mitgliede der Kommission aufgefallen, wie auf einmal die preussische Regierung angefangen habe, für den Handelsvertrag zu schwärmen, während sie früher sich so kühl zu der Sache verhalten. Also mag doch wohl auch auf der preussischen Seite etwas Politik mit im Spiele sein. - Auf unseren Beschluss wird von ganz Deutschland hingesehen. Ueberlegen wir ihn also wohl. Ich habe die Ueberzeugung, das Ministerium Bismarck hat es abgesehen auf eine Mainlinie, wollen Sie es in dieser Politik unterstützen? (Beifall.)

Dr. *Wolff* aus Stettin: Schon oft ist gesagt worden, der Handelsvertrag mit Frankreich sei im Grunde genommen nichts weiter als ein Kompromiss zwischen dem Freihandel und dem Schutzzoll, oder wenn Sie wollen, zwischen Norddeutschland und Süddeutschland. Der Herr Vorredner schlägt uns nun noch einen weiteren Kompromiss vor, nämlich zwischen den Anschauungen, wie sie augenblicklich in Süddeutschland herrschen und dem im Handelsvertrag schon enthaltenen Kompromiss. Ich fürchte, auf diesem Wege erreichen wir schliesslich nichts weiter, als dass wir uns selbst kompromittiren! Der Herr Vorredner hat uns ein sehr trauriges Bild von den Zuständen in Süddeutschland entworfen, welche der Zerfall des Zollvereins dort hervorrufen würde und er hat diesen Zerfall eigentlich schon als ein fertiges Faktum hingestellt. Nun, die Zollvereinsverträge sind einstweilen noch etwa 2 Jahre und 3 Monate in Kraft, so lange wird also jedenfalls der Zollverein noch bestehen bleiben, und ich denke, während dieser Zeit läuft noch viel Wasser bergab und die Ansichten in Süddeutschland können sich bis dahin noch ein wenig ändern. Aber wenn auch die Aussichten in Betreff Süddeutschlands wirklich so düster sein sollten, wie sie uns geschildert sind, wie sollten wir dazu kommen, nun ohne Weiteres zu sagen: Ja, wir wollen nachgeben!? Es muss uns doch wohl erst bewiesen werden, — dass das, was der Süden will, besser ist als das, was wir wollen. Der Herr Vorredner hat gesagt, es sei nicht die Absicht des Südens, Oesterreich in den Zollverein hereinzuziehen, man wolle im Süden auch nichts am Tarif des Vertrages ändern, sondern — ja was es denn eigentlich ist, was der Süden will, das ist mir durchaus nicht klar geworden! Ich glaube aber, in Süddeutschland ist es den Gegnern des Vertrages selbst nicht recht klar geworden, was sie wollen. Seither sind in der Handelsvertragsfrage kurz hinter einander verschiedene Stimmungen durch Süddeutschland gegangen. Ursprünglich war man gegen den Vertrag; später in Folge besserer Aufklärung schwand diese ursprüngliche Abneigung sehr bedeutend; dann kam Oesterreich mit seinem Projekt der Zolleinigung, es wurde ihm indess nicht so leicht Sympathien dafür zu gewinnen; dann aber kam das Ministerium Bismarck in Preussen, und jetzt auf einmal soll durch den Vertrag bitterböslich Unrecht gegen Oesterreich begangen und der Februar-Vertrag von 1853 verletzt sein. Zugegeben, dieser Vertrag würde verletzt, so würde doch derselbe in dem Augenblicke zu Ende gehen, in welchem der Vertrag mit Frankreich in's Leben tritt, eine Verletzung für Oesterreich könnte also in Wahrheit nicht darin gefunden werden. Es bleibt also von den Gründen Süddeutschlands nichts weiter übrig, als die allgemeine Sympathie für die deutschen Brüder in Oesterreich,

Einnahmen, die er ihnen verschafft, das Regieren so leicht macht? Ich weiss es nicht. Wenn aber wirklich die politischen Antipathieen so weit gehen sollten, so haben wir hier doch keine Ursache, darauf Rücksicht zu nehmen. Die Wissenschaft ist es und das Interesse von ganz Deutschland, die unsere Beschlüsse zu bestimmen haben, und wenn diesen bestimmenden Faktoren entgegen immer und immer wieder nur Süddeutschland es ist, welches ein Preisgeben derselben verlangt, so mag sich Niemand wundern, wenn auch einmal der Norden Deutschlands seine eigene Interessen in den Vordergrund stellt: und das weiss man ja wohl in Süddeutschland, dass die Interessen des Nordens in den Bestimmungen des Handelsvertrages noch lange nicht ihr Genüge finden. Die freihändlerische Partei ist stets bereit gewesen, ein Kompromiss mit den schutzzöllnerischen Interessen einzugehen und sie ist es auch noch. Aber mit dem Antrage des Herrn Vorredners kommen wir dahin, dass wir ein Kompromiss mit einem Kompromiss schliessen und das geht uns denn doch zu weit. (Beifall.)

Max Wirth: Ich bin dem Herrn Vorredner sehr dankbar dafür, dass er mir Veranlassung geboten, auch meinerseits nochmals auf die Ansichten in Süddeutschland zurückzukommen und ich bin dabei vor Allem der Ansicht, dass es nicht wohl gethan sei, den wohlgemeinten Anträgen eines Mannes mit Ironie entgegen zu treten, der sich bisher um den Handelsvertrag entschieden verdient gemacht hat. Die Frage des Handelsvertrages steht augenblicklich in einem wichtigen Moment und wir haben nun, ehe wir unsere Entschlüsse fassen, genau zu prüfen, denn die Frage über Annahme oder Ablehnung des Handelsvertrages ist zu einer rein politischen geworden und fällt nicht mehr blos der Wissenschaft anheim. Der Zollverein selbst ist eine staatliche Organisation, an die wir mit politischen Rücksichten heran zu treten haben. Es sind politische Parteien, mit denen wir es zu thun haben. Im Süden war man von Anfang an mehr gegen als für den Vertrag. Deshalb haben wir, die Freunde des Vertrags, alsbald unsere Agitation für den Vertrag begonnen. Wir haben Broschüren geschrieben und Versammlungen gehalten, und es ist uns so allmälig gelungen, die Bevölkerung für den Vertrag zu gewinnen. Sie wissen alle z. B. welches Fiasco Herr von Kerstorf mit seiner Schutzzöllner-Agitation in Frankfurt gemacht hat. Den Hauptwiderstand gegen den Vertrag leistet augenblicklich noch Baiern, doch sind es eigentlich nur die Altbaiern, von denen dieser Widerstand ausgeht. In Franken ist man weniger eingenommen gegen den Vertrag, und die Pfalz, die dem Zollverein ihren ganzen Wohlstand zu danken hat, ist entschieden dafür. So liegen die Dinge. Sollen wir es nun durch ein unbeugsames Festhalten an dem Buchstaben des Vertrags zum Bruch treiben, sollen wir die Scenen sich wiederholen lassen, wie sie vor der Gründung des Zollvereins spielten, wo im Fichtelgebirge ganze Regimenter aufgeboten werden mussten, gegen die Schmugglerbanden, die sich gebildet hatten! Wahrlich ich glaube, das Volk in Mitteldeutschland würde eher zu den Waffen greifen, ehe es sich die Schlagbäume wieder gefallen liesse, die man ihm abermals aufnöthigen will. (Lang anhaltender Beifall.) Solchen Zuständen wollen wir etwas vorbeugen und deshalb rathe ich Ihnen mit dem Herrn Antragsteller zu dem von ihm vorgeschlagenen Kompromiss mit den Anschauungen der Bevölkerung in Süddeutschland. Ich habe früher geglaubt, die baierische und württembergische Regierung seien nur deshalb so entschieden gegen den Vertrag, weil sie glaubten, die preussische Regierung werde schon noch nachgeben. Es mag sein, dass dies ursprünglich auch wirklich der Plan der beiden süddeutschen Regierungen war. Jedenfalls aber haben sich die Dinge wesentlich geändert. Baiern und Württemberg wünschen jetzt den Bruch des Zollvereins und suchen nur noch nach einem Vorwand, um auch ihre Bevölkerungen für die Sprengung des Vereins zu gewinnen. Ja es ist mir sogar von guter Hand mitgetheilt worden, das österreichische Reformprojekt sei hauptsächlich nur aus handelspolitischen Rücksichten aufs Tapet gebracht worden, weil Oesterreich fürchte, durch den Handelsvertrag aus Deutschland heraus gedrängt zu werden. Es handelt sich also für uns jetzt darum, diesen Umtrieben der baierischen und württembergischen Regierung keine Handhabe in die Hand zu geben. Sie sagen, es seien unklare Sympathieen, mit denen sich die süddeutsche Bevölkerung trage und ich bin darin ganz mit Ihnen einverstanden, ich weiss auch, dass noch viel Wasser den Berg hinunter fliesst, bis die Zollvereinsverträge zu Ende gehen, aber deshalb sollen wir doch den Gegnern nicht ohne Noth die Waffen gegen uns in die Hand geben und das thun wir, glaube ich, wenn wir die etwas zu scharf gefassten Kommissions-Anträge annehmen. Legen Sie um Gotteswillen in dieser Frage, wie sie augenblicklich liegt, nicht mehr das Hauptgewicht auf die wissenschaftliche Seite, denn damit, fürchte ich, dreschen wir nur leeres Stroh. (Beifall.)

Lehmann aus Glogau: Ich kann es nur bestätigen, wenn gesagt worden ist, der deutsche Handelstag zu München habe sich zu Gunsten der Fortentwickelung der handelspolitischen Beziehungen zu Oesterreich ausgesprochen. Für den schlesischen Handelsstand würde es aber mit grossen Verlusten verbunden sein, wenn mit dem Jahre 1866 die mit Oesterreich verabredeten Bestimmungen wegen Erleichterung des Grenzverkehrs aufgehoben werden sollten. Dasselbe würde für den sächsischen Handelsstand eintreten. Ich gehe indess noch weiter als Herr Max Wirth und sage, der Artikel 31 sollte noch einen weiteren Zusatz erhalten, nicht blos zu Gunsten des Grenzverkehrs mit Oesterreich, sondern zu Gunsten des Grenzverkehrs mit allen deutschen Staaten, die noch nicht im Zollverein sind, also mit den Hansestädten, mit Mecklenburg, mit Schleswig-Holstein. Dadurch würde der Artikel 31 nicht alterirt; denn es handelt sich hier nur um den Grenzverkehr und ich glaube, auch in dieser Angelegenheit sollten wir etwas zu Gunsten der deutschen Einheit thun.

Schröder aus Mannheim: Die Gefahren des Zollvereins liegen nicht in den Ansichten der süddeutschen Bevölkerung, sondern in den Kabinetten. Es wird ein grosser Schwindel getrieben mit dem Siebenzigmillionenreich und dem grossen Wirthschaftsgebiet das wir mit Oesterreich bilden könnten. Ich halte aber dafür, das Siebenzigmillionenreich würde nicht ein grosses Reich sein, sondern ein grosses Chaos mit dem Bundestag an der Spitze. Wir wollen uns nicht mit Oesterreich einigen, weil wir unsere deutsche Autonomie wahren, weil wir unsere Interessen von ungarischen Parlament, noch von einem Ministerium Rechberg beeinflusst wissen wollen. Aber aus dem nämlichen Grunde, weshalb wir uns nicht auf eine Aenderung des Artikel 31 einlassen können, wollen die würzburger Regierungen von diesem Artikel 31, so wie er dasteht, nichts wissen. Der Grund ist sehr einfach der: die würzburger Regierungen halten ihre Autonomie dadurch für gefährdet. Die würzburger Regierungen halten aber ihre Autonomie für das Erste und Wichtigste und stellen die wirthschaftlichen Interessen ihrer Länder erst in die zweite Linie. Die Erweiterung des Artikels 31, wie sie Herr Sonnemann beantragt, wäre allerdings ein Beruhigungsmittel für die süddeutschen Regierungen. Noch viel wichtiger aber wäre es, glaube ich, für sie, wenn statt des Artikels 31 das Ministerium Bismarck geändert würde. Das aber müssen wir freilich dem preussischen Volke überlassen. Ich sehe daher nicht ein, wie wir den süddeutschen Regierungen eine Beruhigung geben können. Lassen wir daher auch alle politische Kannegiesserei bei Seite und stellen wir nichts Anderes als die wirthschaftlichen Interessen der Nation an die Spitze unseres Beschlusses. Wir wollen keine Diplomaten, wir wollen Volkswirthe sein, und nichts Anderes. Wenn wir zu Gunsten Oesterreichs eine Aenderung des Artikels 31 vornehmen sollen, weshalb nicht auch zu Gunsten Hollands um Luxemburgs willen, weshalb nicht auch zu Gunsten Dänemarks um Schleswig-Holsteins willen? Lassen Sie uns also, ich wiederhole es, nur ruhig die wirthschaftlichen Interessen und nur diese im Auge behalten und die Politik Politik sein. Sorgen wir, dass das Ministerium Bismarck beseitigt wird, dann ist der Zollverein schon nicht halb so gefährdet, wie er es jetzt ist. (Beifall.)

Dr. *Faucher.* Der Herr Vorredner hat gesagt, wir dürften keine Diplomaten sein. Das hätte Herr Lehmann von Glogau beherzigen sollen, ehe er den Vorschlag machte, die im Artikel 31 des Handelsvertrags erwähnte dritte Nation, als ungültig in Betreff Deutsch-Oesterreichs zu erklären, weil die Deutsch-Oesterreicher ja dieselbe Nation, als wir selbst seien. Das würde uns ein schönes Geschrei in Europa über den Hals bringen. Es sind ja im Vertrage nicht dritte Nationen, sondern dritte Staaten gemeint; der gewählte Ausdruck ist dritte Macht, tiers puissance. Die Abänderung des Paragraphen nun wird verlangt, damit wir Oesterreich durch Zollbegünstigung in den Stand setzen können, Produkte seiner Industrie bei uns abzusetzen. Es hat ja aber fast gar keine Industrie, welche bei uns, auch nur unserer eignen Konkurrenz gegenüber, einzuführen vermöchte; höchstens ganz vereinzelte Artikel aus Wien und Brünn. Die Haupteinfuhr könnten magere Ochsen bilden, die bei uns fett gemästet würden. Für diese braucht es keine Zollbegünstigung dritten Staaten gegenüber, höchstens allgemeine Herabsetzung des Viehzolles, die der Artikel ja nicht ausschliesst. Das ganze Bestreben Oesterreichs, seine Handelsbeziehungen zum Zollverein zu erweitern, ist doch weiter nichts als ein Versuch, Ungarn wegen seiner landwirthschaftlichen Erzeugnisse an Oesterreich zu fesseln. In Süddeutschland stellt man sich allerdings die Sache so vor, wie uns mitgetheilt worden ist, und mit Rücksicht auf die Süddeutschen Sympathien für Oesterreich können wir immerhin schon einen Schritt dem entgegen thun. Sagen wir denn, wir *wollen* uns mit Oesterreich verständigen, nur nicht durch eine Beseitigung, Verstümmelung oder gar dolose Auslegung des Vertrages mit Frankreich. Sagen wir, es solle ein und dasselbe Handelsgebiet mit uns bilden, nicht blos mit seinen deutschen Provinzen, sondern mit allen seinen Ländern. Wir müssen uns dabei freilich vorbehalten, dasselbe auch zu Russland, Dänemark, Frankreich, wer es immer sei, seiner Zeit sagen zu dürfen. Ebenso dürfen wir nicht dadurch verhindert sein, in ferneren Zollermässigungen fortzufahren. Vielleicht ist das der Weg, den Grenzzoll ganz los zu werden. Wozu noch Grenzzölle in dieser Zeit des Steuerbewilligungsrechtes, zu dem sie nicht passen? Nur der absolute Staat braucht Grenzzölle; mit ihm sind sie entstanden, mit ihm müssen sie fallen. Aber eine Einigung auf dieser Basis zu erzielen, ist zunächst nicht unsere, sondern Oesterreichs Sache. Möge es nur zunächst einmal seine Zölle für uns herabsetzen, wie wir die unsrigen, eben durch den Handelsvertrag, ja auch für Oesterreich herabsetzen. Und möge es vor Allem zuerst die Silberwährung herstellen. Dann möge es am 1. Januar 1866 sich melden zum Eintritt in den Zollverein, dem der Vertrag *nicht* entgegensteht. So wird sich zeigen, wer auf beiden Seiten wirklich Lust hat, die deutschen Brüder, von denen ihn jetzt eine Zollgrenze trennt, an's Herz zu drücken. Unsere süddeutschen Freunde haben der neuen Lage gegenüber eine neue Loosung verlangt. Dies *ist* eine und „in hoc signo vinces." So lange Oesterreich zu den Bedingungen nicht keine Lust hat, ist eben Artikel 31 das beste Mittel, es für sein eignes Bestes zu zwingen, nicht auf seine Schutzzöllner, welche Differenzialzölle verlangen, sondern auf seine Freihändler zu hören, welche wirkliche Zolleinigung wünschen. Dann dürfen wir Oesterreich gar keine Zugeständnisse machen, schon um der Freihändler willen in Oesterreich nicht, und ich sage Ihnen, es wimmelt in Oesterreich von Freihändlern. Es ist sogar gar nicht unmöglich, dass diese — welche die Macht in Händen haben — zunächst einen Handelsvertrag zwischen Oesterreich und

Frankreich anbahnen. (Heiterkeit.) Von Frankreich wissen wir authentisch, dass es dazu bereit ist. Die Bevölkerung Süddeutschlands hat daher gar keinen Grund, sich wegen des Schicksals von Oesterreich gar so sehr zu echauffiren. Wir wollen jedoch gern auch noch die Erklärung abgeben, dass uns Oesterreich gerade so lieb ist, wie Preussen. Man spricht von den politischen Hintergedanken Preussens. Ich sage Ihnen aber, Preussen hat bei dem ganzen Vertrag gar nicht an politische Hintergedanken gedacht. Es ist merkwürdigerweise eine alte Tradition in Süddeutschland, in Berlin sässen eigentlich lauter Schlauberger. (Grosse Heiterkeit.) Es ist dies aber eine vollständige Täuschung (Noch grössere Heiterkeit). Es giebt zwei Parteien in Berlin. Die eine ist dumm und die andere ist ehrlich. In Süddeutschland aber, wo man selbst einigermassen Neigung zur Schlauheit hat, glaubt man sich immer allerlei von Berlin aus vermuthen zu müssen. Die preussische Regierung hat in Wahrheit nichts gethan, als was sie thun musste. Sie hat nur ihre Pflicht erfüllt, indem sie keine Zeit verlor, das Ihrige zu thun, dass die zollvereinische Industrie nicht durch England, Belgien und die Schweiz vom französischen Markte verdrängt wurde. Leider, wie es scheint, vergeblich, denn vor dem 1 Januar 1866 wird er wohl nun sich uns nicht erschliessen, und dann wird das Terrain okkupirt sein. Es ist der alte deutsche Jammer. Im Auslande nennt man das ganze Geschrei in Deutschland wegen des Handelsvertrages nicht anders als „querelle allemande." Wir fangen bereits an, wegen dieser Frage, die komische Figur in Europa zu spielen. Man sagt von uns, es eröffne sich uns ein dritter Markt, aber den wollten wir nicht, weil wir zuvor den vierten haben wollen. Also lassen sie uns offen und ehrlich erklären, wir seien mit dem grössten Vergnügen bereit, unter den angegebenen Bedingungen seiner Zeit in eine Zollvereinigung mit Oesterreich einzutreten und Artikel 31 würde dem durchaus nicht entgegen stehen. Daher solle man uns jetzt erlauben, an dem Vertrage und dem Artikel 31 festzuhalten, und die Ausführung nicht mehr hintertreiben. Die freilich verspätete Ausführung am 1. Januar 1866 kann man so wie so nicht hintertreiben. Preussen wird festhalten trotz der Verspätung, darauf kann man sich verlassen. Den kleinen Schaden wollen wir gern leiden, nicht aber den grösseren, dass der Vertrag selbst fällt. Den Artikel 31 zu entfernen, geht aber nicht, selbst wenn wir darin nachgäben. Es werden überhaupt keine Handelsverträge mehr ohne diesen Artikel geschlossen — das ist die Abmachung in West-Europa — und Frankreich wird daher nie darauf eingehen. Aber gesetzt ich hätte Unrecht und Frankreich liesse den Artikel 31 fallen, dann wird Frankreich auch uns nicht zu den meistbegünstigten Nationen rechnen wollen, dann wird in Frankreich die längst vorhandene Neigung mit den „französisch redenden Brüdern" in Belgien und in der Schweiz ein Differential-Zollsystem eintreten zu lassen, zum Vorschein kommen, mit der Annexationsperspektive dahinter. Dem 70 Millionenreich deutsch-slavischer Zunge wird sich dann also ein geschlossenes, militärisch kräftiges 45 Millionenreich französischer Zunge entgegenstellen und dann — mögen die deutschen Politiker sehen, was sie angerichtet haben. (Lebhafter Beifall.)

Schulze-Delitzsch: Ich setze voraus, dass der Herr Vorredner allgemeine Verkehrsfreiheit gemeint hat, nicht Zollvereinigung mit Oesterreich, denn eine solche wollen wir nicht. Die Gründe hierfür habe ich schon in Weimar auseinandergesetzt. Zur Sache selbst bin ich mit dem Herrn Berichterstatter darüber ganz einverstanden, dass nach dem Abschluss eines solchen Handelsvertrages einem einzelnen Staate besondere Vortheile zuwenden wollen, nichts Anders heisst, als das ganze Prinzip des Vertrags in sich zerfallen machen. Leider ist die Frage eine politische und ich glaube nicht, dass unser Votum an der politischen Lage des Vaterlandes etwas ändern wird. Die gegebene Frage ist die: ob die nationalen, oder die dynastischen Interessen den Schwerpunkt behaupten werden. Von der Entscheidung dieser Frage hängt unsere nationale Entwickelung und die Zukunft des Zollvereines ab. Dabei muss ich jedoch auch der Ansicht des Herrn Schröder entgegen treten, wenn er glaubt, der Sturz des Ministeriums Bismarck werde die Furcht vor der Mediatisirung schwinden machen. Ich glaube, die Sache verhält sich genau umgekehrt: So lange Herr von Bismarck am Ruder ist, wird kein deutscher Staat etwas für seine Autonomie zu fürchten haben. Erst wenn einmal Herr von Bismarck gestürzt ist, dann werden sich die süddeutschen Regierungen zu hüten haben vor dem Bundesstaat mit der einheitlichen Spitze. Und dahin wird es kommen, es wird sich Kraft gegen Kraft messen und der Volkswille wird schliesslich den Ausschlag geben. Wenn es sich übrigens so verhält, wie uns gesagt wird, dass der Artikel 31 für die süddeutschen Regierungen nur den Vorwand abgeben soll, um aus dem Zollverein heraus zu kommen, dann, glaube ich, geben wir ihnen den besten Rückhalt, indem wir uns dadurch bewegen lassen, auf die Integrität des Artikel 31 zu verzichten. Und eben so verhält es sich den Schutzzöllnern gegenüber, die doch auch eine gewisse Macht haben, nicht blos in Süddeutschland sondern auch in Westdeutschland. Im Gegentheil, sie müssen wissen, dass wir am Artikel 31 festhalten, weil ohne diesen Artikel der ganze Vertrag in sich zusammen fällt. Und wenn sie das ganz genau wissen, dass wir nicht nachgeben werden, dann treiben wir sie aus ihren Schlupfwinkeln heraus auf's offene Feld und nöthigen sie, ihre Pläne zu enthüllen. Das ist das Beste gethan für die Erhaltung des Zollvereins, dessen Bestand eine so wesentliche Bedingung für unsere materielle Wohlfahrt, dessen Zerfall in jeder Beziehung ein unberechenbares Unglück für unsere Nation wäre. (Beifall.)

Sonnemann: Zur Rechtfertigung meines zweiten Antrags habe ich nur weniges zu sagen. Ich glaube nicht, dass es gelingen wird, das liberum veto aus der Zollvereinsverfassung zu beseitigen. Wir müssen deshalb uns nach den Mitteln und Wegen umsehen, wie wir in anderer Weise den Nachtheilen des liberum veto begegnen können. Zu dem Ende dürfen wir nicht abermals zulassen, dass der Tarif wieder 12 Jahre lang in Kraft tritt, vielmehr muss beim Abschluss der neuen Verträge von vorn herein vorgesehen werden, dass etwa schon im Jahre 1869 und im Jahre 1872 neue Herabsetzungen des Tarifs eintreten. Dies ist der Zweck meines Antrages.

Otto Michaelis: Was den Antrag Sonnemann's hinsichtlich des Artikels 31 anbelangt, so habe ich den Verhandlungen nichts mehr hinzuzufügen. Mit seinem zweiten Antrag hat dagegen Herr Sonnemann, wie ich glaube, ganz das Richtige getroffen. Wo steckt die eigentliche Gefährdung des Zollvereins? Sie steckt in der Furcht vor der Gefährdung der Souveränität der Mittel- und Kleinstaaten. Die Grundlage einer möglichen Gefährdung derselben liegt aber lediglich im Schutzzollsystem. Denn aus dem Zollschutz erwachsen mächtige Interessen in den Gebieten der übrigen Staaten des Vereins, welche auf den leitenden Staat sich stützend, demselben ausserhalb seines Gebietes einen die Souveränität der Einzelstaaten gefährdenden Einfluss geben können. In diesem Sinne hat Preussen durch Abschluss eines Vertrages, der die Schutzzölle herabsetzt, dem Interesse, sich durch den Zollverein einen Machtzuwachs zu verschaffen, entgegengehandelt. Wenn der Zollverein einmal nichts mehr ist, als ein Komplex von Staaten, welche gemeinschaftlich ihre Steuern erheben, dann giebt es keine Schutzzollpolitik mehr, dann ist die wesentlichste Grundlage des gegenseitigen Misstrauens gefallen. Deshalb also sagen wir: schafft das Schutzzollsystem ab, damit wird dem Hader im Zollverein ein Ende gemacht, und auch die Zolleinigungsfrage gelöst, denn dann braucht Oesterreich keine Zolleinigung mehr! (Beifall.)

Bei der nunmehr erfolgenden Abstimmung wird der Zusatzantrag von Sonnemann zum ersten Ausschuss-Antrag verworfen. Hierauf werden die beiden Ausschuss-Anträge und sodann der zweite Antrag von Sonnemann angenommen.

Es wird hierauf über die neu eingegangenen selbständigen Anträge Beschluss gefasst, und zwar über folgende:

1) Von *Max Wirth*: „Der Kongress giebt der ständigen Deputation anheim, auf die Tagesordnung der nächsten Verhandlung des Kongresses die Steuern, insbesondere die Abschaffung der städtischen Accise zu setzen."

2) Von demselben: „Der Kongress erklärt für wünschenswerth: dass die Entschädigung der ohne eigene Schuld auf den Eisenbahnen Verunglückten oder ihrer Nachkommen von Seiten der Eisenbahn-Gesellschaften als gesetzliche Pflicht festgestellt werde."

3) Von *Wichmann* aus Hamburg: „Auf die Tagesordnung des gegenwärtigen oder des nächstjährigen Kongresses zu stellen: Berathung über Mittel und Wege, durch welche von Seiten des volkswirthschaftlichen Kongresses dem Spiel entgegengetreten und sowohl für Schliessung der öffentlichen Spielbanken als namentlich auch für Beseitigung der Lotterien gewirkt werden könnte."

4) Von *Bernhard Miller* aus Dresden: „Der volkswirthschaftliche Kongress wolle beschliessen: die Fragen, ob und inwieweit die Errichtung oder Beibehaltung von Versicherungsanstalten durch den Staat, ständische Institute oder Kommunen, sowie die Aufrechthaltung des Prinzips der Zwangsversicherung gegen Feuerschäden zweckmässig sind und sich volkswirthschaftlich rechtfertigen lassen, zum Gegenstand seiner Berathung auf dem nächsten Kongress machen, inzwischen aber die ständige Deputation zu beauftragen, über die angeregten Fragen sachverständige Referenten zu bestellen."

5) Von demselben: „Der Kongress wolle aussprechen: es sei dringend wünschenswerth, dass zur Vervollständigung des deutschen Handelsgesetzbuchs baldigst auch ein das gesammte Versicherungswesen umfassendes Gesetz zu Stande komme."

5) Von *Brämer* aus Berlin: „Der Kongress wolle die ständige Deputation beauftragen, dass sie auf die Tagesordnung des nächsten Kongresses die Einrichtung von Invalidenkassen setze."

6) Von *Zschweigert* aus Plauen:
   a) die Gründung eines Vereines für die Herbeiführung eines schnelleren Umsatzes und eines kurzen fest bestimmten Zieles in Betreff der im kleineren und mittleren Verkehr vorkommenden Kreditposten zu beschliessen;
   b) die Gründung eines Vereins für die Sparsamkeit im Staatshaushalt und die gerechte und zweckmässige Vertheilung der Abgaben zu beschliessen."

7) Von Dr. *Dietzel* in Heidelberg ein schon auf dem vorigen Kongress eingebrachter Antrag, welcher eine Statutenänderung dahin bezweckt, dass zur Mitgliedschaft des Kongresses eine bestimmte Qualifikation erforderlich sein soll.

Hierzu wurde beschlossen: den Antrag 1 einem besondern Ausschuss, bestehend aus den Herren Michaelis, Dr. Faucher, Dr. Passavant in Frankfurt a. M., Dr. Wolff, Dr. Rentzsch, Dr. Schröder und Max Wirth, zur Bearbeitung zu überweisen, die Anträge 2, 3, 4, 5 und 6 der ständigen Deputation zuzuweisen, die Anträge 6a und b der für den Antrag 1 gebildeten Kommission mitzutheilen, den Antrag 7, zu dessen Vertretung der Antragsteller nicht erschienen war, als zurückgezogen zu betrachten.

In Betreff der Zeit der nächsten Versammlung des Kongresses wurde mehrfach der Wunsch geäussert, die Versammlung schon im Juli oder

August zu halten und der ständigen Deputation überlassen, nach vorausgegangener Benehmung mit den Deputationen der anderen Kongresse eine passende frühere Zeit zu bestimmen. Die Wahl des Ortes für die nächste Versammlung wurde gleichfalls der ständigen Deputation überlassen. In Vorschlag wurden gebracht: Hamburg, Kassel, Prag, München und Berlin. Die inzwischen vorgenommene Neuwahl der ständigen Deputation ergab sodann folgendes Resultat: Dr. Lette (Berlin), Dr. Braun (Wiessbaden), Otto Michaelis (Berlin), Dr. Faucher (Berlin), Schulze-Delitzsch (Potsdam), Max Wirth (Frankfurt), Dr. Böhmert (Bremen), Gustav Müller (Stuttgart), Finanzrath Hopf (Gotha). Die neu gewählten Mitglieder haben hierauf weiter noch kooptirt die Herren: Dr. Rentzsch (Dresden), Professor Schröder (Mannheim), Rechtsanwalt Röpell (Danzig), Fabrikant Wichmann (Hamburg), Obergerichts-Anwalt Dr. Weigel (Kassel), Redakteur Dr. Wolff (Stettin), Geh. Oberbergrath a. D. v. Carnall (Breslau), Regierungsrath Strackerjahn (Oldenburg), Fabrikant Classen-Kappelmann (Cöln).

Hierauf Schluss des Kongresses.

Druck von G. Bernstein in Berlin.